스마트스토어와 쿠팡에서 10억 벌기

팔리는 아이템으로 시작하라!

스마트스토어와 쿠팡에서 10억 벌기

펴낸날	2025년 07월 05일 1판 1쇄
	2026년 01월 10일 1판 2쇄
지은이	김요한
펴낸이	정병철
펴낸곳	휴먼하우스
등 록	2004년 12월 17일(제313-2004-000289호)
주 소	서울시 마포구 토정로 222 한국출판콘텐츠센터 420호
전 화	02)324-4578
팩 스	02)324-4560
이메일	humanhouse@naver.com

Copyright ⓒ 김요한 2025, *Printed in Korea*.
ISBN 979-11-85455-38-9 13320

스마트스토어와 쿠팡에서 10억 벌기

팔리는 아이템으로 시작하라!

타임셀러(김요한) 지음

키워드
소싱 프로그램
무료 제공

후먼하우스

프롤로그

나는 이렇게 온라인 셀러가 되었다

"제가 화물차 운전대를 잡을 줄 그땐 정말 몰랐습니다."
대학교 4학년, 남들처럼 취업 스펙을 쌓던 제가 졸업과 동시에 잡은 것은 빼곡히 채운 이력서가 아닌, 25톤 화물차 운전대였습니다. 아버지의 권유와 "열심히만 하면 수입은 괜찮다"는 지인의 한마디. 운수업에 대해 아는 것은 전무했지만, 정직하게 땀 흘려 돈을 버는 일이라면 뭐든 괜찮다고 생각했습니다. 그렇게 화물 운수업이라는 개인 사업을 시작했습니다.

새벽 4시, 첫차도 없는 시간에 시작되는 '미라클 모닝'. 밤 8시가 넘도록 이어지는 14시간, 때로는 16시간의 운전. 화물차 운송의 현실은 냉혹했습니다. 한 번 운행에 한 번의 운송료. 수입을 늘리려면 더 많은 시간을 운전하고 장거리를 다녀야 했지만, 그럴수록 화물차 수리비도 늘어나고 건강도 나빠졌습니다. 아무리 발버둥 쳐도 '수입의 상방은 굳게 닫혀 있다'는 사실은 변하지 않았습니다.

그렇게 8년, 제 20대의 대부분을 도로 위에서 보냈습니다. 스스로에게 내세울 것이라곤 오직 '부지런함'뿐이었습니다. 남들보다 똑똑하지도 센스가 넘치지도 않았지만, 묵묵히 페달을 밟다 보면 언젠가 길이 열릴 거라는 믿음 하나로 버텼습니다. 그렇게 애면글면하면서 살아오던 중 제 눈에 들어온 것이 있었습니다. 바로 '온라인 판매'였습니다.

내가 잠든 시간에도 주문이 들어올 수 있다니! 아이템 하나만 잘 고르면 수십, 수백 건의 판매가 동시에 일어나고, 이는 곧 '수입의 상방이 열리는' 새로운 기회였습니다. 대형 화물차 상하차 시간의 짧은 여유, 그 틈을 타 노트북으로 쇼핑몰을 시작해 보았습니다.

처음엔 무자본 창업이라는 '해외구매대행'에 뛰어들었습니다. 서툰 번역으로 상품을 올리고, 유료 프로그램으로 대량 등록도 해봤죠. 신기하게도 판매가 일어났습니다! 비록 작지만 소중한 첫 매출에 가슴이 뛰었습니다. 이 길에 모든 것을 걸어보고자 화물차 운행을 중단하고 몇 달간 매달렸지만, 현실은 녹록지 않았습니다. 생활은 점점 어려워졌고, 비상금은 바닥을 드러냈습니다. 결국 저는 다시 운전대를 잡아야 했습니다. 갓 태어난 딸아이의 얼굴조차 제대로 보지 못한 채, 차에서 쪽잠을 자며 전국을 떠도는 삶으로의 회귀였죠. 돈도 돈이지만 가족과 함께할 시간을 되찾고 싶었습니다. 꽉 막힌 도로 위의 삶에서 벗어나고 싶었습니다.
견디다 못한 몸과 마음은 절박함 속에서 결단을 내렸습니다. "더 이상 이렇게 살 순 없다. 보통 직장인의 평범한 삶이라도 살아보고 싶다." 화물차 수입을 절반으로 줄이고, 그 시간만큼 온라인 쇼핑몰에 모든 것을 걸어보기로 했습니다.
2022년 11월, 지인의 도움으로 '위탁판매'라는 새로운 길에 들어섰습니다. 첫 달 매출은 80만 원 수익은 12만 원. 매일 밤낮으로 아이템을 찾고, 소싱하고, 등록하며 치열하게 매달렸습니다. 그리고 8개월 후, 제 통장에는 월 매출 3,000만 원이라는 숫자가 찍혔고 화물차를 처분했습니다.
저는 확신합니다. 이 방향으로 사업의 운전대를 튼 것은 제 인생 최고의 선택이었다고 말입니다. 설령 이 온라인 쇼핑몰 사업의 매출이 잠시 주춤하더라도, 저는 결코 이전의 삶으로 돌아가지 않을 것입니다. 그렇게 되지 않기 위해 지금 이 순간에도 최선을 다하고 있습니다.

이 책에는 화물차 기사가 어떻게 '수입의 상방이 열린' 온라인 판매의 세계에서 희망을 발견하고 자리를 잡았는지, 그 치열했던 여정과 시행착오 끝에 얻은 노하우가 고스란히 담겨 있습니다. 과거의 저처럼 현실의 벽 앞에서 새로운 길을 모색하는 분들께 이 책이 작은 용기와 실질적인 도움이 되기를 간절히 바랍니다. 앞으로 사업이 어떤 방향으로 성장해 나갈지는 모릅니다. 하지만 한 가지 분명한 것은, 이 사업을 통해 가능성을 발견하고 있다는 사실입니다.

끝으로 이 모든 여정을 가능하게 한, 곁에서 묵묵히 저를 응원하고 지지해 준 세상 가장 든든한 지원군, 사랑하는 아내와 딸, 그리고 언제나 제 편이 되어주신 부모님께 이 자리를 빌려 진심으로 감사의 마음을 전합니다.

타임셀러(김요한)

독자 무료 혜택

셀러 활동에 필요한 프로그램을 무료로 드립니다!

본 프로그램은 필자가 온라인 셀러를 하면서 필요에 의해 개발한 것입니다. 아이템 찾기와 분석, 소싱, 마진 계산 등에 들어가는 시간을 줄여주는 유용한 툴입니다.
아이템파인더 사이트(https://www.itemfinder.kr/) 및 필자의 블로그(https://blog.naver.com/timeseller_) 프로그램 자료실에서 이용할 수 있습니다.(자세한 내용은 도서 본문을 참고하세요.)

아이템파인더 사이트
- 키워드 수집 및 분석
- 네이버 쇼핑 랭킹 추적기

키워드 소싱 프로그램
- 팔리는 아이템을 가장 쉽게 찾는 방법
- 소싱 추천도를 별점으로 표시

마진 분석기
- 원가, 가격만 넣으면 자동으로 분석
- 스마트스토어, 쿠팡 마진 계산

차례

프롤로그   4

1장   온라인 쇼핑몰 시작하기   17

01 온라인 셀러, 거침없이 도전하자   18
- 1. 미리 겁먹지 마라   18
- 2. 온라인 셀러의 일과   19
- 3. 정말 무자본 창업이 가능할까?   21

02 시작은 스마트스토어와 쿠팡에서   23
- 1. 오픈마켓   23
- 2. 스마트스토어와 쿠팡   24

03 사업자등록증과 통신판매업신고증 만들기   26
- 1. 개인판매자   26
- 2. 사업자 판매자   28
  - 2.1 사업자등록증 만들기   30
  - 2.2 구매안전서비스 이용 확인증 다운로드하기   34
  - 2.3 통신판매업 신고하기   36
- 3. 세금 신고   38

04 네이버 스마트스토어 가입과 판매 준비   40
- 1. 가입 전 미리 준비하자   40
  - 1.1 스토어 이름   40
  - 1.2 스토어 URL   42
- 2. 스마트스토어 가입하기   44
- 3. 스마트스토어 수수료   49
- 4. 스마트스토어 정산   50

05	쿠팡 판매자 입점과 판매 준비	51
	1. 쿠팡 판매자 입점하기	51
	2. 쿠팡 판매 방식	54
	3. 쿠팡 수수료	55
	4. 쿠팡 정산	56

2장   팔리는 아이템을 찾자   57

01	초보 셀러가 공략해야 할 키워드	58
	1. 팔아야 할 제품을 찾는 것이 쇼핑몰의 전부이다	58
02	데이터로 아이템 찾기	60
	1. 아이템스카우트	61
	1.1 아이템스카우트 회원가입	61
	1.2 아이템스카우트 확장 프로그램 설치하기	62
	1.3 아이템스카우트에서 아이템 발굴하기	63
	1.4 네이버플러스 스토어에서 확장 프로그램 활용하기	65
	2. 네이버 데이터랩에서 키워드 찾기	67
	3. 네이버 검색광고 도구 활용하기	69
	3.1 네이버 검색광고 가입하기	69
	3.2 네이버 검색광고에서 키워드 조회하기	71
03	아이템파인더 활용하기	74
	1. 아이템파인더란?	74
	2. 아이템 선정이 성공을 좌우한다	75
	3. 아이템파인더 사용하기	78
	4. 성공 소싱을 위한 팁	82
04	누구나 쉽게 시작하는 키워드 소싱 프로그램	85
	1. 키워드 소싱 프로그램 설치하기	87
	1.1 프로그램 다운로드하기	87
	1.2 네이버 광고 API 발급과 연동하기	89
	2. 프로그램 사용하기: 첫 실행부터 검색까지	91

  3. 프로그램 활용하기   93
    3.1 소싱의 흐름   93

05 드디어 고른 키워드, 내 자리가 있을까?   97
  1. 내 자리를 찾는 방법   99
  2. 세부 키워드로 시작하기   100

06 내가 이길 수 있는 상대인가?   102
  1. 경쟁 판매자 분석하기   102
    1.1 네이버 쇼핑에서 분석하기   102
    1.2 쿠팡에서 검증하기   105

07 승산이 있다면 시작해 보자!   107
  1. 알아두면 좋은 판매 방식   107

3장 국내 도매몰 상품 위탁·사입으로 판매하기   109

01 위탁으로 판매하기   110
  1. 온라인 판매자의 소싱   110
  2. 위탁판매   111
    2.1 위탁판매 프로세스   111
    2.2 위탁판매의 장점   112
    2.3 위탁판매의 단점   113
  3. 위탁판매 전략   113
    3.1 위탁판매 아이템 찾기   115

02 사입으로 판매하기   116
  1. 사입판매 프로세스   116
    1.1 사입판매의 장점   117
    1.2 사입판매의 단점   117
  2. 사입판매 전략   118
    2.1 트렌드 파악하기   119
    2.2 전환율 확인하기   119
    2.3 내가 소싱할 수 있는가   119

03 국내 도매 사이트   121
   1. 도매매 거래 준비하기   121
      1.1 도매꾹과 도매매 회원 가입하기   122
      1.2 사업자 회원이 되면   126
      1.3 도매매 메인화면 살펴보기   127

4장 중국 도매처 상품 판매하기   129

01 중국 도매 사이트 이해하기   130
   1. 알리바바   130
   2. 1688   133
   3. 알리익스프레스   134
   4. 타오바오   135

02 중국 쇼핑몰 결제 방법과 수수료   136
   1. 중국 온라인 쇼핑몰 결제 방법   136
   2. 무역대전송금 진행하기   137

03 중국의 좋은 수출업자를 선정하는 방법   142
   1. 알리바바 판매자   142
   2. 1688 판매자   144

04 중국 내륙운송료를 아끼는 방법   146
   1. 중국의 물류 위치   146
   2. 수출업자의 위치 파악하기   147

05 운송 사업자 선정하기   149
   1. 중국 상품 수입 과정   149
   2. 어떤 운송 형태를 이용할 것인가   150
      2.1 배송대행지   150
      2.2 포워딩   151
      2.3 화물 디테일을 파악하자   153

06 중국 도매처에서 샘플 주문하기   156
   1. 1688에서 샘플 주문하기   156

5장 온라인 판매를 위한 기본 준비   161

01 상세페이지 만들기   162
   1. 상세페이지 벤치마킹하기   162
       1.1 좋은 상세페이지를 찾아보자   163
   2. 상세페이지 기획하기   164
   3. 상세페이지 제작하기   165
       3.1 미리캔버스 사용하기   165
       3.2 캔바 사용하기   167

02 상세페이지 사진 콘셉트 구상하기   170
   1. 촬영 공간 만들기   170
   2. 기획안을 보고 필요한 사진 찍기   171
   3. 썸네일 및 상세페이지의 차별점을 만들자   172

03 투명 배경 및 GIF 이미지 만들기   175
   1. 투명 배경 사진 만들기   175
       1.1 리무브로 투명 배경 사진 만들기와 수정   176
   2. GIF 이미지 만들기   178
       2.1 짧은 GIF를 만들자   178
       2.2 스마트폰으로 GIF 만들기   179
   3. 미리캔버스에서 GIF 결합 상세페이지 만들기   180

04 각 오픈마켓별 상세페이지 특징   182
   1. 오픈마켓의 권장사이즈   182
   2. 이미지 호스팅 사용하기   184
       2.1 ESM의 이미지 호스팅 이용하기   184
   3. 무료 이미지 사이트   186

6장

스마트스토어에서 판매하기   187

01 네이버의 검색 알고리즘 이해하기   188
   1. 네이버플러스 스토어와 네이버 가격비교   188
   2. 네이버 상품검색 알고리즘   189
      2.1 적합도   190
      2.2 인기도   196
      2.3 신뢰도   198
      2.4 선호도   200

02 스마트스토어 상품 등록하기   201
   1. 상품 등록하기   201
   2. 공지사항 등록하기   222

03 상품등록 후 해야 할 일   224
   1. 노출 순위 확인하기   224
   2. 혜택 쿠폰 발행하기   230
   3. 마케팅 메시지 보내기   233
   4. 추가 옵션 제품 구성하기   237
      4.1 추가상품 등록하기   237

04 네이버 N배송 서비스 이용하기   239
   1. N배송이란?   239
   2. N배송 서비스 신청하기   240

05 신규주문 확인과 발송 처리, 정산받기   243
   1. 주문 확인, 발송 처리, 구매확정, 정산까지   243
   2. 발송지연 안내하기   249
   3. 판매자에 의한 판매취소 진행하기   251
   4. 합포장 배송하기   254

06 취소, 반품, 교환, 환불 처리하기   256
   1. 취소 처리하기   256
   2. 반품 처리하기   259
   3. 교환 처리하기   265
   4. 환불 처리하기   268

7장 쿠팡에서 판매하기   269

01 쿠팡의 검색 알고리즘 이해하기   270
- 1. 쿠팡 검색 랭킹 알고리즘   270
  - 1.1 판매 실적   271
  - 1.2 고객 선호도   272
  - 1.3 상품 경쟁력   273
  - 1.4 검색 정확도   274
  - 1.5 상품 정보 충실도   286
- 2. 쿠팡 상위 노출의 핵심 전략   289

02 쿠팡 마켓플레이스 상품 등록하기   291
- 1. 상품 등록하기   291
- 2. 상품 일괄 등록하기   302

03 상품등록 후 판매 관리하기   306
- 1. 상품 결합 및 분리 요청하기   306
- 2. 쿠팡 상품의 네이버 쇼핑 비노출 처리   311
- 3. 반품 자동회수와 수동회수   314
  - 3.1 자동회수 연동 취소하기   315

04 할인쿠폰 프로모션 진행하기   318
- 1. 즉시할인 쿠폰 발행하기   319
- 2. 다운로드 쿠폰 발행하기   322
- 3. 쿠폰 사용 중지하기   325

05 신규주문 확인과 발송 처리, 정산받기   326
- 1. 주문 확인, 배송 처리, 정산받기   326
- 2. 분리배송과 묶음배송(합배송)   330
- 3. 운송장번호 수정하기   332

06 주문 취소, 반품, 교환 처리하기   333
- 1. 주문 취소   334
- 2. 반품 처리하기   336

    3. 쿠팡확인요청 진행하기   344
    4. 교환 처리하기   348

07 로켓그로스로 판매하기   350
    1. 로켓그로스 개요   350
    2. 로켓그로스 비용   352
    3. 로켓그로스 판매 진행하기   357
        3.1 로켓그로스 상품 등록하기   357
        3.2 로켓그로스 입고 신청하기   360
        3.3 상품 입고하기   364
        3.4 상품 입고 확인하기   365
        3.5 재고 관리 및 반출 요청하기   366
        3.6 로켓그로스 정산   368

8장 해외구매대행으로 판매하기   369

01 해외구매대행 개요   370
    1. 해외구매대행의 장단점   370
    2. 해외구매대행 시작 전 알아야 할 내용   373
        2.1 마진율은 여유롭게 설정한다   373
        2.2 판매 내역 리스트 작성하기   376
        2.3 개인통관고유부호   377

02 해외배송 상품 판매하기   378
    1. 해외배송 상품 등록하기   378
        1.1 스마트스토어 상품 해외배송지 설정하기   379
        1.2 쿠팡 상품 해외배송지 설정하기   382
    2. 주문 처리하기   383
        2.1 해외 마켓에서 구매하기   383
        2.2 배송대행지에 배송 요청하기   386

9장 드디어 첫 주문! 택배 포장하기 — 391

01 택배 포장에 필요한 부자재 — 392
   1. 택배 포장재 구매하기 — 392

02 편의점 택배와 계약 택배 — 394
   1. 네이버 지도로 편의점 택배 이용하기 — 394
   2. 편의점 택배를 넘어서 계약 택배 — 395

10장 광고와 마케팅 진행하기 — 397

01 광고에 대한 이해 — 398
   1. 초보 셀러라면 광고를 해보자 — 398
   2. 상품 광고의 필요성 — 399
   3. 광고 필수 용어 — 400

02 광고 키워드와 입찰가 선정하기 — 402

03 네이버 광고 진행하기 — 406
   1. 네이버 광고 — 406
   2. 네이버 쇼핑검색광고 집행하기 — 407

04 쿠팡 광고 진행하기 — 415
   1. 쿠팡의 광고 — 415
   2. 매출 최적화 광고 집행하기 — 416
   3. AI 스마트광고 집행하기 — 421
   4. 수동 성과형 광고 집행하기 — 423

05 바이럴 마케팅 진행하기 — 426
   1. 커뮤니티 — 427
   2. 유튜브 쇼츠 — 428
      2.1 쿠팡 상세페이지에 유튜브 영상 업로드하기 — 429

3. 인스타그램 릴스 광고하기   432
4. 외부 유입고객 확인하기   436
    4.1 NT파라미터 사용하기   436
    4.2 단축 URL 사용하기   441
5. 블로그 사용 후기   443
6. 거래처 만들기   444

에필로그   447

1장

온라인 쇼핑몰 시작하기

01 온라인 셀러, 거침없이 도전하자

온라인 셀러를 하기 전 내 직업은 화물 운수업이었다. 화물 운수업은 이곳저곳을 다니며 일한다. 늘 낯선 곳에서 낯선 사람을 만나다 보니, 처음 보는 사람과의 어색함이 줄었고 이제 누구와도 큰 불편 없이 대화한다.

온라인 쇼핑몰은 온라인에서 판매하니 사람 만날 일이 없다고 생각하면 오산이다. 온라인 쇼핑몰도 사업이라 결국 사람을 만난다. 제품이 돈을 벌어주기도 하지만, 궁극적으로는 사람이 돈을 벌어다 준다. 거래처·도매처 미팅, 납품 등 많은 일이 사람과 연결된다. 사람 대하는 게 어렵거나 스트레스라면 쇼핑몰 운영 방향을 미리 고민하는 게 좋다. 내향적이라면 텍스트 중심으로 운영하면 된다. 쇼핑몰에서 '유선 상담은 어렵고 네이버 톡톡으로 문의주세요' 같은 문구를 본 적이 있을 것이다. 이것도 하나의 방법이다.

❶ 미리 겁먹지 마라

나는 최근에 팔고 싶은 물건을 하나 찾았다. 보통은 업체에 이메일을 보내거나 유통업체를 찾는데, 제품이 너무 좋아 보여 직영 판매하는 회사에 바로 전화했다.

필자	안녕하세요. 저는 ○○쇼핑몰을 운영하고 있는 ○○○입니다. ○○ 품목을 판매하고 있습니다. 판매 중이신 제품을 저도 팔아보고 싶어서 전화 드렸습니다.
담당자	다른 마켓들도 연락이 왔었는데 카테고리가 맞지 않아서 거절했어요. 현재 저희 제품을 다른 쇼핑몰에는 안 드리고 있습니다. 일단 쇼핑몰 주소를 알려주시면 사장님께 보고는 드려보겠습니다.
필자	예, 일단 알겠습니다.

전화를 끊고 쇼핑몰 주소는 보내지 않았다. 결정권자는 담당자가 아닌 사장님이기 때문이다. 그래서 사장님과의 미팅을 다시 요청했고, 만나 뵙기로 했다. 이제 사장님께 나를 잘 어필하면 물건을 공급받을 길이 열리는 셈이다.

이처럼 유통업체나 도매처 문의를 어려워할 필요 없다. 그들 역시 물건을 많이 팔아주면 좋고, 거래처가 늘어나는 일이다. 그러니 소싱처를 찾을 땐 결과에 상관없이 전화하고 부딪쳐보길 바란다. 그러면서 배우고 요령도 생긴다. 팔 아이템과 소싱처를 찾았다면 판매는 어렵지 않다. 겁먹지 말고, 일단 시작하자.

❷ 온라인 셀러의 일과

개인 셀러는 아이템 찾기, 소싱, 상품등록, 배송, CS 처리까지 온라인 판매의 모든 과정을 혼자 해야 한다. 그야말로 멀티플레이어가 되어야 한다. 판매가 잘되면 포장 작업으로 밤을 새우기도 한다. 몸이 열 개라도 모자랄 지경이다. 이런 바쁜 모습은 초보 셀러라면 누구나 꿈꾸는 모습일 것이다.

실내에서 보내는 시간이 대부분이다

화물차를 운행할 때는 실외에서의 시간이 대부분이었는데 쇼핑몰을 하니 대부분의 시간을 실내에서 보내고 있다. 더운 여름 에어컨 아래에서 일할 수 있다는 것이 얼마나 좋은지 살면서 처음 느껴보는 요즘이다.

그런데 실내에서 일하는 것이 좋은 것만은 아니다. 나는 조금씩 답답할 때면 한 번씩 바깥 공기를 쐬주곤 한다. 사업에 대해 머리가 복잡해질 때가 있고, 쇼핑몰 매출이 생각만큼 안 나올 때는 많은 스트레스를 받는다. 그럴 땐 잠시 쉬면서 해야 할 일들을 정리해 보는 시간을 갖는 것이 좋다. 우리는 돈을 벌어 행복해지기 위해서 일을 하는 것이지 스트레스를 받기 위해 일을 하는 것은 아니다.

일과 삶의 경계가 없어진다

매출이 일정 수준에 이르러 사무실을 얻기 전까지, 1인 셀러는 주로 자택에서 일한다. 자신이 사장이라 누가 일을 시키지도 않는다. 직장처럼 동료와 식사나 회식으로 리프레시할 기회도 당분간은 없다.

나는 오전에 전날 남은 CS와 고객 문의를 처리하고, 오후엔 택배 포장 및 발송, 저녁엔 새 상품을 찾거나 소싱하며 판매 준비를 한다. 출퇴근 경계가 없는 삶이다. 대부분의 1인 셀러들이 이렇게 생활할 것이다.

나는 모든 CS와 상담에 답장한다. 다시 화물차로 돌아가고 싶지 않아서이다. 어떻게든 쇼핑몰 사업을 확장하고 매출을 내야 살 수 있기에 필사적이다. 거래처에서 다음 날 아침 급히 제품이 필요하다고 연락이 오면, 밤 12시에도 배송하고 온다. 하지만 여러분은 이렇게까지 할 필요도, 할 수도 없을 것이다. 이건 내 성향이자 전직 화물차 기사였기에 가능한 일이다.

사업을 열심히 하는 것도 좋지만, 시간을 계획적으로 짜고 일하면서 스스로 '퇴근'을 만드는 것이 중요하다. 그렇지 않으면 끝없는 소싱에 지칠 수 있다. 쇼핑몰 사업은 끊기지 않고 꾸준히 하는 것이 중요하다. 마라톤처럼 지치지 않고 길게, 꾸준히 아이템을 찾고 소싱해야 한다.

3. 정말 무자본 창업이 가능할까?

소자본 창업

무자본이라기보단 소자본이라고 표현하는 것이 더 맞는 표현이다. 자본이 적다면 자본이 적게 드는 아이템으로 시작하면 된다. 필자의 판매 상품 중 가장 저렴한 것은 원가 200원짜리이며, 비싼 것은 개당 원가가 60만 원을 넘는 것도 있다.

비싸고 큰 물건을 소자본으로 시작할 순 없겠지만, 원가가 몇백 원, 몇천 원 정도의 물건은 누구나 쉽게 시작해 볼 수 있다. 그런데 대부분의 사람은 한 개 팔아서 몇백 원 남는 물건으로 어느 세월에 100만 원, 200만 원을 벌겠냐고 말한다. 1,000만 원을 모아보지 못한 사람은 1억을 모을 수 없다. 마진이 100원, 200원짜리 제품이라도 이게 쌓이고, 판매량이 늘어나면 이 물건 하나로 직장인 월급을 벌 수도 있다.

그래서 필자는 소자본으로 시작하는 것을 추천한다. 시작을 했으면 꼭 판매를 하는 경험을 해보기를 바란다. 그 과정을 반복하면서 쇼핑몰은 점점 커지고, 다양한 거래처와 사입이나 위탁판매를 해볼 수 있게 된다.

하루 한 시간 일하고 월 300만 원 번다?

1인 셀러가 쇼핑몰을 운영하면서 가장 바쁜 시간대는 택배를 포장하는 오후이다. 보통 택배는 4시에 수거해 가기 때문에 나는 4시 전까지 들어오는 주문에 대해서는 최대한 그날 발송하기 위해 포장 작업을 한다. 그런데 주문량이 적은 날은 한 시간도 안 걸려서 끝난다. 그런 날은 정말 하루에 한 시간만 일하는 것이다.

유튜브에 보면 '하루 한 시간 일하고 ○○○만 원 번다'라는 영상을 올리며, 온라인 판매로 쉽게 돈을 벌 수 있다고 말하는 유튜버도 있다. 이것은 잘 생각해 봐야 한다. 하루 한 시간 일하고 몇백만 원을 벌 수 있다면 누군들 하지 않겠는가. 한 시간 일하기 위해서 제품을 소싱하고, 상세페이지를 만들고, 광고를 하고, 판매를 위한 다양한 작업을 해야 한다. 그런 시간은 감안하지 않고 단순히 포장 작업 시간만 가지고 한 시간 일하고 몇백만 원 번다고 말하는 것은 맞지 않는 말이다.

누군가가 하루에 한 시간 일하고 돈을 번다면 그 사람이 한 시간을 일하기 위해 공들인 안 보이는 노력과 시간을 봐야 한다. 건물주는 아무것도 안 하고 돈을 버는 것 같지만 그 건물을 사기 위해서 피와 땀을 흘리며 노력해 온 과정이 있는 것이다. 그런 것을 간과해서는 안 된다.

온라인 판매는 쉽고 편하다는 달콤한 생각보다는 아이템 하나하나가 하나의 사업체라는 마음으로 시작해야 한다.

저렴이 효자 아이템

필자의 상품 중 제일 많이 팔리는 것은 원가 1,000원의 A 제품이다. 이 물건을 찾아서 아내에게 정말 잘 팔릴 것 같다고 보여줬더니, 피식 웃으며 누가 그런 물건을 쓰냐고 핀잔을 주었다. 하지만 나는 데이터가 보여주는 수치를 믿었고, 샘플로 20개를 주문해서 약 3만 원 정도를 투자했다.

중국에서 물건을 수입하면 택배로 받기까지 보통 2주 정도 소요된다. 그 기간 동안 상세페이지와 썸네일을 만들었고, 물건이 국내에 들어왔을 때 미리 업로드를 했다. 그런데 하루도 되지 않아서 20개를 모두 판매했고, 결국 품절이 되어 재주문까지 했던 적이 있다. A 제품은 업로드하고 약 한 달간 500개가 넘게 팔리면서 내 쇼핑몰의 효자 아이템이 되었다.

시작은 스마트스토어와 쿠팡에서

 오픈마켓

　오픈마켓은 온라인상에서 판매자와 구매자가 전자상거래를 할 수 있는 온라인 마켓플레이스(Online Marketplace)를 말한다. 대표적으로 쿠팡, 옥션, 지마켓, 인터파크, 11번가 등이 있다. 오픈마켓은 온라인상에 거래 공간을 제공하고 판매자로부터 수수료를 받는다. 수수료는 플랫폼이 상품 카테고리별로 책정한 수수료 요율을 적용해 받는다.

　그런데 네이버 쇼핑은 카테고리별 수수료가 아니라 '네이버페이 주문관리 수수료'와 '거래 유형에 따른 판매수수료'를 받는다.(기존 네이버 쇼핑 연동 수수료 2%는 폐지) 즉 엄밀히 말해 오픈마켓이 아니라 가격비교를 해주는 결제 플랫폼이라고 할 수 있다.

　오픈마켓에서는 판매자로 가입을 하면 누구나 제품을 판매할 수 있다. 제품 판매 후 판매수수료를 공제하고 정산을 받게 되는데, 오픈마켓마다 수수료율이 다르다. 많은 곳은 15%, 적은 곳은 3% 내외이다. 수수료는 팔리면 내는 것이기에 겁먹을 필요는 없다. 수수료를 많이 낸다는 것은 그만큼 판매를 많이 하고 있다는 뜻이다.

2 스마트스토어와 쿠팡

온라인 판매의 시작은 네이버 스마트스토어와 쿠팡에서 하기를 추천한다. 대부분의 판매자들이 이 두 곳에서 매출이 많이 나온다. 사실상 우리나라 이커머스 시장을 양분하고 있다고 해도 과언이 아니다.

 스마트스토어
- 국내 1위 검색엔진 네이버와 연동되어 있어 많은 고객을 대상으로 상품 노출 가능
- 네이버페이 연동으로 간편결제 편이성
- 사업자등록증이 없어도 가능(개인판매자)
- 업계 최저 판매수수료
- 알고리즘 로직을 통한 상위 노출 가능

 쿠팡
- 국내 쇼핑앱 점유율 1위
- 많은 충성고객(쿠팡의 재구매율 약 70%)
- 사업자등록증, 통신판매업신고증 필요
- 개인 맞춤화 검색 알고리즘 적용: 사용자마다 검색 결과에 노출되는 제품이 다름
- 로켓그로스 판매로 로켓배송 가능

네이버 스마트스토어는 국내를 대표하는 검색엔진인 네이버와 연동되어 있기 때문에 많은 고객을 대상으로 상품 노출을 할 수 있다. 스마트스토어는 매출도 잘 나오고 입점하기도 쉬우니 판매자라면 반드시 공략해야 하는 마켓이다.

네이버플러스 스토어와 네이버 가격비교

네이버 쇼핑은 네이버에서 운영하는 이커머스 솔루션이며, 네이버 쇼핑에서 제공하는 쇼핑몰 솔루션이 스마트스토어이다. 스마트스토어를 개설하고 상품을 등록하면 내 상품이 네이버 쇼핑에 노출된다.

그동안 상품 검색 기능과 가격비교 위주의 서비스를 제공하던 네이버 쇼핑은 2024년 10월 30일, '네이버플러스 스토어'와 '네이버 가격비교'로 새롭게 오픈했다. 기존에 가격, 수량, 옵션 등 상품 관련 정보 검색 결과를 제공하던 네이버 쇼핑의 비교쇼핑 서비스는 '네이버 가격비교'에서 그대로 서비스하고 있다.

'네이버플러스 스토어'는 AI 기술을 기반으로 고객 니즈에 맞는 상품, 가격, 혜택 등을 추천하고 전시해 주는, 개인 맞춤화 쇼핑 환경을 강화한 서비스이다. 기존의

가격비교 방식의 쇼핑검색에서는 담기 어려웠던 초개인화된 맞춤 혜택 정보들을 사용자에게 추천해 준다. 스마트스토어/브랜드스토어 판매자만을 대상으로 하며, 카탈로그(가격비교) 서비스는 제공하지 않는다. 상품 진열 방식이 가격비교와 달리 가로형이다.

쿠팡

쿠팡은 국내 쇼핑앱 점유율 1위로 판매자라면 반드시 진입해야 할 오픈마켓이다. 개인 맞춤화 검색 알고리즘이 적용되어 사용자마다 검색 결과에 노출되는 제품이 다르다. 이것은 스마트스토어와 달리 상위 노출이 되지 않는 상태에서도 제품 판매가 일어날 수 있다는 뜻이다. 구매자의 니즈와 고객경험을 쿠팡 알고리즘이 분석해 내 상품을 구매자에게 노출시켜준다.

또 쿠팡은 로켓배송이 가능한 상품을 상위에 노출해 주기 때문에 구매자의 지역에서 가까운 쿠팡 물류창고에 제품이 있고 없고에 따라 노출 순위가 다르게 나타난다. 예를 들어 같은 제품을 서울과 대구에서 검색했을 때의 결과 화면이 다를 수 있다. 즉 초보자의 상품도 특정 구매자의 검색에 상위 노출되어 판매가 일어날 수 있다는 뜻이다.

03 사업자등록증과 통신판매업신고증 만들기

판매자가 되기 위한 사업자등록증의 필수 여부는 플랫폼마다 다르다. 처음부터 사업자를 내고 시작하기가 부담스러운 사람이나 직장인 등은 네이버 스마트스토어에서 사업자 없이 판매를 할 수 있다. 쿠팡은 사업자등록증이 있어야 판매를 할 수 있다.

 **개인판매자**

사업자등록증

네이버 스마트스토어는 회원가입만으로 판매를 시작할 수 있다. 연매출 4,800만 원까지는 '개인판매자'로 판매를 할 수 있으며, 그 이상의 매출이 발생하면 '사업자판매자'로 변경해서 운영하면 된다. 처음부터 사업자등록증을 내는 것이 부담스럽다면 스마트스토어에서 '개인판매자' 회원으로 시작해 보자.

스마트스토어 외 타 오픈마켓은 사업자등록증과 통신판매업신고증이 있어야 정상적인 판매 활동을 할 수 있다.

통신판매업신고증

스마트스토어 개인판매자는 다음 조건이 되면 사업자 전환과 통신판매업 신고를 해야 한다.

■ 스마트스토어 사업자 전환과 통신판매업 신고번호 입력 기준

판매자유형	개인판매자(개인판매회원)	간이사업자	개인/일반사업자	법인사업자
사업자 신고 기준 (복수 계정인 경우 총합)	직전 연도 누적 판매금액 4,800만원 이상 또는 당해 연도 1/1부터 누적 판매금액 4,400만원 이상	-		
통신판매업 신고번호 입력기준 (복수 계정인 경우 총합)	직전 연도 구매확정 수 50건 이상 또는 당해 연도 1/1부터 누적 구매확정 수 50건 이상	직전 연도 누적 판매 금액 8,000만원 이상 또는 당해 연도 1/1부터 판매금액 8,000만원 이상	직전 연도 구매확정 수 50건 이상 또는 당해 연도 1/1부터 누적 구매확정 수 50건 이상	
기준 초과 시 안내	사업자 전환 안내 (로그인 팝업 알림/EMS 발송)	통신판매업 미신고 안내 (로그인 팝업 알림/EMS 발송)		
	매월 2일마다 안내			
누적 판매금액 집계 기준(판매자등급 기준과 동일)	구매확정 건의 상품주문번호 단위 결제금액-직권취소된 상품주문번호의 결제금액 (조합형 옵션/추가 상품 금액 포함, 배송비는 판매금액에 미포함)			
누적건수 집계 기준 (판매자등급 기준과 동일)	상품주문번호 단위 구매확정 건-직권취소 건 (일반 주문 건만 포함, 추가상품/배송비는 판매건수에 미포함)			

온라인 쇼핑몰을 하려면 '사업자등록증'과 '통신판매업 신고증'이 필요하다. 매출을 기준으로 직전 연도 누적 판매금액 4,800만 원은 초보 판매자에게는 높은 내출액이기에 어느 정도 여유가 있는 제한사항이지만, 통신판매업의 경우 구매확정 건수 50건 이상의 판매가 있으면 통신판매업 신고를 해야 한다. 50건의 판매는 그리 어렵지 않게 달성될 수 있다. 그런데 통신판매업 신고를 하려면 사업자등록증이 있어야 한다. 스마트스토어에서 개인판매자로 판매할 수 있지만 사업자 판매자보다 많은 제약이 따르기 때문에 필자는 개인으로 판매하는 것을 추천하지 않는다. 본격적인 사업을 진행하려면 사업자 판매자로 가입해 시작하는 것이 좋다. 사업자를 내고 시

작하면 쉽게 포기하지 않고 꾸준히 도전하기 때문이다. 그만둘 수 있는 환경을 만들어두면 몇 개월 도전해 보고 쉽게 포기하는 경우가 많다.

통신판매업 신고는 해당 구청 방문 또는 온라인으로 신고할 수 있다.

❷ 사업자 판매자

사업자는 '간이사업자', '일반사업자', '법인사업자'로 나뉜다. 가장 큰 차이점은 부가가치세와 계산서 발행 유무에 있다. 면세 품목을 판매하는 사람은 '면세사업자'로 사업자 등록증을 낼 수 있는데, 면세사업자는 부가가치세를 내지 않는다.

일반사업자와 법인사업자는 사업을 하는 사람이 일반적으로 등록해 사용하는 사업자등록증으로, 세금계산서 발행과 부가세를 포함한 총액으로 거래를 한다. 이에 비해 간이사업자는 세금계산서를 발행할 수 없다.[간이사업자(세금계산서 발급)은 세금계산서를 발행할 수 있다.] 때문에 사입한 제품을 도매로 공급하게 되거나 거래처와 거래를 할 때 어려움이 있을 수 있다. '간이'라는 말이 붙어 있어서 많이들 간이사업자로 시작하는데, 일반사업자로 시작하는 것을 추천한다. 사업을 하다 보면 세금에 대해서 알아야 하는데, 간이사업자에서 일반사업자로 변경한다면 또다시 처음부터 배워야 하는 상황이 발생한다.

사업자 유형은 처음 등록한 그대로 유지되는 것은 아니며, 직전 연도 매출과 기타 요건에 따라 변경된다. 변경 사항이 일어나면 세무서로부터 변경 한두 달 전에 안내문이 등기우편으로 온다.

직전 연도 매출액으로 인한 변경은 보통 7월 1일자로 변경되고, 수정 신고, 간이과세자 배제 업종, 일반사업자 신규 추가, 전전년도 수입금액 기준 복식부기 대상자 등의 요건으로 인한 것은 1월 1일에 변경된다.

직전 연도 1월 1일~12월 31일까지의 매출액이 1억 400만 원 미만이라면 간이과세자가 되고, 1억 400만 원 이상이라면 올해 7월 1일부터 일반과세자가 된다.

구분	일반과세자	간이과세자	
매출 기준*	연 매출 1억 400만 원 이상	연 매출 1억 400만 원 미만	
부가가치세 신고	1년에 두 번(1월, 7월)	1년에 한 번(1월)	
부가가치세 세율	공급가액의 10%	업종별로 1.5~4%	
매입세액 공제	전액 공제	매입액(공급대가)의 0.5%만 공제	
세금계산서 발급 의무	발급 의무 있음	연매출 4,800만 원 이상 ~ 1억 400만 원 미만	연매출 4,800 미만 사업자, 신규 사업자
		발급 의무 있음	발급 불가
부가가치세 납부 의무	납부 의무 있음	납부 의무 있음	면제

* 부동산임대업 및 과세유흥장소는 4,800만 원을 기준으로 일반/간이가 구분된다.

간이사업자는 세금계산서 발행 불가

간이사업자는 세금계산서를 발행할 수 없기 때문에 도매로 공급하거나 거래처와 거래 시 어려움이 있다.

쇼핑몰이 성장하면 비즈니스 관계인 거래처가 생기게 되는데, 보통 이런 거래처들과는 쇼핑몰에서 결제를 주고받지 않는다. 물품 대금을 계좌이체로 받게 되고 그에 따른 세금계산서를 발행해 주게 되는데, 이 과정에서 간이사업자는 세금계산서를 발행해 줄 수 없기 때문에 거래 대금을 증빙하는 것이 복잡해진다.

세금계산서 없이 거래하면 우리에게 물건을 사 간 거래처는 부가세를 제외한 물품 대금만 결제를 해야 하는 상황이 된다. 이러한 문제는 개인사업자 간의 거래에서는 큰 문제가 되지 않을 수 있으나 법인사업자와의 거래에서는 문제가 된다. 법인사업자는 매출입의 회계 장부가 정확히 일치해야 하기 때문에 꾸준한 거래를 위해서는 계산서 발행이 필수적이다.

그렇기에 처음부터 일반사업자로 시작해 세금에 대해서도 배우면서 성장하기를 바란다. 사업체를 운영하는 대표는 많은 것을 알고 있어야 한다. 일반 회사는 시스템이 갖춰져 있고 각 부서마다 담당자가 있지만 1인 사업자는 대표가 모든 것을 해야 한다.

2.1 사업자등록증 만들기

사업자등록증은 사업 사실을 세무서에 알리는 것으로, 사업을 하려면 사업자등록증을 내야 한다. 관할세무서 방문 또는 국세청 홈택스에서 온라인으로 신청할 수 있다. 사업자등록을 하려면 사무실이 있어야 하지만 온라인 판매를 위한 '통신판매업'은 주소지를 집으로 해서 등록할 수도 있다.

① 국세청 홈택스(https://www.hometax.go.kr)에 회원가입 후 로그인한다.

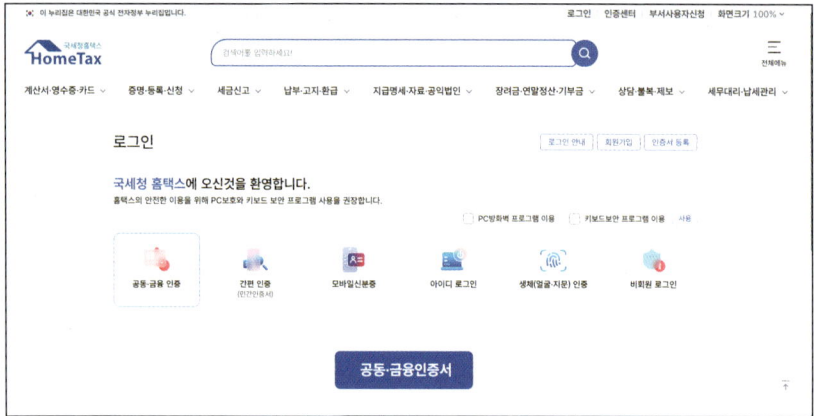

② 증명·등록·신청 → 사업자등록 신청·정정·휴폐업 → 개인 사업자등록 신청 → 통신판매업 간편 사업자등록 신청을 클릭한다.

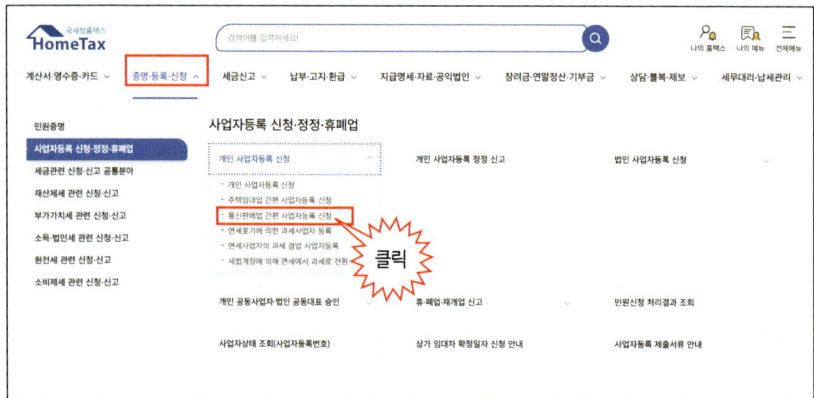

③ 대표자의 이름과 주민등록번호가 자동으로 입력되어 있다. 전화번호를 입력한다.

④ 사업장 정보를 입력한다. 업종 선택에서 업종 입력/수정 버튼을 클릭한다. 팝업창에서 업종코드 525101의 선택 버튼 클릭(업종은 복수 선택 가능) → 업종 등록 버튼을 클릭한다.

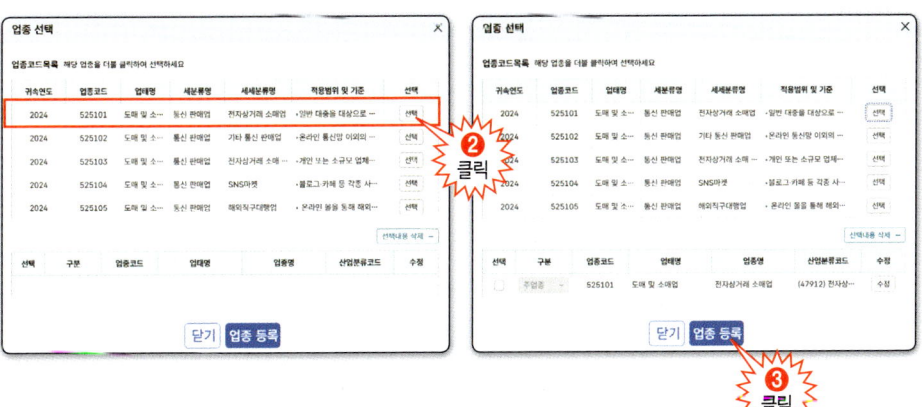

1장 온라인 쇼핑몰 시작하기 31

⑤ 업종이 선택되었다. 업종에 따른 선택사항, 사업자 유형을 선택하고 저장 후 다음 이동 버튼을 클릭한다

① **현금영수증 가맹점 가입**: '여'를 선택하면 사업자등록 완료 다음 날 가맹이 완료된다.
② **사이버몰 입력/수정**: 나의 쇼핑몰이나 홈페이지를 등록할 수 있다. 등록하지 않아도 된다.
③ **사업자 유형**: 농산물, 축산물, 수산물, 임산물, 도서 등 면세 상품만 판매할 계획이라면 '면세'를 선택할 수 있다.

⑥ 팝업창에서 파일찾기를 클릭해 증빙서류를 업로드한다. 제출 서류가 없다면 다음을 클릭한다. 증빙서류 첨부 안내 팝업창에서 다음을 클릭한다.

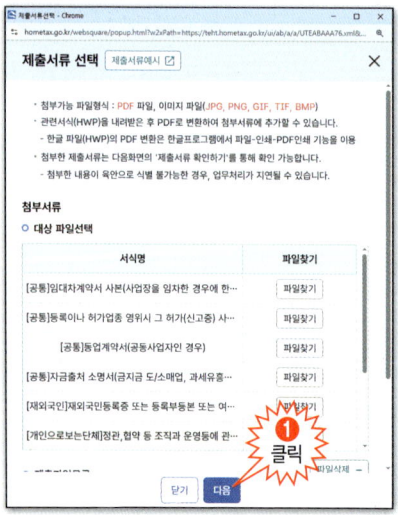

32 스마트스토어와 쿠팡에서 10억 벌기

⑦ 제출서류 확인하기를 클릭해 서류를 확인한 후 이상이 없으면 신청서 제출하기를 클릭한다.

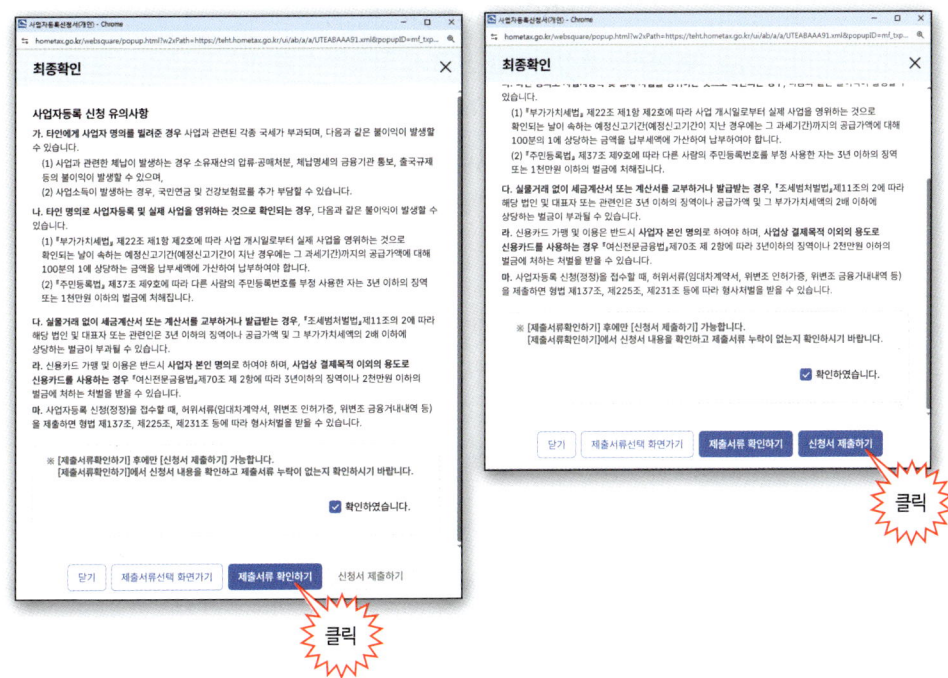

⑧ 신청 완료 후에는 민원신청 처리결과 조회에서 처리 상태를 확인할 수 있다. 처리 예정 기한은 3일 정도이다. 발급이 되면 발급번호를 클릭해 사업자등록증을 인쇄할 수 있다.

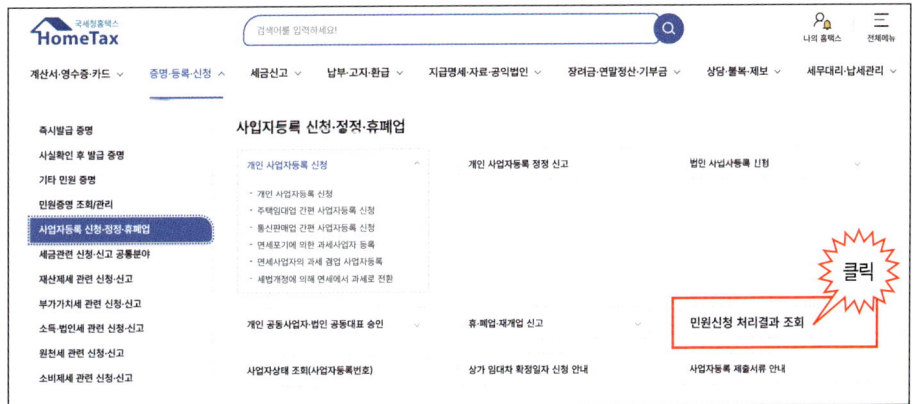

2.2 구매안전서비스 이용 확인증 다운로드하기

'구매안전서비스 이용 확인증'은 통신판매업 신고 시 필요한 서류이다. 발급은 은행 에스크로, 오픈마켓, 전자결제 스비스(PG)사를 통해서 받을 수 있다.
오픈마켓 판매자는 해당 오픈마켓에서 쉽게 다운로드할 수 있다.

스마트스토어 판매자

① 스마트스토어센터(https://sell.smartstore.naver.com/)에 로그인 후 판매자정보 → 판매자 관리 → 판매자 정보를 클릭한다.

② '판매자 정보' 탭 우측에 있는 구매안전서비스 이용 확인증 버튼을 클릭해 다운로드한다.(개인판매자는 '구매안전서비스 이용 확인증' 버튼이 없다. '사업자 전환' 신청을 해 사업자 판매자가 되어야 버튼이 노출된다.)

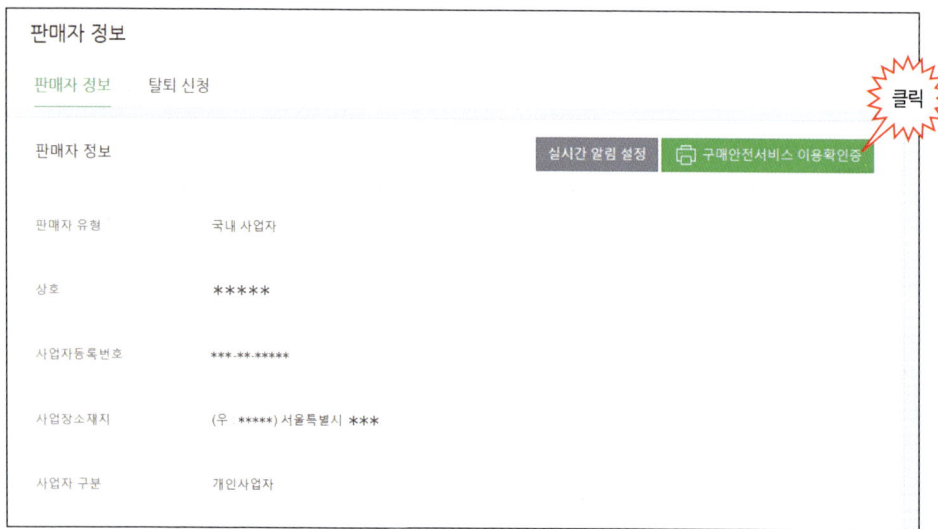

쿠팡 판매자

① 쿠팡윙(https://wing.coupang.com/)에 로그인한 후 판매자 정보 입력을 클릭한다.

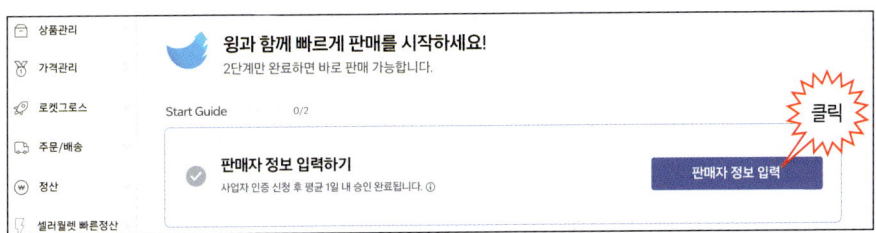

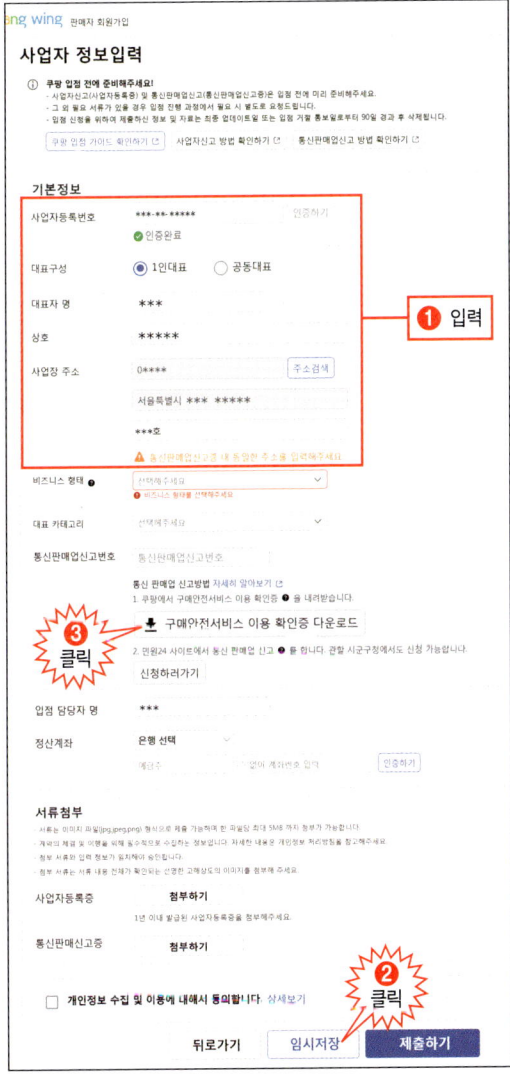

② 사업자등록번호, 대표자명, 상호, 사업장 주소를 입력한 후 임시저장을 클릭한 후 구매안전서비스 이용 확인증 다운로드 버튼을 클릭해 다운로드할 수 있다.

1장 온라인 쇼핑몰 시작하기 **35**

2.3 통신판매업 신고하기

① 정부24 홈페이지(https://www.gov.kr)에서 '통신판매업신고'를 검색한 후 '통신판매업 신고-시,군,구'의 발급하기 버튼을 클릭한다.

② 원하는 방식으로 로그인을 한다. (비회원 로그인으로도 할 수 있다.)

③ 통신판매업신고에 대한 안내와 유의사항이 나온다. 유의사항 확인에 체크하고 다음으로를 클릭한다.

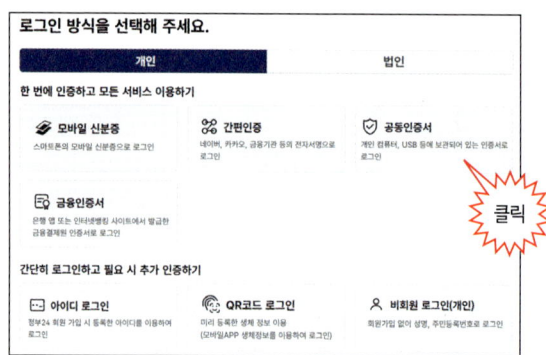

④ 상호 정보와 대표자 정보를 입력한다.

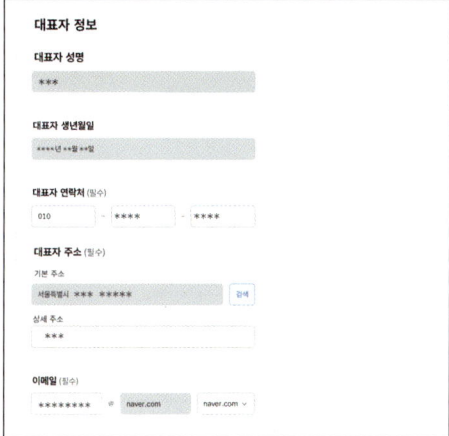

⑤ 판매 정보를 입력한다. '인터넷 도메인 이름'에는 판매자의 홈페이지나 블로그 주소 또는 '스마트스토어', '쿠팡' 등 오픈마켓 판매처를 입력한다.

⑥ 구비서류에서 파일첨부를 선택한 후 **구매안전서비스 이용 확인증**을 업로드한다.

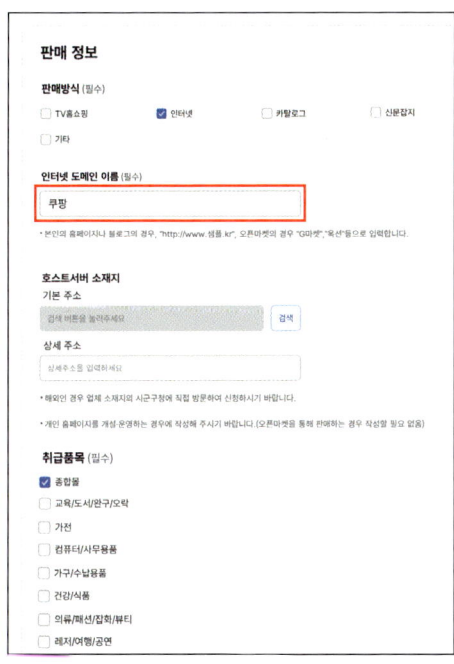
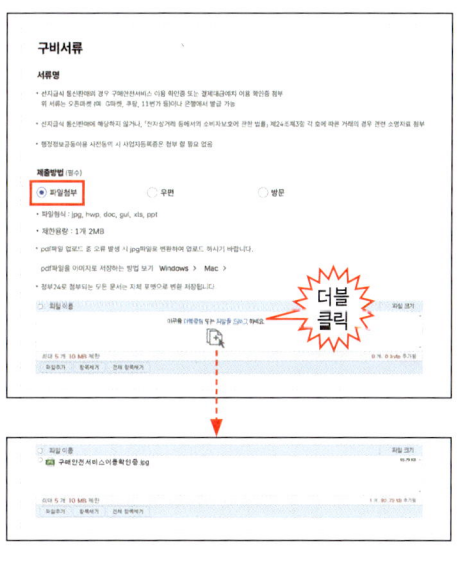

1장 온라인 쇼핑몰 시작하기 **37**

⑦ 신고증 수령방법을 선택한다. **신청하기**를 클릭하면 신청이 완료된다.

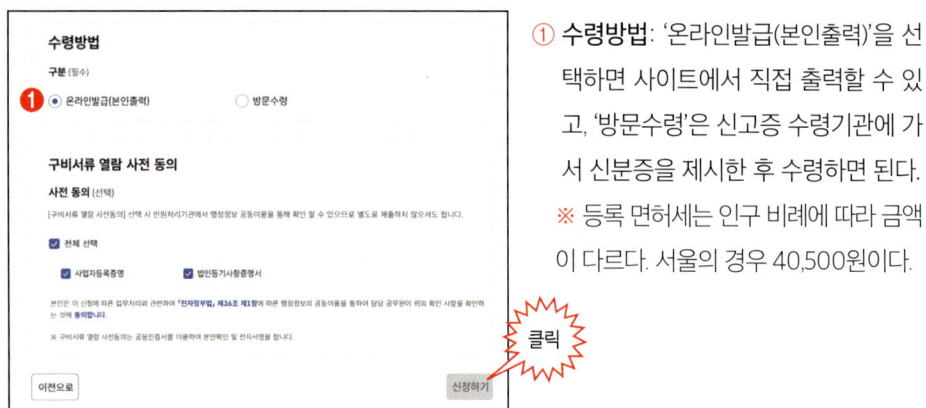

① **수령방법**: '온라인발급(본인출력)'을 선택하면 사이트에서 직접 출력할 수 있고, '방문수령'은 신고증 수령기관에 가서 신분증을 제시한 후 수령하면 된다.
※ 등록 면허세는 인구 비례에 따라 금액이 다르다. 서울의 경우 40,500원이다.

⑧ 신청내역은 MyGOV→나의 신청내역에서 확인할 수 있다.

3 세금 신고

세금 신고는 기본적인 것만 알아도 된다. 어떤 세금을, 언제 내고, 세무사에게 어떤 자료를 보내야 하는지 정도면 충분하다.

어떤 사업자는 '기장'이 불필요한데도 맡기기도 한다. 경험상 연 매출 2~3억대인 1인 개인사업자는 기장까지는 필요 없다. 기장이란 세무사를 수임대리인으로 지정해 세금 관련 업무를 맡기는 것으로, 매달 인건비, 계산서, 매출·매입 자료 등을 관리받고 비용을 지불한다.

사업자는 '기장' 또는 '신고 대리'로 세무사에게 세금 신고를 위탁할 수 있다. 기장은 매달 비용을 내고 관리받는 것이고, 신고 대리는 세금 신고 시 일회성으로 이용한다. 매출이 적고 인건비 지출이 없다면 신고 대리만으로도 충분하다. 단, 매출에 따라 기장이 필수가 될 수 있으니, 기준 매출 초과가 예상되면 미리 세무사와 상의해 기장을 진행하는 것이 좋다.

여러 사업자를 운영한다면 복식부기 의무자 기준은 매출이 가장 높은 사업자를 따른다. 올해 수입금액이 복식부기 의무자에 해당하면 내년부터 기장을 맡기는 게 좋다. 복식부기는 일반인이 하기 어렵기 때문이다.

복식부기 의무자가 간편장부로 신고하면 '무신고 가산세'를 내야 한다.

■ 직전 연도 업종별 수입금액 기준

업종별	복식부기 의무자	간편장부 대상자	기준경비율 적용대상자	단순경비율 적용대상자
가. 농업·임업 및 어업, 광업, 도매 및 소매업(상품중개업을 제외한다), 부동산매매업, 아래에 해당하지 않는 사업	3억원 이상자	3억원 미만자	6천만원 이상자	6천만원 미만자
나. 제조업, 숙박 및 음식점업, 전기·가스·증기 및 공기조절 공급업, 수도·하수·폐기물처리·원료재생업, 건설업(비주거용 건물 건설업은 제외), 부동산 개발 및 공급업(주거용 건물 개발 및 공급업에 한정), 운수업 및 창고업, 정보통신업, 금융 및 보험업, 상품중개업, 욕탕업	1억5천만원 이상자	1억5천만원 미만자	3천6백만원 이상자	3천6백만원 미만자
다. 부동산 임대업, 부동산업(부동산매매업 제외), 전문·과학 및 기술 서비스업, 사업시설관리·사업지원 및 임대 서비스업, 교육 서비스업, 보건업 및 사회복지 서비스업, 예술·스포츠 및 여가관련 서비스업, 협회 및 단체, 수리 및 기타 개인 서비스업, 가구내 고용활동	7천5백만원 이상자	7천5백만원 미만자	2천4백만원 이상자	2천4백만원 미만자

04 네이버 스마트스토어 가입과 판매 준비

1 가입 전 미리 준비하자

1.1 스토어 이름

스토어 이름은 내 쇼핑몰의 상단에 노출되면서 고객들에게 알려지고 브랜딩되는 것이기에 신경 써서 지어야 한다.

스마트스토어의 이름은 원칙적으로 1회만 변경할 수 있다. 그만큼 신중하게 지어야 하지만 이름을 짓는다고 너무 시간을 허비하진 말자. 이름보다 중요한 것은 사업을 시작하고 꾸준히 해나가는 것이다. 이름을 짓는 것이 사업은 아니다.

스토어 이름 짓기

① **정체성을 담은 이름**

정체성을 담은 이름이 가장 좋다. 스토어의 방향성과 의미를 담은 단어나 문구 리스트를 만들고, 사람들이 쉽게 기억할 수 있도록 6자 내외로 짓자. 식품 쇼핑몰이라면 '○○유통', '○○상회'처럼 다양성을 암시하거나, '○○정육', '○○야채'처럼 특정 카테고리를 명확히 보여주는 이름이 있다.

② **판매하고 싶은 카테고리**

판매 아이템이나 카테고리와 연관 짓는 것도 좋다. 건설용품 쇼핑몰이라면 '○○안전용품'이나 '○○건설자재'처럼 지으면 상품 신뢰도를 높이고, 고객에게 쉽게 기억되어 재방문을 유도할 수 있다.

③ **제품의 브랜드/제조사**

판매 제품에 브랜드가 있다면 스토어명에 넣어주자. 고객은 정품이라 생각한다. 직접 제조한다면 제조사 느낌이 나도록 짓는다. 철강 제품이라면 '○○금속', '○○스틸'처럼 지으면 전문몰 느낌으로 고객 클릭률을 높일 수 있다.

④ **기억하기 쉬운 이름**

브랜딩을 염두에 두고 기억하기 쉬운 이름으로 짓는다. 기억하기 쉬운 이름이란 제품/제조사/브랜드와 연관되고 독창적이며 짧은 이름이다. 스토어가 브랜딩 되면 고객은 스토어명을 기억하고 검색해서 들어온다.

TIPS! 상표 등록 확인하기

특허정보검색서비스 키프리스(https://www.kipris.or.kr/)에서 상표 등록 여부를 확인할 수 있다. 검색에서 내가 등록하고자 하는 상호를 검색해 보고 '상표' 항목에서 이미 사용하고 있는 업체가 있는지 확인해 본다. 등록되어 있지 않은 이름으로 스토어명을 지으면 나중에 내 브랜드를 확장하는 데 용이하다.

1.2 스토어 URL

스토어 URL은 플랫폼 주소 뒤에 고유 주소를 붙여 사용하며, 보통 스토어 이름의 영문 스펠링으로 한다. 스마트스토어 URL(예: https://smartstore.naver.com/고유주소)의 고유 주소는 설정 후 변경이 안 되지만, 스토어 이름을 바꾸면 변경 가능하다.

예를 들어 '○○안전용품'이라면 '스토어명 + safety'나 '스토어명 + shop'처럼 지을 수 있다. 단, URL도 너무 길지 않게 하는 것이 좋다.

고객이 지인에게 URL을 공유할 때 너무 길고 복잡하면 클릭을 망설일 수 있다. 제품 URL은 스토어URL/제품번호로 구성되는데, 스토어명이 길면 URL이 복잡해 보이므로 스토어 이름은 영문으로 간단하게 작성하는 것이 좋다.

개인 도메인으로 URL 변경하기

개인 도메인을 구매해 스토어 URL을 바꿔 사용할 수도 있다. 고객이 URL을 크게 인지하진 않지만, 쇼핑몰 성장 후엔 도메인 업체에서 저렴하게 구입해 보기 좋은 도메인을 사용할 수 있다. 도메인 구입 후 스마트스토어센터의 **스토어 관리 → 스토어 설정 → 기본정보 관리**에서 스토어 URL을 '개인도메인'으로 설정하면 된다.

마켓 정체성과 방향성이 정해지면 도메인 구입을 고려해 보자.

스마트스토어 URL 변경하기

스마트스토어 기본 도메인(https://smartstore.naver.com/고유주소)의 고유 주소를 바꾸고 싶을 때가 있다. 개인 도메인을 사용하지 않으면 원칙적으로 변경은 안 되지만, 스토어명을 변경했다면(1회만 가능) URL 변경 신청이 가능하다.

스토어명 변경 후 스마트스토어센터 톡톡상담을 통해 필수 정보 입력 후 변경할 수 있다. 주의할 점은 URL 주소 변경 시 웹사이트 노출 랭킹이 하락할 수 있으니 신중히 결정해야 한다.

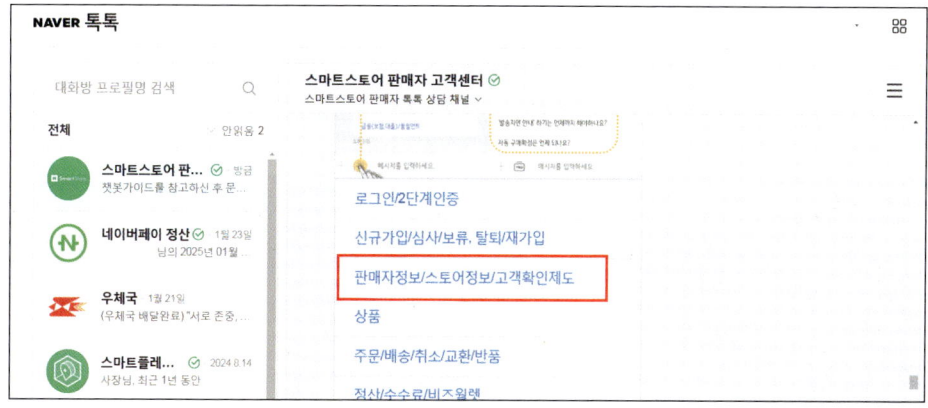

 모바일팩스와 렌즈 앱

아직 사무기기를 갖추지 못했다면 '모바일팩스와 'Lens' 앱을 이용해 보자. 모바일팩스는 휴대폰으로 간편하게 팩스를 주고받을 수 있는 무료 앱이다. 모바일팩스에 가입하면 팩스번호를 받을 수 있는데, 온라인 판매를 하다 보면 서류를 보내야 하는 곳이 많이 생기기 때문에 정말 유용하게 사용할 수 있다. Lens 앱은 마이크로소프트사에서 개발한 서류 촬영에 특화되어 있는 앱이다. 사용법도 직관적이고 문서를 인식하는 수준도 매우 좋다.

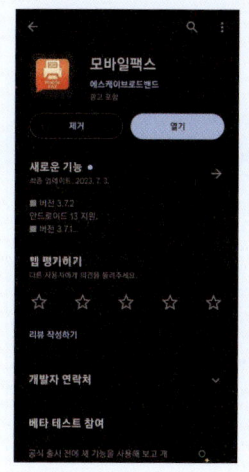  

모바일팩스   lens

스마트스토어 가입하기

① 네이버에서 '네이버 스마트스토어센터'를 검색한 후 클릭한다. 가입하기를 클릭한다.

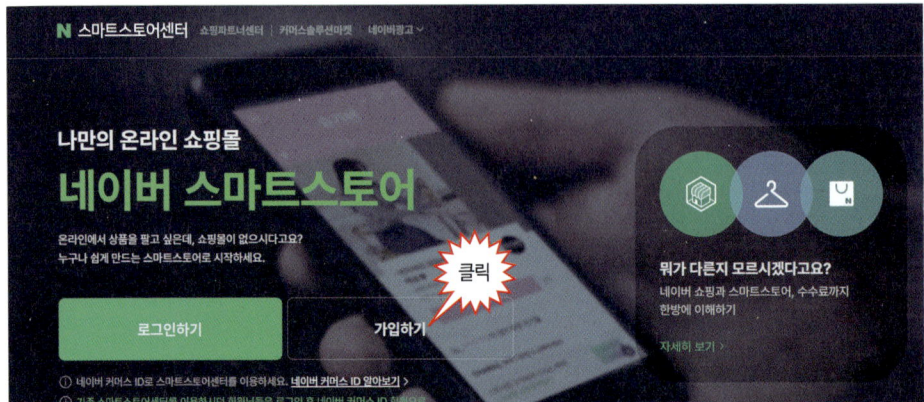

② 가입하기 전 '네이버 커머스 ID'를 만들어야 한다. 기존에 사용하던 네이버 아이디를 이용해 간단한 본인인증을 하면 가입할 수 있다. 네이버 아이디로 가입하기를 클릭한다. ('이메일 아이디 가입하기'를 클릭하면 새로운 커머스 아이디로 회원가입을 할 수 있다. 직원과 같이 아이디와 비번을 공유해야 한다면 새로운 커머스 아이디를 만들면 된다.)

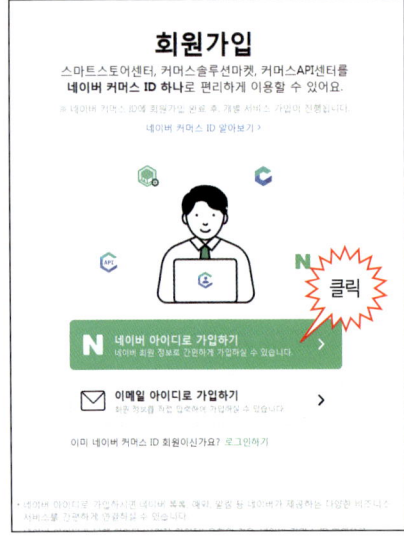 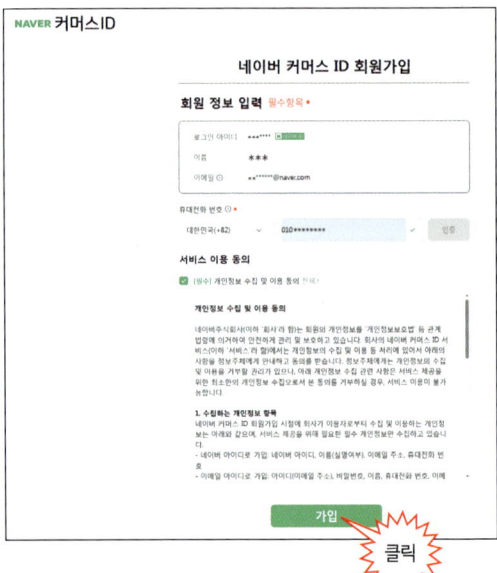

③ 인증이 완료되면 커머스 ID 회원가입이 끝나고 스마트스토어 가입 화면으로 이동한다.

④ 이메일이나 휴대전화로 2단계 인증을 하고 로그인한다.

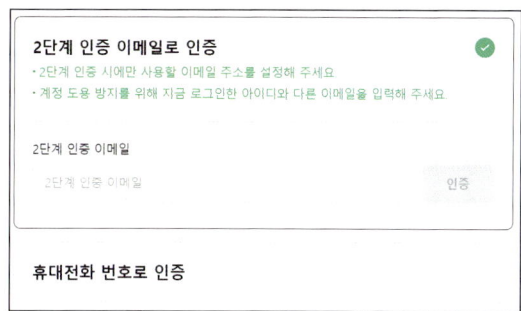

⑤ 판매자 유형 선택 화면이다. 사업자등록증을 발급하지 않고 판매를 해보려면 '개인'을 선택하고 사업자등록증이 있다면 '사업자'를 선택한다.

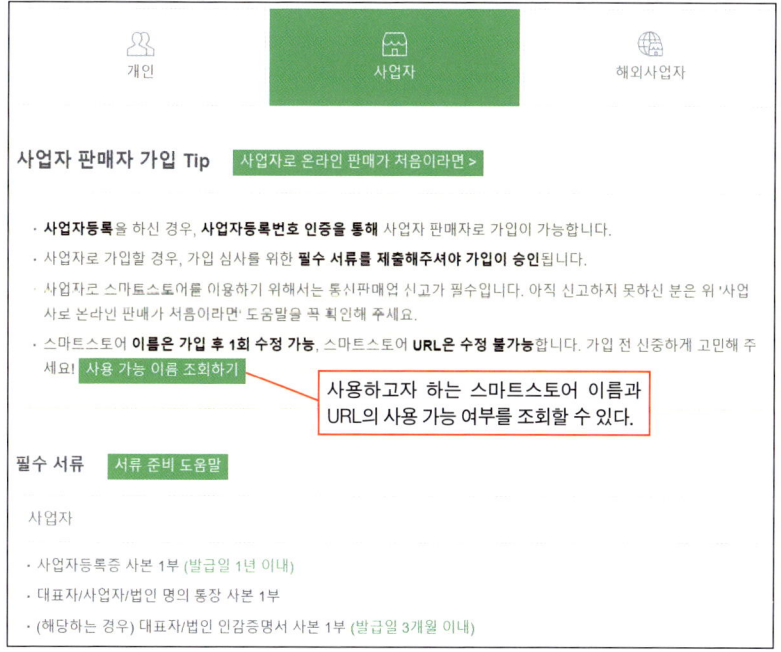

⑥ 네이버 쇼핑과 네이버 톡톡의 토글 버튼을 클릭해 활성화(사용함)하고 다음을 클릭한다. 네이버 쇼핑과 연결해야 스마트스토어에 업로드하는 제품이 네이버 검색에 노출된다. 네이버 톡톡은 구매자와 톡톡을 할 수 있도록 설정하는 기능으로, 톡톡을 이용하면 오배송이나 불량에 관한 자료를 받아볼 수 있어 편리하다.

⑦ 이용 약관에 동의하고 다음을 클릭한다.

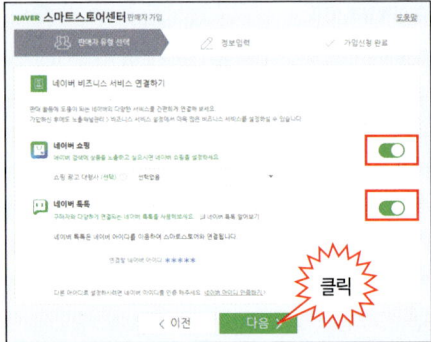

⑧ 판매자 정보를 입력하고 다음을 클릭한다.

⑨ 스토어 이름, URL, 소개글, 고객센터 번호를 입력하고 다음을 클릭한다.

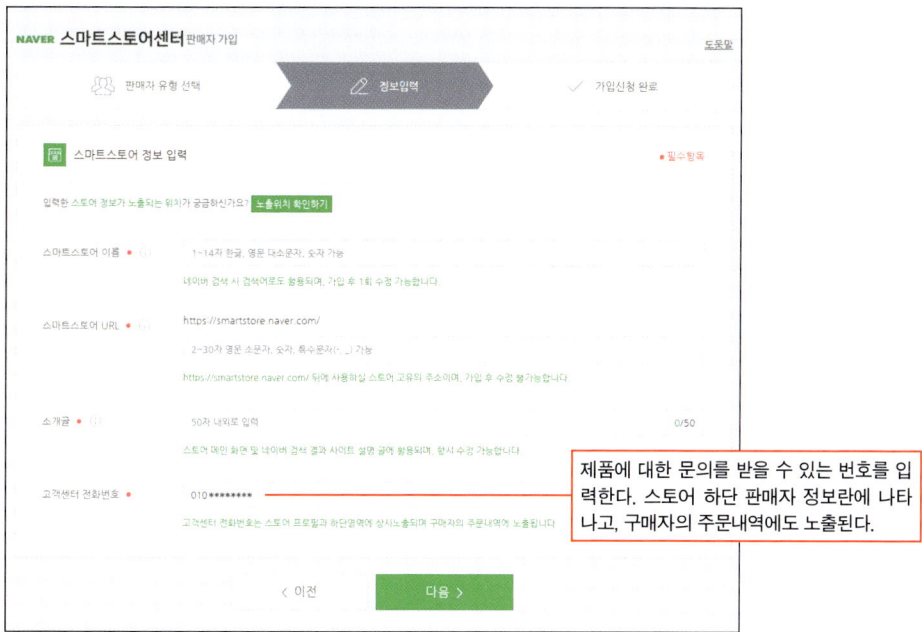

⑩ 판매할 상품의 정보를 입력한다.

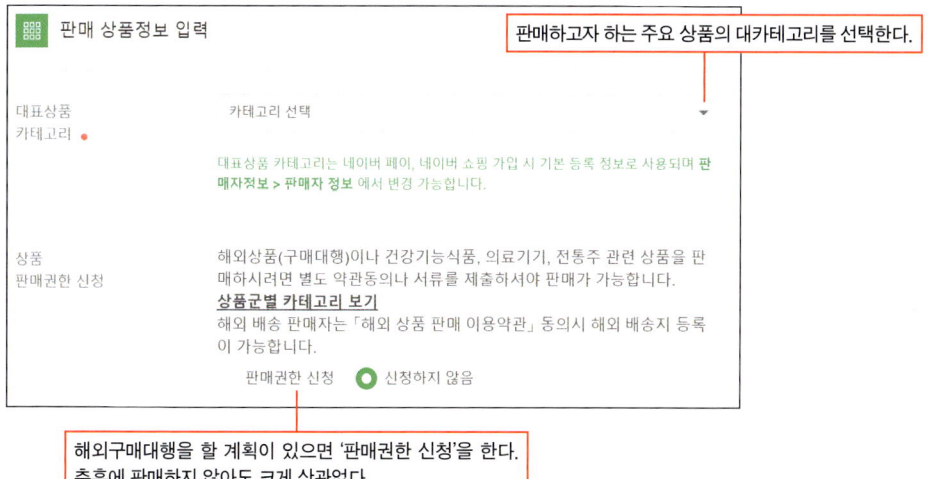

⑪ 상품 출고지 주소, 반품/교환지 주소, 정산대금 입금계좌를 입력한다. 담당자 정보를 입력하고 신청완료를 클릭하면 스마트스토어 가입이 완료된다.

TIPS! 사업자통장

개인사업자는 개인 통장을 사용해도 무방하지만 사업자통장을 개설하는 것을 추천한다. 거래처에서의 대금 입금, 비용 지출 등 사업 관련 입출금은 사업자 통장에서 별도로 관리하면서 사업을 운영하는 것이 좋다.
은행을 방문해 사업자통장을 개설하면 부기명으로 사업자 이름을 넣을 수 있기 때문에 수입 대금을 송금할 때 입금자 변경을 해주지 않아도 되니 편리하다.

③ 스마트스토어 수수료

스마트스토어는 타 오픈마켓에 비해 판매수수료율이 낮은 편이다. 상품이 판매되면 **네이버 쇼핑 판매수수료 + 네이버페이 주문관리 수수료**가 부과된다.

네이버 쇼핑 판매수수료

그동안 네이버 쇼핑 노출 연동 시 부과되던 유입수수료 2%(부가세 포함)는 폐지되었다. 대신 유입경로와 무관하게 스마트스토어에서 거래되는 모든 판매에 대해 판매수수료가 부과된다(2025년 6월 2일부터).

구분	스마트스토어 (판매자마케팅)*	브랜드스토어 (판매자마케팅)*	스마트스토어 판매수수료	브랜드스토어 판매수수료
표기수수료율	0.91%	1.82%	2.73%	3.64%
실제수수료율	0.909%	1.818%	2.727%	3.636
정산시 수수료율 (VAT 포함)	1%	2%	3%	4%

* 네이버 마케팅 또는 스마트스토어 판매자센터에서 '마케팅 링크'를 발급받아 적용한 외부 마케팅을 통해 발생된 주문 건

네이버페이 주문관리 수수료

주문관리 수수료는 국세청에 선정된 사업자의 매출등급을 기준으로 수수료율을 적용한다. 결제금액(상품주문번호)을 기준으로 하며, 수수료율은 부가세 포함이다.

이제 시작하는 셀러는 대부분 '영세' 등급을 받는데 연매출 기준으로 3억 원 이하 판매자나. 개인판매자는 '일반' 등급으로 3.630%를 적용받는다.

매출액에 따른 구분	국세청 매출액 기준	네이버페이 주문관리 수수료(VAT 포함)
영세	~3억 원	1.947%
중소1	3~5억 원	2.563%
중소2	5~10억 원	2.728%
중소3	10~30억 원	3.003%
일반(개인판매자)		3.630%

4 스마트스토어 정산

스마트스토어 제품 판매대금은 구매확정일(정산기준일) +1영업일에 입금된다. 만약 구매자가 5일에 구매확정을 눌렀다면 다음 날인 6일에 판매자 아이디의 비즈 월렛이나 계좌에 입금된다. 구매확정은 구매자가 제품을 정상적으로 수령했다는 뜻인데, 보통 구매자들은 구매확정을 잘 해주지 않는다. 이럴 경우 배송 완료일+8일 후에 자동으로 구매확정 처리가 된다.

스마트스토어 정산일

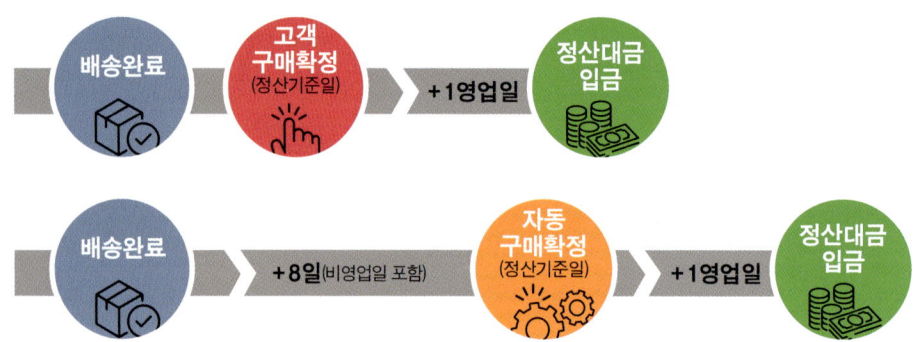

 **네이버 빠른정산**

네이버 빠른정산은 구매자가 구매확정을 누르지 않아도 집화처리 +1영업일 후 정산이 되는 서비스다. 스마트스토어센터 **정산관리 → 빠른정산**에서 빠른정산에 관한 내용을 확인할 수 있고, 해당이 되면 신청을 할 수 있다. 빠른정산 신청은 국내 사업자판매자만 가능하다.

구분	승인 조건	유지 조건
거래건수	신청월 직전 3개월 연속 월 20건 이상	직전 3개월 합계 10건 이상
반품률	신청월 직전 3개월 연속 반품률 20% 미만	직전월 반품률 20% 미만

05 쿠팡 판매자 입점과 판매 준비

1 쿠팡 판매자 입점하기

쿠팡에서 판매를 하기 위해서는 '사업자등록증'과 '통신판매업 신고증'이 있어야 한다. 판매자 회원가입은 아이디와 비밀번호, 이메일주소, 휴대폰번호 인증만 하면 쉽게 가입할 수 있다. 그후 사업자등록증과 통신판매업신고증을 업로드하고 사업자 인증을 하면 쿠팡에서 상품을 판매하고 정산을 받을 수 있다.

① 네이버 검색창에 '쿠팡 판매자센터'를 검색한 후 쿠팡 판매자 입점 홈페이지를 클릭한다.

② 쿠팡 판매자센터에서 사용할 아이디, 비밀번호, 이메일을 입력한다. 휴대폰번호를 인증받고, 비즈니스 형태를 선택한다. 약관 통의에 체크 후 약관 동의하고 가입하기를 클릭하면 회원가입이 완료된다.

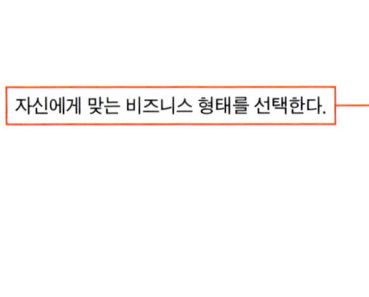

자신에게 맞는 비즈니스 형태를 선택한다.

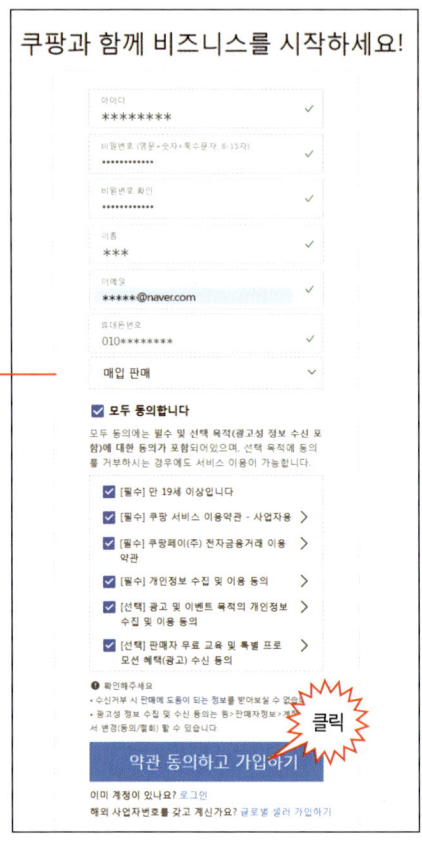

③ 쿠팡 판매자센터인 쿠팡 WING 화면이 나온다. 정상적인 판매를 하기 위해서는 사업자를 인증해야 한다. 판매자 정보 입력 또는 사업자 인증하기를 클릭한다.

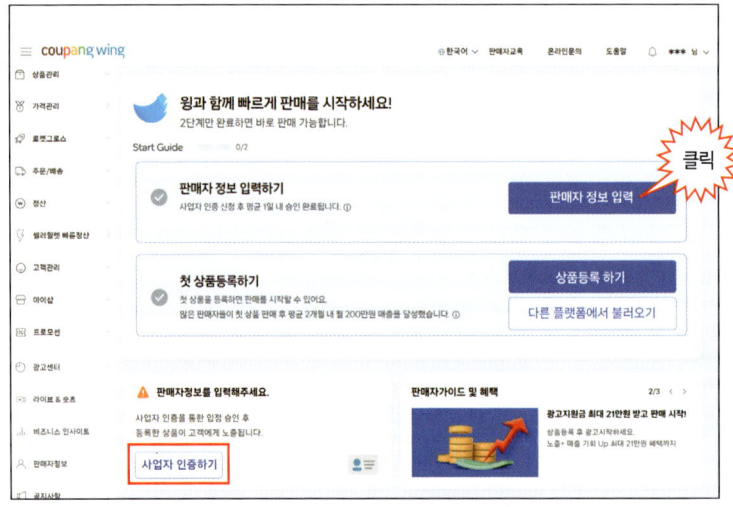

④ 사업자 기본 정보를 입력하고, 사업자등록증과 통신판매신고증을 첨부하고 제출하기를 클릭하면 입점이 완료된다.

1장 온라인 쇼핑몰 시작하기 53

❷ 쿠팡 판매 방식

쿠팡은 판매자배송(마켓플레이스), 로켓그로스, 로켓배송 3가지 판매 방식이 있다. 기본적으로 쿠팡 마켓플레이스(쿠팡 WING)에 가입한 후 진행할 수 있다.

판매자배송
- 쿠팡윙에 가입해 상품을 판매하는 일반적인 오픈마켓 판매 방식
- 상품등록, 주문 처리 및 배송, 반품, 교환, CS 등 판매에 관한 전반적인 일을 판매자가 직접 처리한다.

로켓그로스
- 판매자가 쿠팡 물류센터에 상품을 입고하면 보관, 주문 처리, 배송, 고객 응대 등을 쿠팡이 해주는 쿠팡 풀필먼트 서비스 판매 방식
- 로켓배송의 빠른 배송 서비스 제공
- 판매자로켓 배지 부착

로켓배송
- 쿠팡에서 판매자(공급사)의 상품을 직매입해 판매하는 방식
- 로켓배송 배지 부착

구분	판매자배송	로켓그로스	로켓배송
배지 부착	해당 없음	판매자로켓	로켓배송, 로켓와우
판매 주체	판매자	판매자	쿠팡
수수료	카테고리별 상이	마켓플레이스와 동일	-
판매 가격 결정	판매자	판매자	쿠팡
판매 조건 결정	판매자	판매자	쿠팡
입고 요청	판매자	판매자	쿠팡
배송 주체	판매자	쿠팡풀필먼트서비스(CFS)	쿠팡
배송 유형	판매자 지정 배송사별 상이	당일/익일/새벽 로켓배송 (주말 및 공휴일 포함)	당일/익일/새벽 로켓배송 (주말 및 공휴일 포함)
재고 소유권	판매자	판매자	입고 후 쿠팡
반품처리	판매자	쿠팡풀필먼트서비스(CFS)	쿠팡
고객 문의 대응	판매자	쿠팡	쿠팡
판매 관리 시스템	WING	WING	Supplier Hub

3 쿠팡 수수료

쿠팡의 판매수수료는 4~10.9%(부가세 별도)로, 스마트스토어보다는 높은 편이다. 수수료율은 플랫폼의 정책에 따라 변경될 수 있다. 상품등록 시 카테고리를 설정하면 판매수수료율이 표시되니 참조하면 된다.

쿠팡에서 판매를 하면 다음과 같은 수수료가 발생한다.

카테고리 수수료
- 상품 판매수수료로, 상품의 카테고리에 따라 고객 결제금액의 **4~10.9%**(부가세 포함) 부과

※ 쿠팡윙에서 도움말 → '판매수수료'를 검색해 '카테고리별 수수료 자세히 보기'를 클릭하면 카테고리별 자세한 수수료를 확인할 수 있다.

배송비 수수료
- 배송비가 있을 경우 배송비의 **3%**(부가세 별도) 부과

판매자서비스이용료
- 판매자의 판매 활동을 돕기 위해 쿠팡에서 제공하는 각종 서비스에 대한 대가로 부과하는 금액
- **월 매출이 100만 원 초과하면 월 5만 원 부과**

기준	설명
부과 단위	판매자 단위
매출 기준	판매자 월 매출 100만 원 이상 - 단, 가전/컴퓨터/디지털의 경우 월 매출 500만 원 이상 - 매출금액 집계 시 배송비는 포함하지 않음
부과 기준	월 매출이 매출 기준 초과 시 매월 부과
판매자서비스이용료	5만 원(부가가치세 별도)/판매자
정산 차감 시점	월정산: 월정산 지급 시점 주정산: 최종액 지급 시점

4 쿠팡 정산

쿠팡은 구매확정일을 기준으로 매출을 인식하고 정산하는데, 구매확정일은 고객이 직접 구매확정을 해주는 날 또는 배송완료 +7일(주말, 공휴일 포함)이 되는 날이 자동 구매확정일 이다.

쿠팡의 정산은 '주정산'과 '월정산'이 있는데, 판매자가 쿠팡윙 → 판매자정보 → 추가판매정보에서 선택할 수 있다. 쿠팡은 정산기일이 스마트스토어에 비해 긴 편이다.

쿠팡 마켓플레이스 판매 방식의 정산일

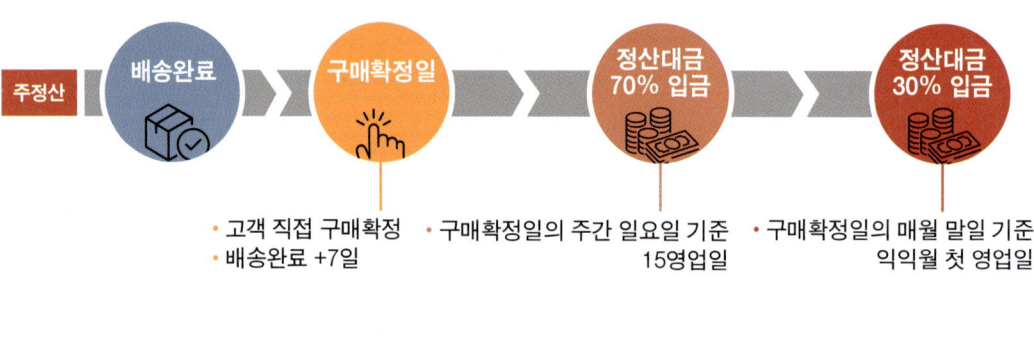

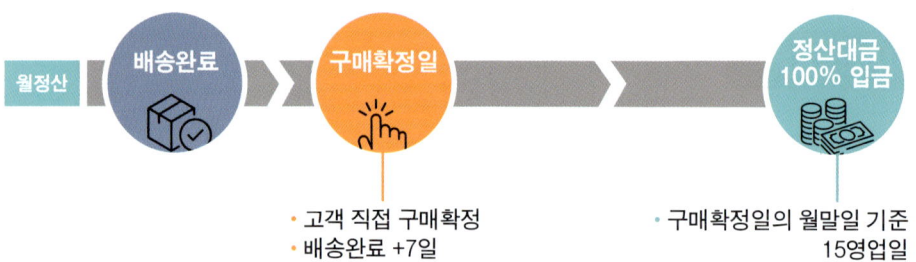

2장

팔리는 아이템을 찾자

01 초보 셀러가 공략해야 할 키워드

1 팔아야 할 제품을 찾는 것이 쇼핑몰의 전부이다

아이템 소싱은 쇼핑몰의 시작과 끝이라고 할 수 있다. 우리는 이 일을 무수히 반복해야 하고 그것이 판매자가 하는 일 중에서 가장 중요한 일이다.

당장 눈앞에 있는 물건을 하나하나 살펴보라. 하나의 물건을 세부적으로 나누어 관찰해 보면 정말 많은 아이템을 찾을 수 있다. 나는 지금 카페에 있다. 내 앞에는 아이스 아메리카노가 한 잔 있다. 이것을 세부적으로 나눠보면 컵, 뚜껑, 빨대, 종이홀더로 구성되어 있고, 안에 담긴 음료는 커피 분말과 물, 얼음으로 되어 있다. 이 모든 것이 하나의 아이템이다. 또 커피를 만들기 위해 필요한 생두, 로스팅기 등 생각의 가지를 펼쳐보면 많은 아이템을 찾을 수 있다.

여기서 판매자는 자신이 팔고 싶은 제품, 익숙한 제품을 판매하고자 할 것이다. 내가 제일 잘 알고 사용해 봤기 때문에 설명하기도 쉽다. 그래서 그 물건을 소싱하기 위해 다양한 도매처를 찾아본다. 하지만 판매해도 마진이 별로 없다는 것을 곧 깨닫게 된다. 많은 사람이 이런 식으로 소싱을 시작한다. 초보자가 많이 하는 실수다.

그럼 어떤 물건을 팔아야 할까?

아마도 우리가 팔게 될 제품은 우리가 모르는 물건일 확률이 높다. 평범한 일반인이 사용하는 제품이라면 이미 많은 브랜드와 업체들이 가격 경쟁력을 갖고 있기 때문에 이것을 뚫고 판매해 마진을 남기는 것은 상당히 어려운 일이다. 우리 같은 초보자가 하기에는 어려운 아이템이다.

팔아야 할 물건은 내가 팔고 싶은 물건이 아니라 내가 팔 수 있는 물건이어야 한다.
내가 팔 수 있는 물건은 데이터로 검증하는 것이 가장 정확한 방법이다.

앞서 이야기했던 내가 1,000원에 샘플을 사입해 판매했던 제품을 기억하는가? 그 물건을 보고 아내는 비웃었다. 누가 이런 걸 쓰냐며…. 여러분은 이런 제품을 판매해야 한다. 소수의 사람이 찾으며 검색량조차도 미미하지만 경쟁자가 적은 상품이다. 사실 우리는 이러한 키워드를 찾기 위해 매일 반복 작업을 하는 것이다.

 **어떤 카테고리를 파는 것이 좋을까?**

어떤 카테고리를 해도 상관없지만 처음에는 '생활건강' 카테고리로 시작하는 것을 추천한다. 초보 셀러가 시작하기에 좋고, 별도의 인증이 필요 없는 제품들도 많이 있다.
초보 셀러가 피해야 할 카테고리는 신생아 유아용 제품이다. 유아용 제품은 상당히 까다로운 법적 인증 절차를 요구한다. 또 건강식품이나 의료용품도 조심해서 할 품목이다. 건강과 관련된 제품은 의료용품으로 분류되어 국내에서 인증을 받게 되어 있다. 이러한 제품은 초보 셀러가 시작하기에는 어려운 면이 있다.
그렇기 때문에 우리가 일상생활에서 흔히 사용하고, 특별히 위험하지 않고, 누구나 쓸 수 있는 제품들로 시작하는 것이 좋다. 생활건강 카테고리에 이런 제품이 많다. 실제로 네이버의 스마트스토어 연령대별 창업 카테고리를 보면 20~50대에 걸쳐 1위가 생활건강이다. 그 뒤를 이어 20대는 패션의류, 30대는 패션잡화, 40~50대는 식품이다.

02 데이터로 아이템 찾기

무료 데이터 검색 플랫폼은 많이 있는데, 필자는 다음 3가지를 주로 이용한다.

- 아이템스카우트(https://itemscout.io)
- 판다랭크(https://pandarank.net)
- 네이버 데이터랩(https://datalab.naver.com)

이 플랫폼을 이용해 몇 가지 조건으로 필터링을 한다.

- 검색량 10,000건 이하
- 상품 개수 5,000건 이하
- 다음 계절의 아이템

이렇게 둘러보다 보면 처음 보는 제품들이 많이 있다. 나는 모르지만 사람들이 많이 검색하고 있는 제품들이 있을 것이다. 그런데 이와 같은 이커머스 분석 프로그램은 많이 있고, 누구나 사용할 수 있다. 유료 프로그램은 더 많은 정보와 분석 결과를 제공해 준다. 이커머스 셀러는 대부분 이러한 프로그램을 한두 개 이용하고 있다. 즉 내가 아는 정보를 다른 셀러들도 충분히 알 수 있다는 것이다. 좀 더 경쟁력 있는 아이템을 발굴하기 위해서는 이러한 정보를 바탕으로 해서 자신만의 인사이트가 있어야 한다. 하나의 키워드를 찾았다면 거기에서 생각을 확장해서 또 다른 키워드를 검색해 보면서 남들이 놓친 키워드를 찾아야 한다. 우리가 찾아야 할 제품이 바로 그런 아이템이다.

① 아이템스카우트

1.1 아이템스카우트 회원가입

① 아이템스카우트(https://itemscout.io/)에서 로그인 → 회원가입을 클릭한다.

② 가입할 이메일을 입력하고 인증코드 발송을 클릭한다. 인증코드를 확인한 후 입력한다.

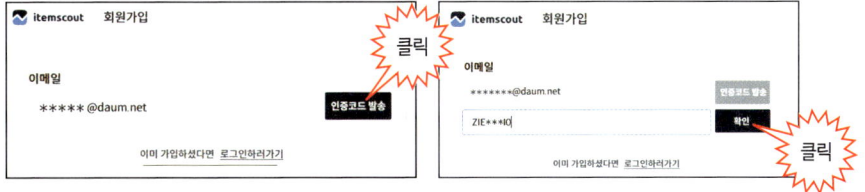

③ 휴대전화 인증 완료 후 회원가입 페이지에서 비밀번호를 입력하고 회원가입을 클릭하면 무료회원 가입이 완료된다.

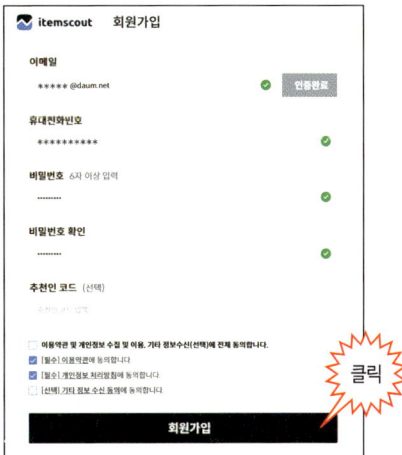

1.2 아이템스카우트 확장 프로그램 설치하기

아이템스카우트 확장 프로그램을 추가해야 아이템스카우트에서의 다양한 분석 결과를 확인할 수 있다. 확장 프로그램은 무료 회원은 월 30회 이용할 수 있고, 유료 회원은 무제한 이용할 수 있다.

① 크롬이나 엣지에서 '아이템스카우트 확장 프로그램'을 검색한 후 클릭한다.

② chrome에 추가를 클릭하고 확장 프로그램 추가를 클릭하면 완료된다.

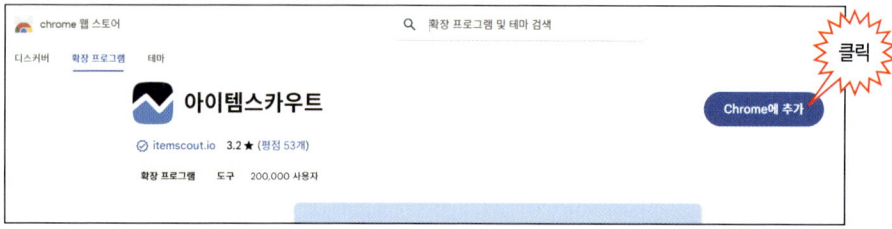

③ 크롬 확장 프로그램에서 추가된 것을 확인할 수 있다.

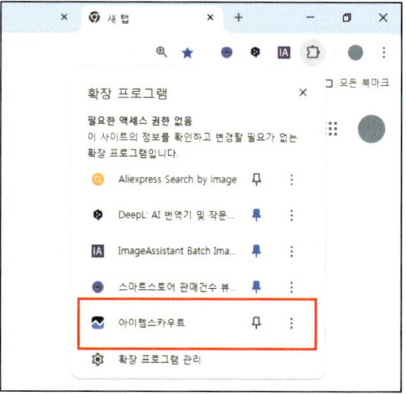

1.3 아이템스카우트에서 아이템 발굴하기

① 아이템스카우트 아이템발굴 탭에서 카테고리를 선택하고 검색 필터를 설정한다.

② 리스트에 나오는 제품을 하나씩 클릭해 어떤 제품인지 살펴본다. 상품 중에는 브랜드 제품도 나오고, 특정 브랜드의 상품 품번도 나온다. 이런 아이템들은 제외하고 단순하게 제품 이름으로만 되어 있는 상품들을 찾아 둘러본다.

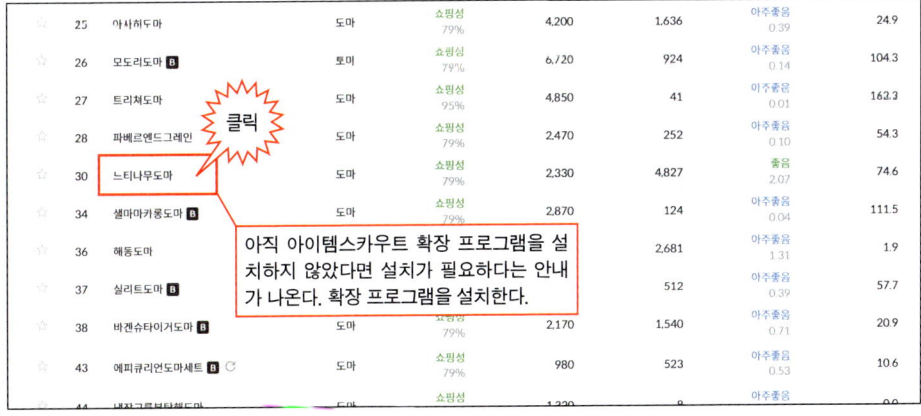

③ '개요' 탭에서는 상품수, 한 달 검색수, 상품 종합지표, 종합 차트, 네이버 블로그, 카페 글을 보여준다. 연관 키워드도 확인할 수 있다.

'상품 목록', '연관 키워드', '검색최적화' 탭에서 키워드 관련 다양한 정보를 확인할 수 있다.

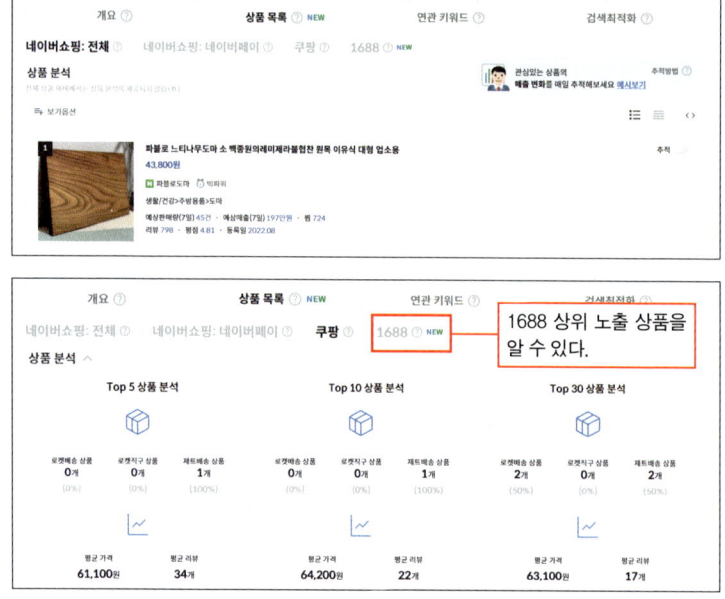

1688 상위 노출 상품을 알 수 있다.

1.4 네이버플러스 스토어에서 확장 프로그램 활용하기

① 아이템스카우트 확장 프로그램을 설치했다면 네이버플러스 스토어나 가격비교에서 키워드를 검색하면 상단에 아이템스카우트 확장 프로그램의 분석 결과를 보여준다.

- 키워드 분석 탭에서는 등록 상품수, 월간 검색수, 대표 카테고리, 예상 매출액, 평균 판매가, 네이버 쇼핑 지표, 쿠팡 쇼핑 지표, 해외상품 비율 등 유용한 데이터를 확인할 수 있다.

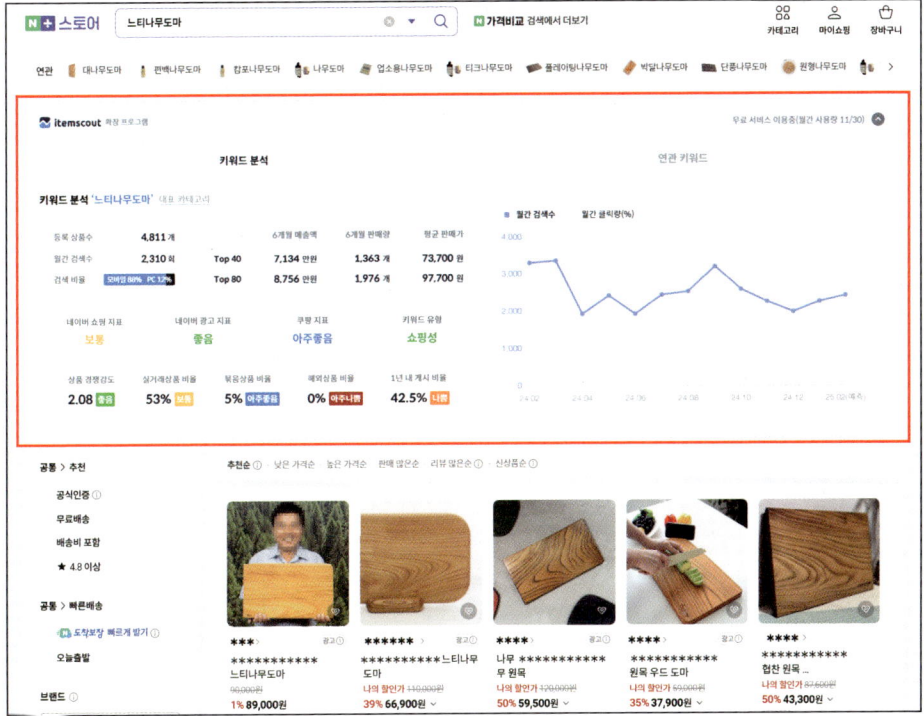

- 연관 키워드 탭에서는 연관 키워드에 관한 정보를 확인할 수 있다.

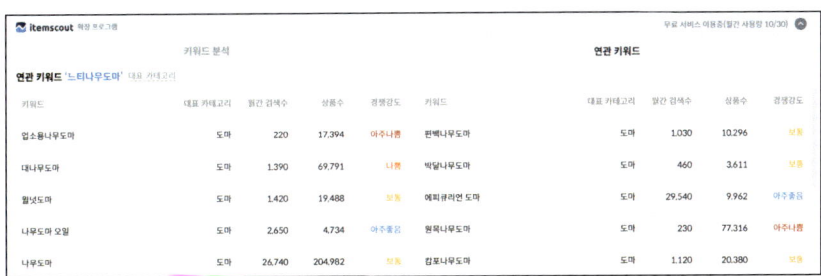

2장 팔리는 아이템을 찾자

② 상품을 클릭하면 해당 상품의 상세페이지가 나온다. 리뷰, 평점, 예상판매량, 구매자 수, 재구매 수, 관련 키워드 등을 분석할 수 있다.

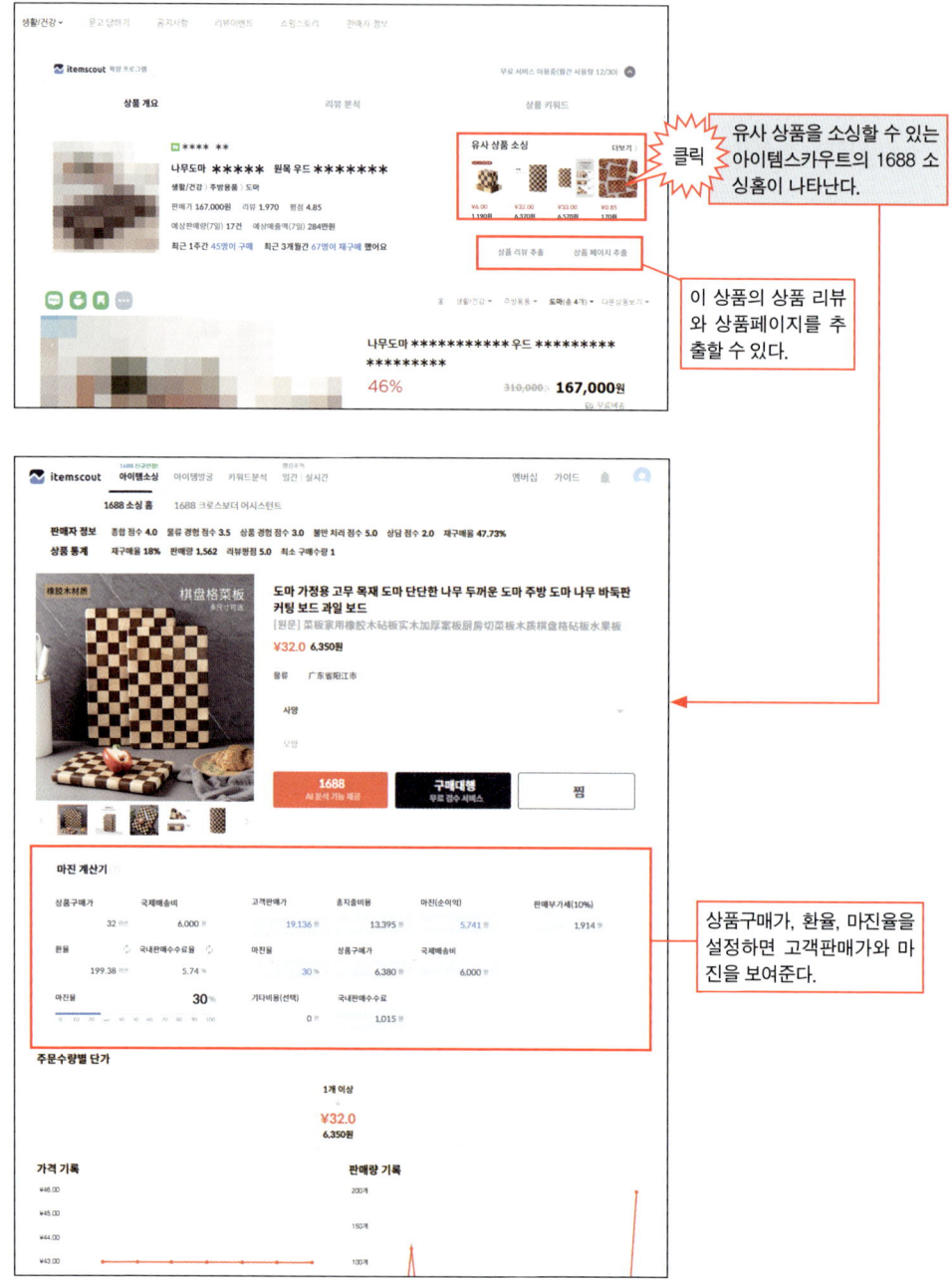

③ '리뷰 분석', '상품 키워드'를 확인할 수 있다. 이러한 것을 살펴보면서 상품의 시장을 분석하고 가격이나 키워드 등 경쟁력 있는 전략을 짤 수 있다.

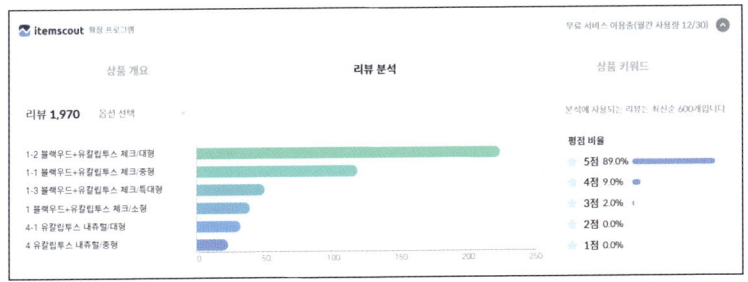

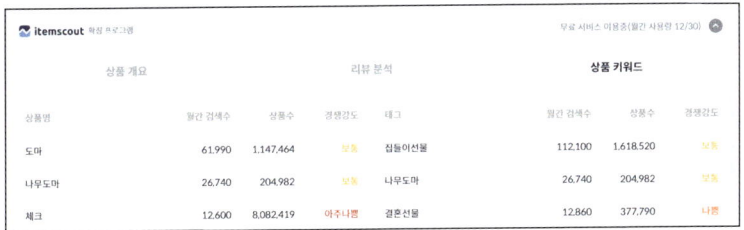

❷ 네이버 데이터랩에서 키워드 찾기

네이버 데이터랩(https://datalab.naver.com/)은 네이버 통합검색에서 검색된 검색어와 검색 횟수를 조회할 수 있다. 쇼핑 카테고리별 검색 트렌드를 확인할 수 있다.

① 데이터랩 홈에서 분야별 인기 검색어를 확인할 수 있다.

② **쇼핑인사이트**에서 분야, 기간 등을 설정하고 **조회하기**를 클릭하면 클릭량과 인기검색어를 확인할 수 있다. **인기검색어 TOP500**에서 키워드에 관한 인사이트를 얻을 수 있다.

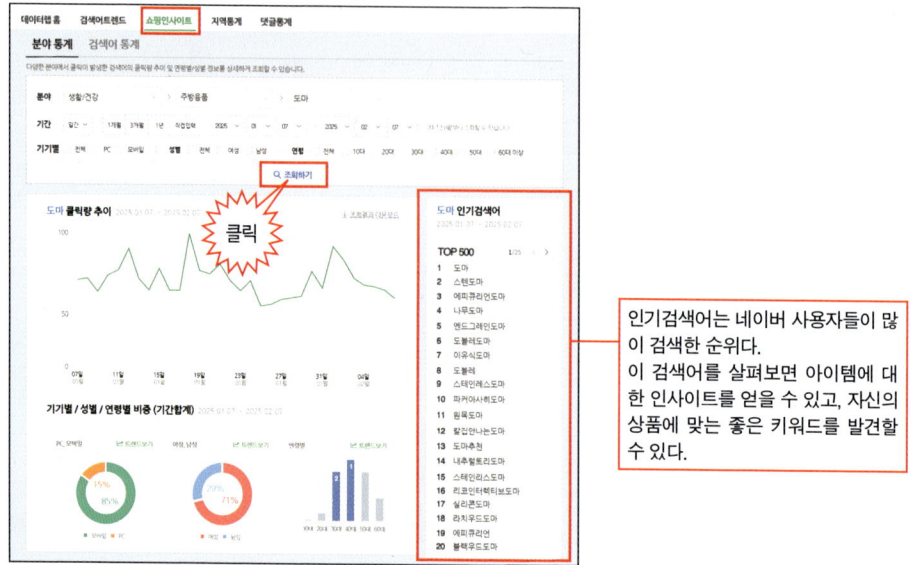

③ **쇼핑분야 트렌드**에서는 비교를 원하는 분야를 선택 후 **조회하기**를 클릭하면 클릭 횟수를 비교할 수 있다.

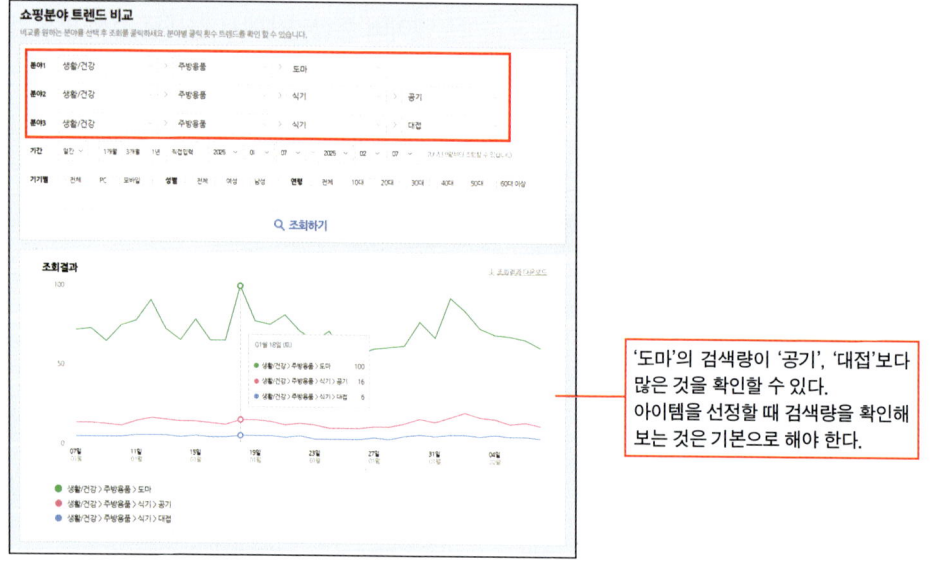

네이버 검색광고 도구 활용하기

3.1 네이버 검색광고 가입하기

① 네이버에서 '네이버 광고주센터'를 검색한 후 네이버 통합 광고주센터를 클릭한다.

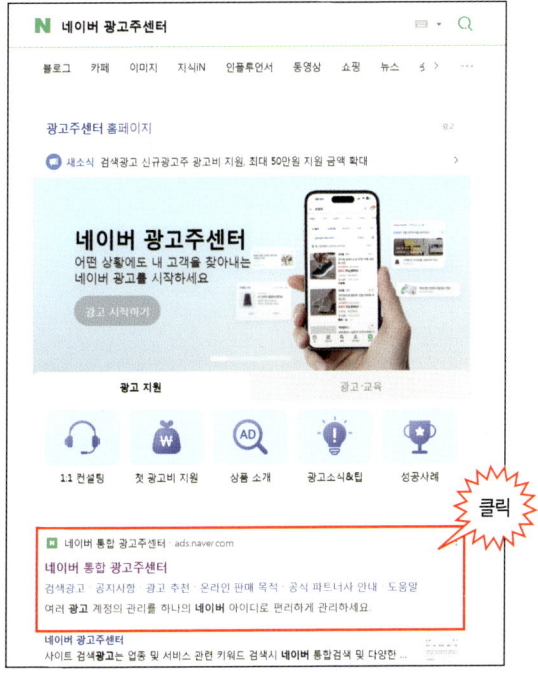

② 회원가입 → 네이버 ID로 광고 시작하기 → 로그인을 한다.

③ 약관 동의, 이메일, 휴대전화번호를 인증하고 회원가입 완료를 클릭한다.

④ 검색광고 계정 생성에서 유형을 선택한다.

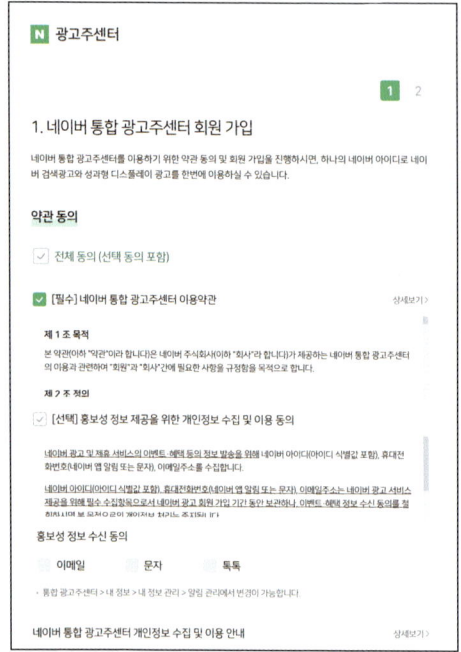
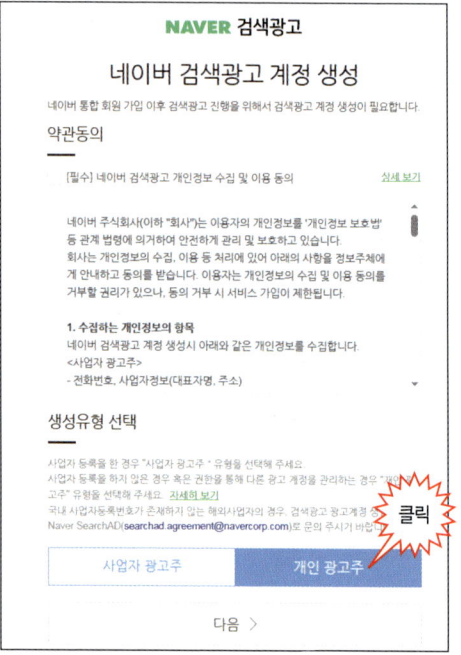

⑤ 회원 정보를 입력하고 가입을 클릭하면 회원가입이 완료된다.

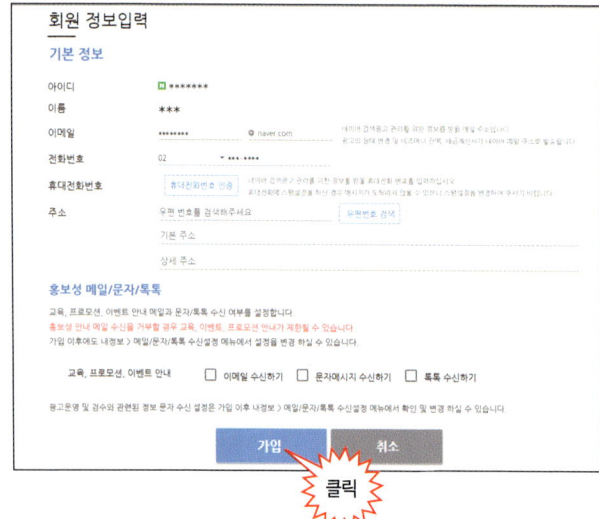

3.2 네이버 검색광고에서 키워드 조회하기

① 네이버 광고주센터(https://ads.naver.com/)에 로그인한 후 광고플랫폼 → 검색광고를 클릭한다.

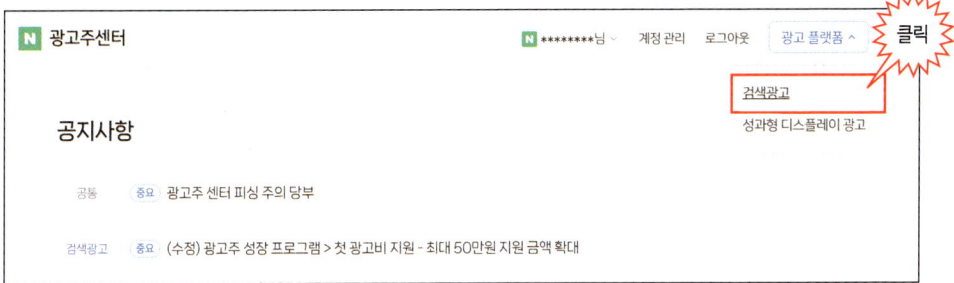

② 도구 → 키워드 도구를 클릭한다.

③ 키워드에 조회할 키워드를 입력하고 조회하기를 클릭한다. 그러면 연관 키워드 조회 결과가 나온다. 월간검색수, 월간클릭수 등을 확인할 수 있다.

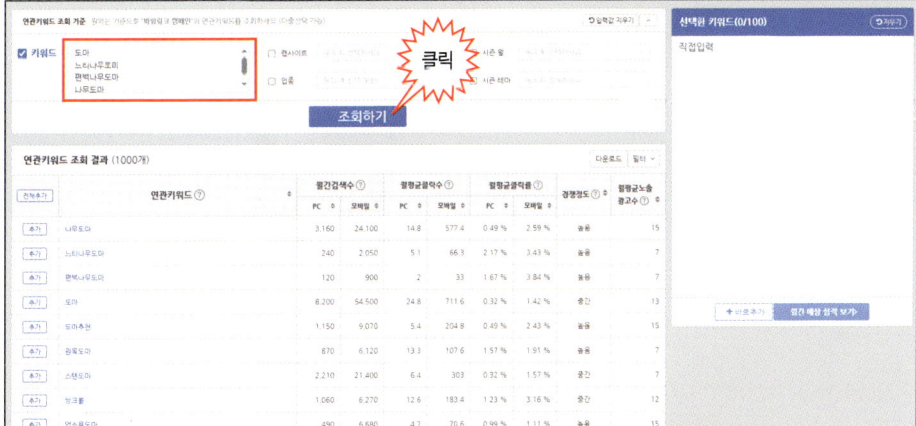

④ 연관 키워드의 필터 → 필터 만들기를 클릭해 필터를 적용한 결과를 확인할 수 있다.

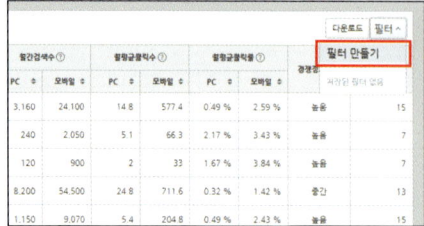 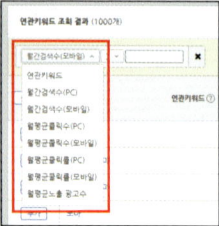 

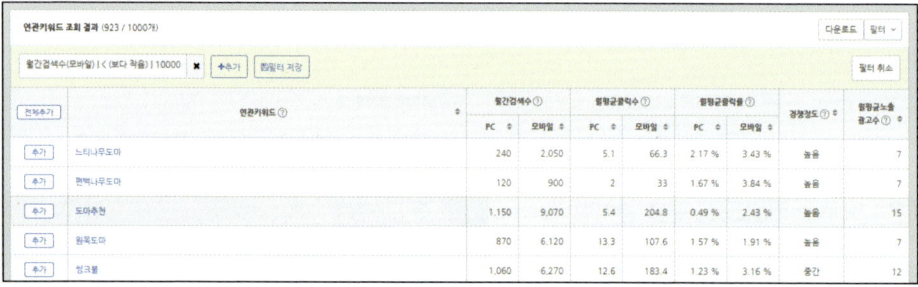

⑤ 키워드를 클릭하면 월별 검색수 추이, 성별, 나이대 사용자 통계를 확인할 수 있다.

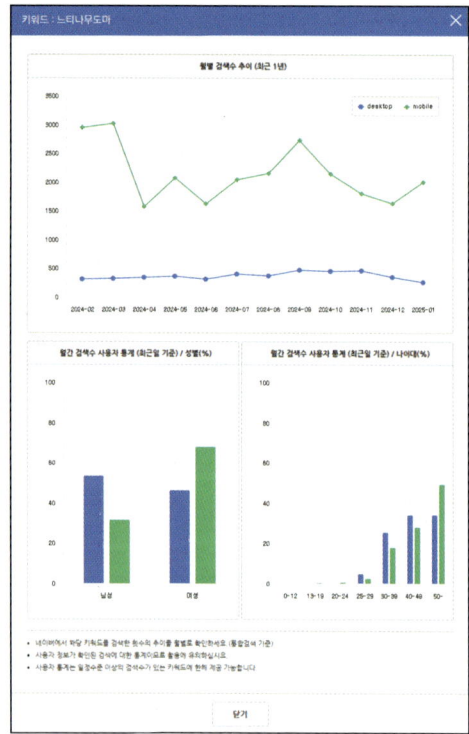

⑥ 연관 키워드의 추가를 클릭하면 오른쪽 '선택한 키워드' 섹션에 키워드가 추가된다. 월간 예상 실적 보기를 클릭한다.

⑦ 네이버 파워링크 광고 집행 시 입찰가에 따른 예상노출수, 예상클릭수, 예상 비용 등을 확인할 수 있다. 네이버 키워드 광고 집행 시 이러한 데이터를 참고해서 키워드와 입찰가를 선정하면 된다.

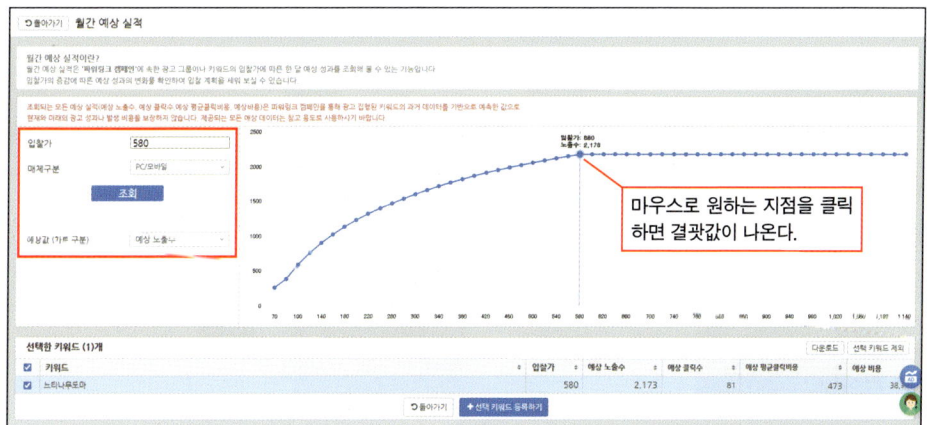

2장 팔리는 아이템을 찾자 73

03 아이템파인더 활용하기

1 아이템파인더란?

아이템파인더(https://www.itemfinder.kr/)는 필자가 만든 것으로, 앞서 설명한 네이버 데이터랩의 쇼핑인사이트에 있는 인기검색어를 모아서 볼 수 있는 사이트이다.

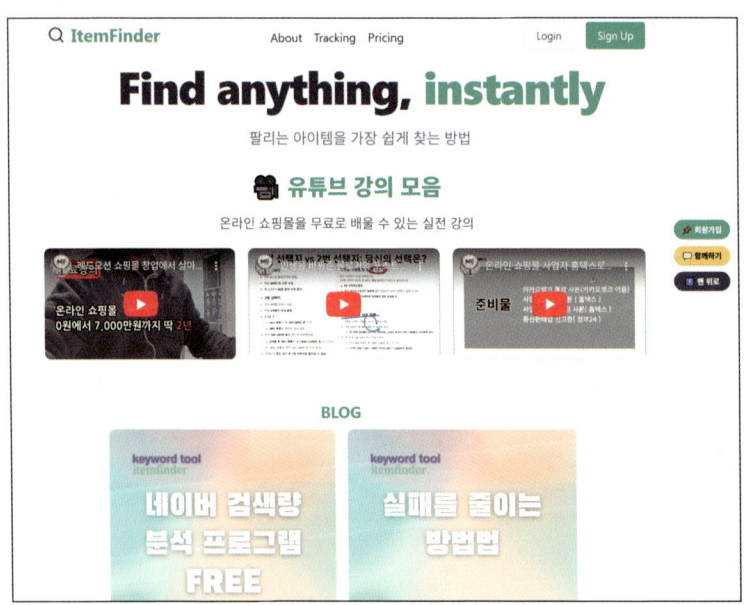

네이버에서 제공하는 TOP 500개의 키워드 중 일부를 카테고리별로 모아서 볼 수 있으며, 최근 1년 키워드 검색량 추이를 볼 수 있다.

아이템파인더는 독자 여러분이 필자가 소싱하는 방법을 쉽게 따라할 수 있도록 직접 개발해 만든 사이트이다. 현재 무료로 사용할 수 있고, 내 상품의 순위도 확인할 수 있기 때문에 마케팅 방법에 대한 결과 피드백도 같이 확인할 수 있다.

❷ 아이템 선정이 성공을 좌우한다

쇼핑몰 성공을 좌우하는 상품 선정

온라인 쇼핑몰 창업을 처음 시작하는 사람들이 가장 많이 겪는 고민 중 하나가 바로 '무엇을 팔아야 할까?'이다. 실제로 쇼핑몰의 성패는 초기의 상품 선정에서 큰 영향을 받는다. 아무리 웹사이트 디자인이 뛰어나고 마케팅이 훌륭해도 고객들이 원하는 상품이 아니라면 성공하기 어렵다.

쇼핑몰이 성공하려면 기본적으로 '잘 팔리는 상품', 즉 시장에서 수요가 충분하고 경쟁력 있는 상품을 찾아야 한다. 성공적인 상품 선정은 쇼핑몰 창업자의 첫 번째이자 가장 중요한 임무이다. 하지만 처음 창업을 하는 사람들은 상품을 선정하는 기준이나 방법을 잘 모르기 때문에, 주관적 판단이나 주변의 추천만으로 아이템을 결정하게 되는 경우가 많다. 그래서 만들게 된 웹사이트가 바로 아이템파인더이다.

기존 소싱 방식의 한계

지금까지 초보 창업자들이 흔히 해왔던 기존의 상품 선정 방식은 크게 세 가지 정도로 나눌 수 있다.

첫째, 주변 사람들의 추천이나 지인의 성공 사례를 따라가는 방식이다. 이는 가장 쉬운 방법이지만, 이미 많은 사람이 알고 있는 아이템이기에 경쟁이 심하고 마진이 떨어지는 경우가 많다.

둘째, 개인적인 감이나 관심사를 바탕으로 상품을 선정하는 방식이다. 자신이 관심 있어 하는 제품이나 취미를 바탕으로 상품을 선정하는 경우인데, 필자도 쇼핑몰을 처음 하면서 가장 많이 겪었던 시행착오가 바로 이 부분이다. 아이템을 찾다 보면 자신의 일상생활에도 도움이 될 것 같은 아이템들이 많이 보이기 마련이다. "이 제품 너무 유용한 것 같은데 한번 팔아볼까?"라는 생각으로 접근한 아이템은 대부분 실패했다.

셋째, 단순히 유명한 제품이나 SNS에서 인기를 끄는 상품을 급하게 따라가는 방식이다. 이 방법 역시 이미 경쟁자가 많아 마케팅 비용이 증가하고, 장기적으로 지속 가능한 매출을 확보하기 어렵다는 단점이 있다. 트렌디한 상품을 판매하는 것은 그만큼 판매자도 계속 트렌디함을 유지하고 매일매일 확인해야 한다는 것인데, 쇼핑몰이 조금만 커져도 다루는 상품들에 대한 CS부터 재고관리까지 일이 많아지게 되면서 트렌드를 따라가지 못하고 악성 재고로 남을 확률이 높다.

이처럼 기존의 소싱 방식은 객관적인 데이터보다는 주관적인 판단에 의존하고 있어 성공 확률이 낮고, 지속적인 판매가 어렵다는 한계를 가지고 있다.

데이터 기반 소싱의 중요성

쇼핑몰 예비 창업자들에게 필요한 것은 주관적인 판단이 아닌 '데이터 기반의 객관적인 상품 소싱'이다. 데이터 기반 소싱이란 시장의 실제 데이터를 바탕으로 상품을 선정하고 소싱하는 방식을 의미한다.

데이터 기반으로 상품을 선정할 때 얻을 수 있는 장점이 있다.

첫째, 객관적인 시장 데이터를 통해 실제로 고객이 원하는 상품을 정확히 파악할 수 있다. 예비 창업자는 자본이 한정적이고, 대부분 부업으로 시작하는 경우가 많다. 때문에 한 번에 들어가는 비용을 최소화하면서 최대한 많은 시도를 해봐야 한다. 그러기 위해서는 '팔린다'라는 데이터를 확보하는 것이 가장 중요하다.

둘째, 경쟁 강도를 객관적으로 파악해 경쟁이 과도하게 치열한 상품을 피하고, 경쟁이 적은 틈새시장이나 수요가 꾸준히 늘고 있는 상품을 선정할 수 있다. SNS나 TV에 나오면서 반짝 뜨는 아이템은 영상 매체의 노출이 줄어들기 시작하면 바로 판매량이 0에 가깝게 줄어든다. 그러면 남는 재고들은 돈 주고 샀지만 팔리지 않는 상품이 되어버린다.

셋째, 상품 선정 이후 마케팅 전략을 수립하는 데 있어, 실제 데이터를 기반으로 구체적인 광고 타겟팅과 콘텐츠 전략을 계획할 수 있다. 광고를 하려면 내 상품을 구매하는 타겟을 아는 것이 중요하다. 키워드의 실제 데이터를 알고 있다면 인스타 광고를 집행할 때 정확한 타겟을 잡을 수 있고, 그 고객을 대상으로 광고를 집중할 수 있다.

즉, 데이터 기반 소싱은 불확실성을 줄이고 성공 가능성을 극대화하는 데 필수적인 방법이다. 데이터가 보여주는 것처럼, '넥워머'라는 제품을 소싱해서 판매하겠다고 생각했는데, 겨울이 끝나갈 무렵에 소싱을 했다면 다음 계절이 올 때까지 재고를 가지고만 있어야 한다. 데이터를 통한 소싱은 이런 실패 확률을 줄여준다.

2장 팔리는 아이템을 찾자

③ 아이템파인더 사용하기

1 키워드 리스트업

아이템파인더 사용법을 소개하면, 먼저 판매할 수 있는 카테고리를 고르고 3차, 4차 카테고리까지 보면서 괜찮은 검색량을 가진 키워드를 리스트업한다.

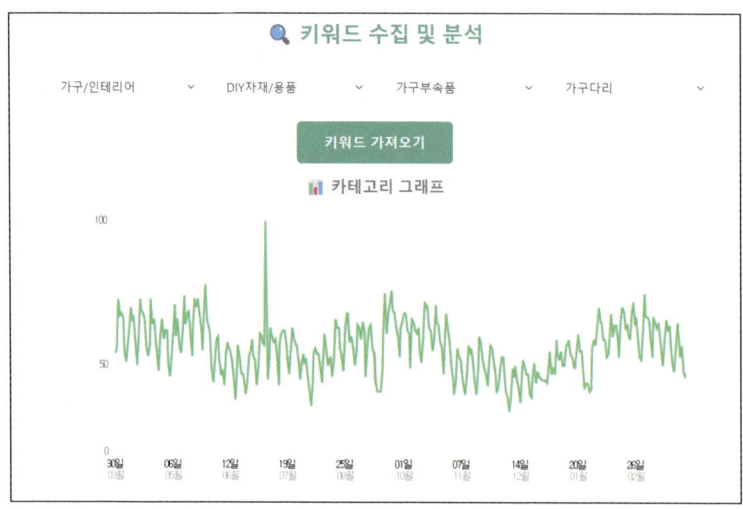

2 키워드 분석

키워드에서 중요한 것은 검색량이다. 이것은 단순히 검색의 많고 적음의 척도가 아니라 시장에 진입할 수 있는 난이도를 나타내는 것이기도 하다. 적정한 키워드란

내가 어느 정도의 수준까지 시도할 수 있는지에 따라서 다르다. 자본도 많고, 마케팅에 시간을 쏟을 여유가 충분하다면 당연히 검색량이 높은 키워드에 도전해 볼 수 있다. 하지만 부업이고 초보 셀러라면 검색량 1,000 이하를 공략하거나 최대 5,000 이하의 키워드를 공략하는 것을 추천한다.

3 경쟁도 및 리뷰수 분석

경쟁 강도란 네이버의 광고 시스템에서 노출과 CPC(클릭당 광고 단가)를 비교해 나타내주는 지표로, 경쟁 강도만 보고 높다고 패스하거나 낮다고 시도하면 안 된다. 이것은 단순히 하나의 지표로만 삼아야 한다. 경쟁 강도가 높다는 것은 그만큼 사람들이 광고를 많이 클릭하고, 판매자도 광고로 비용을 지출하고 있다는 뜻이다. 그렇다면 이 상품이 마진도 좋고, 초보 셀러가 해볼 수 있는 아이템이라면 당장의 마진을 포기하더라도 광고 경쟁에 뛰어들어 볼 수 있는 것이다.

4 상품 확인과 소싱처(1688) 연동

키워드의 네이버, 쿠팡1등상품, 1688 버튼을 클릭해 상품을 확인할 수 있다.

키워드를 찾았다면 소싱을 하기 위해 중국의 오픈마켓이나 도매 사이트에서 검색을 하게 된다. 중국 웹사이트는 영어나 한글을 지원하지 않기 때문에 상품명을 번역해서 검색하게 되는데, 아이템파인더는 AI를 이용해 자연스러운 중국어로 번역해 검색 결과를 보여준다. 예를 들어 '쇼파높이조절'이라는 키워드를 번역기를 통해 할 경우 텍스트가 자연스럽지 않기 때문에 오역이 되는 경우가 많은데, AI의 번역을 통해 검색하면 보다 정확한 검색 결과를 얻을 수 있다.

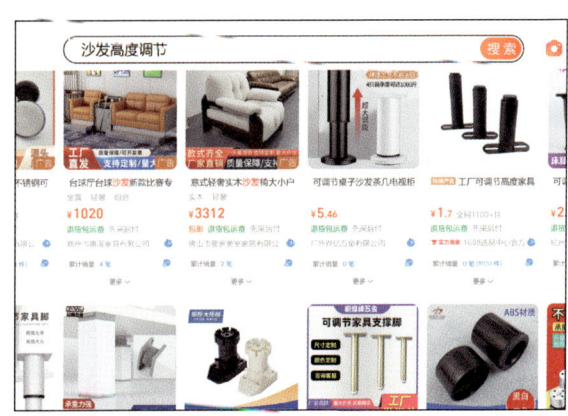

5 어떤 데이터를 볼 것인가?

	순위	키워드				검색량	경쟁강도
	8	다리바테이블우드철제다리철재프레임 네이버 쿠팡1등상품 1688				0	낮음
	9	상다리부품 네이버 쿠팡1등상품 1688				40	중간
	10	의자오발 네이버 쿠팡1등상품 1688				280	높음
	11	소파받침대 네이버 쿠팡1등상품 1688				430	높음
	12	씽크대다리 네이버 쿠팡1등상품 1688				270	높음
	13	식탁철재다리 네이버 쿠팡1등상품 1688				300	중간
	14	거실장다리 네이버 쿠팡1등상품 1688				230	중간
	15	서랍장다리 네이버 쿠팡1등상품 1688				330	높음
	16	이케아책상다리 네이버 쿠팡1등상품 1688				710	높음
	17	소파다리받침 네이버 쿠팡1등상품 1688				510	중간
	18	침대높이조절 네이버 쿠팡1등상품 1688				480	높음

키워드 목록을 살펴보면 '소파받침대'와 '소파다리받침'이라는 키워드가 있다. 둘 다 같은 상품을 뜻하는 단어이지만 소비자들은 저마다 다르게 검색한다는 것을 알 수 있다. 그런데 '소파받침대' 키워드는 경쟁 강도가 높은 데 반해 검색량은 430건이다. 반면 '소파다리받침'은 검색량이 510건으로 약 80건 정도 높지만 경쟁 강도는 중간이다. 그렇다면 이런 상품을 판매할 때는 '소파다리받침'이라는 키워드로 노출이 될 수 있게 하는 것이 초보 셀러에게 유리하다.

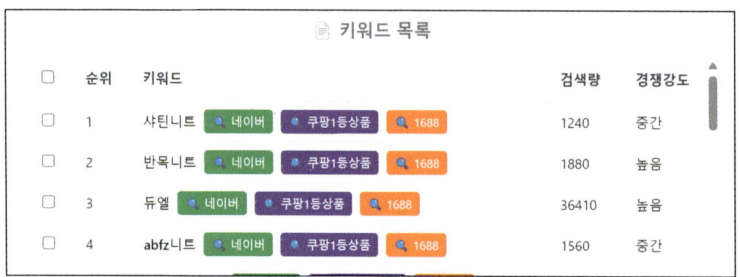

키워드를 검색 포털에서 입력할 필요 없이 네이버 버튼을 누르면 검색 포털 결과 페이지로 이동하면서 보다 빠른 소싱 작업이 가능하다.

6 상품 순위 추적하기

상품 순위 추적은 아이템파인더에 회원가입을 한 후 사용할 수 있다. 회원가입은 닉네임, 이메일, 비밀번호만 입력하면 가입 완료된다.

아이템파인더에서 상단의 Tracking 메뉴를 클릭하면 네이버 쇼핑 랭킹 추적기가 나온다. 검색 키워드와 상품명을 입력하고 검색을 클릭하면 순위 결과를 알려준다. (순위가 100등 이내에 없으면 나타나지 않는다.)

스마트스토어에서 상품을 판매하기 위해 다양한 마케팅을 하게 되는데, 가장 손쉽게 성과를 확인할 수 있는 지표가 상품 순위이다.

아이템파인더에서는 하루에 한 번씩 상품 랭킹을 조회하면서 순위를 트래킹할 수 있다. 외부 유입을 끌어오기 위해 지식인, 카페 바이럴 마케팅, 커뮤니티 공유 등등 다양한 시도를 했다면 그로 인해 유입되는 방문자 수와 상품 순위를 비교하면서 내 상품에 어떻게 영향이 가는지를 확인한다.

성공 소싱을 위한 팁

아이템파인더를 만들게 된 이유는 쇼핑몰 창업을 조금이나마 쉽게 할 수 있도록 하기 위함이었다. 처음에는 엑셀로 만든 프로그램을 배포했는데 사용자의 환경에 따라 작동이 안 되는 경우가 있어서 직접 웹 개발을 공부했다.

다음은 아이템파인더를 이용한 방식으로 소싱을 할 때 실패를 줄일 수 있는 몇 가지 팁이다.

데이터의 함정

데이터 소싱이라고 해서 데이터만을 맹신하면 안 된다. 초보 셀러라면 사람들이 찾는 아이템을 파는 것이 가장 우선이 되어야 실패가 적은 것이 사실이다. 하지만 어느 정도 레벨이 올라갔을 때는 필요 없는 사람들에게도 팔 수 있는 아이템을 고르는 안목도 필요하다.

유선 이어폰을 쓰던 시절에, 무선 이어폰이 처음 나오자 비싼 가격과 충전을 해야 하는 번거로움 때문에 인기가 없을 것이라는 평가를 받았다. 하지만 현재 유선 이어폰은 거의 사라졌으며, 심지어 스마트폰에서 이어폰 단자도 빠지기 시작했다.

절대 소싱하지 말아야 할 키워드

가장 조심해야 할 소싱은 바로 검색량이 0인 키워드이다. 당연하다고 생각할 수 있지만 현재 검색량이 0이거나 앞으로 0이 될 수 있는 상품들이 있다.

아무리 상품이 유용해 보이고 좋아 보여도 사람들이 찾지 않는다면 구매가 일어나지 않는다. '누가 그런 걸 소싱하겠어?'라고 생각할 수 있는데, 바로 필자가 그런 실수를 했다. 필자가 이 키워드를 소싱했을 땐 2023년 6월 무렵으로, 키워드 검색량이 2,000건을 넘어서는데 정상적인 제품이 하나도 없다는 것을 발견했다. 그래서 이 아이템을 소싱해 와서 단 2달 만에 월 매출 2,000만 원을 넘겼다. 그렇게 쇼핑몰 창업의 성공 방정식을 깨달았다고 생각했다. 그리고 앞으로도 혼자 팔고 싶은 마음에 상표권 출원과 약 3,000개의 발주를 넣었다.

결과는 안타깝게도 3달이 채 가지 못하고 검색량이 0이 되어버렸다.

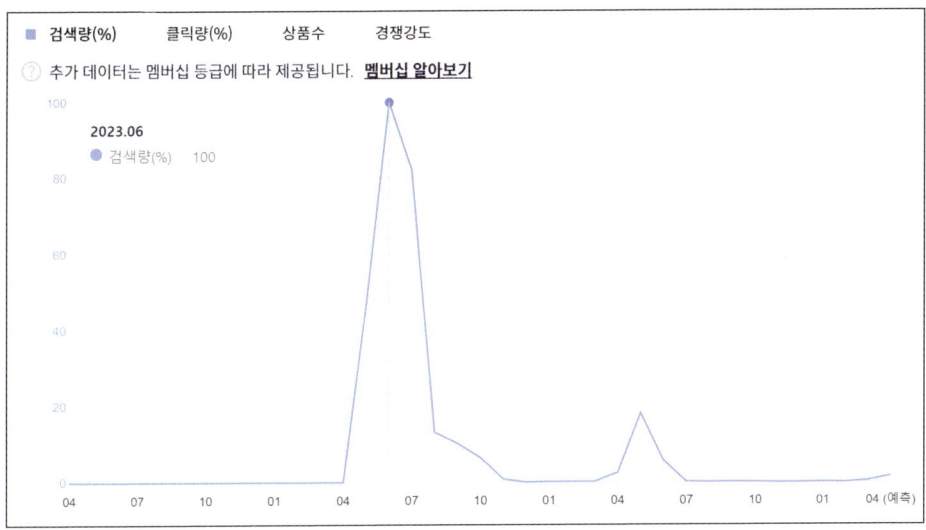

검색량만 믿지 말자

검색량만 믿고 소싱을 할 경우 이처럼 큰 실패를 할 수 있다. 그렇기 때문에 검색량과 동시에 이 아이템이 실질적으로 필요에 의해서 구매하는 상품인지, 잠시 반짝이는 아이템인지를 구분할 줄 알아야 한다. 그럴 땐 보통 네이버 데이터랩에서 3년 정도의 검색량 차트를 참고해 보면 된다.

아이템이 어떤 특정한 기능 없이 재미에 의해서만 사는 상품은 반드시 그 인기가 시들해지는 시기가 찾아온다. 이런 상품은 반드시 피해야 한다.

시장 반응 테스트

좋은 상품을 찾았는데 제품을 사입해서 판매하는 것이 무섭다고 느껴질 때엔 한 가지 방법이 있다.

온라인 창업자들의 가장 큰 두려움은 '상품이 팔리지 않으면 어떻게 하지?'이다. 실제로 창업을 준비하면서 좋은 아이템을 찾아도 초보 창업자일수록 제품을 미리 대량으로 사입하는 게 무섭기 마련이다. 특히 자본이 부족한 상태에서는 재고 부담이 커질 수밖에 없다.

이럴 때 효과적인 전략 중 하나가 바로 '없는 상품을 팔아보는 것'이다. 즉, 아직 제품을 실제로 준비하지 않은 상태에서 소비자들의 관심과 수요를 미리 테스트해 보는 것이다.

없는 상품을 파는 것도 방법이다

아이템파인더를 통해 좋은 키워드를 찾았고, 경쟁사에 비해 좋은 상품도 찾았다면 일단 상세페이지와 썸네일, 동영상을 제작해 상품등록을 먼저 해볼 수 있다.

실제로 필자는 이와 같은 판매 사례가 있다. 중국에서 생산을 맡겨놓고, 한국에 도착하는 시기에 맞춰서 업로드하기 위해 준비를 해놓았고, 도착 5일 전에 상품 업로드를 마쳤다. 그런데 상품이 오고 있는데 주문이 들어왔고, 고객님에게 전후사정을 설명드린 후 배송지연처리를 해놓았다. 이렇게 하면 페널티는 없다.

이 과정에서 느낀 것은, 처음 딱 한 번이라면 상품을 가져오기 전에 테스트로 업로드를 해볼 수 있겠다는 생각이었다. 배송기간을 넉넉하게 고지해 두고 만약 판매가 일어나고 주문이 계속 들어온다면 최대한 빨리 상품을 가져와서 정상적인 배송이 되게 하면 된다.

이것은 리스크를 줄이고자 할 때 사용할 수 있는 방법으로, 첫 주문 이후에는 반드시 정상적인 발송이 되게 해야 판매자 페널티도 줄이고, 배송 예상기간에서도 긍정적인 점수를 받을 수 있다.

04 누구나 쉽게 시작하는 키워드 소싱 프로그램

온라인 판매를 하거나 키워드를 연구하다 보면 '이 키워드가 과연 검색량이 얼마나 될까?', '이걸 판매해도 괜찮을까?'라는 생각을 한 번쯤 해봤을 것이다.

이 프로그램은 이런 분들을 위해 필자가 개발한 키워드 분석 도구이다. 네이버 검색광고 API를 기반으로 작동하며, 무료로 제공된다. 설치만 하면 누구나 쓸 수 있다.

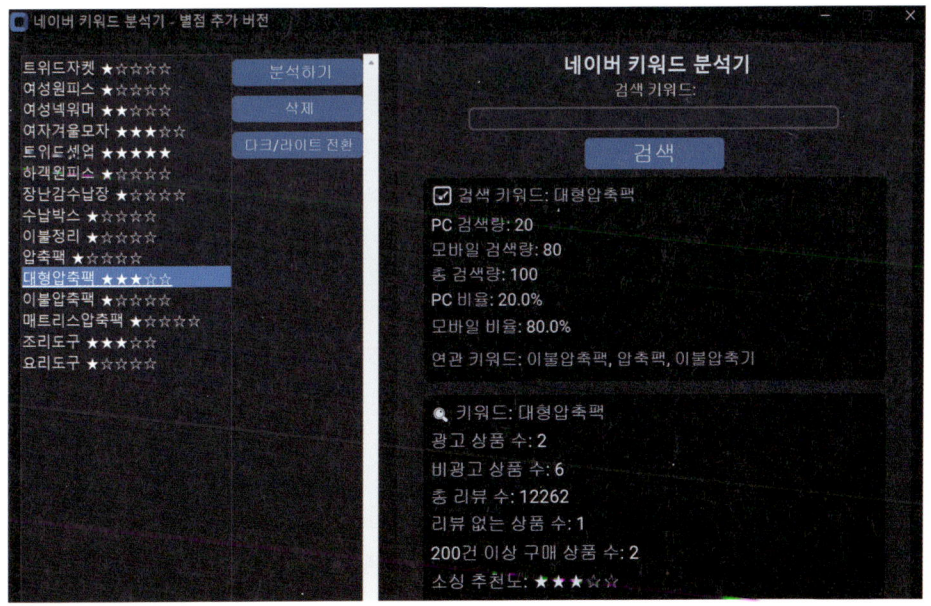

```
☑ 검색 키워드: 대형압축팩
PC 검색량: 20
모바일 검색량: 80
총 검색량: 100
PC 비율: 20.0%
모바일 비율: 80.0%
연관 키워드: 이불압축팩, 압축팩, 이불압축기

🔍 키워드: 대형압축팩
광고 상품 수: 2
비광고 상품 수: 6
총 리뷰 수: 12262
리뷰 없는 상품 수: 1
200건 이상 구매 상품 수: 2
소싱 추천도: ★★★☆☆
```

월간 PC/모바일 검색량 조회

키워드를 입력하면 월간 검색량을 PC와 모바일로 나눠서 보여준다. 이건 키워드의 트렌드를 파악하는 데 아주 중요하다. 예를 들어 모바일 검색이 80% 이상이라면 모바일에 최적화된 콘텐츠가 필요하다고 유추해 볼 수 있다.

PC/모바일 비율 자동 계산

수치만 보여주는 게 아니라, 비율도 자동 계산해서 한눈에 비교할 수 있게 해준다.

연관 키워드 3개 추천

메인 키워드 외에도 네이버 검색 데이터를 기반으로 관련 키워드 3개를 자동으로 뽑아준다. 키워드 확장용으로 사용하기에 좋다. 하나의 키워드를 검색해 보고 관련된 3개를 추가로 검색하는 것을 반복하다 보면 유사한 상품에서 초보 셀러가 시작할 수 있는 키워드를 찾을 수 있다.

검색 기록 저장 및 불러오기

예전에 검색했던 키워드를 클릭하면 바로 분석 결과가 다시 뜬다. 이 파일은 같은 폴더 내에 있는 데이터 파일에서 읽어오기 때문에 검색한 기록을 살펴보면서 소싱을 이어나갈 수 있다.

첫 페이지 상품 데이터

초보 셀러가 상품을 소싱할 때 가장 중요한 것은 팔 수 있을까를 확인하는 것이다. 첫 페이지 경쟁사들의 판매량과 리뷰가 너무 많다면 상품을 등록한다고 해도 상위 노출까지는 어려울 수 있다.

키워드 소싱 프로그램 설치하기

1.1 프로그램 다운로드하기

① 아이템파인더에서 네이버 검색량 분석 프로그램 FREE를 클릭한다.

② 프로그램 다운로드의 [다운로드 링크]를 클릭해 다운로드한다.

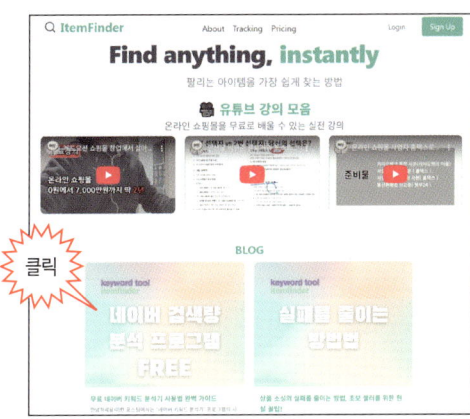

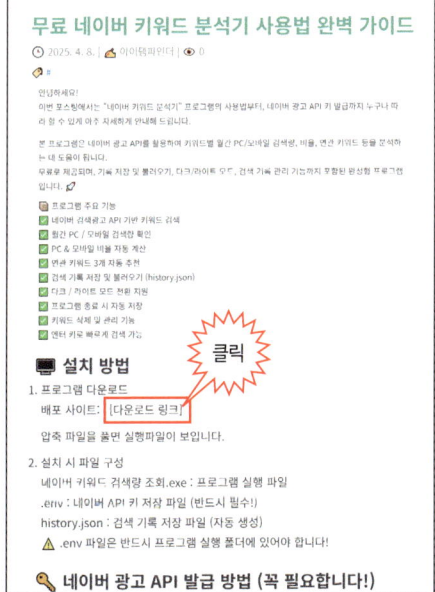

필자의 블로그 https://blog.naver.com/timeseller_ '프로그램 자료실'에서도 다운로드 할 수 있다.

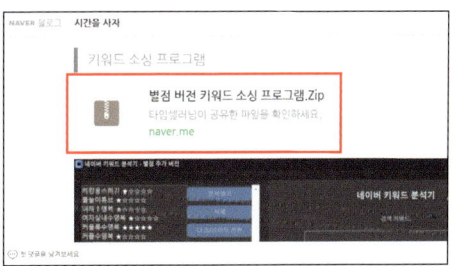

2장 팔리는 아이템을 찾자 **87**

③ 압축 파일을 풀면 **별점 버전 키워드 소싱 프로그램** 폴더가 생기고 그 안에 다음과 같은 파일이 들어 있다.(압축 비밀번호는 2025이다.)

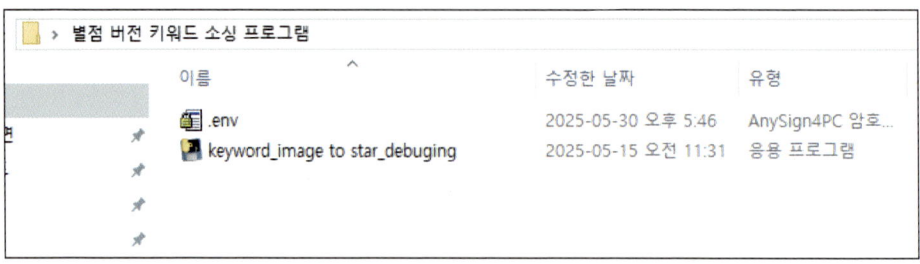

- keyword_image to star_debuging: 실행파일이다.
- .env 파일: API 키를 저장하는 곳이다. 꼭 수정해야 한다.

→ .env 파일은 반드시 프로그램이 설치된 같은 폴더 안에 있어야 한다. 위치가 다르면 작동하지 않는다.

키워드 프로그램 개발 이야기

이 키워드 프로그램을 만들면서 다양한 형태의 개발 방법을 사용해 보았다. 웹사이트로 만들어서 서버를 운영하는 방식과 엑셀 파일로 만들어서 VBA 매크로를 쓰는 방식, 마지막으로 윈도 프로그램으로 만들어서 사용하는 방식까지 총 3가지 버전으로 모두 제작해 보았는데, 윈도 프로그램으로 사용해야 높은 호환성과 기능들이 작동할 수 있었다.

단순해 보이는 프로그램이지만 입력한 키워드를 크롬 브라우저가 검색하고, 데이터를 가져오는 과정에서는 컴퓨터 메모리가 많이 쓰이기 때문에 웹사이트에서 제작해 보려다가 실패를 맛봤다. 이 프로그램은 지속적으로 블로그를 통해 업데이트할 예정이다.

프로그램 비밀번호

필자의 블로그(https://blog.naver.com/timeseller_) '프로그램 자료실'에 셀러에게 필요한 프로그램을 모아놓았다. 현재 [키워드 소싱 프로그램] [마진분석기]가 있는데, 프로그램을 다운로드해 사용할 수 있다. 압축 비밀번호는 2025이다. 프로그램은 앞으로도 계속해서 추가 및 업데이트할 것이다.

1.2 네이버 광고 API 발급과 연동하기

이 프로그램은 네이버 검색광고 API 키가 있어야 작동한다. 어렵지 않으니 천천히 따라 하면서 발급받는다. API를 발급받은 사람은 ⑤ 과정부터 따라한다.

① 네이버 광고주센터(https://ads.naver.com)에 로그인한 후 광고플랫폼 → 검색광고를 클릭한다. 네이버 광고 계정이 없다면 만들어야 한다. 개인 또는 사업자 계정 모두 가능하다. (스마트스토어 센터 → 네이버광고 → 검색광고를 클릭해 접속해도 된다.)

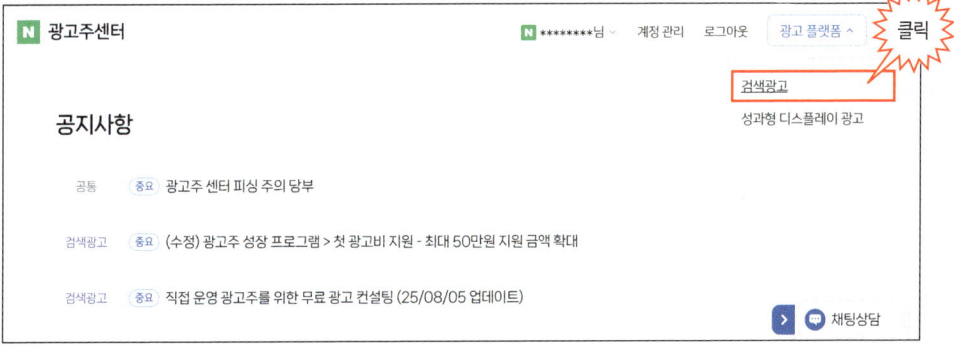

② 도구 → API 사용관리를 클릭한다.

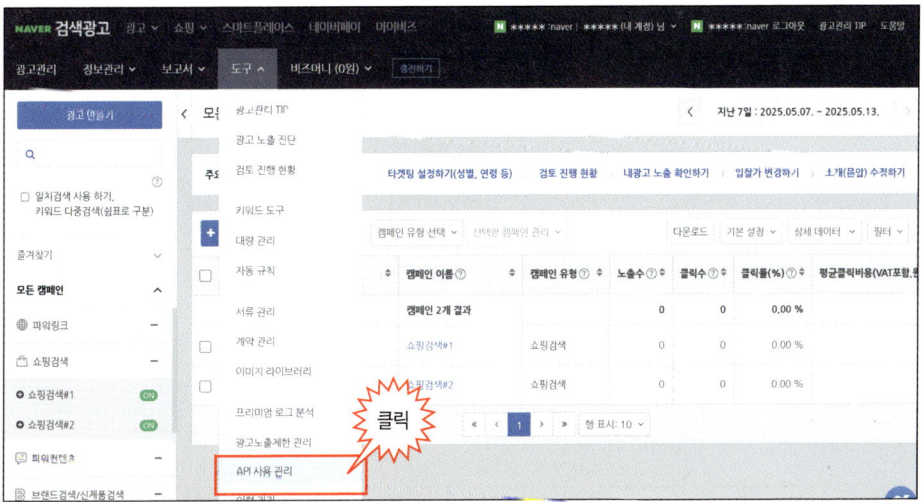

③ 네이버 검색광고 API 서비스 신청을 클릭한다. 저장 후 닫기를 클릭한다.

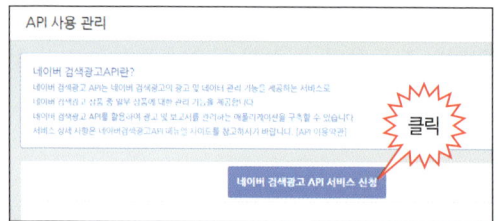
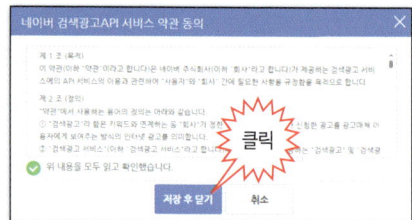

④ 엑세스라이선스(Client ID), 비밀키(Client Secret), Customer ID를 확인할 수 있다.

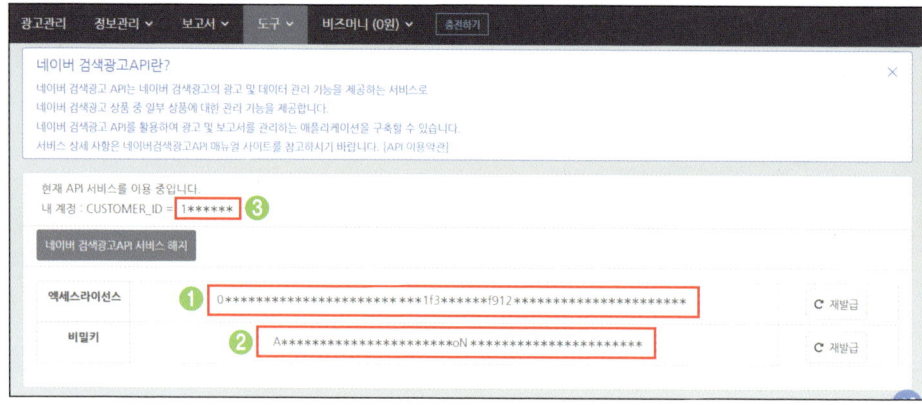

⑤ 앞서 압축을 푼 '별점 버전 키워드 소싱 프로그램' 폴더 안에 있는 .env 파일을 메모장에서 연 후, 이 세 가지 정보를 아래 형식으로 입력(복사-붙여넣기)한 후 저장한다.

NAVER_CLIENT_ID= *여기에 엑세스라이선스 ❶ 를 복사해 붙여넣기 한다.*
NAVER_CLIENT_SECRET= *여기에 비밀키 ❷ 를 복사해 붙여넣기 한다.*
NAVER_CUSTOMER_ID= *여기에 CUSTOMER_ID ❸ 숫자 7자리를 복사해 붙여넣기 한다.*

⚠ 주의: 정보를 입력할 때 앞뒤로 공백(스페이스)이 생기지 않도록 주의한다.
한 글자라도 틀리면 프로그램이 작동하지 않는다.

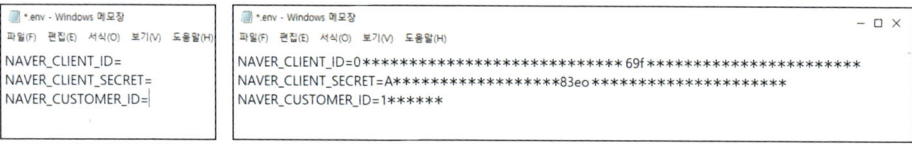

프로그램 사용하기: 첫 실행부터 검색까지

① keyword_image to star_debuging 파일을 더블클릭하면 프로그램이 실행된다.

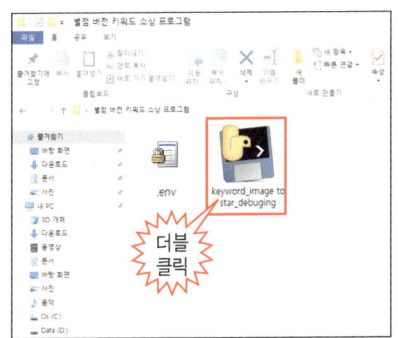

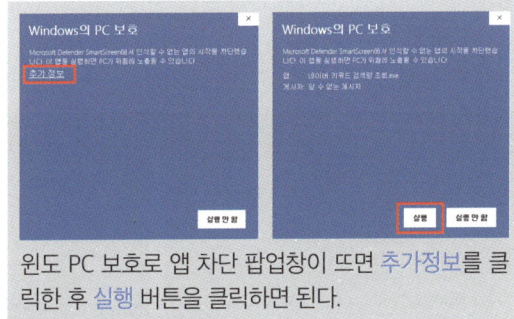

윈도 PC 보호로 앱 차단 팝업창이 뜨면 추가정보를 클릭한 후 실행 버튼을 클릭하면 된다.

② 검색창에 키워드를 입력하고 엔터 또는 검색 버튼을 클릭하면 결과가 출력된다.

키워드를 선택하고 분석하기를 클릭하면 별점 표시와 함께 분석 결과가 나온다.

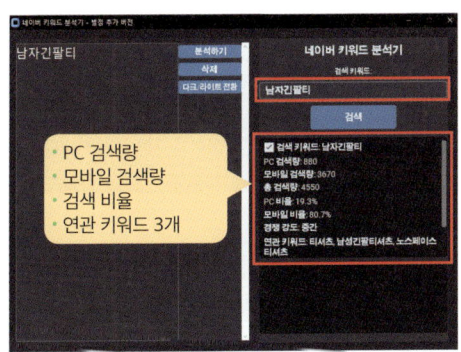

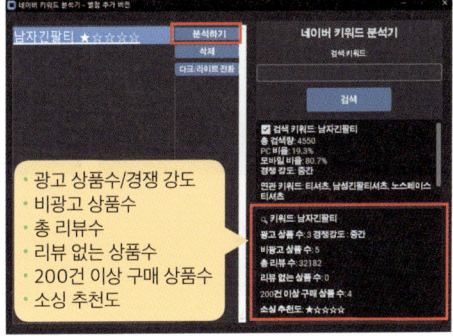

→ 좌측에는 검색한 키워드 기록이 쌓인다. 클릭하면 다시 분석 결과가 나온다.
→ 필요 없는 키워드는 **삭제** 버튼으로 제거할 수 있다.

> ⚠ 프로그램 사용 주의 사항
> 해당 프로그램은 키워드를 검색하고, 검색 결과를 가져오는 기능을 수행한다. 필자가 직접 만들었기 때문에 완벽한 프로그램은 아니지만, 초보 셀러에게 도움이 될 것이다. 프로그램은 사용자 컴퓨터의 어떠한 데이터에도 접근하지 않는다. 개인의 API를 활용해 데이터를 수집하기 때문에 개인 용도에 맞게 사용해야 한다. 무분별한 대량 데이터 수집을 할 경우 IP 및 API 코드가 제재 대상이 될 수 있음을 알려드린다.

3 프로그램 활용하기

필자가 소싱하는 방법은 어쩌면 가장 단순하지만 초보 셀러에게는 가장 확실한 방법일 수 있다. 그것은 사람들이 찾지만 아직 제대로 된 상품이 없는 키워드를 찾는 게 핵심이기 때문이다.

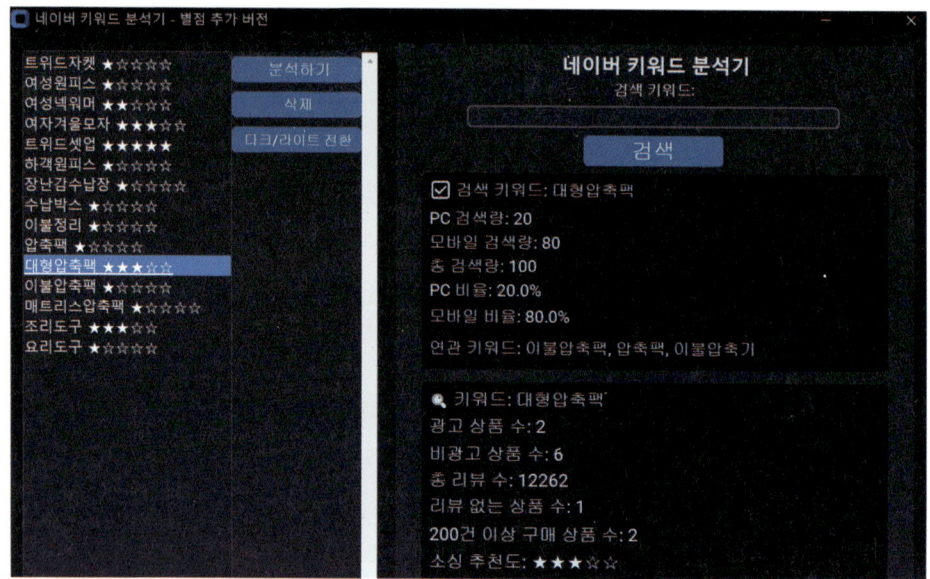

☆ **구매 건수 200개 이상 상품수**

해당 조건은 첫 페이지의 상품들 중 구매 건수가 노출된 상품들의 총 합계를 나타낸다. 구매 건수는 6개월간 판매량을 알 수 있는 데이터로, 해당 키워드에서 얼마나 판매가 일어나는지 확인할 수 있는 지표가 된다. 이것을 활용해 실제로 이 제품이 얼마나 팔리고 있는지 가늠해 볼 수 있다.

☆ **리뷰가 없는 상품**

초보 셀러가 시작하려면 상위 판매자와 경쟁할 수 있는 수준이어야 접근이 가능하다. 네이버의 메인 페이지의 경우 보통 광고 2개와 지수가 높은 6개의 상품으로 구성되어 있는데, 만약 리뷰가 없는 상품들이 있다면 '내가 이 시장에 진입해 상품

지수를 쌓는다면 상위에 노출될 확률이 높다'라고 추측해 볼 수 있다. 개인적으로 초보 셀러에게는 이런 키워드가 가장 적합하다고 생각한다. 어느 정도 실력이 쌓인 셀러라면 경쟁사들의 높은 지수를 따라잡을 수 있지만, 초보 셀러는 마케팅 비용도 제한적이고 무엇보다 실패가 많아질 경우 사업에 흥미가 떨어지기 때문에, 시간이 오래 걸리더라도 가장 확실한 상품을 소싱해 판매하는 것이 사업을 장기적으로 해 가는 방법이다.

☆ 광고 상품수

네이버에서 제공해 주는 광고 데이터에는 경쟁 강도라는 것이 있다. 해당 키워드로 상품을 업로드하고 광고를 집행했을 때 광고 경쟁이 얼마나 높은지를 나타내주는 수치인데 낮음, 보통, 높음으로 표시된다. 경쟁 강도가 낮은 키워드일수록 입찰 단가가 낮아지기 때문에 리뷰가 적고, 적은 광고비로도 상위 노출을 할 수 있다.

3.1 소싱의 흐름

키워드가 포괄적인 의미를 가질수록 소비자에게 많이 검색되지만 경쟁이 높아진다. '압축팩'은 총 리뷰가 3만 개가 넘고, 구매 건수가 200건이 넘는 상품이 많이 있다. 이런 상품은 초보 셀러는 소싱 단가도 맞추기 어렵고, 첫 페이지 노출도 어렵다.

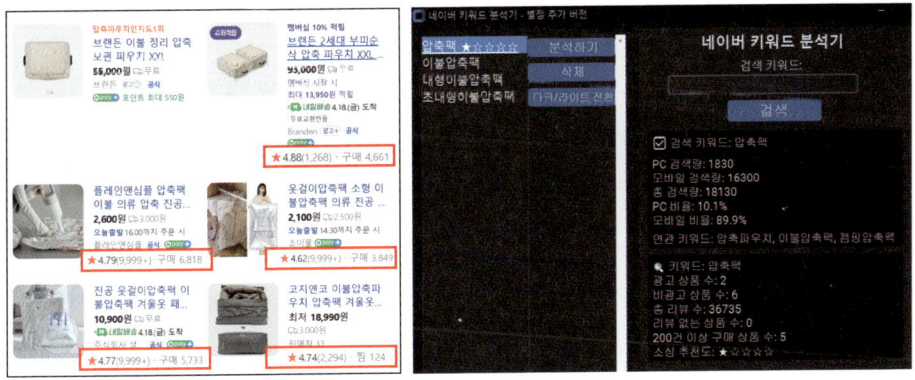

그렇다면 조금 더 세부적인 키워드로 검색해 보자. '대형이불압축팩', '초대형이불압축팩'과 같은 파생 키워드가 있다. 그러면 이런 세부 키워드로 상품을 소싱하면 무조건 잘 될까? 이 2개의 파생 키워드를 차례대로 검색해 보자.

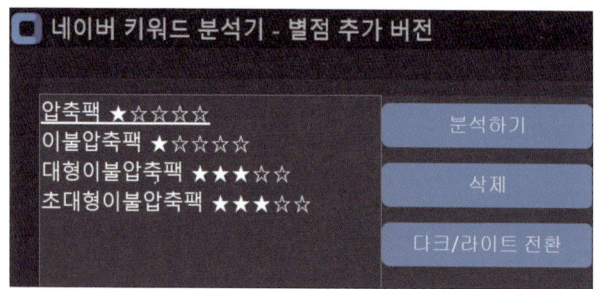

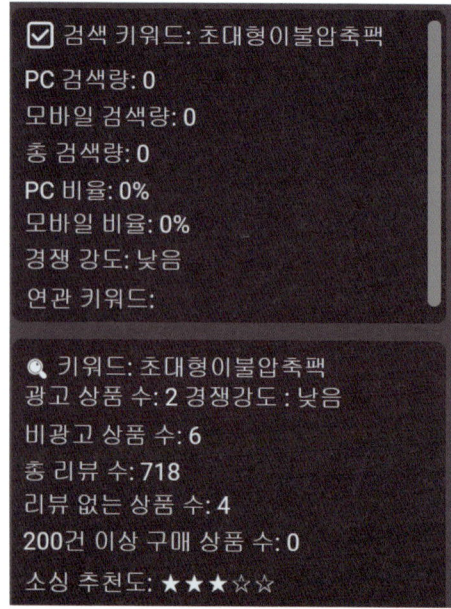

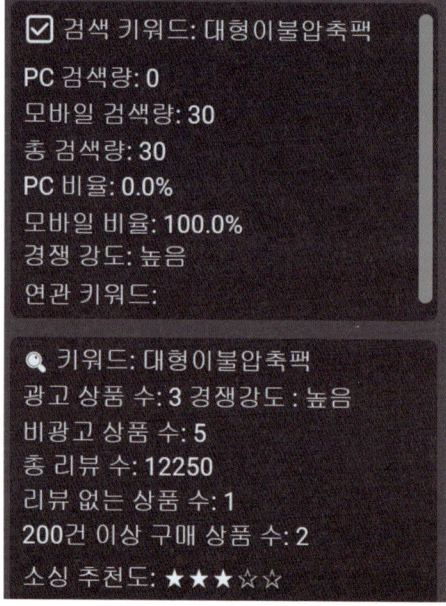

2개의 파생 키워드로 검색했을 때 모두 리뷰가 없는 상품도 있고, 소싱 추천도도 별 3개이지만 가장 중요한 키워드 검색량이 거의 없다. 이런 상품을 소싱해서 메인 키워드로 노출할 경우 첫 페이지에 노출은 되겠지만 팔리지 않는 상황이 벌어진다.

그럼 이번엔 이불이라는 단어를 제외하고 '대형압축팩'으로만 검색해 보자.

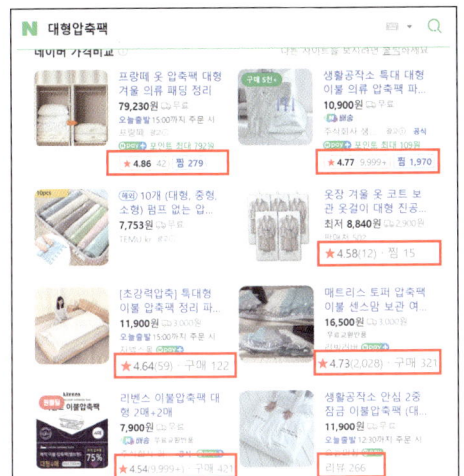 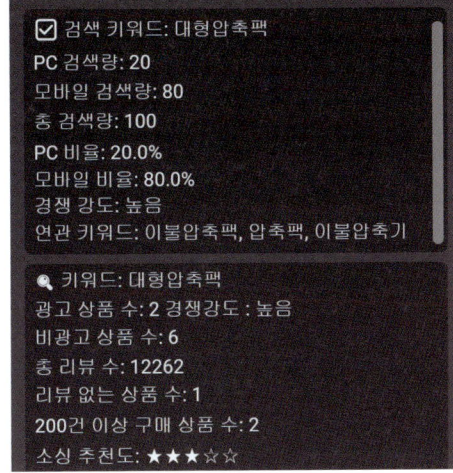

　이전 키워드들보다는 검색량도 늘어났고, 상위 판매자들의 리뷰 개수도 많이 줄어들었다. 하지만 여전히 높은 판매량을 가진 판매자들이 있기 때문에 이런 키워드들은 초보 셀러가 진입해도 굉장이 어려운 상품군이 된다.

　그런데 '대형압축팩'의 연관 키워드에 '이불압축기'라는 키워드가 있다. 필자도 어떤 제품인지 모르기 때문에 한번 검색량을 확인해 보자.

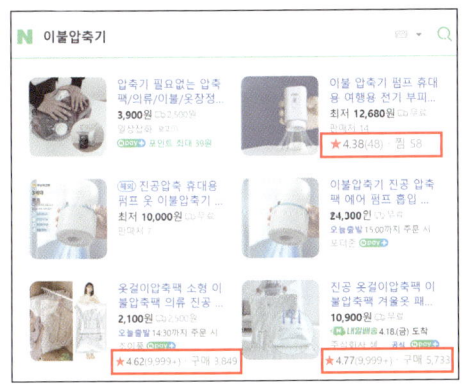 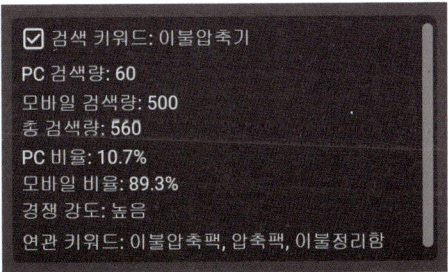

　압축팩으로 시작된 소싱의 흐름이 이불압축기까지 확장되었고, 사람들이 한 달에 560건이나 검색하며 찾고 있는 상품이라는 것을 알게 되었다. 아마도 압축팩에서 공기를 뺄 때 사용하는 에어 펌프를 검색하려는 의도로 보인다. 그렇다면 차라리 상

2장 팔리는 아이템을 찾자　95

품을 소싱해 판매할 때 '이불압축기'를 메인 상품으로 하고, 추가 상품군으로 '이불압축팩'을 크로스셀링한다면 좀 더 쉽게 판매를 이끌어 낼 수 있을 것이다.

'이불압축기'를 구매하려는 소비자는 당연히 '이불압축팩'이 필요할 것이고, 자연스럽게 합배송 상품이 되면서 이불압축팩의 판매량을 쌓아갈 수 있다. 이불압축팩의 판매량이 어느 정도 올라오면 자연스럽게 지수가 쌓이고, 단독 상품으로도 판매가 일어나게 된다.

키워드 한 가지를 분석하다 보면 확장되는 키워드들까지 굉장히 많은 시간이 소요된다. 이 키워드 프로그램은 그런 수고를 조금이나마 덜어주고 간단하게 결과를 확인할 수 있도록 만든 프로그램이다.

☆ 자주 묻는 질문(FAQ)

Q API 키를 잘못 입력했어요!
A .env 파일을 메모장으로 열어서 다시 수정하면 된다. 저장하고 재실행하면 반영된다.

Q 프로그램이 실행이 안 돼요!
A .env 파일이 실행파일과 같은 폴더에 있는지 확인한다.

Q 검색 기록이 저장이 안 되는데요?
A 프로그램을 정상 종료해야 기록이 저장된다. 강제 종료되면 저장이 안 될 수 있다.

☆ 마무리 한마디

이 프로그램은 필자가 키워드 분석을 할 때 느꼈던 불편함을 기반으로 만들어졌다. 네이버 검색량을 분석하고 싶은데 매번 엑셀 정리하고, API 쿼리 짜고, 결과 붙여넣고… 복잡하고 번거로웠다. 그래서 그런 과정 없이 한 번의 검색으로 중요한 데이터만 쏙쏙 뽑을 수 있도록 만든 것이다. 독자 여러분께 무료로 제공되는 만큼 부담 없이 써보면서 아이템 서치에 활용하기 바란다.

초보 셀러는 니치마켓(틈새시장)의 상품을 소싱하는 것을 추천한다. 그래야 후발주자라도 따라가기가 쉽다. 이미 리뷰가 몇천 개씩 쌓여있는 상품은 소비자에게 높은 신뢰를 받고 있기 때문에 초보 셀러가 진입해 판매하기가 어려운 시장이다.

05 드디어 고른 키워드, 내 자리가 있을까?

키워드를 찾았다면 이 키워드에 '내 자리'가 있는지 확인해야 한다. '누울 자리를 보고 다리를 뻗으라'는 말이 있듯이 내가 판매할 자리가 있는지를 확인하고 진입해야 한다. 해당 키워드에 '내 자리'가 있는지는 플랫폼에서 직접 검색을 해보면 된다.

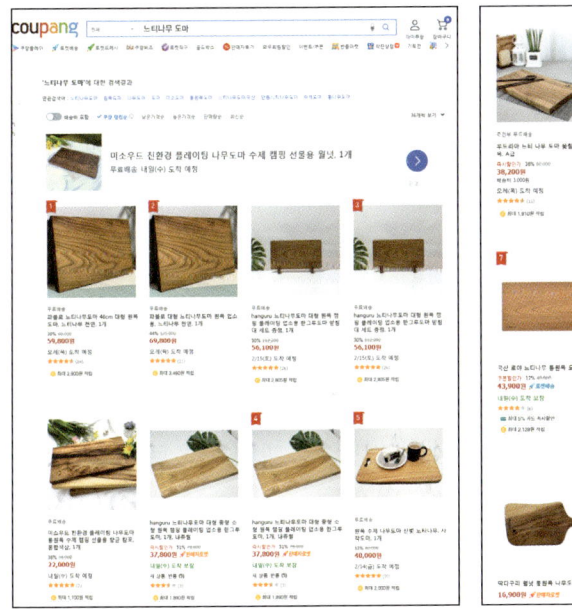
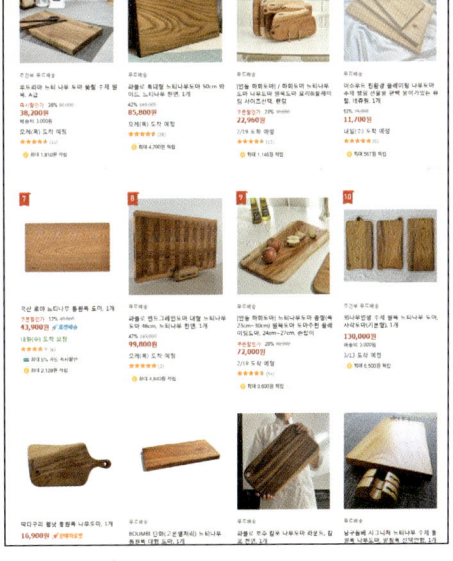

쿠팡에서 키워드 검색 결과 화면

2장 팔리는 아이템을 찾자

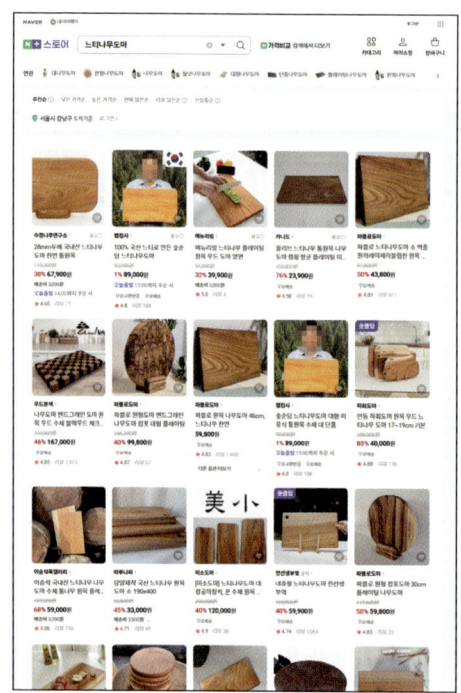
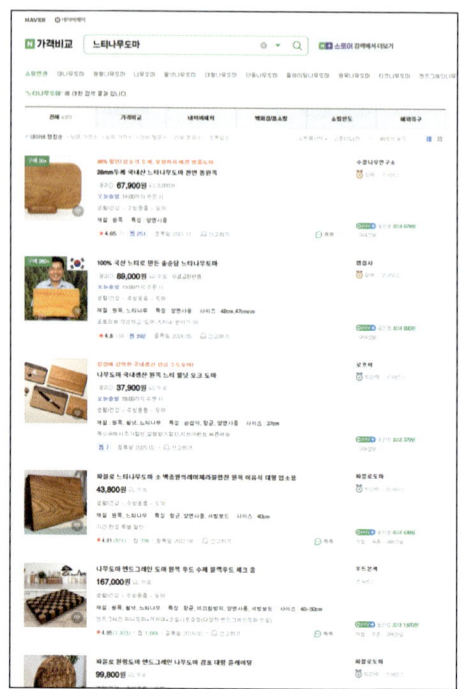

네이버플러스 스토어에서 키워드 검색 결과 화면   네이버 가격비교에서 키워드 검색 결과 화면

네이버와 쿠팡에 키워드를 검색하면 나오는 첫 페이지에서 내 상품이 들어갈 자리가 있는지 확인해야 한다. 1페이지에서 광고를 제외한 상위 노출 상품들의 가격, 상세페이지, 리뷰수를 보며 내가 그들보다 상위 노출될 수 있을지를 판단한다.

쿠팡

쿠팡은 1페이지의 '로켓배송' 상품 비율을 고려해야 한다. '마켓플레이스(판매자배송)' 상품으로 로켓배송보다 우수한 고객 경험을 제공해 상위 노출되긴 어렵다. 로켓배송 비율이 높으면 인기 아이템이지만, 경쟁이 치열해 내 자리를 찾기 쉽지 않다는 의미이기도 하다. 마켓플레이스 판매자가 '로켓그로스'로 판매하면 로켓배송과 유사한 배송 서비스를 제공하고 '판매자로켓' 배지를 받아 경쟁력을 갖출 수 있다.

네이버플러스 스토어 & 네이버 가격비교

네이버 쇼핑은 2024년 10월 30일부터 '네이버플러스 스토어'와 '네이버 가격비교'로 개편되었다. 기존 네이버 쇼핑은 '네이버 가격비교'로 리브랜딩되어 외부 쇼핑몰, 유사상품, 스펙 등을 더 꼼꼼히 비교하는 고도화된 검색 결과를 보여준다. 네이버플러스 스토어 검색 결과 상단의 '네이버 가격비교 검색에서 더보기' 버튼으로 이동할 수 있다.

'네이버플러스 스토어'는 로그인 사용자에게 초개인화 추천 상품을 보여준다. 스마트스토어 DB 속성값과 이용자 이력을 기반으로 취향과 관심사를 분석해 상품과 혜택을 추천한다. 비로그인 사용자에게는 인기 검색 상품이나 많이 본 상품 브랜드 등을 참고해 인기 상품 순으로 노출하며, 카탈로그(가격비교)는 제공하지 않는다.

네이버플러스 스토어 추천순

네이버 가격비교 랭킹순

 내 자리를 찾는 방법

내 자리를 찾을 때는 다음과 같은 것을 고려해 경쟁자를 분석하고 결정하면 된다.

① 리뷰수

첫 페이지에서 리뷰가 없거나 적은 상품이 경쟁자이다. 리뷰가 없으면 가장 좋고, 10개 내외라면 노려볼 만하다. 하지만 리뷰가 100개 이상인 경쟁자만 첫 페이지에 있다면, 신규 상품이 노출될 가능성은 낮다.

② **상품 품질**

첫 페이지 노출 상품의 품질을 살핀다. 썸네일이 상품을 잘 표현하고 주목을 끄는지, 상품명은 이해하기 쉬운지, 상세페이지는 정성스러운지 등을 소비자 관점에서 판단한다. 이들보다 썸네일과 상세페이지에서 차별점을 둘 수 있다면 판매를 시도해 볼 만하다.

③ **'해외배송' 제품이 팔렸는지?**

이는 매우 중요하다. 우리나라는 익일 도착이 보편화되어 2주 이상 기다려 물건을 사는 것은 큰 인내심을 요한다. 그럼에도 해외배송 상품이 판매되고 리뷰가 있다면, 그 제품에 대한 고객의 강력한 니즈가 있다는 뜻이다. 이 제품을 익일 도착으로 판매할 수 있다면 해외배송 제품은 따라올 수 없는 경쟁력이 생긴다. 이런 상품을 찾는 것도 좋은 방법이다.

④ **가격**

상위 노출 상품의 판매가를 보고 내 가격 경쟁력을 판단한다. 최저가가 필수는 아니지만, 시장가보다 터무니없이 비싸면 판매가 어렵다. 오픈마켓 시장 형성가는 보통 상위 노출 1위 상품 가격으로 볼 수 있다.

이 외에도 자신만의 기준으로 자리를 판별하는 것이 좋다. 중요한 것은 '계란으로 바위 치기'는 피해야 한다는 점이다.

❷ 세부 키워드로 시작하기

초보 시절, '내 자리 찾기' 분석 방법을 모르던 때, 정말 좋은 아이템을 찾았다고 생각했다. 원가 1,500원짜리 제품을 국내 판매자들이 9,900원에 팔며 리뷰가 1만 개가 넘는 것을 보고 '이거다!' 싶었다. 2만 개 이상 팔렸다고 가정하니, 마진을 개당

7,000원만 잡아도 순이익 1억 4천만 원이라는 계산이 나왔다. 그래서 이 아이템 2,000개를 수입해 절반 가격에 팔려 했는데, 어리석은 생각이었다. 가격만큼 노출이 중요하다는 걸 몰랐다. 리뷰 0개, 스마트스토어 '씨앗' 등급인 내가 리뷰 1만 개 넘는 판매자들 사이에서 상품을 노출시킬 방법은 없었다. 내 자리가 없었던 것이다.

지금도 가끔 팔리며 실수를 상기시켜 주는 이 애증의 제품 때문에 공부한 것이 바로 '나선형 돌파법'이다. 대표 키워드가 아닌 정밀 타겟 세부 키워드로 상품명을 다시 만들었다. 세부 키워드로 판매를 쌓아 리뷰와 신뢰도를 얻는 것이 나선형 돌파법이다.

사람들은 같은 제품도 다양한 키워드로 검색한다. 핸드폰 케이스라면 어떻게 검색할까?

- 갤럭시 S25 핸드폰 케이스
- 갤럭시 핸드폰 케이스
- 갤럭시 S25 투명 케이스
- 갤럭시 투명 케이스
- 갤럭시 S25 젤리 케이스

이렇게 다양한 키워드 중 검색량이 적은 키워드를 타겟으로 1페이지를 노리는 것이다. 온라인 판매의 핵심은 1페이지 노출이다. 소비는 보통 검색 결과 1~2페이지에서 끝나므로, 대형 키워드에서 28,300번째보다 월 검색 1건이라도 1페이지에 노출되는 것이 중요하다.

부디 독자 여러분은 나와 같은 '계란으로 바위 치기' 경험은 하지 않길 바란다.

가장 좋은 자리는 해외배송 판매자가 있고, 실제 판매가 일어나며, 리뷰 적은 상품이 상위 노출된 곳이다.

06 내가 이길 수 있는 상대인가?

1 경쟁 판매자 분석하기

내 상품의 자리를 찾았다면 경쟁 판매자의 제품을 분석해야 한다. 여러분은 제품을 구매할 때 무조건 최저가 제품을 선택하는가? 아니면 무엇을 중점적으로 보고 구매 결정을 하는가? 필자는 상품을 잘 이해시켜주는 판매자의 제품을 구매한다. 가격 차이가 크지 않다면 말이다.

판매자를 분석할 때는 소비자의 이러한 니즈를 충족시키고 있는지를 봐야 한다. 1페이지에 노출된 판매자들의 상세페이지와 썸네일, 상품 정보를 확인하는 것이다.

1.1 네이버 쇼핑에서 분석하기

썸네일

검색 결과 목록에서 가장 먼저 눈에 띄는 것이 썸네일이다. 그러면 어떤 썸네일이 좋은 썸네일일까? 하얀 바탕에 깔끔한 제품 사진일까, 알록달록한 배경의 제품 사진일까? 썸네일은 한 장의 사진으로 제품을 가장 잘 표현하는 것이 좋은 썸네일이다. 예시로 홈트에 사용되는 아령을 판매한다고 가정해 보자.

흰 바탕에 아령　　　　　트레이너가 들고 있는 아령

왼쪽 그림은 흰 바탕에 상품 이미지를 크게 배치해 한눈에 제품을 알아볼 수 있도록 했다. 오른쪽 그림은 트레이너가 운동하고 있는 이미지인데 제품이 너무 작게 보인다. 왼쪽 그림이 눈에 띈다. 그런데 이것만으로는 사람들이 어떤 썸네일을 클릭할지 섣불리 판단할 수 없다.

그럼 실제로 네이버플러스 스토어에서 '아령0.5kg'을 검색해 보자.

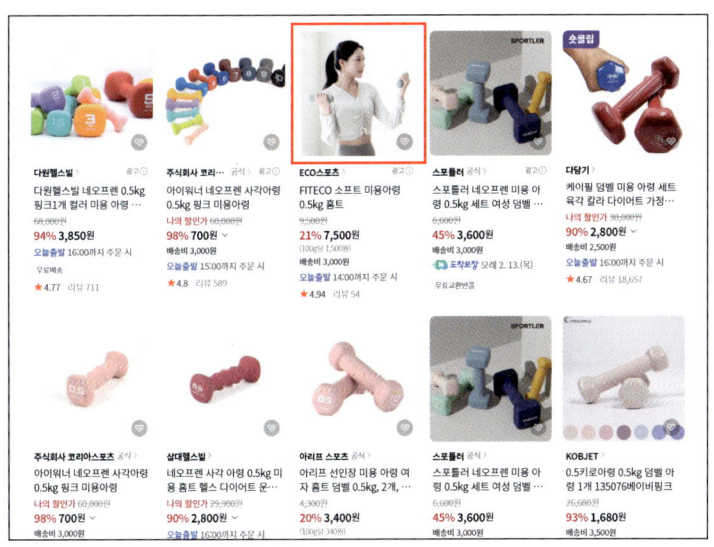

제품 이미지를 크게 배치한 썸네일이 많다. 그런데 여성이 운동하는 썸네일 하나가 다른 제품과 차별화되어 눈에 띈다. 고객의 클릭을 부를 수 있는 것이다. 클릭을 부르는 썸네일이 좋은 썸네일이다.

여기서 하나 더 생각해 보면, 0.5kg 아령을 판매한다면 어떤 썸네일이 좋을까?

남자 트레이너의 아령   여자 필라테스 강사의 아령

큰 범주에서 아령이라는 제품은 같지만 디테일하게 본다면 0.5kg 아령은 근육 성장을 위한 제품이 아니다. 보통 남성들은 0.5kg의 아령을 사용하지 않는다. 0.5kg 아령은 여성들이 많이 사용하고, 집에서 간편하게 이용하려고 찾는 경우가 많다. 이러한 니즈에 맞는 썸네일은 오른쪽 필라테스 강사가 들고 있는 이미지이다.

썸네일을 만들 때는 타깃 고객과 마켓 환경 등을 고려하면서 눈에 띄고, 변별력이 있고, 보기에 좋고 편안한 이미지를 만들어야 한다.

상세페이지

스마트스토어 상세페이지의 핵심은 GIF 이미지이다. 흔히 '움짤'이라고 하는 GIF는 상세페이지에 활력을 불어넣는 존재로, 간단하게 만들 수 있는데 그 효과는 놀랍다. 상세페이지에서 바로 구현되기 때문에 다른 동영상보다 직관적으로 제품을 이해시킬 수 있다. 경쟁 판매자가 GIF 없이 상세페이지를 구성했다면 나는 GIF를 첨부해 이해가 잘 되고 생동감 있는 상세페이지를 만들면 된다. 특히 사이즈 이슈가 있는 제품은 스마트폰이나 손바닥 사진과 비교해 사이즈를 보여주면 소비자의 구매 결정에 좋은 영향을 미칠 수 있다.

이러한 시각으로 경쟁 판매자의 썸네일과 상세페이지를 살펴보고 이길 수 있다는 판단이 생기면 해볼 만한 제품이다.

판매 이야기

썸네일과 상세페이지로 성공한 아이템

필자는 위와 같은 방법으로 아내가 비웃었던 아이템에 도전했다. 여러 조건을 모두 충족했고, 키워드 검색량도 2,000건 내외로 아주 좋다고 판단한 아이템이었다. 결과적으로 많은 판매량을 기록했고, 현재는 1페이지 3칸에 모두 내 제품이 노출되고 있다. 한 달도 안 된 동안 리뷰가 50개 넘게 쌓였고 700개 정도 판매했으니 한 가지 아이템으로 직장인의 월급을 뛰어넘는 수익을 올렸다.

온라인 판매의 장점은 옳은 방법으로 꾸준히 도전하면 판매가 일어나는 아이템들이 쌓인다는 것이다. 일주일에 1개의 제품을 찾아 5만 원 정도로 도전한다고 가정해 보자. 6개월을 반복하면 약 27개의 아이템을 보유하게 되고 투자한 금액은 135만 원이 된다. 그럼 우리의 마켓에는 어떠한 변화가 있을까?

적어도 하루에 몇 건의 판매가 일어나고, 27개의 아이템 중 운이 좋다면 1~2개 정도의 효자 상품이 생길 것이다. 어쩌면 더 많은 아이템이 대박날 수도 있다. 6개월이라는 시간이 흐르면서 추가적으로 발주를 넣어야 할 상품도 생길 것이고, 계절이 바뀌면서 여름에 팔렸던 상품들이 감소하고 가을을 대비했던 아이템이 팔리기 시작한다. 이러한 판매 경험을 통해 내년에는 올해 팔았던 여름 아이템의 부족했던 부분을 보완해 판매 계획을 세울 수 있다. 그리고 가을과 겨울 아이템을 준비한다. 또 우리는 27개의 아이템을 도매로 공급하는 도매업체가 되어 있을 수도 있다. 위탁판매로만 팔던 우리가 반대로 위탁판매 셀러에게 제품을 공급해 줄 수 있다는 뜻이다.

처음 한두 달은 성과가 미비할 수 있다. 서두에 말씀드렸지만 꾸준함만이 쇼핑몰을 성장시킬 수 있는 유일한 방법이다. 꾸준하게 도전하려면 한 아이템에 들어가는 자본이 적어야 한다. 유효타를 계속 만들어 가면 홈런이 나오는 날이 있을 것이다.

1.2 쿠팡에서 검증하기

이제 쿠팡에서 검증을 해볼 차례이다. 쿠팡에서 키워드로 제품을 검색해 보면 랭킹이 표시된다. 여기서 조심해야 할 것은 바로 로켓배송이다. 쿠팡에서 직접 매입해 판매하는 제품이 로켓배송 상품이다. 당연한 이치이겠지만 쿠팡은 자신이 직매입한 상품을 빨리 팔아야 한다. 사실 로켓배송 상품은 로켓배송이라는 빠른 배송과 가격 경쟁력 때문에 고객 경험이 좋아 대부분 상위에 노출된다. 때문에 로켓배송 상품이 상위 순위를 차지하고 있다면 이 제품을 쿠팡에서 파는 것은 어렵다고 봐야 한다.

여기서 확인해야 할 부분은 로켓배송, 판매자로켓(로켓그로스), 판매자배송(마켓플레이스) 상품의 분포 비율이다. 1페이지에 로켓배송이 거의 없고 판매자로켓이나 판매자배송 상품이 주로 노출되고 있다면 도전해볼 만한 아이템이다. 판매자로켓은 일반 셀러들도 할 수 있는 방식이기 때문에 해볼 만한 시도이다.

쿠팡에서 '아령 0.5kg 2개'를 검색한 결과 화면

판매자배송 제품들도 판매되고 있다면, 앞에서의 분석 방법으로 판매자의 강도가 어느 정도인지 확인한다. 쿠팡은 상세페이지에 GIF 등록이 안 되고, 썸네일은 하얀 바탕에 제품 사진만 있는 것을 권장하고 있다. 따라서 차별을 둘 수 있는 부분은 빠른 배송과 가격, 상세페이지 구성이다. 이러한 부분에서 내가 경쟁에서 이길 수 있는지를 판단해 보면 된다.

07 승산이 있다면 시작해 보자!

이제 힘들게 찾은 키워드의 검증은 끝났다. 아마 많은 키워드가 이러한 조건들을 통과하지 못하고 낙오할 것이다. 그렇지만 찾다 보면 분명 한두 가지는 이거다 싶은 제품을 발견할 것이다. 막연하게 꿈꾸기보다는 직접 해보면서 꾸준히 도전하면 언젠가는 자신에게 딱 맞는 아이템을 발견하게 될 것이다.

① 알아두면 좋은 판매 방식

판매자는 주문이 들어오면 택배 포장을 해 발송한다. 이것은 우리와 같은 방구석 셀러나 다른 쇼핑몰 업체들도 마찬가지이다. 그런데 포장과 배송 관련 일을 외주로 처리하는 판매 방식이 있다. 바로 네이버의 'N배송' 서비스와 쿠팡의 '로켓그로스'이다. 이 두 서비스는 이름이 다를 뿐 운영 방식은 거의 동일하다고 볼 수 있다.

① 판매자가 제품을 포장해 각 플랫폼과 연계된 물류센터로 제품을 발송한다.
② 물류센터에서 제품을 보관하고 있다가 주문이 들어오면 고객에게 발송한다. 고객 반품도 물류센터로 가게 된다.

이러한 개념을 4PL(4th Party Logistics, 4자 물류)이라고 한다. 네이버와 쿠팡은 4PL 서비스를 시행하고 있는데, 이것을 잘 이용하면 빠른 배송으로 경쟁력을 갖출 수 있다. 당연히 수수료를 내야 하지만 제품을 보관할 공간이 필요 없기 때문에 사무실을 구하는 것이 리스크이거나 자택의 공간이 부족하다면 해볼 수 있는 방법이다.

4PL은 제품의 입고, 보관, 포장, 출고 등의 물류대행 서비스를 하는 3PL에 IT 기술을 접목해 창고 관리 및 주문 관리까지 해준다. 보관과 배송 중심의 3PL 업무에 더해 재고 관리와 C/S 처리를 해주고 통계분석을 제공한다. 이러한 데이터를 바탕으로 사용자에게 물류 예측 및 컨설팅을 제공한다.

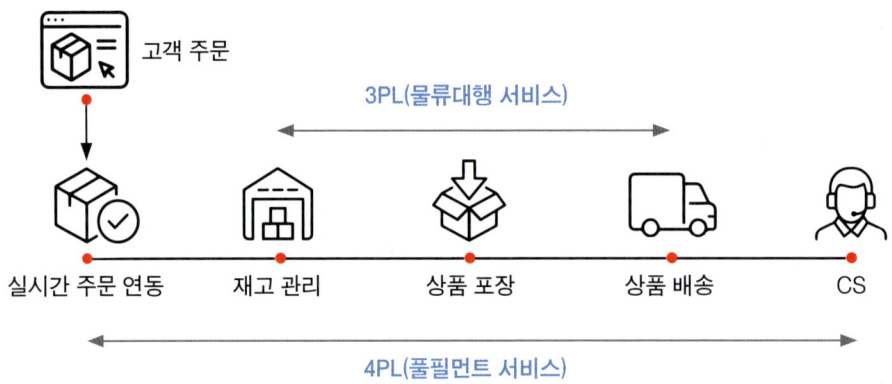

1PL: 제조사가 생산한 제품을 직접 포장해 발송하는 형태이다. 회사 내 물류 및 배송 담당 부서를 둔다. 판매자가 사입한 물건을 직접 포장해 택배로 보내는 방법으로, 개인 셀러는 보통 이런 방법으로 많이 한다.

2PL: 제조사가 별도의 물류 자회사를 두어 자사의 물류 업무를 담당하게 하는 형태이다. 물류 자회사는 타사의 물류 업무도 해주면서 독립적으로 운영한다.

3PL: 포장 및 배송 업무를 외주 업체에 맡기는 형태이다. 판매자가 물류업체에 제품을 보내 보관하고, 주문이 일어나면 물류업체에서 포장과 출고를 한다. 어느 정도 판매가 있는 셀러는 3PL을 많이 이용한다.

4PL: 3PL 개념에 IT 기술을 접목해 데이터를 바탕으로 물류와 판매에 관한 컨설팅을 해준다. 제품 반품과 CS 처리도 해준다.

3장

국내 도매몰 상품
위탁·사입으로 판매하기

01 위탁으로 판매하기

우리가 쉽게 접할 수 있는 도매처는 온라인 도매 사이트이다. 도매매나 도매꾹과 같이 도매 사업자들이 모여 있는 이들 사이트에서는 정말 다양한 제품을 찾을 수 있고, 특히 그때그때 유행하는 트렌드 상품을 캐치할 수 있다.

온라인 도매몰의 제품은 누구나 소싱할 수 있기 때문에 가격 경쟁력은 없지만, 다양한 제품을 검색해 볼 수 있고 위탁판매 시스템을 경험할 수 있으니 꼭 한번 진행해 보길 바란다.

1 온라인 판매자의 소싱

소싱(sourcing)은 기업의 구매 활동을 말하는 것으로, 온라인 판매자에게 소싱이란 판매할 상품을 공급받을 거래처를 찾는 행위를 의미한다. 온라인 판매자는 소싱 방법에 따라 **위탁(드롭시핑), 사입, 구매대행, 제조**의 방식으로 사업을 진행한다.

상품 소싱은 ① 제조사에 직접 연락하거나 ② 오프라인 도매시장 방문 ③ 온라인 도매 사이트 등을 통해서 하면 된다. 이 중에서 가장 편하게 할 수 있는 것이 온라인 도매 사이트를 통한 소싱이다.

도매, 소매, 위탁판매

'도매'는 대량으로 사고파는 사업자 간의 거래를 뜻한다. 보통 '거래처'라고 한다. 유통 단계를 거쳐서 소비자에게 제품이 전달된다.

'소매'는 도매로 사온 제품을 소비자에게 판매하는 것을 말한다. 보통 1개나 소량의 제품을 판매한다.

초보 셀러는 판매하고자 하는 아이템이 잘 팔릴지 어떨지를 모르기 때문에 섣불리 대량 구매를 할 수 없다. 그래서 1개도 도매로 판매해 주는 사업자들이 나오기 시작했고, 도매와 소매 그 중간 가격으로 '위탁판매'가 시작되었다.

이런 도매 사이트뿐만 아니라 일반적인 물건을 파는 쇼핑몰도 우리에겐 공급처가 될 수 있다. 꼭 도매 사이트에서만 제품을 구해야 되는 것은 아니다.

② 위탁판매

2.1 위탁판매 프로세스

위탁판매는 판매자가 재고를 보유하거나 직접 제조하는 대신, 공급사(제조사, 유통사, 도매처 등)의 제품을 마켓에 등록하고 주문이 들어오면 공급사가 고객에게 직접 배송하는 방식이다.

온라인 판매자가 가장 쉽게 접근하는 위탁판매는 온라인 도매 사이트에서 상품 정보와 이미지를 가져와 마켓에 올린 후, 판매 시 도매 사이트에서 구매해 배송하는 것이다. 이렇게 하면 재고 부담 없이 판매할 수 있다. 도매업체가 직접 배송(위탁배송)까지 해주면 배송 부담도 덜 수 있다.

처음부터 경쟁력 있는 아이템을 찾기는 초보 셀러에게 어렵다. 아이템이나 시장 안목이 부족하고 시간도 많이 걸려, 자칫 시간만 보내고 사업은 지체되기 쉽다. 따라서 초보자는 자금 부담이 적은 위탁판매로 시작하길 권한다. 아직 아이템을 정하지 못했거나 판매할 물건이 없는 이들에게 가장 쉬운 접근법이다.

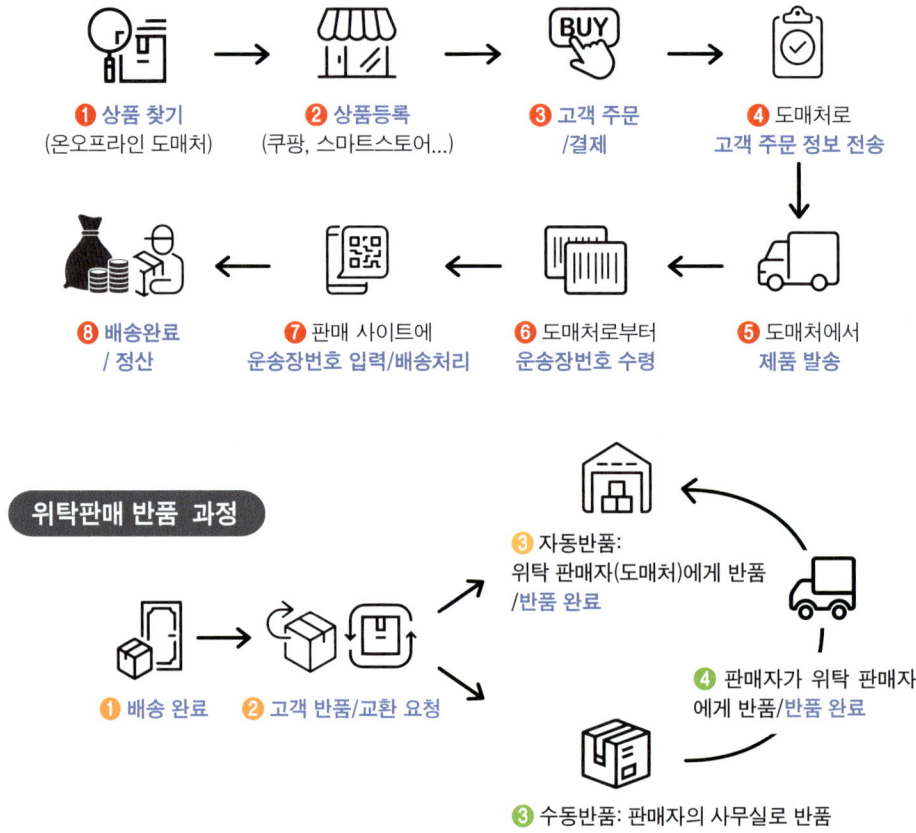

2.2 위탁판매의 장점

① **상품 발굴 시간 및 비용 절감**: 트렌드와 시즌 키워드가 정해지면 도매 사이트에서 위탁 배송 상품을 찾아 오픈마켓에 등록하면 된다. 도매 사이트에서 상품 이미지와 상세페이지 자료를 제공하거나 사용 허락해 주므로, 아이템 발굴 및 상세페이지 제작 시간과 비용을 아낄 수 있다.

② **재고 리스크 없음**: 주문이 들어온 후 상품을 준비하므로 재고 리스크가 없다. 주문 발생 시 도매처에 주문하고 고객 정보를 입력하면 도매처가 고객에게 배송한다.

금전적 리스크가 적어 초보자가 아이템과 시장 이해도를 높이는 데 용이하다.
③ **매입 자금 불필요**: 판매 후 공급처에 주문하므로 매입 자금 부담이 거의 없다.

2.3 위탁판매의 단점

① **적은 마진**: 공급사 가격에 따라 판매가를 정해야 하므로 마진이 적다. 많은 판매자와 거래하는 공급사 특성상, 경쟁력 있는 가격을 책정하려면 마진을 줄여야 한다.
② **많은 동종 상품 경쟁자**: 공급사가 다수의 판매자와 거래하므로 동종 상품 판매자가 너무 많다. 때로는 공급사가 직접 판매하기도 해 가격 경쟁에서 우위를 점하기 어렵다. 틈새 아이템을 찾고 시장 안목을 키워야 한다.
③ **상품 관리의 어려움**: 배송이 원활하지 않을 수 있고, 공급사 사정으로 품절이나 배송 지연이 발생할 수 있다. 수시로 체크해 페널티를 받지 않도록 주의해야 한다.
④ **고객 응대의 어려움**: 상품 문의, 반품, 교환 등 CS 응대가 쉽지 않다. 대비책으로 판매자가 상품 1개를 미리 구매해 사용하며 장단점을 파악하고, 예상 고객 문의 사항을 공급사에 미리 확인해 숙지하는 것이 좋다.
⑤ **브랜딩의 어려움**: 고객은 상품을 보고 오기에, 아무리 많이 팔아도 내 쇼핑몰(스토어)을 브랜딩하기 어렵다.

❸ 위탁판매 전략

위탁판매는 시장조사라는 생각으로 접근하길 바란다. 꾸준히 하다 보면 어떤 아이템이 팔리는지 알게 되고, 아이템을 캐치하는 혜안을 얻는다. 물론 위탁판매로 '얻어걸리는' 상품이 생기거나 수익을 낼 수도 있다.

초보 판매자는 자신만의 아이템이 없고 시장 감각이 부족한 경우가 많다. 다양한 상품을 등록해 판매하며 잘나가는 것을 체득하고 시장 분석 능력을 키워야 한다. 위탁판매는 팔리는 아이템과 틈새시장을 찾으며 내 아이템을 발굴하는 과정이다.

다량 등록 전략

위탁판매는 상품을 많이 등록하는 전략이 좋다. 아이템 분석 없이 키워드만 보고 도매 사이트 상품을 등록하는 것이다. 대표 키워드(예: 우산, 선풍기)로 상품을 찾아 등록한다. 재고 없이 적은 시간 투자로 키워드만 보고 도매몰 상품을 올리는 것이다.

이렇게 올린 상품 중에는 꾸준히 팔리는 것이 있다. 이는 고객 수요가 있는 아이템이다. 이런 상품이 내 주력 아이템이 될 수 있는지 분석해야 한다.

고려 사항:
① 왜 팔리는가(반짝 이슈는 아닌가?)
② 하루 판매량은?
③ 시장 가격과 내가 맞출 수 있는 가격은?
④ 상위 노출 시 마진은?

분석 결과 판매 가능성이 크면 사입해 소싱 단가를 낮추고, 가격, 세부 키워드, 상세페이지, 배송 등에서 경쟁력을 높여 나만의 상품으로 만들 수 있다.

위탁판매는 '팔리겠지'가 아니라 '팔리는 것을 직접 확인'하고 시장에 진입하는 것이다. 위탁으로 판매되는 아이템은 시장성이 있다는 의미이다. 위탁판매는 재고 관리와 판매 극대화에 한계가 있으므로, 결국 팔리는 아이템을 분석해 상위 노출시켜야 폭발적인 판매를 기대할 수 있다.

키워드 분석 전략

위탁판매도 처음부터 시장조사와 분석을 통해 판매 가능성 높은 아이템을 등록할 수 있다. 아이템 서치 중 좋은 키워드를 발견하면 세부 키워드, 월간 검색량, 판매량, 가격, 마진 등을 심층 분석 후 공급자를 찾아 상품을 등록하면 된다.

좋은 아이템을 찾아 제조업체로부터 공급받을 수 있다면 경쟁자 없이 판매를 해볼 수 있다. 소싱처는 스스로 만들어가는 것이다. 처음엔 낯선 업체에 전화하는 것이 두렵고 거절도 많이 당하겠지만, 계속하다 보면 요령이 생기고 성공 확률도 높아진다. 그 장벽을 넘어서면 다른 셀러들이 쉽게 도전하지 못하는 경쟁력을 갖게 된다.

3.1 위탁판매 아이템 찾기

위탁판매는 아무 상품이나 등록하는 것은 아니라, 팔릴만한 키워드를 찾아서 그 아이템을 등록하는 것이다. 분석을 세부적으로 할 필요는 없으나 해당 카테고리에서 어떤 키워드가 인기가 있는지를 살펴보고, 그 아이템을 진행해야 판매 확률이 높다.

예를 들어 캠핑 용품을 판매할 생각이라면, 다음과 같이 판매를 진행할 수 있다.

① 카테고리/인기검색어 찾기
네이버 데이터랩의 '쇼핑인사이트'에서 캠핑 카테고리의 '인기검색어'를 분석한다.

② 키워드 선정
네이버 검색광고-키워드 도구, 아이템스카우트 등 키워드 분석 프로그램에서 인기검색어의 검색량, 상품수, 경쟁 정도, 상품성을 체크해 보고 키워드를 선정한다.

③ 판매 상품 찾기와 선정
선정한 키워드로 도매 사이트에서 상품을 검색한 후 판매할 상품을 선정한다.

④ 상품 등록하기
해당 상품을 쿠팡, 스마트스토어 등 판매 플랫폼에 등록한다.

이렇게 하면 아무 상품이나 등록하는 것보다 판매될 확률이 높아진다. 다만 이 작업에 너무 많은 시간을 할애할 필요는 없다. 인기 카테고리와 아이템 키워드 정도만 시치히고 상품을 찾으면 된다. 즉 지금 잘 팔리고 있는 상품을 등록하는 것이다.

■ 위탁판매와 사입판매의 장단점

판매 방식	장점	단점
위탁판매	재고 없이 가능 초기 비용이 많이 들지 않음 썸네일, 상세페이지 제작하지 않아도 됨	재고 관리가 어렵다
사입판매	가격 결정이 경쟁력 재고 관리가 용이하다.	초기 비용이 많이 든다.

02 사입으로 판매하기

1 사입판매 프로세스

사입(仕入)은 '상거래를 목적으로 물건 따위를 사들이는 것'으로, 시장 상인들이 주로 쓰는 말이다. 즉 '판매를 위한 구매'를 말하는 것으로, 판매자가 자신이 팔 물건을 제조사나 유통사, 도매처 혹은 다른 판매자로부터 구매하는 것을 말한다. 이렇게 판매자가 팔 물건을 미리 구매(매입)해 재고를 보유하고 있는 상태에서 판매하는 형태를 사입판매라고 한다.

1.1 사입판매의 장점

① **가격 경쟁력 우위로 매출 증가**: 대량 구매로 단가를 낮추면 가격 책정이 자유롭고 마진 폭 조절이 가능해져, 타 판매자보다 경쟁 우위를 확보할 수 있다. 낮은 가격은 판매자의 강력한 무기로, 많은 판매로 이어진다. 이는 다시 대량 사입으로 단가를 낮추고, 판매가를 더 낮춰 더 많은 판매를 유도하는 선순환 구조를 만든다.

② **재고 관리 용이**: 재고를 확보하고 판매하므로 품절로 인한 고객 클레임을 방지하고, 교환 및 환불 요청에 신속히 대응할 수 있다. 오픈마켓은 '판매관리 프로그램'을 통해 발송 지연, 품절 취소, 반품/교환 처리 지연 등 원활하지 않은 판매 활동에 페널티를 부과한다. 누적 시 판매 제재를 받을 수 있다.

③ **다양한 상품 구성 가능**: 보유 재고로 묶음배송, 1+1, 추가 상품 등을 구성해 고객에게 배송비 절감 효과를 주어 추가 구매를 유도할 수 있다. 사은품 증정 등 이벤트 상품 구성도 가능하다. 사입판매는 이처럼 다양한 상품 구성으로 경쟁력을 높일 수 있다.

④ **내 쇼핑몰 브랜딩 용이**: 원하는 상품 구성을 통해 마케팅과 브랜딩을 할 수 있다. 상품이 많이 판매되고 스토어가 알려지면 향후 브랜딩이 쉬워진다.

1.2 사입판매의 단점

① **재고 위험성**: 가장 큰 단점은 재고 리스크이다. 대량 사입으로 구매 단가를 낮췄지만, 판매되지 않으면 손실을 그대로 떠안아야 한다. 시장은 유동적이어서 변수가 잦다. 오늘 잘 팔리던 상품이 내일 갑자기 안 팔릴 수 있으며, 온라인에서는 이런 일이 더 빈번하다. 더 낮은 가격의 경쟁자나 대체 상품이 나타나면 판매량이 급감할 수 있다.

잘나가던 상품 판매가 급감하면 원인을 분석해야 한다. 오픈마켓에서는 대부분 상위 노출에서 밀려났기 때문이다.

② **창고 비용 발생**: 부피가 큰 제품은 보관 창고가 필요할 수 있다. 별도 창고를 얻어

야 한다면 이 비용도 사입 결정 시 고려해야 한다. 창고 임대 후 판매가 안 되면 매달 창고 비용도 리스크가 된다.

③ **초기 매입 자금 부담**: 사입은 대량 구매이므로 자금이 많이 든다. 온라인 도매몰에선 소량 구매 가능한 상품도 있지만, 대부분 도매처에는 최소구매수량(MOQ)이 있다. 상품에 따라 100개, 1,000개 등 대량 구매해야 한다. 단가를 낮추려 많이 사입했다가 판매가 안 되면 손해이다. 따라서 판매량 조사 및 예측 후 감당할 수 있는 양을 정해 사입해야 한다.

④ **배송 문제**: 판매량이 적을 땐 모르지만, 하루 수십, 수백 개씩 나간다면 포장 및 배송 작업에 물리적으로 많은 시간이 소요된다. 이는 상품 기획, 마케팅 등 중요한 일에 쓸 시간을 뺏는다. 규모가 커지면 배송 전담 직원이 필요하다. 위탁판매는 도매처가 포장·배송을 해주므로 이런 시간을 아낄 수 있다.

2 사입판매 전략

사입 전 철저한 시장 분석이 필수이다. 사입은 일정 물량을 미리 구매하는 것이므로, 판매되지 않으면 손실로 이어진다. 따라서 시장에서 통할 아이템인지 면밀히 조사 후 결정해야 한다. 기본적으로 다음 사항을 살펴봐야 한다.

① 팔리는 상품인가(전환율, 트렌드 반영 여부, 반짝 이슈 아닌지)
② 하루 판매량은?
③ 시장 가격과 내가 맞출 수 있는 가격은?
④ 상위 노출 가능성/세부 키워드 유무는?
⑤ 상위 노출 시 예상 수익은?

이러한 기본 사항을 철저히 분석하고 사입해야 한다.

2.1 트렌드 파악하기

네이버 통합검색이나 네이버 쇼핑에서 상품명을 검색하면 자동완성어와 연관검색어가 나온다. 네이버 데이터랩의 인기검색어는 네이버 쇼핑의 쇼핑키워드를 보여준다. 이를 통해 최신 쇼핑 트렌드를 살피고 세부 키워드를 찾을 수 있다. 사회 현상에 대해 판매자의 시각으로 늘 관심을 가져야 한다.

2.2 전환율 확인하기

온라인 마켓 전환율은 방문자가 구매 행동을 하는 비율이다. 즉, 상세페이지 방문자 중 구매자 비율이다.(예: 방문자 100명 중 2명 구매 시 전환율 2%)

가장 간단한 확인법은 네이버 통합검색에서 상품명 키워드 검색 후 '네이버 가격비교'와 '네이버플러스 스토어' 섹션 유무를 보는 것이다. 이들 섹션이 상위에 있을수록 전환율이 좋은 키워드이다. '요가매트'는 네이버 파워링크 광고 바로 아래 위치하는데, 이는 전환율이 좋다는 의미이며, 사용자들이 이 키워드 검색 후 쇼핑으로 많이 이동한다는 뜻이다. 즉, '요가매트'는 전환율 좋은 '상품성' 키워드이다.

2.3 내가 소싱할 수 있는가

아무리 좋은 아이템이라도 판매할 수 없는 것이 있다. 트렌드를 반영하고 검색량과 세부 키워드가 많아도, 규모의 경제, 독점 판매사 존재, 불안정한 공급 등으로 내가 진행하기 어려울 수 있다. 사입 시 이를 잘 살펴야 한다.

① **독점 판매 상품**: 브랜드나 제조사가 독점 판매하는 상품이 있다. 특정 판매자에게만 인터넷 독점 판매를 허락하는 경우도 있어, 판매권자가 아니면 진입 불가하다.
② **소싱처 부족 상품**: 원재료 부족 등으로 소싱이 어려운 아이템도 있다. 고객이 많이 찾는데 판매자가 적다면, 독점 판매이거나 소싱이 힘든 상품인지 살펴봐야 한다.

③ **시중 판매가 맞추기 어려운 경우**: 내 규모로는 시중가를 맞추기 어려운 아이템도 있다. 대량 구매 시 단가가 낮아지지만, 판매 확신 없이는 무턱대고 사입할 수 없다.

④ **숙성 시장의 아이템**: 이미 숙성된 시장의 아이템은 초보 셀러가 진입하기 어렵다.

⑤ **'지도가' 판매 상품**: 전자제품 등은 공급처에서 판매자마다 같은 금액으로 판매하도록 하는 '지도가' 상품이 있다. 판매가가 같으므로 경쟁은 트래픽으로 결정된다. 많은 트래픽을 유발할 마케팅 능력이 없다면 승산이 없다.

나만의 상품을 만들자 - 제조 판매

나만의 브랜드 상품을 제조해 판매하면 '네이버 가격비교'의 카탈로그나 쿠팡의 '아이템 페이지'에 묶이지 않아, 타 셀러와의 경쟁을 피할 수 있다. 제조를 하면 내가 공급자가 되어 셀러들에게 판매를 할 수 있다. 제조 판매는 다음과 같은 방식이 있다.

ODM(Original Design Manufacturing, 제조사 개발 생산)
주문자가 주문을 의뢰하면 제조사(생산자)에서 제품 개발 및 설계를 진행하는 방식이다. 또 기존 제품에 주문자의 브랜드 로고를 붙여서 제조하는 방식도 ODM이라고 할 수 있다. 일명 '택갈이' 방식이다.
브랜드 로고뿐만 아니라 제품 디자인도 어느 정도 변경할 수 있어, 나만의 브랜드를 만들 수 있다는 장점이 있다. 기존 제품을 생산하는 것이기에 연구개발비가 거의 필요 없고 제품을 빨리 만들 수 있다. 시장에서 검증된 제품을 진행하는 경우가 많기 때문에 아이템의 상품성도 어느 정도 확신할 수 있다. 단점은 제품 차별화와 브랜드 정체성 확립이 쉽지 않다. 시중 제품에서 일부 기능이나 디자인만 변경하는 것이기에 소비자는 큰 차이를 느끼지 못한다.
가전제품, 의류, 신발, 화장품 등의 제품을 ODM 방식으로 많이 진행한다. 이커머스 판매자가 많이 진행하는 방식이다.

OEM(Original Equipment Manufacturing, 주문자 위탁 생산)
제품 개발부터 설계까지 주문자가 직접 진행하고 제조사는 생산만 하는 방식이다. OEM 업체는 주문자의 설계대로 제품을 생산해 준다. 주문자가 개발하는 것이기 때문에 원하는 디자인과 성능을 수정 및 변경하기가 용이하다. 시장에 없는 제품을 생산하는 것이므로 오직 나만의 상품이 되는 것이다. 따라서 제품 차별화가 쉽고, 나를 브랜딩하기에 좋다.
단점은 디자인비, 샘플 제작비, 금형비 등 초기 비용이 너무 많이 들어간다.
패션 브랜드 제품, 전자제품, 자동차 부품 등이 OEM 방식으로 많이 진행한다.

03 국내 도매 사이트

대표적인 국내 온라인 도매 사이트로는 도매매, 도매꾹, 온채널, 오너클랜 등이 있다. 이 외에도 크고 작은 도매몰, 전문 카테고리에 특화된 도매몰도 있다. 국내에서 판매를 하는 대부분의 온라인 사업자들은 도매몰과 거래할 수 있다.

 도매매 거래 준비하기

도매꾹

도매꾹은 2002년에 서비스를 시작한 B2B 오픈마켓으로, 국내를 대표하는 온라인 도매 사이트이다. 도매와 소매 판매를 하는데 일반 소비지도 구매를 할 수 있다. 오프라인 소매상인, 온라인 쇼핑몰 판매자들이 주로 이용하고 있다. 대부분의 상품이 2개 이상 구매해야 한다. 온라인 판매자가 소량 사입을 하기에 좋은 사이트이다.

도매매

도매매는 제조업체와 온라인 쇼핑몰 판매자를 좀 더 원활하게 연결해 주기 위해서 2017년에 만든 B2B 배송대행 플랫폼이다. 도매매는 온라인 판매자가 위탁판매를 하기에 좋다. 1개도 공급사(제조업체, 유통사)에서 주문 고객에게 직접 발송해 주기 때문에 무재고, 무사입으로 위탁판매를 진행해 볼 수 있다.

사업자등록증이 없어도 도매꾹 상품을 스마트스토어에 올려 판매할 수 있다. 도매꾹에서도 위탁판매가 가능한데, 이때 내 쇼핑몰의 최소구매수량을 도매꾹과 동일하게 설정해야 한다. 그래야 도매꾹 업체에서 고객에게 바로 발송할 수 있다. 예를 들어 도매꾹 최소구매수량이 2개인데 내 스토어에서 1개 구매 가능하게 설정해 고객이 1개를 주문하면, 도매꾹에서 바로 고객에게 보낼 수 없는 상황이 생긴다.(도매꾹 배송 정보 입력 시 내 쇼핑몰 이름을 입력하면 해당 이름으로 배송 처리된다.) 물론 도매꾹 상품을 미리 사입했다면 문제없다.

보다 본격적인 판매를 원한다면 사업자등록 후 도매매에 사업자회원으로 가입해 위탁판매를 진행하면 된다.

1.1 도매꾹과 도매매 회원 가입하기

① 도매매(https://domemedb.domeggook.com/)에서 회원가입을 클릭한다.

② **도매꾹 회원가입**을 클릭한다. 도매매와 도매꾹 회원가입이 동시에 된다.

③ 아이디, 비밀번호, 이메일 주소를 입력한다. 이용 약관과 개인정보 수집에 동의 체크하고 **동의하고 회원가입**을 클릭한다. 그러면 일반회원 가입이 완료된다.

④ **[정회원 가입하기]** 도매꾹에서 상품 구매나 판매를 하려면 정회원 가입을 해야 한다. **정회원 가입하기**를 클릭한다.

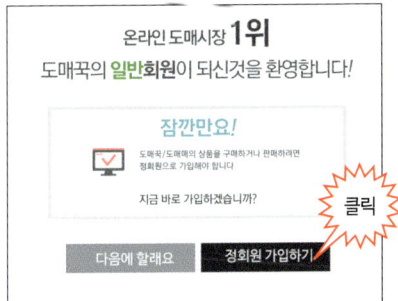

⑤ 회원가입 안내에서 준수사항에 동의 체크하고 인증받기를 클릭한다.

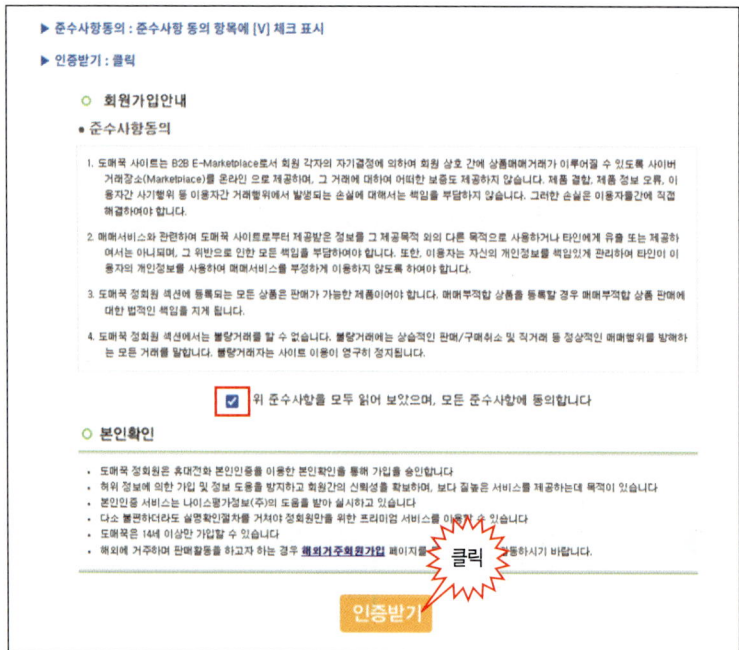

⑥ 본인안심인증에서 휴대전화 문자나 PASS로 본인 인증하기를 진행한다.

⑦ 도매꾹 정회원 가입이 완료된다. 사업자회원 가입을 위해서 도매꾹 시작하기를 클릭한다.

⑧ [도매매 사업자회원 가입하기] 도매꾹 사이트이 좌측 상단에 있는 도매매를 클릭해 도매매 사이트로 이동한 후 도매매 사이트에서 사업자회원가입을 클릭한다.

⑨ 사업자인증 신청서를 작성한다. 사업자등록증에 있는 정보대로 입력한다. 정보 입력 후 등록하기를 클릭하면 사업자회원 가입이 완료된다.

3장 국내 도매몰 상품 위탁·사입으로 판매하기 125

1.2 사업자 회원이 되면

'일반회원'으로 도매매에서 상품을 검색하면 가격이 '사업자전용'이라고 나오면서 가격을 알 수 없다. 제품의 공급 가격을 보려면 사업자 회원으로 가입해야 한다.

사업자 회원이 되면 페이지 상단에 회원 이름과 함께 (사업자회원)이라고 표기된다. 이렇게 사업자 회원으로 가입한 후 제품을 검색하면 도매 가격을 확인할 수 있다.

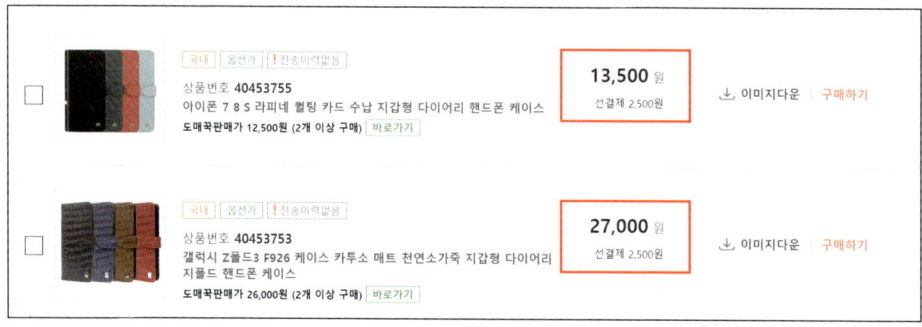

1.3 도매매 메인화면 살펴보기

도매매에서 진행하는 다양한 프로모션과 기획전을 살펴보자.

[상품기획전]은 최근 트렌드와 밀접한 연관이 있는 아이템들을 모아서 도매매에서 진행하는 이벤트이다. 도매매도 판매 사업자이기 때문에 이슈가 되는 제품을 보여줘야 판매가 잘 되기에 이러한 제품들을 모아서 기획전을 진행한다.

[인기상품 100]은 도매매에서 최근 잘 팔리는 아이템을 모아놓은 카테고리이다. 여름에는 물놀이 관련 아이템과 장마와 관련 있는 우산이 많이 판매되고 있다.

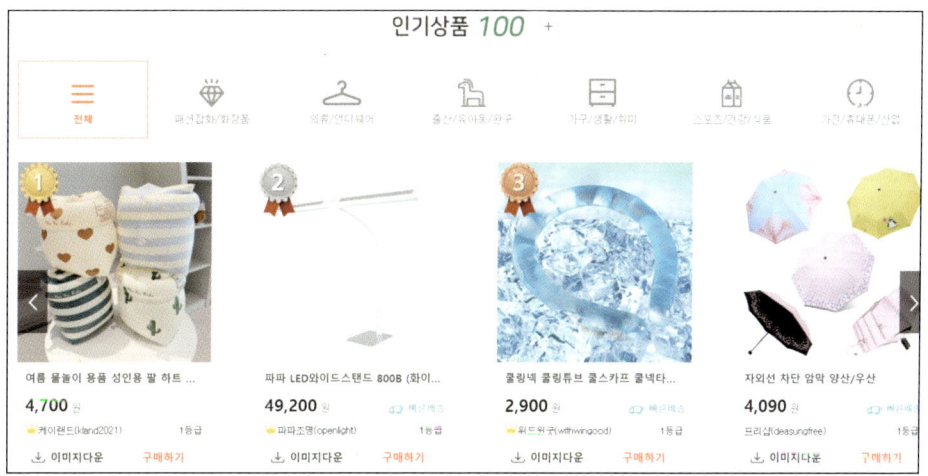

[최저가 확인 상품관] 도매매에서 최저가 인증을 받은 상품들을 모아놓은 곳이다. 도매매에서 아이템을 판매하게 되면 공급자 홈페이지에 '최저가 확인 신청'이라는 메뉴가 있다. 이 기능을 통해 도매매로부터 인증을 받으면 최저가 확인 상품관에 제품이 올라갈 수 있다. 최저가 확인 상품은 똑같은 제품 중 최저가 인정을 받은 상품이기에 판매해 보기 좋은 상품이다.

사입과 달리 국내 위탁 제품을 판매하게 된다면 많은 카테고리를 팔아볼 수 있다. 위탁판매는 사입을 할 때 필요한 인증과 수입에 관한 공부를 할 필요 없이 누구나 쉽게 셀러를 시작할 수 있는 방법이다. 하지만 진입장벽이 낮기 때문에 마진을 남길 수 있는 아이템 찾기가 쉽지 않다.

패션잡화/화장품	의류/언더웨어	출산/유아동/문구	가구/생활/취미	스포츠/건강/식품	가전/휴대폰/산업
패션소품/액세서리	여성의류(상의)	출산/유아용품/임부복	가구/DIY	레저/스포츠	가전/디지털제품
주얼리/보석/시계	여성의류(하의/원피스)	신생아/유아동의류	침구/홈패션/인테리어	헬스/건강/성인용품	컴퓨터/소모품
신발/구두/운동화	여성언더웨어/운동복	유아동신발/패션소품	생활/수납/욕실/청소	자동차용품	핸드폰/액세서리
지갑/벨트/가방	남성의류/정장	완구/장난감/교구	주방/조리기구/식기	식품/농수축산물	택배/포장/운반용품
화장품/바디/헤어	남성언더웨어/운동복	문구/사무/캐릭터상품	애완/취미/꽃	선물세트	산업용품/공구/임다
수입명품					

4장

중국 도매처 상품 판매하기

중국 도매 사이트 이해하기

국내 판매자들이 상품을 많이 사입해 오는 곳이 중국이다. 그만큼 중국에는 다양한 상품이 있다. 우리가 알아야 할 중국의 온라인 도매처는 크게 4곳이다. 이들 모두는 알리바바 그룹에 속한 이커머스 사이트인데 그 역할이 다르다.

로고	이름	설명
Alibaba.com	알리바바	글로벌 B2B 사이트
1688	1688	중국 내 B2B 사이트
AliExpress	알리익스프레스	글로벌 B2C 사이트
Taobao.com	타오바오	중국 내 C2C, B2C 사이트

1 알리바바

알리바바는 글로벌 B2B 사용자를 위해 만든 사이트로, 알리바바 그룹이 해외 시장을 겨냥해 만든 플랫폼이다.

알리바바의 장점은 무엇보다 이용하기가 쉽고 국내에서 카드 결제로 쉽게 제품을 구매할 수 있다는 것이다. 결제 방식은 원화와 USD를 대표적으로 사용하고 있는데, 알리바바 수수료는 약 4% 정도이다.

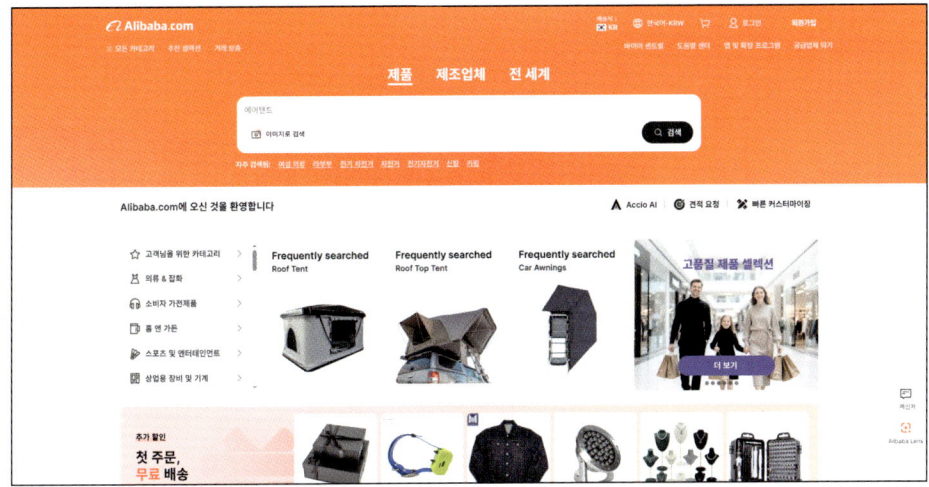

https://www.alibaba.com

 판매자들이 영어를 사용하기 때문에 중국어보다는 조금 더 익숙한 영어로 대화할 수 있다. 영어를 할 줄 모른다고 걱정할 필요는 없다. 요즘은 구글 번역기나 네이버 파파고, AI를 이용하면 세계 어느 나라의 사람과도 대화할 수 있다. 영어는 특히 번역기를 돌렸을 때 정확성이 높아 어렵지 않게 판매자와 소통할 수 있다.

 알리바바의 또 다른 장점은 웹사이트의 한글화이다. 알리바바는 사이트를 한글로 이용할 수 있고, 가격도 원화로 표시해 볼 수 있다. 환율에 익숙하지 않은 분들은 원화로 표기 방법을 변경해 소싱한다면 조금 더 편리하게 찾아볼 수 있다.

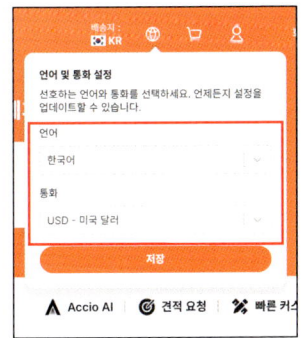 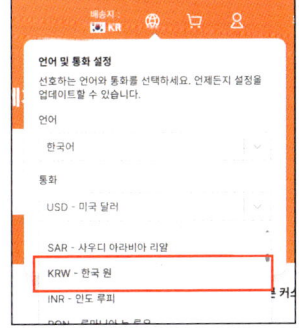 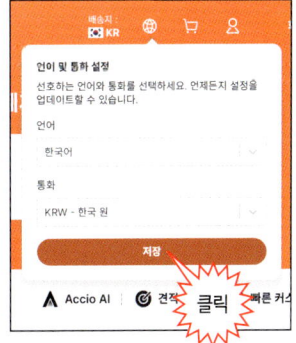

알리바바 웹사이트 한글 표시 및 원화 표시하는 방법

알리바바의 단점이라면 위탁 판매자들이 많다는 것이다. 여기에 관한 경험 사례를 한 가지 소개해 보자.

판매 이야기

왜 박스가 똑같지?

중국의 도매 플랫폼 중 영어가 가능한 알리바바는 편리했다. 다른 마켓은 중국어를 번역해야 했지만, 영어는 의사소통이 비교적 원활해 지금도 중국 수입 시 알리바바를 많이 이용한다.

2023년 여름, 아이템 하나를 찾아 50만 원어치를 주문했다. 키워드로 찾고 데이터로 검증한 첫 사입 아이템이었다.

인천항 도착 물건을 직접 반출하러 보세창고로 갔다. SUV 차량은 쇼핑몰 운영에 편리해, 웬만한 물량은 직접 실어 나를 수 있어 국내 운송료를 절감할 수 있다.

도착한 물건의 포장 상태가 타 업체 제품과 똑같았다. 순간 '제품 구성 변경은 어려워도 박스를 OEM 제작하면 내 브랜드 제품처럼 보이겠다'는 생각이 들었다. 주문량이 늘면 박스 이미지를 PDF로 보내 OEM 맞춤 생산을 하면 될 듯했다.

사입 상품 박스 디자인이 중국어라 조금 마음에 걸렸지만, 등록 후 생각보다 잘 팔렸다. 더 싸게 들여올 방법을 고민하다 1688에서 같은 제품을 주문해 보기로 했다.

수입 과정은 비슷하지만 1688은 카드 결제가 안 돼 결제대행을 이용해야 했다. 이를 통해 알리바바 대비 원가를 20% 낮출 수 있어 1688에서 수입했다. 도착한 제품은 알리바바에서 수입해 팔던 것과 카톤박스(외부 박스)부터 개별포장 박스 디자인까지 정확히 일치했다. 알리바바 판매자는 위탁판매 방식으로 팔고 있었던 것이다.

한 번 수입한 업체와는 거래 관계가 형성돼 재주문이 수월하다. 배송지나 연락처도 이미 수출자가 알고 있어 결제만 하면 된다. 하지만 편리함만 좇아 한 업체만 이용하면 원가 절감 기회를 놓칠 수 있다. 복잡하더라도 같은 제품을 파는 다른 판매자를 찾아 샘플을 받거나, 알리바바에서 수입 중이라면 1688에서도 찾아보는 등 원가 절감 방법을 모색해야 한다. 그래야 비로소 한 아이템의 수입 과정이 완성된다고 할 수 있다.

② 1688

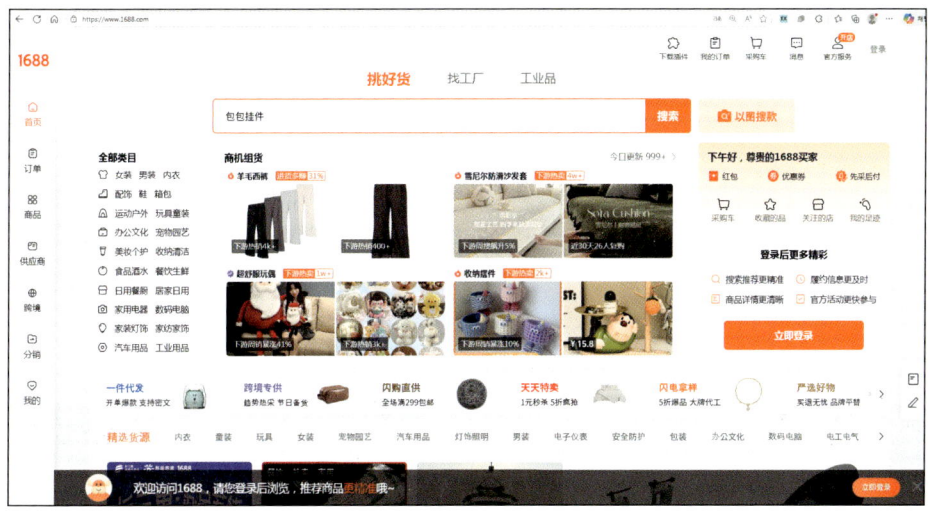

https://www.1688.com/

1688은 중국 내수용 B2B 쇼핑몰이다. 우리나라의 도매매와 같은 곳으로, 똑같은 물건을 알리바바보다 더 저렴하게 구입할 수 있다.

그럼 왜 우리나라 셀러는 알리바바나 타오바오를 이용할까? 그 이유는 1688은 최소주문수량(MOQ)이 있는 상품들이 존재하고, 카드로 결제할 수 없기 때문이다. 그럼에도 1688 사용법을 꼭 숙지해야 하는 것은 가장 저렴한 단가로 제품을 수입할 수 있기 때문이다.

앞서 이야기한 필자의 여름 상품의 경우 알리바바에서는 7,000원 내외였는데, 1688에서는 5,000원 정도에 구매할 수 있었다. 이것은 곧 국내에서 내 제품이 가격 경쟁력을 가질 수 있다는 뜻이다. 원가를 낮춘다면 쿠팡의 로켓그로스 같은 판매 방식도 도전해 볼 수 있다.

1688 사입 방법은 배워두면 좋다. 중국 배대지를 이용하면 어렵지 않게 이용할 수 있다.

3 알리익스프레스

이제는 알리익스프레스가 국내에 진출했기 때문에 메리트가 적어졌지만, 제품을 찾을 때 이용하면 좋다. 한글로도 볼 수 있고 중국의 다양한 제품이 올라와 있기 때문에 쇼핑하는 재미도 있다. 하지만 수출 라이선스가 없는 판매자들도 많기 때문에 마음에 드는 제품을 발견했다면 1688이나 알리바바를 통해 수출자를 찾아야 한다.

알리익스프레스는 국내 유명 연예인이 광고를 하면서 국내에서도 폭발적인 성장세를 보이고 있다. 인천항의 특송 보세창고는 알리익스프레스 물량으로 택배 물량이 쏟아지고 있어 최근 배송 지연 사례가 자주 나오고 있다.

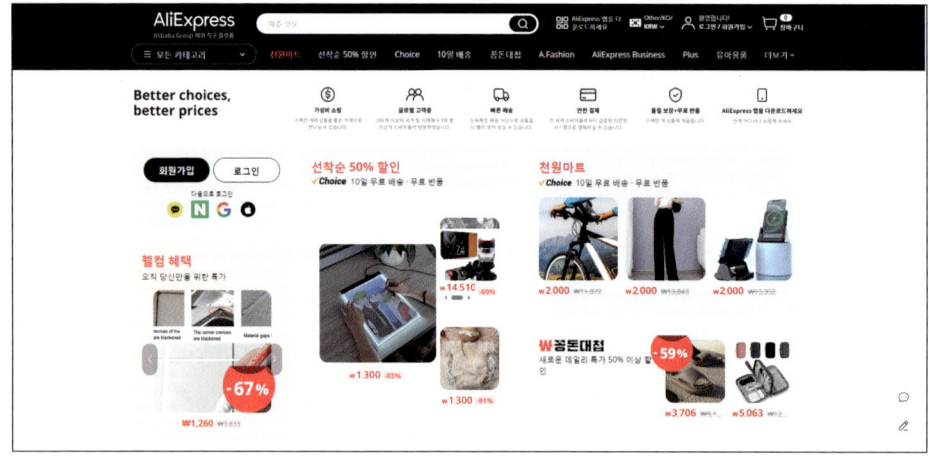

www.aliexpress.com

알리익스프레스는 제품을 1개만 사서 테스트해 보고 싶을 때 이용하면 편리하다. 제품 품질이나 기능을 온라인으로 질문하기엔 한계가 있기에 투자금이라고 생각하고 1개를 샘플로 구매해 보는 것도 좋다. 단, 다음 계절의 제품이라면 미리미리 주문해놓고 기다려야 한다. 내가 이런 상품을 팔아보려고 했었나 싶을 때 집 앞에 도착한다.

4 타오바오

타오바오는 우리나라의 오픈마켓과 같은 소매 쇼핑몰이다. 앞서 설명한 다른 쇼핑몰과 같이 많은 판매자가 다양한 물건을 팔고 있는데, 우리가 타오바오에서 얻을 수 있는 가장 좋은 데이터는 바로 상세페이지이다.

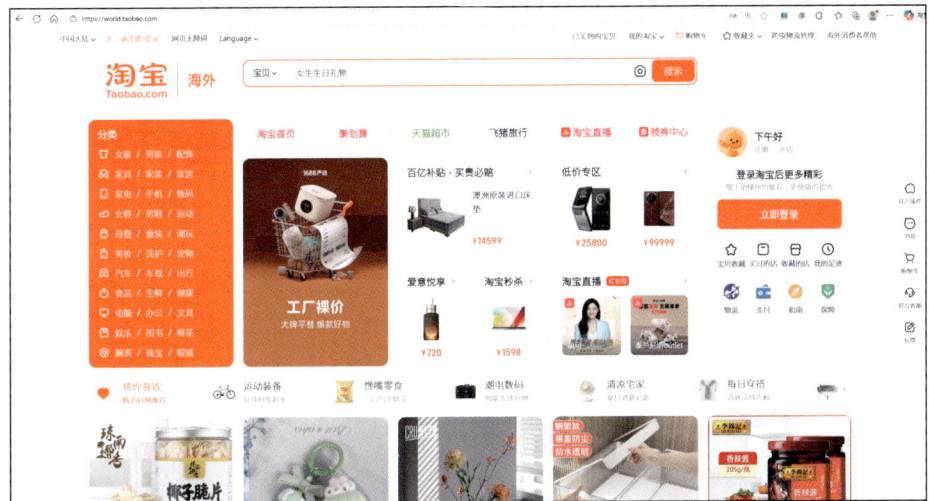

https://world.taobao.com/

타오바오는 소매 쇼핑몰이라 판매자들이 만든 상세페이지 품질이 다른 곳보다 좋다. 무단 사용은 문제 소지가 있으니 필요한 사진 일부만 가져다 쓰는 것을 고려해 볼 수 있다. 아직 타오바오 판매자가 한국 쇼핑몰에 저작권 피해를 접수한 사례는 보지 못했다. 상세페이지 제작 시 꼭 필요한 제품의 단독 이미지 정도는 가져와 써도 괜찮을 듯하다. 제품만 있는 사진은 저작권 인정 가능성이 낮다.

또한 타오바오는 저렴한 제품도 중국 현지 배송료가 무료인 경우가 많아 배송대행지(배대지) 테스트에 유용하다. 수입 시 운송사업자(배송대행, 포워딩 등)를 이용하게 되는데, 여러 루트를 비교하며 다양한 업체를 이용해 보는 것이 좋다. 검수, 배송, CS 처리를 꼼꼼히 하는 업체를 찾아 꾸준히 이용하면 업무를 단순화할 수 있다.

02 중국 쇼핑몰 결제 방법과 수수료

1 중국 온라인 쇼핑몰 결제 방법

'신용카드'와 '무역대전송금'이 있다. 신용카드(비자, 마스터카드)는 수수료율이 높다. 결제는 소비자 → 국내 카드사 → 해외 카드사 → 해외 쇼핑몰 순이며, 원화 결제 시 국내 카드사의 환전 수수료와 해외 카드사 지급 수수료가 부과된다. 간편해서 많이 이용하지만, 본격적인 수입이 시작되면 무역대전송금으로 수수료를 아끼는 것이 좋다.

무역대전송금은 은행을 통해 해외 은행에 송금하는 것으로, 수수료가 낮다. 상대방 은행 정보와 은행에 제출할 증빙자료(보통 인보이스)가 필요하다. 이는 정식 수입에 근거한 송금이므로 증빙이 필수이다. 사업자 통장 개설 시 은행에 외화송금 이용을 신청하면 된다. 일반 해외송금으로도 보낼 수 있지만, 은행마다 연 50,000USD 정도의 한도가 있다. 사업자는 무역대전송금을 이용해 정확한 수입 자료를 남기는 것이 추후 세무조사나 수입 근거자료 마련에 도움이 된다.

> **TIPS! 사업자통장 한도 풀기**
>
> 통장 개설 시 하루 이체한도가 30만 원으로 제한되는 한도계좌로 개설된다. 한도계좌는 국내 세금계산서나 수입 시 관세사가 관세청에 발행하는 자료를 은행에 제출하면 풀 수 있다.

❷ 무역대전송금 진행하기

외화송금을 신청해 통장을 만들었다면 인터넷뱅킹으로 무역대전송금을 할 수 있다. 무역대전송금은 알리바바나 수출 회사와 직접 거래할 때 주로 쓰인다.(1688은 해외에서의 결제가 불가능하고 중국 현지 계좌가 있어야 하기에 무역대전송금을 할 수 없다.)

무역대전송금을 하기 위해서는 스위프트코드를 알아야 한다. 스위프트(SWIFT, Society for Worldwide Interbank Financial Telecommunications)는 국제 은행 간 통신 협회이다. 이 협회에서 원활하고 신속한 국제간 은행 업무를 위해서 BIC(Bank Identification Code, 은행식별코드)를 발행하는데 이를 실무에서 스위프트코드라 한다. **은행코드 4자리 + 국가코드 2자리 + 지역코드 2자리 + 은행지점코드 3자리로 구성된다.**

은행명칭	은행코드	영문명	스위프트코드
한국은행	001	BANK OF KOREA	BOKRKRSE
KDB산업은행	002	KOREA DEVELOPMENT BANK	KODBKRSE
기업은행	003	INDUSTRIAL BANK OF KOREA	IBKOKRSE
국민은행	004	KOOKMIN BANK	CZNBKRSE
수협	007	SUHYUP BANK	NFFCKRSE
한국수출입은행	008	The Export-Import Bank of Korea	EXIKKRSE
농협	011	NONGHYUP BANK	NACFKRSE
우리은행	020	WOORI BANK	HVBKKRSE
SC제일은행	023	STANDARD CHARTERED BANK KOREA	SCBLKRSE
씨티은행	027	CITIBANK KOREA	CITIKRSX
대구은행	031	DAEGU BANK	DAEBKR22
부산은행	032	BUSAN BANK	PUSBKR2P
광주은행	034	KWANGJU BANK	KWABKRSE
제주은행	035	JEJU BANK	JJBKKR22
전북은행	037	JEONBUK BANK	JEONKRSE
경남은행	039	KYONGNAM BANK	KYNAKR22
우체국	071	KOREA POST OFFICE	SHBKKRSE
하나은행	081	KEB HANA BANK	KOEXKRSE
신한은행	088	SHINHAN BANK	SHBKKRSE
카카오뱅크	090	KAKAOBANK	KAKOKR22

스위프트코드를 포함한 국내 은행 정보

① 기업 인터넷뱅킹에서 **뱅킹 업무** → **외환** → **외화송금** → **무역대전송금**을 클릭한다.

(기업은행의 무역대전송금의 예이다.)

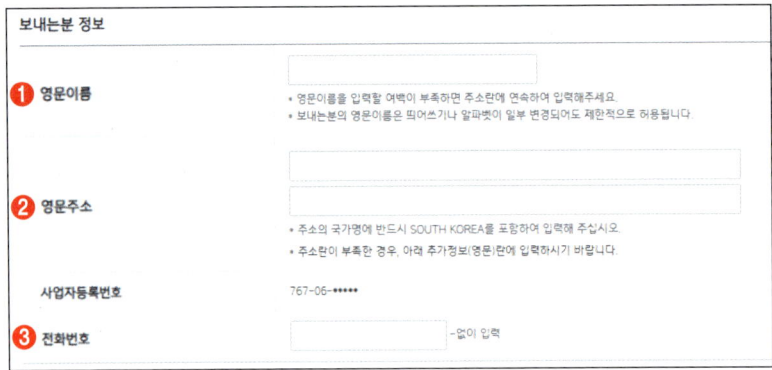

② 보내는분 정보를 입력한다.

① **영문이름**: 은행에 등록한 사업자의 영문명
- 은행에서 사업자 통장을 만들 때는 사업자명을 영문으로 바꾼 스펠링 그대로 꼭 쓰지 않아도 된다. 사업자명이 길다면 앞부분만 적어도 문제없기에 너무 긴 영어 이름을 쓰지 않도록 한다. 어차피 사업자등록번호가 입력되어 있기에 큰 문제는 없다.
- 무역대전송금에서는 은행에 등록한 이 사업자 영문이름을 정확히 기재해야 한다.

② **영문주소**: 사업자등록증상 영문주소
- 네이버에서 영문주소를 검색하면 자동으로 주소를 영문으로 바꿔준다. '국가 + 시 + 구'는 윗줄에 '동 + 도로명 + 상세주소'는 아랫줄에 입력하면 된다.
- 이 주소는 정확히 일치해야 하는 것은 아니지만 영문주소로 변환할 경우 국가명이 Republic of Korea로 기재되는데 이것은 SOUTH KOREA로 바꿔서 입력해 준다.

③ **전화번호**: 사업주의 실제 전화번호를 입력한다.

③ 받으시는분 정보를 입력한다. 수출업자에게 받은 은행 정보를 입력한다. 철자를 꼼꼼히 확인해 오타가 없도록 한다.

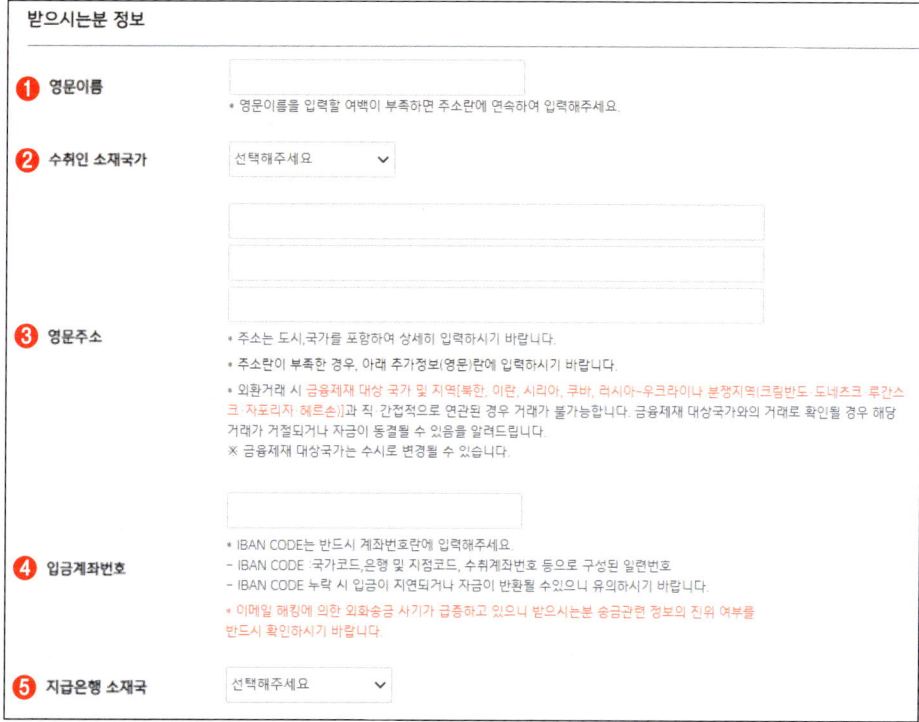

① **영문이름**: 받는사람(수출자)의 영문이름을 입력한다.
② **수취인 소재국가**: 받는사람의 국가를 선택한다.
③ **영문주소**: 도시, 국가를 포함한 주소를 입력한다.
④ **입금계좌번호**: 계좌번호를 입력한다.
⑤ **지급은행 소재국**: 은행 소재국을 선택한다.

④ 송금정보를 입력한다.

① **통화구분**: 송금할 외화를 선택한다.
② **송금금액**: 송금사유금액1과 송금사유1을 선택한다.

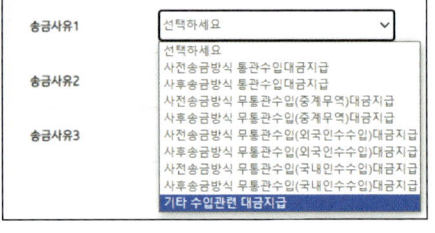

  • 송금사유금액은 수입하기로 한 물품대금과 정확히 일치해야 한다. 증빙자료를 제출할 때 인보이스를 제출하게 되는데 이것과 금액이 다르면 은행에서 송금을 보류할 수 있다.
  송금사유는 '기타 수입관련 대금지급'을 선택한다.

③ **증빙서류발송점**: 인보이스(증빙서류)를 보낼 은행 영업점을 선택한다. 1회 수입 대금이 50만 달러 이하이면 인보이스를 팩스로 보내면 되고, 초과하면 은행 영업점에 인보이스 원본을 제출해야 한다. 필자는 사업자통장을 개설한 은행을 선택하고 수입에 관련된 내용들도 해당 영업점으로 문의하는 편이다. 수입 대금이 50만 달러 이하일 경우에는 무역대전송금 증빙자료를 온라인으로 제출하면 되기에 크게 중요한 부분은 아니다.

⑤ 이후 OTP를 입력하면 통장에서 출금된다. 출금 후 적용 환율과 수수료를 확인할 수 있다.

송금 내역서

① **송금금액**: 이체 금액과 사유를 잘못 선택했다면 즉시 은행에 도움을 요청해야 한다.
② **원화출금계좌**: 송금했던 원화 출금 계좌와 출금 금액이다.
③ **환율정보**: 매매기준율과 고시환율. 내가 적용받은 환율을 보여준다.
④ **수수료 합계**: 원화로 약 885만 원을 송금했고 수수료가 총 4만 원 정도 나왔다. 이것을 퍼센티지로 계산하면 0.45%이다. 알리바바의 수수료가 4%인 것에 비하면 1/10 수준이다. 똑같은 금액을 알리바바에서 송금하면 수수료만 40만 원이 나온다는 뜻이다. 무역대전송금은 'T/T송금'이라 부르기도 하는데 이것은 Telegraphic Transfer의 약자로 같은 의미이다.

 **무턱대고 무역대전송금으로 결제하지 말자**

중국의 수출업자들은 해외 기업이기 때문에 만일의 사태가 발생했을 때 대응하기가 어려운 부분이 있다. 그래서 소량 주문을 할 때는 알리바바를 이용해 주문에 대한 보호를 받는 것이 좋다. 거래가 쌓이고 상대방에 대한 신뢰가 생겼을 때 무역대전송금 방식으로 전환하면 된다. 알리바바는 플랫폼 수수료를 받기 때문에 주문에 대한 환불이나 승인 요청을 거부할 수 있다. 만약 제품이 주문과 다를 경우 알리바바 측에 중재를 요청해 처리할 수 있다.

03 중국의 좋은 수출업자를 선정하는 방법

중국의 쇼핑몰에서는 판매자의 정보를 표시해주는데, 이것으로 우리는 수출자(판매자)를 1차적으로 검증하고 선별할 수 있다. 절대적인 지표는 아니기에 참고 정도로만 알아두자.

❶ 알리바바 판매자

알리바바는 수출자가 비즈니스를 얼마나 해왔는지 'yrs' 단위로 표시해 준다.

첫 번째 업체는 '4 yrs'(4년), 두 번째 업체는 '2 yrs'(2년)의 비즈니스 경력을 갖고 있다는 뜻이다. 두 업체의 차이점은 또 한 가지가 있다. 바로 'Verified' 인증이다.

Verified는 알리바바에서 검증한 공급업체라는 뜻으로, 제3자 기관의 직접 실사 및 업체 사진, R&D 역량 등 다양한 평가 요소를 통과한 업체에게 부여되는 인증 마크다. 만약 동일한 가격의 제품이라면 Verified 인증 마크가 있는 업체를 고르는 것이 좋다.

  Verified 위에 마우스를 올린 후 검증 정보 더보기를 클릭하면 더 자세한 업체 정보를 확인할 수 있다. 업체 정보는 쉽게 확인할 수 있으니 꾸준히 거래할 업체라면 기본적으로 확인해 보는 것이 좋다.

❷ 1688 판매자

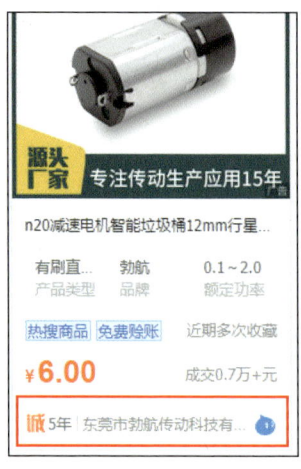  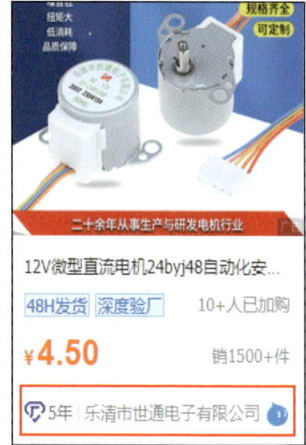

상세페이지를 보면 제품명과 가격이 있고 하단에 공급업체의 마크와 이름이 나와 있다. 첫 번째 → 두 번째 → 세 번째로 갈수록 좋은 등급이다.

첫 번째는 '일반 판매자'라는 주황색 한자가 표기되어 있고 5년이라고 적혀 있다. 등급이 낮다고 해서 제품이나 서비스가 안 좋다는 뜻은 아니다. 판매자를 직관적인 등급으로 표시해 주는 기능일 뿐이니, 소싱할 땐 등급에 상관없이 문의를 해보는 것이 좋다. 이 등급은 1688 플랫폼에 입점 수수료를 내고 판매하는 공급업체이다.

두 번째는 소 모양 마크와 연차가 적혀 있는 등급이다. 1688에서 이 등급을 유지하려면 매년 수백만 원~천만 원에 달하는 입점 수수료를 내야 한다. 그만큼 좋은 제품을 판매하고 있고 1688에서도 거래에 많은 정성을 쏟아주고 있는 업체이다.

세 번째 보라색 다이아몬드 마크는 알리바바의 Verified와 비슷한 개념이다. 1688에서 공장을 방문해 업체 사진을 촬영하며, 업체 매출 또한 기준을 충족해야 한다.

- 연매출: 1,000만 위안(약 18억 5천만 원) 이상
- 공장 면적: 1,000평 이상
- 직접 생산 및 후가공 설비

위 조건을 만족하고 제품에 대한 페널티 또한 없어야 이 등급을 유지할 수 있다.

OEM을 계획한다면 다이아등급의 판매자와 거래하자

그렇다면 우리가 선정해야 하는 등급은 어떤 등급일까? 이것을 결정하는 데 있어서는 소싱할 제품의 방향을 먼저 정해야 한다. 소싱한 제품을 나중에 OEM으로 브랜딩해 판매할 계획까지 있다면 제품 가격이 조금 비싸더라도 보라색 다이아몬드 등급의 수출자와 거래하는 것이 좋다. 그래야 품질도 좋고 OEM 생산을 직접 해줄 수 있기 때문에 추가적인 발주를 넣을 때 다시 조율하는 번거로움을 줄일 수 있다.

1688의 일반 판매자는 제품을 도매로 사와서 판매하는 경우가 많기 때문에 OEM으로 주문은 가능하지만 비용이 많이 청구된다. 다이아몬드 등급은 제조가 가능하기 때문에 OEM을 염두에 둔다면 처음부터 다이아몬드 등급 판매자와 거래하는 것이 좋다.

TIPS! 웨일 브라우저에서 번역하기

웨일 브라우저를 사용하면 중국어를 한국어로 번역해 볼 수 있다. 이미지 속 중국어도 번역할 수 있다. 웹사이트 화면이나 이미지 위에서 오른쪽 버튼을 클릭한 후 번역(이미지 번역)을 클릭하면 사이트 화면이나 이미지 내 글자들이 번역된다.

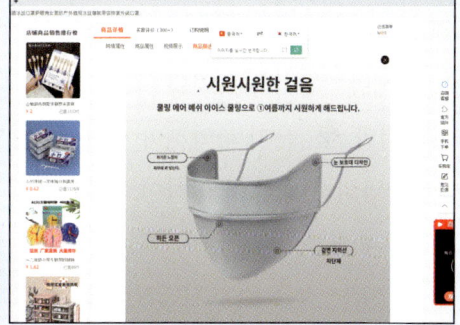

위챗으로 대화하자

1688은 알리왕왕(채팅 메신저)을 이용해 대화를 하지만, 앞으로 계속 소통해야 하는 사이라면 위챗으로 대화하는 게 훨씬 편리하다. 위챗은 대화를 바로 번역할 수 있는 기능이 있고, 카카오톡처럼 메신저이기 때문에 사진이나 영상과 같은 데이터를 주고받기가 편리하다.

04 중국 내륙운송료를 아끼는 방법

1 중국의 물류 위치

기성 제품 수입 시 OEM을 고려하지 않는다면, 수출자 위치를 파악하고 결정하는 것이 좋다. 이는 운송 비용 및 운송 관리에도 영향을 미친다.

중국의 도시간 거리는 매우 멀다. 물류상 알아둘 만한 중국 내 주요 위치는 **웨이하이, 상하이, 광저우**이다. 이곳들은 항구와 가까우며, 우리나라의 인천, 평택, 부산과 같다. 배송대행지나 포워딩 창고도 모두 항구 근처에 있으므로 수출자가 이 세 항구 중 어디와 가까운지 파악해야 한다.

한국과의 거리는 웨이하이, 상하이, 광저우 순으로 가깝다. 한국과의 거리가 가깝다는 것은 운송 시간 단축을 의미한다. 같은 물건이라면 웨이하이시 근처에 위치한 수출자를 통하는 것이 내륙 및 해상운송료 절감 효과를 가져온다. 예시로, 필자가 이용하는 포워딩 업체는 인천항 도착 1CBM 기준 모든

비용 포함해 웨이하이 $70, 상하이 $115, 광저우 $130을 청구한다. 해상운송료는 업체마다 다르므로 이 가격을 참고해 선택하면 된다. 포워딩은 운송료가 가장 비싼 방식이기 때문에 비용이 많이 드는데, 배대지를 이용 기준으로 필자는 웨이하이 8만 원, 광저우 10만 원 정도라면 괜찮다고 생각한다.

같은 물건도 광저우에서 수입하면 웨이하이보다 약 2배의 해상운송료를 내야 한다. 이런 비용은 모두 상품 판매 원가에 포함된다. 따라서 수입 완료 후에도 시간 날 때 비용 절감이 가능한 새 루트를 찾아보길 바란다.

네이버 가격비교 서비스는 단 10원만 저렴해도 상단에 노출된다.

2 수출업자의 위치 파악하기

수출업자가 어디에 있는지는 다음과 같은 방법으로 알아볼 수 있다.

첫 번째는 수출자에게 물어보는 방법이다. 플랫폼상에 표시되어 있는 위치와 제품이 출고되는 위치가 상이한 경우가 있기 때문에 꼭 수출자에게 제품이 출고되는 위치를 확인해야 한다. 우리나라도 본점은 서울에 있고 제품은 수도권 외곽에 있는 물류창고에서 출고하는 경우가 있듯이 중국도 마찬가지이다. 도심의 경우 공장을 짓기가 어렵고 비용적인 측면에서도 비효율적이기 때문이다.

두 번째는 수출자의 이름으로 유추할 수 있다. 1688의 수출자 이름은 대부분 지역명을 앞에 붙인다. 이 지역명을 마우스로 드래그해 복사한 후 구글 지도에서 찾아보면 된다.

구글 지도에서 보면 해당 수출업자는 광저우시 옆 둥관시에 위치해 있는 것을 알 수 있다. 이 판매자의 상품은 가까이에 있는 광저우 항구를 통해 수입하면 된다.

그런데 여기서 두 가지 방법을 비교해봐야 한다.

- 광저우시 → 한국
- 광저우시 → 내륙운송 → 웨이하이시 → 한국

① 광저우시 → 한국

가장 간단한 방법이다. 수출자가 광저우 근처에 있기 때문에 광저우를 통해 국내로 들여오는 방법이다. 이 경우 내륙운송료는 절감할 수 있겠지만 해상운송료가 비싼 구간이 된다.

② 광저우 → 웨이하이로 내륙운송 → 한국

이 방법을 선택하려면 수출자에게 광저우에서 웨이하이로의 내륙운송료를 물어보면 된다.

광저우 ~ 웨이하이 내륙운송료 + 웨이하이 해상운송료 < 광저우 해상운송료

기간이 여유롭고 재고가 아직 남아 있다면 내륙운송을 거쳐서 웨이하이에서 수입을 진행하는 게 저렴할 때가 있다.

이렇게 비용과 여러 사정을 감안해 수입 루터를 결정하면 된다. 처음 수입할 땐 가장 간단한 루트로 하겠지만 점차 제품 수입 비용을 절감할 수 있는 다양한 방법과 루터를 찾아봐야 한다.

05 운송 사업자 선정하기

1 중국 상품 수입 과정

수입할 제품도 정했고 수출자의 위치도 알았다. 이제 내 상품을 국내로 운송해 줄 사업자를 선정해야 한다. 운송 형태는 크게 2가지가 있다.

- 배송대행지
- 포워딩

배송대행 업체는 현지 쇼핑몰의 제품을 해당 국가의 현지 창고에서 대신 받아 한국으로 보내주는 업무를 하는 업체를 말한다.

포워딩(Forwarding, 운송) 업체는 해외 화물의 운송과 관련된 업무를 대행해 주는 업체를 말한다. 수출자와 수입자 사이의 중개자라고 보면 된다.

둘 다 운송하는 방법은 비슷하지만 서비스의 질은 조금 다르다. 배송대행지는 주로 해외직구나 배송대행을 하는 개인 고객을 대상으로 한다. 그렇기 때문에 다수의 고객 컴플레인이 몰리면 요청 사항에 대해서 즉각적인 조치가 이뤄지지 않는 경우가 많다. 반면 포워딩은 사업자를 대상으로 하기 때문에 담당 매니저가 있어서 수입에 모르는 부분이나 어떠한 문제가 발생했을 때 즉각적인 도움을 받을 수 있다.

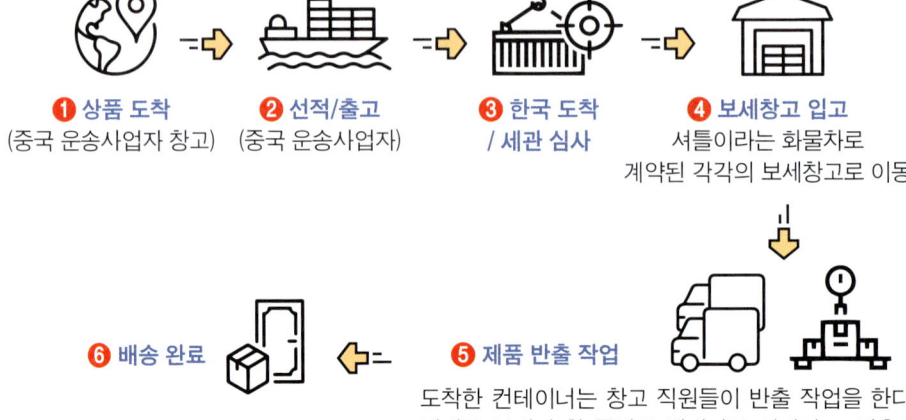

2 어떤 운송 형태를 이용할 것인가

2.1 배송대행지

배송대행지는 해외직구를 기반으로 하기 때문에 개인 고객 또는 해외구매대행 셀러들이 많이 이용하는 방법이다. 배송대행지는 국내의 특송회사와 계약을 하고 물건을 수입하는데, 대부분의 특송회사들은 인천세관 제2지정장치장에 있다. 이곳을 한번 방문해 보는 것도 좋다. 누구나 출입명부를 작성하면 들어갈 수 있다.

이곳은 많은 배송대행지들이 이용하는 보세*창고라서 1개의 컨테이너 안에 개인 고객의 물건이 수백 개가 넘게 들어온다. 제한된 인력으로 이 물건들을 세세하게 분류해야 하기 때문에 1개의 컨테이너를 작업하는 데 시간이 많이 소요된다.

---

* 보세는 보류관세(保留關稅)의 준말로 수출입 과정에서 관세의 부과를 유보 또는 보류하는 것을 말한다. 관세를 부과하기 전에 통관을 위해 기다리는 단계의 제품을 말한다.

해외직구를 해본 사람이라면 국내 반입 후 일주일 넘게 배송이 지연되는 경험을 해봤을 것이다. 창고의 업무량이 너무 많기 때문에 순차적으로 반출을 하더라도 수일이 걸리게 되는데, 이러한 운송 방법 때문이다.

배송대행지 선정 시 유의사항
① **해상운송료**: 업체마다 홈페이지에 게시하고 있으니 비교해 보고 결정한다.
② **실시간 정보**: 통관이나 작업 과정을 실시간으로 공지해 주는 업체를 선정한다.
③ **원활한 소통**: 상담사와 소통이 원활한지 확인한다. 처음 수입 시 서류 제출처나 필요 서류를 몰라 상담사에게 문의해야 하는데, 상담원이 적은 배대지는 전화 문의가 어려울 수 있다. 상담사는 중국 현지인이 많은데, 복잡한 질문은 한국인과 통화를 요청하는 것도 방법이다.
④ **샘플 검수**: 샘플 주문 시 현지에서 꼼꼼히 검수해 원하는 스펙, 소재, 디자인이 맞는지 확인해야 한다. 이런 작업은 포워딩 업체에서는 불가능하므로, 샘플을 디테일하게 검수하려면 배대지를 이용하는 것이 좋다.

검수는 유료 옵션이지만, 소정의 비용을 들여 꼼꼼히 검수를 요청하고 사진을 받아본 후 국내 수입 여부를 결정하면 시행착오를 줄일 수 있다. 만약 사진과 다른 제품이거나 하자가 있다면 배대지에서 반품도 도와준다. 제품이 한국에 도착한 후 불량 사실을 알면 다시 중국으로 보내야 해 일이 복잡해지므로, 꼼꼼한 검수를 통해 현지에서 최대한 확인하고 들여와야 한다.

2.2 포워딩

사업자 대상 운송 대행업체를 포워딩이라 한다. 개인은 주로 배대지를, 기업은 포워딩 회사를 통해 물류를 관리한다. 포워딩은 배대지보다 배송 중 파손 등 위험으로부터 조금 더 안전하다고 볼 수 있다. 비용은 포워딩이 다소 비싸지만, 잘 이용하면 배대지 수준으로도 가능하다.

포워딩은 국내외 지점을 두고 운영하는 경우가 많은데, 해외에서 직접 문제 해결

가능한 지점이 있는 곳을 선택하는 것이 좋다. 주문 제품 포장이 수입 조건에 맞지 않아 재포장해야 하거나 예상치 못한 문제 발생 시 전문가 도움이 필요하므로, 현지와 소통이 잘 되는 포워딩을 선정해야 한다.

운송 방법도 차이가 있다. 포워딩은 대부분 LCL, FCL 방식으로 운송하므로 소량 물건을 수백 개씩 채워 넣는 배대지 방식과는 다르다.

화물 운송 방식 - FCL과 LCL

수출입의 화물을 운송할 때는 컨테이너를 이용하게 된다. FCL과 LCL은 이 컨테이너 안에 물건을 선적하는 방식에 따른 차이이다.

FCL(Full Container Load)은 다른 사업자의 물건과 공간을 공유하지 않고 전체를 이용하는 것을 말한다. LCL(Less than Container Load)은 컨테이너의 일부분을 차지하는 선적을 말하며 1개의 컨테이너 안에 여러 사업자의 물건들이 같이 선적된다.

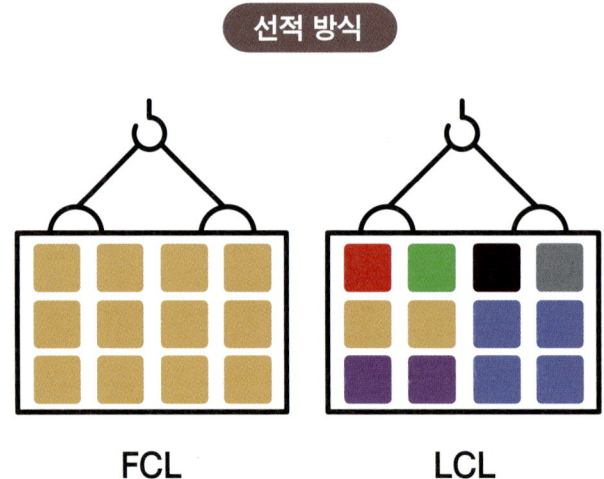

■ 장단점

① 안전성

두 방식 모두 안전한 운송 방법에 속하지만 그래도 하나를 선택하자면 FCL이다. FCL의 장점은 컨테이너 전체를 이용하기 때문에 다른 상품으로 인한 손상이나 찢

어짐 등 운송 문제가 발생할 확률이 적다. 만약 위험물을 수입한다면 이것은 다른 화물과 LCL 방식으로 운송이 불가능하기 때문에 필수적으로 FCL로 운송해야 한다.

② 배송 기간

당연히 FCL 방식의 배송이 빠르다. 대신 비용은 LCL 방식보다 조금 더 비싼 편이다. 물량이 적은 운송회사라면 LCL 방식의 물건들이 1개의 컨테이너를 채울 때까지 기다려야 한다. 운송회사 입장에서는 어떻게든 컨테이너를 꽉 채워서 운송해야 수익성이 높기 때문이다. 반면 FCL은 화주의 물건이 콘테이너에 적재되면 바로 선적하기 때문에 배송이 조금 더 빠른 편이다. 하지만 1~2일의 차이니까 굳이 FCL 방식을 고려할 필요는 없다. 이러한 차이점을 인지하고 수입 방식을 고민하면 된다.

2.3 화물 디테일을 파악하자

이제 운송해야 할 제품에 따라서 배대지와 포워딩 업체를 선정하고 다양한 방법으로 운송을 하면 된다.

크기 \ 무게	가볍다	무겁다
작다	배송대행지	배송대행지
크다	포워딩	포워딩

예를 들어 머리핀 100개를 수입한다고 하면 배대지를 통해서 수입하는 게 낫다. 제품 손상 위험도 적고 크기도 작기 때문에 택배로 받아도 큰 문제가 되지 않는다. 반면 크기가 큰 기계를 수입한다면 포워딩을 이용해 LCL로 수입하는 것이 좋다. 다른 화물에 의해 손상을 입을 수도 있고 무거워서 운송 중 문제가 생길 수도 있기 때문에 보다 전문적인 포워딩을 이용하는 것이 안전하다.

화물 필수 정보

알리바바나 1688을 이용해 수입할 예정이라면 화물 디테일을 꼭 알아야 한다. 이 화물 디테일에 포함되는 정보는 부피, 무게, 포장 방법이다.

부피는 보통 센티미터(cm)나 미터(m)를 이용하고 단위는 CBM(Cubic Meter)을 이용한다. CBM은 1m×1m×1m의 부피 단위이다.

머리핀의 화물 디테일은 무게도 가볍고 크기도 작은 화물에 속한다. 이러한 물건은 보통 종이박스로 포장되어 운송된다. 만약 파손 위험이 큰 냉장고나 쇼케이스 같은 유리 제품들은 우드포장을 추가해야 한다. 크기도 크고 무겁기 때문에 지게차를 이용해 컨테이너에 선적하는데 아무래도 장비를 이용하다 보면 파손 위험이 크다.

> **판매 이야기**
>
> ### 초보 해외구매대행 셀러, 쇼케이스를 팔다
>
> 필자가 초기에 온라인 판매를 시작했던 해외구매대행 사업에서는 '무크비'라는 말이 있다. 무겁고, 크고, 비싼 물건을 팔아야 매출이나 마진이 좋다는 뜻이다.
>
> 그래서 필자는 큰 물건들을 찾아서 업로드를 했다. 그러던 중 네이버 스마트스토어에서 대형 쇼케이스 주문이 들어왔다. 정가 40만 원의 제품을 70만 원 정도에 올렸는데 주문이 들어와서 너무나 기분이 좋았다.
>
> 타오바오를 통해 주문을 넣었고 배대지에 물건이 도착했다. 그런데 화물 디테일을 꼼꼼히 확인하지 않아서, 쇼케이스의 크기는 알고 있었지만 무게를 간과하는 실수를 했다. 쇼케이스의 무게는 무려 120Kg으로 해상운송료가 30만 원 가까이 청구된다고 했다. 여기에 문제가 하나 더 발생했다. 케이크 같은 식품을 진열하는 쇼케이스는 유리로 되어 있기 때문에 해상운송 과정에서 파손될 수 있다는 배대지의 의견을 전달받았다. 게다가 수출자가 포장해서 보내준 우드 포장은 수입에 사용할 수 없는 나무라는 것이었다.
>
> 제품이 한국에 도착했을 때 만일 유리가 깨져 있다면 엄청난 손해가 되기에 우드 포장과 에어캡 포장을 추가했고, 그 과정에서 약 10만 원에 가까운 비용이 더 들어갔다.
>
> 이렇게 어렵게 국내에 도착한 쇼케이스는 그래도 파손이 되지 않았는데 또 한 가지 문제가 택배사에서 발생했다. 너무 크고 무겁기 때문에 1층까지만 배송이 된다는 것이었다. 그래서 구매자한테 연락해 어렵게 사정을 이야기하고 우여곡절 끝에 배송을 마무리했다.

화물 디테일과 포장 방법

앞선 판매 이야기 사례에서 필자가 간과한 것은 화물 디테일과 포장 방법이었다.

화물 디테일을 꼼꼼히 확인해야 했는데, 해외구매대행은 주로 대량 등록을 하므로 제품 개별 정보가 부족하다. 판매도 중요하지만, 주문 처리를 차분히 진행하는 것도 손실을 줄이는 방법이다. 번거롭더라도 화물 디테일을 확인하고, 추가 사항 발생 시 구매자에게 미리 추가 비용 발생 가능성을 알려야 한다.

포장 방법도 살펴봐야 한다. 팔레트나 우드 포장 시 확인할 것이 있다. 팔레트 작업은 보관 및 운송이 용이해 제품 파손이나 분실 위험을 줄여준다. 목재 팔레트는 IPPC(국제식물보호협약) 마크 유무를 반드시 확인해야 한다. 이 마크는 사용된 나무가 소독 처리되었음을 의미한다.

방역 안 된 목재는 벌레, 유충 등으로 타국 이동 시 생태계 문제를 일으킬 수 있다.(예: 부산항 붉은불개미 유입) IPPC는 이런 문제를 막기 위해 국가 간 수출입 시 IPPC 마크(훈증 마크) 표기를 의무화했다. 마크 없는 포장재 사용 시 통관이 거부되어 반송될 수 있다.

우드 포장 시 수출자에게 '합판'으로 요청하면 비용을 아낄 수 있다. 훈증 나무는 비싸지만 합판은 상대적으로 저렴하고, IPPC 인증도 필요 없다. 합판은 여러 장의 나무를 고압 압축해 만들어 벌레나 유충이 있을 수 없기 때문이다.

가장 빠른 배송은 항공운송이다. 작고 가벼운 물건은 항공 수입도 좋은 방법이다. 해상운송보다 비싸지만 배송 속도가 빠르다. 단, 항공은 위험물, 전자기기 등 제한 품목이 많으므로 업체에 항공 운송 가능 여부를 문의 후 진행해야 한다. 배터리나 위험물은 항공 수입이 불가능하다.

06 중국 도매처에서 샘플 주문하기

1688에서 샘플 주문하기

이제 선택한 제품의 샘플을 수입해 보자. 여기서는 1688에서 샘플을 주문하는 것을 예로 들어보겠다.

1688에서 샘플을 주문하려면 구매를 대신해 주는 구매대행 업체를 통해 진행하면 된다. 구매대행 업체는 응대가 좋고 자신이 이용하기 편한 업체를 선정해 가입 후 이용하면 된다. 여기서는 필자가 이용하고 있는 구매대행 업체를 예로 들었다. 구매대행 업체의 업무 프로세스는 거의 같기 때문에 걱정하지 않아도 된다.

중국발 국제배송 과정

① 배대지 홈페이지에서 물류센터와 운송방식을 선택하고 **다음 진행**을 클릭한다.

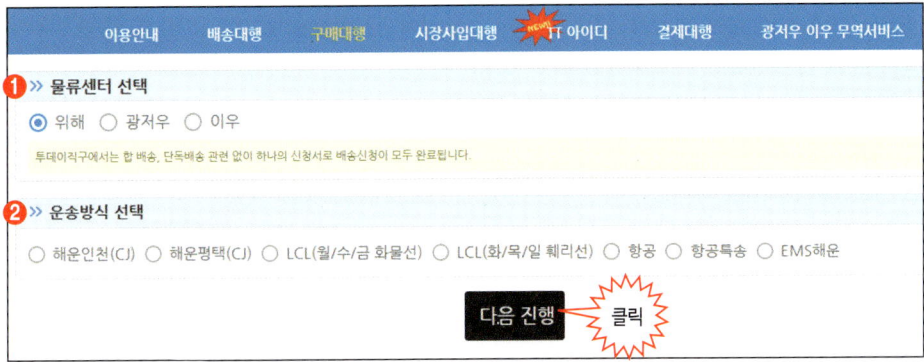

① **물류센터 선택**: 수출자의 위치와 해상운송료를 고려해 제품을 보낼 물류센터를 선택한다.
② **운송 방식 선택**: 크게 해상과 항공으로 나뉘는데 화물 디테일에 따라서 운송 방식을 선택한다.

② [받는 사람 정보 입력] 개인과 사업자 중에서 선택할 수 있다.

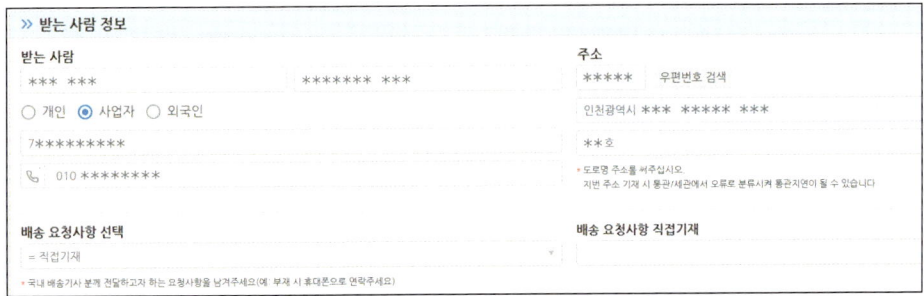

→ 샘플은 1~2개는 개인으로 구매해도 된다. 하지만 본격적인 수량을 수입할 때는 사업자 통관으로 징식 신고해야 한다. 사업자는 판매를 위해 수입하는 것이므로 관세와 부가세가 청구된다.

개인과 사업자의 차이 - 관부가세

부가가치세는 제품 가격의 10%가 청구되고, 관세는 품목에 따라 다르게 청구되는데 관세사에 따라 다른 세율이 적용될 수 있다. 관세는 'HS코드'라는 제품고유코드를 이용해 정하는데 세심한 관세사는 제품의 정확한 코드를 찾아서 신고해 주기 때문에 같은 품목을 수입해도 관세가 다른 경우가 있다. 경험상 보통 포워딩과 연계된 관세사는 세심하게 HS코드를 봐주는 편이다. 배대지를 이용할 때 관세를 아끼는 방법은 700불 이하 FTA 협정 세율을 적용받는 것이다.

개인통관부호 발급 받기

개인으로 통관할 경우 개인통관고유부호가 필요하다. 관세청 홈페이지에서 '개인통관고유부호발급'을 클릭해 간단하게 발급받을 수 있다.

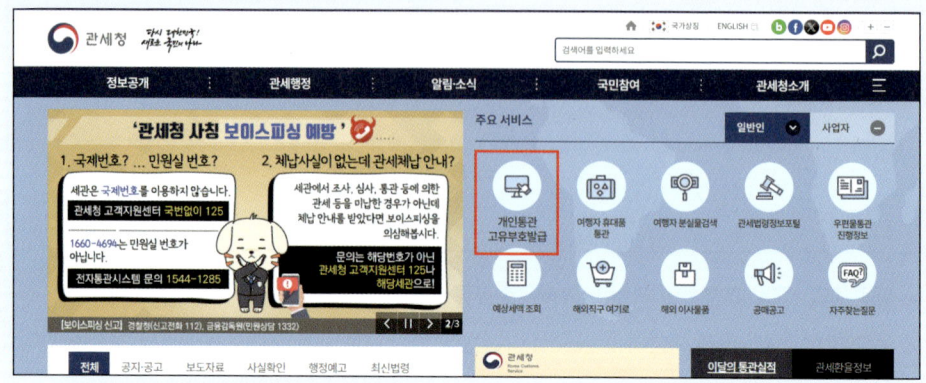

③ **[상품 정보 입력]** 구매한 제품의 상품 정보는 수작업 또는 배대지에서 제공해 주는 기능을 이용해 입력한다. 수작업으로 입력할 때는 1688의 정보를 보면서 입력하면 된다.

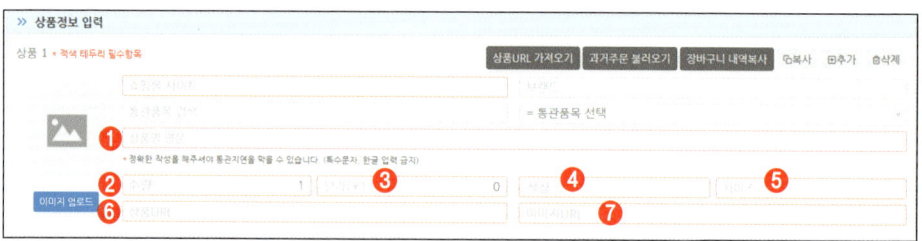

예시 상품은 캠핑에 사용되는 작은 클립이다.

① **상품명**: 캠핑용품(camping goods)
② **수량**: 5개
③ **단가**: 1.4위안
④ **색상**: 블랙
⑤ **사이즈**: One size
⑥ **상품URL**: https://detail.1688.com/camping (※ 인터넷 주소창에 나오는 주소를 입력)
⑦ **이미지 URL**: https://cbu01.alicdn.com/img/...878-0-cib.jpg (※ 해당하는 제품 이미지 위에서 마우스 우측 버튼 클릭해 '이미지 주소 복사'를 클릭해서 복사한 후 입력하면 된다.)

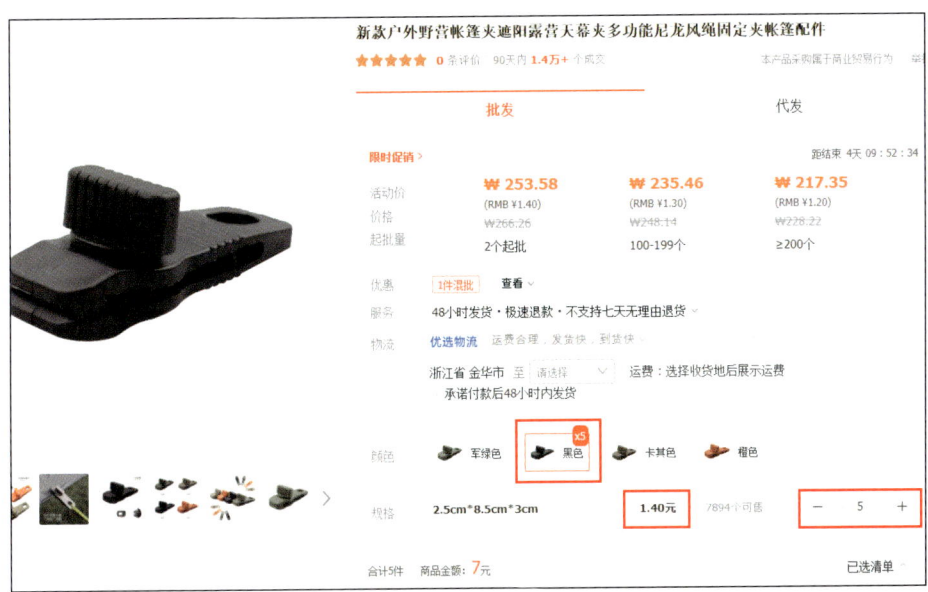

다음과 같이 입력했다.

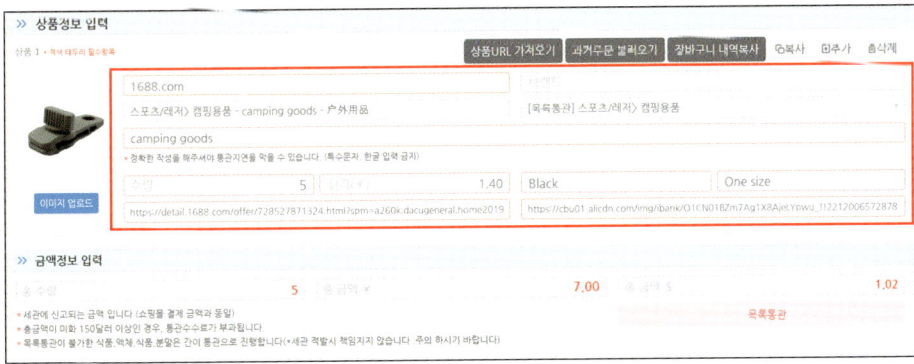

4장 중국 도매처 상품 판매하기 159

④ **[부가서비스]** 배송대행지는 제품에 대해서 다양한 부가서비스를 추가할 수 있다는 것이 장점이다. 포워딩에서는 이런 작업을 추가하기가 어렵다.

→ 제품 디테일 사진과 사이즈, 색상에 대한 정보가 필요하다면 비용을 지불하고 서비스를 추가하면 된다. 필자는 샘플은 정밀검수를 꼭 요청한다. 판매자에게서 확인한 기본적인 정보 외 추가적으로 궁금한 사항은 부가서비스를 요청하면 사진으로 보여준다.

⑤ 필요한 서비스를 모두 정했다면 구매 견적 요청을 한다. 결제는 무통장 방식으로도 가능하지만 보통 배대지에 예치금을 충전해 두고 결제하는 방식으로 한다.

제품 도착은 약 2주 정도 소요된다. 그동안에 상세페이지와 판매 준비를 하면 된다.

구매대행을 통해서 수입하면 매입 자료로 쓸 수 있을까?

사용할 수 있다. 예치금을 계좌이체로 보내면 증빙자료가 안 남는 건 아닌지 걱정하는 셀러가 있는데, 사업자 통관으로 제품이 국내에 도착하면 관부가세를 납부한다. 그러면 관세청에서 '수입신고필증'을 발급해 준다. 이것은 정식으로 수입했고 관세와 부가세를 납부했다는 증명서이기 때문에 예치금 방식으로 결제했다고 해서 증빙자료가 없는 것은 아니다. 이 수입신고필증은 관세청에서 언제든 재발급할 수 있다.

5장

온라인 판매를 위한 기본 준비

01 상세페이지 만들기

상품을 등록하려면 기본적으로 상품명과 상세페이지가 필요하다. 상세페이지는 제품을 소개하고 구매자에게 어필하는 공간이다. 고퀄리티도 좋지만, 너무 디자인에만 신경 쓸 필요는 없다. 상품을 얼마나 직관적으로 잘 설명해 구매 욕구를 자극하느냐가 더 중요하다. 고객은 상세페이지를 보고 구매를 결정한다.

상세페이지 벤치마킹하기

스마트스토어 프리미엄 등급 판매자의 상품이나 와디즈 등 펀딩 회사의 상세페이지를 참조하면 좋다. 이러한 곳은 평균 이상의 퀄리티가 나온다고 볼 수 있다. 좋은 상세페이지는 즐겨찾기에 추가해 두고 참고한다. 벤치마킹은 그것을 참고해 내 것으로 만드는 것이지 무단으로 타인의 디자인을 도용하는 것이 아님을 명심하자.

벤치마킹할 요소
① 소비자들에게 어필할 수 있는 카피라이팅 문구
② 제품의 장점을 보여줄 수 있는 GIF
③ 읽기 편한 글씨체와 크기
④ 사진 배열

1.1 좋은 상세페이지를 찾아보자

예시로 상세페이지에 사용된 요소를 살펴보자.

강조하고 싶은 문구에 색상 선을 넣었고, 맥가이버 랜턴이라는 상품명을 같은 색상으로 사용했다. 제품이 베이지색이기 때문에 글자도 같은 색상을 사용해 통일감을 주었다. 이런 것들을 참조하면서 글자색을 비롯해 전체적인 느낌을 좌우하는 색상 톤을 결정할 수 있다. 글자 크기는 모바일 환경을 고려해 크게 설정했다.

그 아래로 움직이는 GIF 이미지를 넣었다. 랜턴은 주로 야외에서 사용하기에 산에서 강아지가 편안하게 쉬고 있는 상황을 연출했다. 제품을 간편하게 사용할 수 있다는 내용으로 짧은 문구를 넣고 밑줄을 넣었다.

인용구를 이용해 메시지와 함께 강조 문구에는 밑줄을 넣어서 시각적인 효과를 추가했다.

우리는 많은 상세페이지를 보고 공부해야 한다. 단순한 아이디어 같지만 초보자는 쉽게 생각하지 못할 수도 있고 구상에 시간이 오래 걸리기도 한다. 이러한 아이디어와 디자인 벤치마킹을 통해 스스로 상세페이지 작업을 하다 보면 자신만의 참신한 아이디어가 떠올라 차별화된 페이지를 만들 수 있다.

2 상세페이지 기획하기

벤치마킹 상세페이지의 구성, 디자인 요소, 강조 문구 등등 눈에 띄는 포인트들을 적어보면 나만의 기획서가 된다. 본인이 보기에 편한 방식으로 기록하되, 디테일한 부분까지 기획서에 담는 게 좋다. 필자는 상세페이지의 특징을 캡처해 파워포인트 프로그램에서 기록하며 작성한다.

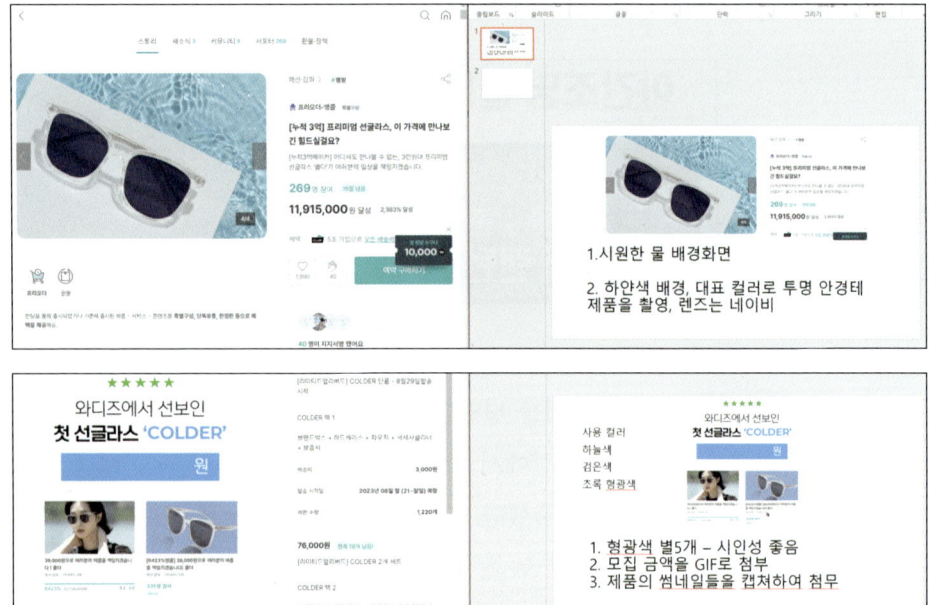

이렇게 벤치마킹 페이지의 내용을 기록하면 나만의 상세페이지 기획서가 완성된다.

벤치마킹 상세페이지의 디자인이나 사진은 무단으로 사용하면 절대 안 된다. 배치와 색감, 구성을 보고 참고하는 용도로 이용해야 한다. 타인이 만든 페이지를 무단으로 사용하면 지적재산권을 침해하는 행위가 된다.

이렇게 하나의 상품을 끝까지 살펴보면서 기획서를 작성해 보자. 왜 이 부분은 글자를 크게 했을까, 왜 이 부분의 색상은 이 컬러를 이용했을까 등 상세페이지를 디테일하게 분석하면서 내 상품의 상세페이지에 이러한 요소들을 어떻게 적용할 수 있는지를 고민해 보자.

3 상세페이지 제작하기

3.1 미리캔버스 사용하기

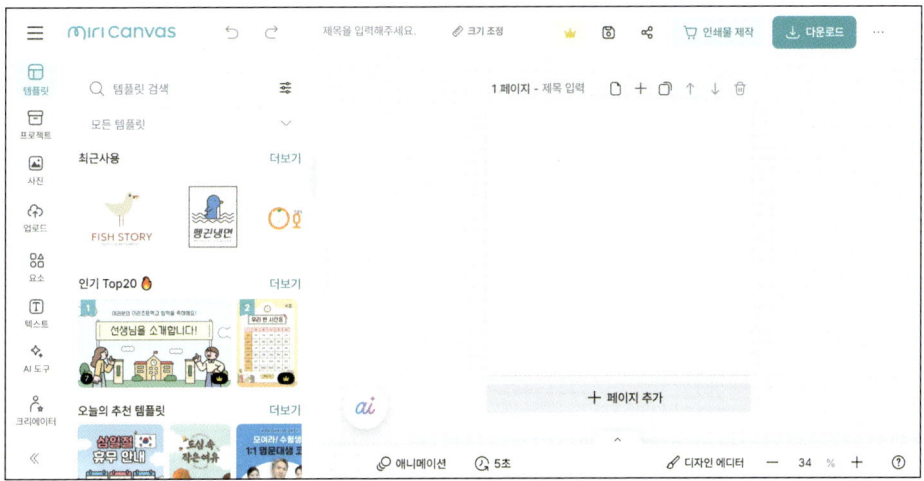

미리캔버스(www.miricanvas.com)에서는 간단하게 Ctrl+C, Ctrl+V로도 사진을 붙여넣기 할 수 있다. 고화질 사진의 경우 업로드 기능을 이용해야 화질 손상이 없지만 간단한 사진은 복사, 붙여넣기로도 가능하다.

미리캔버스에 벤치마킹할 디자인을 불러온다.

① 이 디자인은 텍스트와 베이지색 선이 사용되었다. 먼저 텍스트 → 제목 텍스트 추가를 클릭한 후 텍스트를 입력한다. 그리고 요소 → 선 탭에서 직선을 클릭해 선을 입력한다. 그리고 선을 드래그해 텍스트 아래로 이동한다.

② 속성 탭에서 선 두께의 + 버튼을 눌러 선을 두껍게 해주고 **색상**을 클릭해 베이지색으로 변경한다.

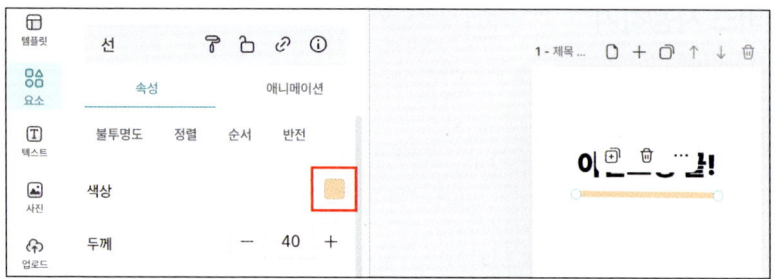

③ 선을 텍스트와 겹치게 이동시킨 후 **속성 → 순서**에서 **맨 뒤로**를 클릭해 선이 텍스트 뒤로 가게 한다.

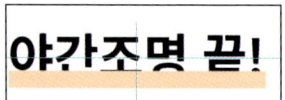  

이렇게 상세페이지를 하나씩 제작해 가면서 다양한 요소들과 순서, 색깔 배치를 배우고 이용해 잘 팔리는 상세페이지를 만들어보자!

 **픽슬러에디터**

포토샵 등 유료 이미지 편집 프로그램이 없으면 무료 온라인 사진 편집기인 픽슬러에디터(https://pixlr.com/kr/)를 이용해 이미지 작업을 할 수 있다.

중국의 상세페이지 프리랜서에게 의뢰하기

소싱한 제품은 아마 중국의 수많은 오픈마켓에 업로드되어 있을 가능성이 높다. 그렇기 때문에 해당 이미지들을 활용해 일반적인 상세페이지는 구성할 수 있다.
셀러들의 대표 카페인 네이버 셀러오션(https://sellerocean.com)에서 의뢰 글을 올리면 간단하게 프리랜서 디자이너분들과 일할 수 있는데, 보통 건당 2만 원 내외의 비용이 들기 때문에 직접 상세페이지를 제작하는 것보다 효율적으로 일할 수 있다.

3.2 캔바 사용하기

① 캔바는 1인 셀러들이 상세페이지를 제작할 때 많이 이용한다. 먼저 캔바의 메인화면에서 **맞춤형 크기**를 클릭한다.

② 쿠팡의 상품 페이지는 최대 5000px 이기 때문에 860×5000으로 페이지를 만든다.

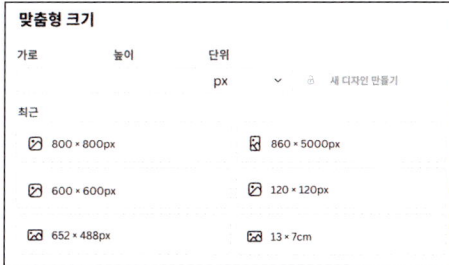

③ 원하는 디자인의 시안을 찾았다면 업로드한 뒤 투명도를 낮춰서 배경으로 두고, 잠금 버튼을 눌러주면 배경이 움직이지 않는다.

④ 이제 텍스트를 불러와서 배경의 레이아웃을 따라서 올려주고 글자의 간격과 줄 간격을 조정해 비슷한 구도를 잡는다.

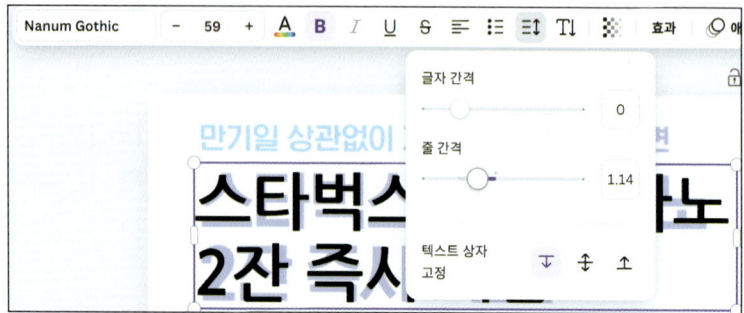

※ 사용할 이미지는 무료 사이트에서 다운로드해서 준비하고, 배경 제거된 이미지가 필요하다면 누끼 사이트 (remove.bg)를 이용해 만들어준다.

⑤ 캔바는 첨부한 이미지의 컬러가 자동으로 추출되어 사진 색상 탭에서 바로 사용할 수 있기 때문에 컬러를 비슷하게 만들기 편하게 되어 있다.

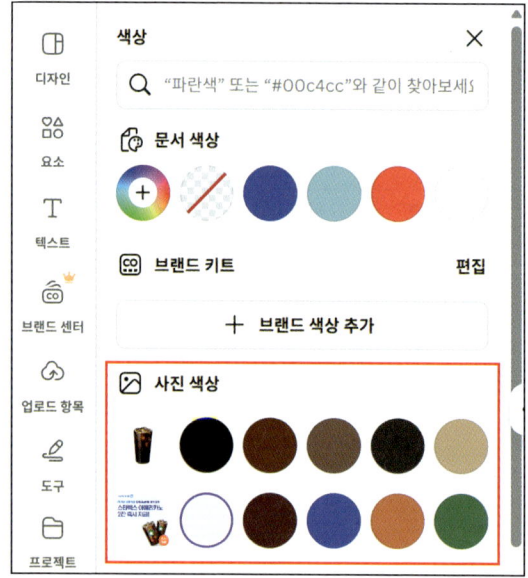

⑥ 디자인을 전혀 하지 않았다면 좋은 디자인을 따라서 만드는 연습을 해보다 보면 간단한 상품의 상세페이지는 몇 시간이면 작업할 수 있다.

☆ 템플릿 이용하기

캔바에는 많은 템플릿이 있는데, 메인화면에서 템플릿을 검색해 텍스트와 디자인을 변경해 사용할 수 있다. 어렵게 직접 디자인하지 않아도 템플릿을 활용한다면 누구나 그럴듯한 상품 페이지를 만들 수 있으니 적극적으로 활용하자!

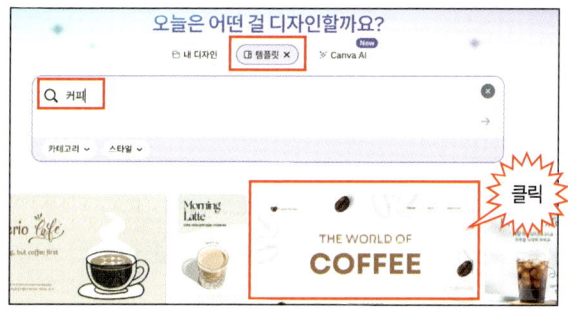

5장 온라인 판매를 위한 기본 준비

02 상세페이지 사진 콘셉트 구상하기

위탁 판매자는 대부분 국내 도매 사이트나 해외 사이트에서 제공해 주는 사진을 사용하지만, 좀 더 차별화된 본인만의 상품 사진을 만들고 싶을 때가 있다. 특히 판매가 잘되고 있는 주요 상품은 직접 찍은 사진으로 썸네일이나 상세페이지를 꾸미면 타 판매자와 차별화를 할 수 있고 전문적인 느낌도 줄 수 있다. 스마트폰의 카메라로도 충분히 좋은 퀄리티의 사진을 찍을 수 있고 보정도 가능하다.

1 촬영 공간 만들기

테이블과 하얀 천만으로도 작은 촬영 공간을 만들 수 있다. 소품을 두고 같이 찍으면 상세페이지에 쓸 사진이 훨씬 풍성해진다. 다양한 배경지 제품도 있으니 이를 이용해 쉽게 배경을 바꾸면서 촬영할 수 있다.

촬영 장소는 무료로 이용할 수 있는 곳이 많이 있다. 잔디가 필요하다면 집 근처 공원에 가서 촬영해도 충분하다. 예쁜 인테리어 공간이 필요하다면 렌탈스튜디오를 이용하면 된다. 보통 시간당 15,000원~20,000원 정도에 이용할 수 있다. 스튜디오를 빌릴 때는 사전 답사를 해보고 콘셉트에 필요한 아이템들을 챙겨가면 좋다.

예쁜 사진도 중요하지만 상세페이지의 구성이 더 중요하니까 사진에 너무 집착하지 않아도 된다. 상세페이지에 쓸 사진은 제품을 잘 나타내주는 정도면 충분하다. 우리는 온라인 판매를 하려는 것이지 상세페이지 디자이너가 되고자 하는 것은 아니다. 상세페이지가 어느 정도 완성되었다면 판매를 먼저 시작해 보는 것이 중요하다. 판매를 하면서 고객 리뷰와 평가를 상세페이지에 한 번씩 반영해 주면서 내용을 수정하면 된다. 그렇게 경험이 쌓이다 보면 좋은 상세페이지를 만들 수 있다.

'90% 완성된 상세페이지의 10가지 아이템'과 '70% 완성된 상세페이지의 100가지 아이템'이 있다면 후자가 훨씬 더 많은 판매를 할 수 있을 것이다. 실제로 필자는 조금은 엉성하지만 미리캔버스를 이용해 직접 상세페이지를 만들어 올리는데 나름 잘 판매되고 있다.

때로는 파티룸에서 촬영을 하기도 한다. 집보다 훨씬 깔끔하기 때문이다. 포토스튜디오에 가보면 각 콘셉트별로 카메라 구도 안에 들어오는 공간만 딱 인테리어 되어 있는 것을 볼 수 있다. 상세페이지도 마찬가지이다. 카메라 앵글에 담기는 작은 공간만 있으면 된다.

❷ 기획안을 보고 필요한 사진 찍기

상세페이지 사진은 기획안을 먼저 만들고 촬영하는 것이 시간과 노동을 절약할 수 있다. 무턱대고 찍으면 수많은 사진을 선별해야 하고 정작 콘셉트에 맞는 사진이 없을 수 있다. 장소를 빌려 촬영했는데 놓친 사진이 있다면 또 시간과 비용이 든다.

기획안이 있으면 1~2시간 만에 원하는 사진을 충분히 찍을 수 있다. 기획안 없이 렌탈스튜디오를 이용하면 콘셉트 구상으로 촬영 시간이 부족할 수 있으니, 촬영 전 기획안을 꼭 작성하길 바란다.

10kg 덤벨 제품이라면 헬스장이나 체육 시설이 소비자에게 어필할 것이다. 예쁜 소품 가득한 곳에서 10kg 덤벨을 찍으면 생뚱맞다. 아이템과 맞는 기발한 장소를 찾는 것도 판매자의 능력이다.

모델이 필요하면 미리 섭외해야 한다. 헬스장 트레이너는 섭외가 수월할 것이다.

모델 비용이 부담스럽다면 운동하는 친구를 모델로 써도 괜찮다. 꼭 보디빌더처럼 근육질일 필요는 없다. 소비자들은 이 덤벨로 조금씩 발달하는 모습을 원하므로, 너무 과하면 역효과가 날 수 있다. 몸 좋은 지인을 이용하면 모델 비용을 아낄 수 있다.

촬영 장소를 대여했다면 필요한 아이템을 미리 챙겨 간다. 추가 구성 제품도 일단 촬영해 둬야 한다. 덤벨과 헬스 장갑을 함께 팔 계획이라면, 헬스 장갑을 끼고 촬영하면 추가 구성 시 재촬영할 필요가 없다.

레퍼런스 사진도 태블릿이나 핸드폰에 담아 간다. 특히 의류는 다른 쇼핑몰 사진을 많이 참고하는 것이 좋다. 아는 의류 쇼핑몰 사장님은 태블릿에 많은 사진을 갖고 다니며 비슷한 콘셉트의 촬영 장소를 고르거나, 어울리는 모델을 섭외하기도 한다.

잘 팔리고 잘 만든 상세페이지를 참고해 어떤 배경, 소품, 구도로 촬영했는지 보면서 본인의 상세페이지를 만들면 된다. 밑그림을 그리고 시작하면 그림 그리기가 쉽듯, 상세페이지도 기획안을 만들고 시작하면 훨씬 수월하게 작업할 수 있다.

작성한 기획안을 보며 사진 리스트를 만들어야 한다. 보기 편하고 이해하기 쉽게, 최대한 디테일하게 적어두면 순조롭게 작업할 수 있다.

썸네일 및 상세페이지의 차별점을 만들자

썸네일

대부분의 마켓은 하얀 바탕에 제품 사진을 넣는 것을 선호한다. 일부 마켓에서는 이 조건이 의무 사항이다. 만약 네이버 쇼핑에서 광고를 진행하고자 하는 상품이라면 썸네일 사진에 테두리가 없어야 하고 텍스트가 포함되지 않아야 한다. 네이버 광고를 진행하는 것이 아니라면 상관없다.

가장 좋은 썸네일은 구매자에게 이 제품으로 인해 얻는 효과를 보여주는 사진이다. 다이어트 보조제는 예쁜 여자 연예인을 마케팅에 활용한다. 미용용품은 모델이 얼굴과 함께 제품을 들고 있는 썸네일을 많이 사용한다. 왜 이러한 썸네일을 사용할까? 그것은 고객들에게 사용 후의 모습과 기대 효과를 상상하게 하기 때문이다.

⭐ 구매층을 확인하자

제품의 주 구매층은 키워드를 검색할 때 성별, 연령대 확인을 통해 알 수 있다.

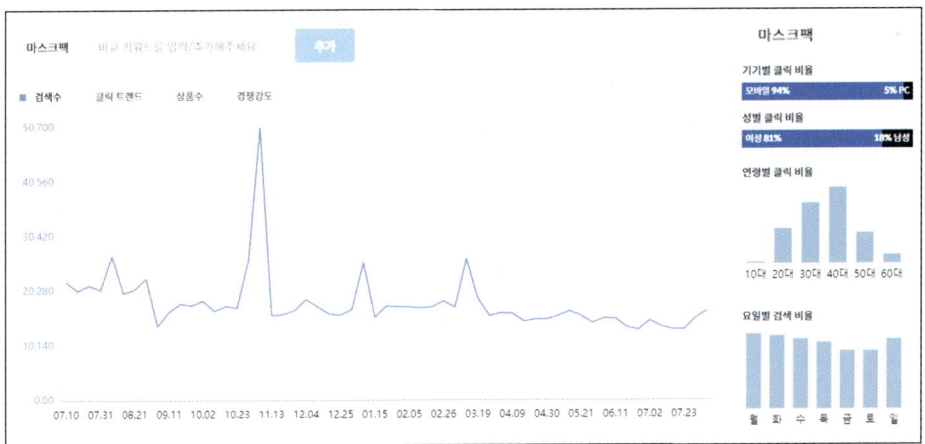

아이템스카우트에서 '마스크팩'을 검색한 결과이다. 검색의 성별 비율은 여성 81%, 남성 19%다. 연령은 30~40대가 가장 많다. 기기별로는 모바일이 94%, PC는 5% 정도이다. 이러한 결과로 볼 때 썸네일은 30~40대 여성을 타깃으로 해야 하며, 모바일에서도 잘 보일 수 있도록 제품 사진을 크게 해서 제작해야 한다. 사진을 너무 작게 넣으면 모바일에서 어떤 제품인지 잘 안 보일 수 있다.

'10Kg 덤벨'과 같이 남성이 많이 검색할 것 같은 아이템도 검색해 보자.

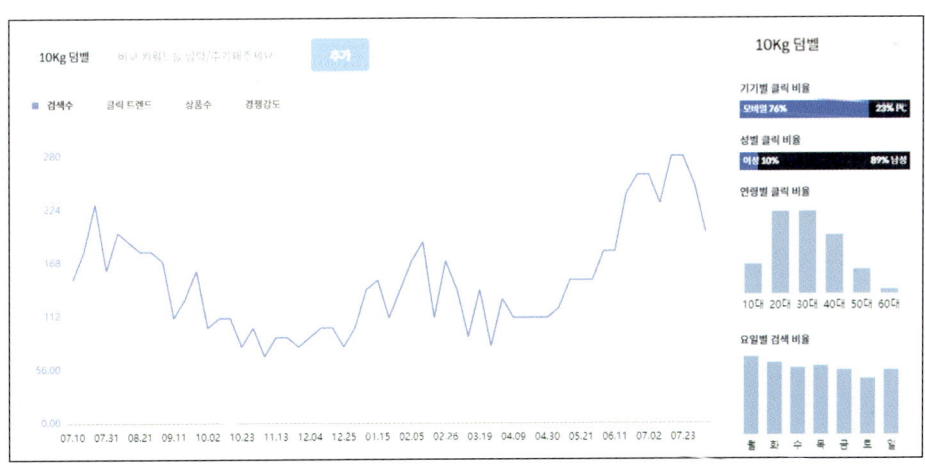

10Kg 덤벨은 남성 89%, 여성 10% 비율로 검색하고 있다. 연령은 20~30대가 많이 검색하고 있다. 10Kg 덤벨도 모바일에서 많이 검색하지만 PC도 23%로 꽤 높은 검색 비율을 보여준다.

이런 경우 20~30대의 남성을 타깃으로 하는 썸네일을 생각해 볼 수 있다. 몸이 좋은 트레이너가 덤벨을 들고 있는 팔 사진을 쓴다면 고객에게 운동 효과를 상상하게 할 수 있다.

또 검색수를 보면 5월로 접어들면서 검색량이 증가하는 것을 알 수 있다. 여름이 시작되는 5월이 되면서 짧은 옷을 입게 되고 사람들은 자신의 체형에 많은 신경을 쓰게 된다. 그러면서 자연스럽게 운동기구를 많이 찾게 된다. 매끈한 피부를 가진 트레이너와 민소매, 멋진 근육이 있는 모델이 10Kg 덤벨을 들고 있는 썸네일이 자연스럽게 그려진다. 상세페이지에 이러한 부분을 녹여서 GIF를 넣어주면 구매 결정에도 좋은 영향을 미친다.

상세페이지

그럼 상세페이지에는 어떠한 부분을 넣으면 좋을까?

상세페이지는 썸네일을 보고 들어온 고객에게 궁금점을 해소해 준다는 생각으로 작성하면 된다. 고객은 썸네일과 상품명을 보고 클릭을 한다. 고객이 왜 클릭했고 얻고자 하는 정보가 무엇인지를 생각하고 이것을 상세페이지에 담아주면 된다.

제품을 클릭하면 가장 먼저 보이는 것은 가격과 배송료, 옵션 사항이다. 그 아래로 본격적인 상세페이지가 시작되는데 여기서 고객이 원하는 정보를 담아줘야 한다.

상품명이 '무게 조절식 10Kg 덤벨'이라면 무게를 어떻게 조절할 수 있으며, 편리하게 조절을 할 수 있는지, 몇 Kg까지 조절이 가능한지 등 고객이 궁금해하는 것을 설명해 준다.

필자가 서치한 상품 중에 물로 무게를 조절할 수 있는 덤벨이 있었는데, 물을 덤벨에 얼마큼 채웠을 때 몇 Kg인지를 표시해 주면서 고객의 궁금점을 해소해 주고 있었다. 이러한 필수 정보는 GIF를 이용해 보여주면 좋다.

03 투명 배경 및 GIF 이미지 만들기

1 투명 배경 사진 만들기

상세페이지를 구성하기 위해 찍은 사진 중 제품만 찍은 사진이 있다. 이런 사진은 배경을 제거하고 투명 배경에 제품만 있는 사진으로 만들어 여러 용도로 활용하면 된다. 이렇게 투명한 배경의 사진을 만드는 것을 '배경 제거' 또는 일본말로 '누끼'를 딴다고 한다. 누끼 작업을 하려면 포토샵이나 전문 프로그램을 이용해야 했는데, 온라인에서 무료로 이용할 수 있는 사이트도 있다.

배경을 제거한 제품 사진은 다른 사진과 합성해 상세페이지에서 전체샷, 부분샷, 디테일샷 등으로 다양하게 활용할 수 있다.

배경이 제거된 사진은 배경이 회색과 하얀색 체크 무늬로 되어 있다. 똑같은 이미지라면 배경 제거가 된 사진을 이용하는 게 여러모로 활용하기가 좋다.

배경 제거된 이미지

1.1 리무브로 투명 배경 사진 만들기와 수정

리무브(https://www.remove.bg/)를 이용해 배경을 제거한 사진을 만들 수 있는데, 사진에 따라서 배경이 제대로 정리되지 않는 경우가 종종 발생한다. 그럴 때는 디테일한 부분을 수정할 수 있도록 지원해 주는 기능으로 조금씩 정리를 해줄 수 있다.

REMOVE.BG 사이트에서 배경 제거를 해보면 배경 제거가 깔끔하게 잘 되는 사진도 있고 그렇지 못한 사진도 있다. 보통 피사체의 외곽선이 뚜렷하고 배경이 단순할수록 배경 제거가 잘 된다.

두 사진을 배경 제거 기능으로 배경을 제거하면 다음과 같은 결과물이 나온다. 피사체와 배경이 뚜렷하게 구분된 이미지일수록 깨끗한 이미지를 얻을 수 있으니 자료를 찾을 때 참고하자.

첫 번째 사진에서 배경을 조금 더 수정해 보자. 지우기/복원 기능을 이용해 배경을 살리거나 지울 수 있다.

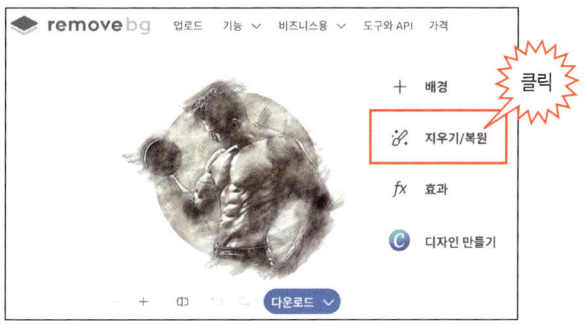

삭제를 선택하고 지우고 싶은 부분을 선택하면 배경이 지워진다. 이렇게 부분적으로 배경을 지우면서 원하는 투명배경 사진을 만들 수 있다.

모델과 장소 섭외가 어렵다면 이렇게 만든 사진과 헬스장 배경 사진을 합성해 쓰는 것도 시간을 절약할 수 있는 방법이다.

배경 사진과 합성한 결과물

5장 온라인 판매를 위한 기본 준비 **177**

❷ GIF 이미지 만들기

GIF는 상세페이지의 필수적인 킬링 포인트이다. 움직이는 사진인 GIF는 제품의 특징과 장점을 소비자에게 정확히 각인시키고 이해시킬 수 있다. 네이버 스마트스토어는 GIF 사용이 가능하지만, 쿠팡은 불가능하다.

최근 SNS 트렌드는 숏폼이다. 유튜브 쇼츠, 인스타그램 릴스, 틱톡 등 짧고 강력한 영상(대부분 60초 내외)이 트렌드를 이끈다. 우리가 만들 콘텐츠도 짧은 몇 초짜리 GIF 안에 한 가지 기능을 설명하는 것을 목표로 한다. 제품 특징을 잘 보여주는 동적인 GIF는 고객 시선을 사로잡아 오래 머물게 하고 구매로 이어진다.

MP4, AVI 같은 동영상 파일도 간단히 GIF로 변환해 활용할 수 있다. 제품 촬영 동영상을 빠르게 재생해 임팩트 있는 GIF를 만들 수 있다.

2.1 짧은 GIF를 만들자

GIF는 정적인 사진에 생동감을 불어넣으므로 짧은 GIF를 많이 사용해야 한다.

좋은 상세페이지는 주목 끄는 카피, 깔끔한 디자인, 다양한 사진과 GIF가 조화롭게 구성된 페이지이다. 간혹 GIF를 너무 길게 제작하기도 하는데, 짧은 컷 여러 개를 이용하는 것이 좋다. 첨부 GIF 용량이 너무 크면(스마트스토어 최대 20MB) 스마트폰 로딩 시간이 길어져 고객 이탈로 이어지기 때문이다.

모바일 최적화와 관련, 로딩 속도가 1초만 늦어도 고객이 이탈한다는 구글 연구 결과가 있다. 사람들은 예전처럼 버퍼링을 기다리며 유튜브나 영상을 보지 않는다. GIF를 많이 보여주고 싶어 20MB짜리 GIF를 10~20개씩 넣으면, 고객은 로딩을 기다리지 않고 다른 상품으로 넘어간다는 사실을 명심하자. 모바일은 픽셀이 낮아 일반 촬영 사진도 선명하게 보인다. GIF는 2~3초 내외로 빠르게 제품 특징을 소개하면, 이용자가 스크롤을 내려도 머릿속에 기억하게 된다.

PageSpeed Insights(https://PageSpeed.web.dev)는 페이지 로딩 속도를 측정할 수 있는 웹사이트다. 본인 상세페이지 로딩이 느리다고 생각되면 테스트해 보는 것도 좋다.

2.2 스마트폰으로 GIF 만들기

갤럭시 핸드폰은 동영상 GIF 변환 기능으로 GIF 파일을 쉽게 만들 수 있다.

① 스마트폰에서 동영상을 열고 우측 하단의 세로 3개 점 버튼을 탭한 후 비디오 플레이어에서 열기를 누른다.

② 좌측 상단의 GIF 버튼을 누른 후 원하는 시간과 속도를 조절한다. 우측 상단의 저장을 누르면 GIF 파일이 만들어진다.

이렇게 간단하게 GIF 파일을 만들 수 있다. 만든 GIF는 클라우드나 USB를 통해서 컴퓨터로 옮겨서 사용하면 된다.

3 미리캔버스에서 GIF 결합 상세페이지 만들기

상세페이지를 제작하는 과정에서 GIF의 레이아웃을 다양하게 배치하면 하나의 상세페이지에서 여러 장면을 보여줄 수 있다.

왼쪽 화면을 보면 메인 요리 GIF를 가장 크게 배열했고, 그 아래로 면을 만드는 과정을 왼쪽에, 파스타를 만드는 과정을 오른쪽에 작게 배치했다.(제작 과정이라 재생 버튼이 보이지만 저장해 웹사이트에 업로드하면 자동으로 재생되고 있는 사진으로 보인다.)

보통 GIF를 만들어서 넣는 방식은 상세페이지(사진) – GIF – 상세페이지(사진) 이렇게 일렬로 구성하게 되는데 상세페이지 안에 GIF를 넣는다면 훨씬 도움이 된다. 예시 사진처럼 GIF를 넣은 상세페이지를 만들어보자.

① 미리캔버스에서 전체메뉴 → 새 디자인 만들기 → 상세페이지를 클릭한다. 좌측 배경 메뉴를 선택해 원하는 배경색을 지정해 준다. 그리고 텍스트 메뉴를 이용해 상품 소개 관련 텍스트를 입력한다.

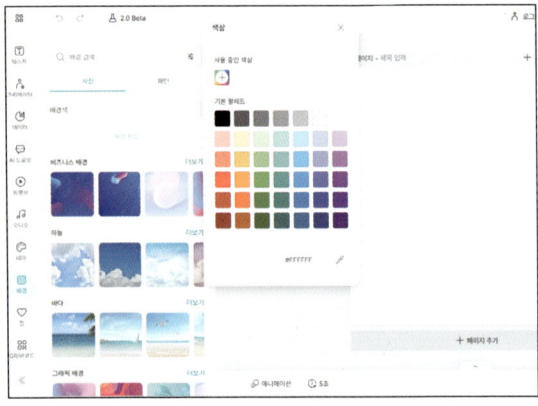

② 사진을 넣을 프레임을 불러온다. 요소 → 프레임에서 원하는 프레임을 클릭하거나 페이지로 끌어다 놓으면 된다.(여기서는 '분할 프레임' 중에서 '3분할 프레임'을 선택했다.)

③ 원하는 위치에 GIF를 드래그해서 삽입한다. 동영상의 위치가 맞지 않을 경우 해당 프레임을 더블클릭하면 동영상의 위치를 이동할 수 있다. 상세페이지가 완성되면 다운로드해 사용하면 된다.

이처럼 다양한 구조로 GIF를 활용한다면 훨씬 더 좋은 상세페이지가 된다.

제품이 좋다는 것은 본인만 알고 있을 가능성이 높다. 이것을 상세페이지에서 고객에게 알려야 구매가 일어난다는 사실을 기억하자.

04 각 오픈마켓별 상세페이지 특징

오픈마켓마다 썸네일이나 상세페이지 사이즈가 다르다. 때문에 오픈마켓별로 최적화된 이미지를 만들어서 사용해야 한다.

고객에게 좋은 제품 사진을 보여주고 싶은 욕심에 해상도 높은 사진으로 상세페이지를 만드는 판매자도 꽤 있다. 상세페이지에는 생각보다 많은 데이터가 들어간다. 그런데 너무 고화질 고용량의 사진을 넣으면 모바일 환경에서 페이지 로딩 속도가 저하될 수 있다. 로딩 속도가 저하된다는 것은 고객이 이탈할 확률이 높다는 뜻이기도 하다. 따라서 마켓에서 권장하는 사이즈 사진으로 줄여서 사용하는 것이 좋다.

상세페이지는 기본적으로 모바일 환경에 맞게 제작하는데 그 이유는 대부분의 검색이 모바일에서 이루어지기 때문이다.

❶ 오픈마켓의 권장사이즈

대표 이미지는 1000×1000 픽셀 사이즈가 범용적으로 사용된다. 그래서 대표 이미지는 이 사이즈로 제작하여 스마트스토어나 쿠팡 등에서 사용하면 된다. 용량은 네이버 스마트스토어는 4MB, 쿠팡은 10MB까지 지원해 준다. 만일 촬영한 사진의

용량이 너무 큰 경우에는 사진 용량을 줄여주는 것이 좋다.

마켓별 대표 이미지(썸네일) 크기

오픈마켓	대표 이미지 크기	용량
스마트스토어	1000 x 1000	4MB
쿠팡	1000 x 1000	10MB
지마켓, 옥션	1000 x 1000	2MB
11번가	1000 x 1000	3MB

마켓별 상세설명(상세페이지) 크기

오픈마켓	최적 가로 사이즈	특징
스마트스토어	860px	
쿠팡	780px	GIF 사용 불가
지마켓, 옥션	860px	
11번가	860px	

 **사진 용량 압축하기**

특정 사이트들은 너무 고용량의 사진은 사용하지 못하도록 제한하고 있다. 이럴 때는 무료 사진 압축 사이트에서 용량에 맞춰서 사진을 압축한 후 사용하면 된다.

- https://compressjpeg.com
- https://compressor.io

미리캔버스에서 픽셀 수정하기

이미지를 불러온 후 상단의 픽셀 크기를 클릭하고 직접 입력을 누르면 페이지를 원하는 크기로 설정할 수 있다.

2 이미지 호스팅 사용하기

이렇게 만든 디자인 파일은 보통 PC에 저장해 놓고 사용하는데, 이미지 호스팅으로 클라우드 서버에 저장해 두면 어느 쇼핑몰에서든 편리하게 사용할 수 있다.

이미지 호스팅이란 이미지 파일을 온라인 서버에 저장해 두고 필요한 곳에서 주소 링크를 불러와서 사용하는 것을 말한다. 본인의 PC에 저장된 사진을 타인에게 보내주거나 다른 PC에서 작업해야 할 경우 이미지를 저장 매체에 옮겨서 사용해야 되는데, 온라인 서버에 이미지가 저장되어 있다면 언제 어디서든 사진을 확인하고 이용할 수 있다.

이미지 호스팅을 하려면 이미지를 저장할 수 있는 온라인 서버가 필요한데 오픈마켓 중에는 무료로 제공해 주는 곳들이 있다. 그중 가장 많이 사용하는 것이 ESM 이미지 호스팅이다. 스마트스토어는 상세페이지 작성 방법이 편리하게 되어 있어서 이미지 호스팅의 필요성을 못 느끼지만 ESM은 GIF를 이미지 호스팅 기능으로 넣어야 한다.

2.1 ESM의 이미지 호스팅 이용하기

① 옥션, 지마켓의 통합관리페이지인 ESM에 로그인한 후 메뉴 → ESM 이미지호스팅을 클릭한다. ESM 이미지 호스팅은 5GB를 무료로 주기 때문에 생각보다 많은 사진을 저장해 사용할 수 있다.

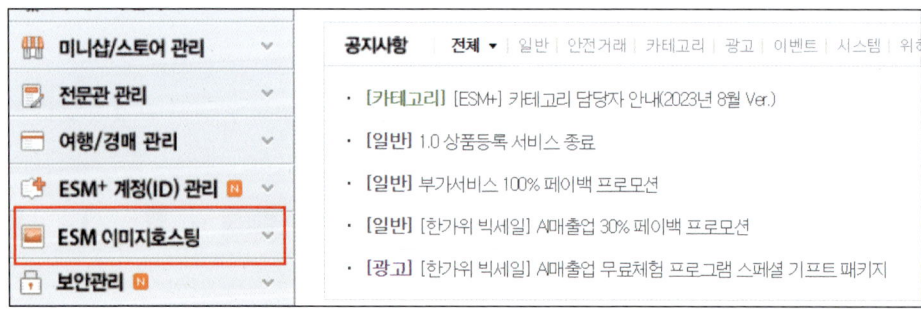

② **업로드** 버튼을 클릭해 이미지를 업로드한다.

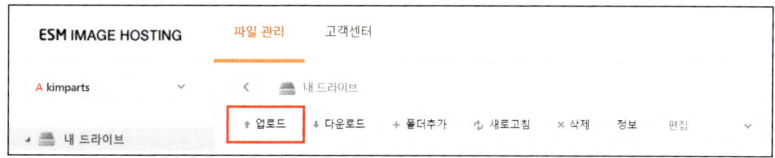

③ 업로드한 이미지 위에서 마우스 우측 버튼을 클릭하면 HTML 태그 복사가 있다. 이 중에서 이미지를 등록하려고 하는 곳에 필요한 것을 선택하면 된다.

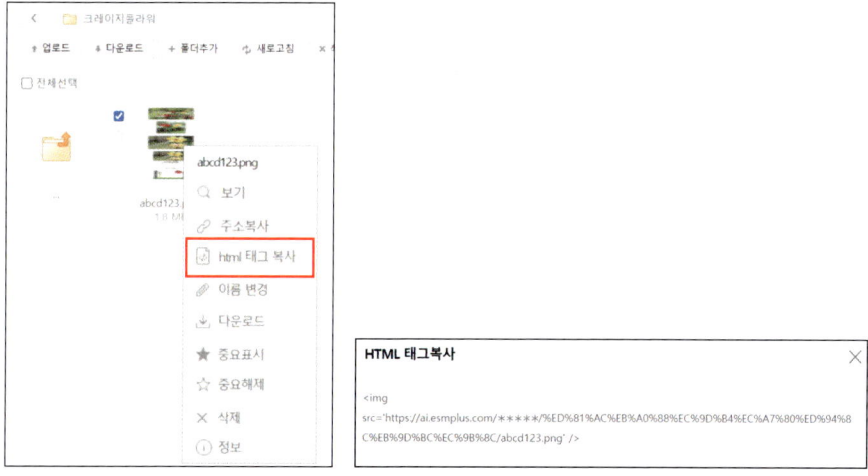

HTML 태그복사

'HTML 태그복사'를 이용해서 편리하게 이미지를 게시할 수 있다. 스마트스토어에서 상품등록 시 '상세설명' 작성에서 'HTML 작성' 탭을 선택하고 이미지의 HTML 코드를 붙여넣기 하면 된다.

　상세페이지용 이미지를 만들어 이미지 호스팅에 저장해 두고, 이렇게 해당 코드를 복사해 붙여넣기를 하면 편리하게 상세페이지를 작성할 수 있다.

이미지 호스팅 주의사항

이미지 호스팅은 온라인상의 서버에서 이미지를 로딩 받는 방식이다. SNS에 올라온 사진과 동영상을 내 스마트폰에 저장하지 않아도 해당 게시물을 클릭하는 순간 매우 빠른 속도로 데이터들이 다운로드 되어 스마트폰에서 보여지는 원리와 같다. 그런데 만약 서버에 문제가 생긴다면 이미지 로딩이 안 된다. 따라서 이미지 호스팅은 안전하고 속도가 빠른 곳을 이용하는 곳이 좋다.

처음에는 ESM 이미지 호스팅을 무료로 사용하는 것도 좋은 방법이지만 쇼핑몰이 어느 정도 커지면 이미지 호스팅 기능뿐만 아니라 속도도 빠르고 백업이 가능한 서버를 찾는 것이 좋다.

무료 이미지 사이트

상세페이지를 만들다 보면 넣고 싶은 아이콘이나 이미지가 떠오를 때가 있다. 픽토그램도 그중 하나다. 픽토그램(그림 문자)은 그림(picture)과 도해(gram)의 합성어로, 어떤 정보를 알리기 위해 문자가 아닌 그림으로 나타낸 이미지를 말한다.

 이런 그림을 보는 순간 사람들은 직관적으로 주차금지 구역이라는 것을 알아챈다. 이러한 픽토그램이나 일러스트, 사진 이미지 등을 이용할 수 있는 사이트들이 많이 있다. 상업적인 사용을 위해서는 이미지를 구매해 사용해야 하지만, 일부 이미지들은 무료로 사용할 수도 있다. 필자는 다음과 같은 사이트에서 무료 이미지를 찾아 많이 이용한다.

- 프리픽(Freepik): https://kr.freepik.com
- 픽사베이(PIXABAY): https://pixabay.com/ko
- 플랫아이콘: https://www.flaticon.com/kr
- 디자인 사이트: 미리캔버스나 캔바 같은 디자인 사이트에서도 이미지를 이용할 수 있다. 이들 사이트는 기본적인 디자인 요소를 제공하며, 유료 프리미엄 기능도 있다.

6장

스마트스토어에서 판매하기

01 네이버의 검색 알고리즘 이해하기

❶ 네이버플러스 스토어와 네이버 가격비교

네이버 쇼핑은 2024년 10월 30일 **네이버플러스 스토어와 네이버 가격비교**로 서비스를 개편했다. 기존의 네이버 쇼핑은 기능을 더욱 고도화해 네이버 가격비교라는 이름으로 리브랜딩했고, 여기에 더해 개인에 맞춘 상품 추천, 혜택, 프로모션, 트렌드 정보 등을 제공하는 초개인화 맞춤 쇼핑 공간인 네이버플러스 스토어를 오픈했다. 네이버플러스 스토어는 스마트스토어와 브랜드스토어 판매자를 대상으로 한다.

네이버플러스 스토어

네이버플러스 스토어는 네이버 홈 왼쪽 하단에 버튼이 노출되어 있어 누구나 쉽게 들어갈 수 있다. 네이버의 일 평균 방문자는 4,800만 이상으로, 그만큼 많은 이용자에게 노출된다. 진입하면 하단에 홈, 카테고리, 검색, 마이쇼핑 등 자주 찾는 메뉴가 있다. 네이버플러스 스토어에서는 같은 상품이라도 사용자 개인의 관심도가 반영된 검색 결과를 보여준다.

네이버 쇼핑에서는 서비스를 개편하면서 가격비교보다 플러스 스토어에 더 집중하는 감이 있다. 네이버 가격비교는 네이버플러스 스토어의 검색 결과 화면에서 '가

격비교'를 터치해 확인할 수 있다.(PC에서는 '가격비교 검색에서 더보기' 버튼)

 ## 네이버 상품검색 알고리즘

상품등록에 있어서 상품명과 카테고리, 태그는 중요한 데이터이다.

온라인 상품은 주로 고객의 검색에 의해서 노출된다. 고객의 검색에서 가장 우선적으로 걸리는 것이 상품명이기 때문에 상품명 작성은 온라인 판매에 있어서 무엇보다 중요하다. 상품명을 짓는 방법에 대해서는 많은 이야기가 있다. 플랫폼마다 검색엔진최적화(SEO, Search Engine Optimization)가 다르기 때문이다. 또 자신의 경험을 토대로 어떤 셀러는 상품명에 접두사를 붙여서 특이한 상품명을 지으라고 하고, 띄어쓰기가 중요하다고 말하는 사람도 있다.

이러한 여러 가지 정보 속에서 우리가 팩트로 알아야 할 것은 무엇일까?

스마트스토어는 네이버에서 운영하는 쇼핑몰이다. 따라서 네이버에서 공개하고 말하는 것이 제일 정확한 방법이다. 네이버에서는 쇼핑 검색 랭킹 알고리즘의 구성요소를 공개하고 있다. 즉 여기서 말하는 요소들에 충실한 상품을 네이버 검색 로직이 상위에 노출해 준다는 뜻이다.

네이버 가격비교 검색의 노출 순위를 결정하는 알고리즘은 **적합도, 인기도, 신뢰도**의 3가지로 구성된다. 네이버플러스 스토어는 여기에 **선호도**를 더해 결과를 보여준다. 선호도는 개인의 관심도에 관한 것이기에, 기본적으로 적합도, 인기도, 신뢰도에 충실하게 상품을 등록해야 좋은 노출 결과를 기대할 수 있다.

2.1 적합도

적합도는 검색어가 상품명, 카테고리, 제조사/브랜드, 속성/태그 등 상품 정보의 어떤 필드와 연관도가 높은지(필드연관도), 검색어와 관련해 어떤 카테고리의 선호도가 높은지(카테고리 선호도)를 산출해 반영하는 것을 말한다.

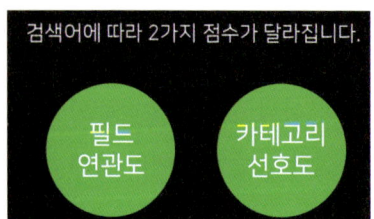

필드연관도: 검색어가 '아디다스 운동화'라면 아디다스는 브랜드 유형으로 인색되어 상품명보다 브랜드에 매칭되어 있는 것이 우선 노출된다.

1 카테고리

카테고리 선호도란 검색어에 노출되는 상품 중 선호도가 높은 카테고리의 상품이 먼저 노출되도록 추가 점수를 주는 것을 말한다. 카테고리는 검색자가 어떤 카테고리의 상품을 많이 클릭했는지에 따라 달라진다. 부적합한 카테고리에 등록할 경우 카테고리 적합도에서 점수를 받지 못하기 때문에 스마트스토어는 등록 상품의 카테고리를 일치시키는 것이 중요하다. 카테고리는 대표 키워드로 검색 시 상위 노출되고 있는 제품의 카테고리를 확인하면 된다.

네이버 가격비교에서 '강아지 한복'을 검색하면 **생활/건강 > 반려동물 > 패션용품 > 한복** 카테고리가 대표 카테고리이다. 만약 이 상품을 '패션의류 > 여성의류 > 한복' 카테고리에 등록했다면 어떻게 될까? 당연히 노출이 되지 않는다. 강아지 한복을 찾는 고객은 '생활/건강 > 반려동물 > 패션용품 > 한복' 카테고리를 많이 클릭해서 찾는다고 알고리즘이 알고 있기 때문에 다른 카테고리 상품은 부적합 처리를 하는 것이다.

TIPS! 아이템 스카우트에서 카테고리 확인하기

아이템 스카우트를 이용한다면 대표 카데고리를 바로 확인할 수 있다. 키워드를 검색하면 상품 대표 이미지 옆에 상품들의 카테고리 비율이 나오는데 100%일 수도 있고, 다른 카테고리와 나눠서 사용되고 있을 수도 있는데 그중 가장 높은 카테고리를 사용하면 된다. 아이템스카우트 확장 프로그램을 설치했다면, 네이버 가격비교에서 바로 확인할 수 있다.

2 상품명

상품명은 상품을 검색하는 가장 기본적이면서 중요한 첫 번째 단계이다. 많은 셀러가 여러 키워드에서 제품을 노출시키기 위해 다양한 키워드로 상품명을 짓지만, 상품명은 간결하면서도 정확한 정보를 전달할 수 있는 것으로 짓는 것이 좋다.

네이버의 상품명 가이드

(※ 아래 내용이 있다면 필수 입력, 되도록 순서대로 입력한다.)

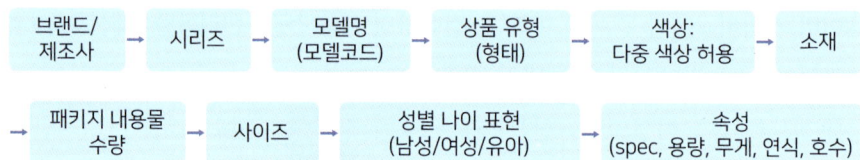

브랜드 제품이나 모델명이 있는 제품을 판매하지 않는다면 필요 없는 내용을 제외하면 중요한 것은 상품 유형, 색상, 패키지, 사이즈 정도로 간추릴 수 있다.

'강아지 한복'에 상위 노출되고 있는 상품을 살펴보면 [브랜드] + [키워드] + [디자인 요소]를 넣어서 간단하지만 정확한 상품 정보를 담고 있다는 것을 알 수 있다.

☆ 적합도에 맞춘 상품명 작성 가이드

상품명에 많은 단어가 있다고 해서 검색이 잘되는 것이 아니다. 중복된 단어, 상품과 관련 없는 키워드, 수식어, 판매 조건 등을 기입하면 어뷰징으로 인식되어 검색에서 불이익을 받게 된다.

① 최대 100자(띄어쓰기 포함)를 허용하지만, 50자 내외의 텍스트 사용을 권장한다. 50자 이상은 어뷰즈로 판단될 확률이 높다.
② 중복된 단어, 상품과 관련 없는 키워드, 할인 정보는 사용하지 않는다.

③ 제조사, 유통 채널에서 이용되는 공식적인 상품 정보만을 사용한다.
④ 상품 정보에 이벤트, 구매 조건 등의 판매 정보를 포함하지 않는다.
⑤ 브랜드, 제조사, 시리즈, 모델명은 공식 명칭만 사용하고, 색상 명칭, 상품에 포함된 수량, 상품의 속성 등은 임의로 변경하지 않는다.
⑥ 영문, 오타, 외래어 표기, 동의어/유의어는 검색에서 자동 처리되기 때문에 중복 기재할 필요 없다. 공식적으로 많이 사용하는 키워드 하나만 사용한다.
⑦ 브랜드, 제조사, 동일한 상품명이나 단어를 반복해서 사용하지 않는다.
⑧ 셀러, 쇼핑몰명, 상호명을 상품명에 포함하지 않는다.(판매처명으로 별도 노출됨)
⑨ 한글을 이용하고 필요한 경우에 영문을 사용한다. 숫자는 아라비아로 표현한다. 한글/영문 외에 다른 언어는 사용하지 않는다.
⑩ ( ) - · [ ] / & + , ~ . 외의 특수문자 및 기호는 사용하지 않는다.
⑪ 패키지 상품은 내용물의 숫자를 정확히 표현한다.
⑫ 이벤트, 판매 조건, 할인 가격, 쿠폰, 적립 등은 기입하지 않는다.(별도로 준비된 이벤트, 가격, 쿠폰, 적립 필드를 이용한다.)
⑬ 하나의 상품만을 판매하고 단일 정보만 기입한다. 카테고리 및 유형이 다른 상품을 하나의 상품으로 묶어서 판매하지 않는다. 서로 다른 브랜드/제조사 상품을 모아서 판매하지 않는다.

☆ 상위 노출을 위한 상품명 작성

① 중요한 키워드만 사용해 간결하게 20자 이내로 짓는 것이 좋다. 상품명이 너무 길면 네이버 알고리즘에 혼란을 주어 상위 노출에 부정적인 영향을 미친다.
② 검색량 대비 상품수가 적은 세부 키워드를 사용한다. '핵심 키워드 + 세부 키워드 + 세부 키워드'로 조합해 작성한다.
③ 대표 키워드 사용은 자제한다. 대표 키워드는 경쟁이 치열하다. 초보 판매자가 처음부터 상위 노출시키기는 어렵다. 어느 정도 판매지수가 쌓이고 경쟁력이 생겼을 때 상품 수정을 통해 '스마트스토어전용 상품명 사용'에 추가하면 된다.
④ 상품명은 썸네일, 대표옵션상품과 같아야 한다. 상품명에 '100g'이라는 키워드가 들어가 있으면 썸네일에도 100g 상품을 보여줘야 한다. 500g 상품을 보여주면서 고객을 현혹해서는 안 된다. 이때 옵션 상품이라면 첫 번째 옵션이 100g 상품이어야 한다.

3 브랜드/제조사

브랜드와 제조사는 고객이 검색하는 대표적인 키워드이다. 브랜드나 제조사를 포함한 키워드로 검색 시 브랜드/제조사의 속성값이 일치하는 상품이 더 적합한 제품으로 인식되어 순위가 올라간다.

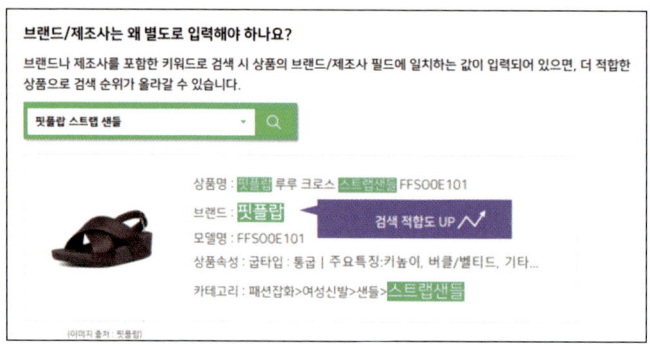

브랜드(핏플랍) + 상품명(스트랩 샌들)으로 검색한다면 상품명, 브랜드, 카테고리까지 완벽하게 일치하는 상품을 알고리즘은 높은 순위에 노출시켜준다.

우리는 TV를 구매할 때 검색창에 TV라고 검색하지 않는다. '삼성 TV' 또는 '삼성 50인치 TV'라고 검색한다. 그 이유는 확실하게 원하는 상품을 필터링하기 위해서이다. 많은 조건을 넣을수록 검토가 필요한 제품들만 볼 수 있다. 여기서 더 많은 옵션을 넣는다면 '삼성 OLED 60인치 벽걸이 TV' 이렇게 검색한다. 이처럼 소비자들이 어떤 키워드로 검색하는지를 생각해 보면 상품명을 짓는 데 도움이 된다.

4 속성

속성은 상품의 특징이나 성질 등을 나타내는 정보이다. 속성 정보를 입력하면 사용자가 검색하는 속성에 노출되게 된다. 위탁판매나 대량 등록 셀러는 모든 제품에 이 속성을 입력하는 것이 어려울 수 있지만, 사입하거나 소싱한 제품은 이 속성값을 정확하게 입력해 주기만 해도 대량 등록된 상품들보다 노출 순위가 높아진다.

강아지 한복의 속성은 크게 브랜드, 강아지 크기, 소재, 가격대로 나눌 수 있다. 상품등록 시 카테고리를 설정하면 해당 제품의 속성을 입력할 수 있는 항목이 생긴다.

사용자는 강아지 한복을 검색하면서 '소형견 강아지 한복' 이렇게 검색하기도 하고, 대상 크기에 따라 중형견, 대형견을 넣어 검색할 수도 있다. 소형견 위주의 제품이라면 상품명과 속성값에 '소형견'을 입력해 더 정확한 상품을 만드는 것이 좋다.

5 태그

지금까지 입력한 데이터들이 상품의 정확도를 올려줬다면 '태그'는 추상적인 검색에서 내 제품의 연관성을 나타내는 속성이다. 예를 들어 '모던한 정장 셔츠'라고 검색한다면 '모던한'은 상품명이나 브랜드가 아니다. 세련되고 현대적이라는 뜻의 말이기에 내 상품 디자인이 모던함을 나타낸다면 태그값에 '모던한'을 넣어준다.

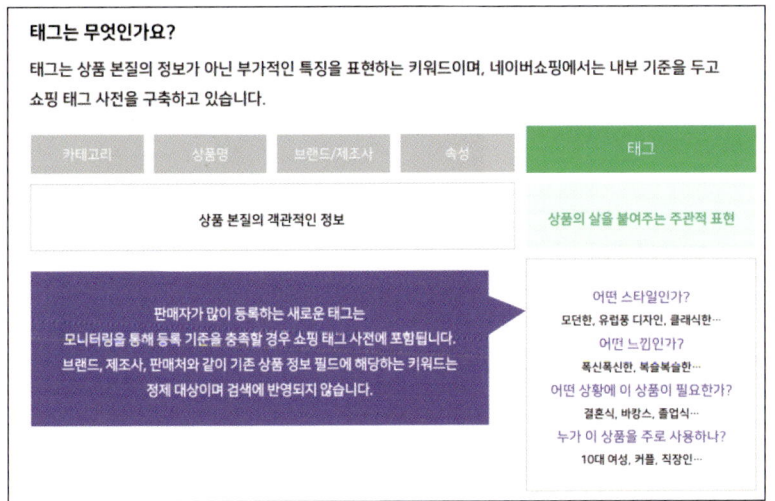

고객은 검색을 할 때 정확한 상품명으로 검색할 때도 있지만 '~느낌의', '~풍의' 등으로 검색하기도 한다. 상품을 스타일이나 느낌을 표현해 주는 말로써 검색하는 것이다. 그러한 검색자들에게 내 상품을 노출하기 위한 기능이다.

내 상품과 관련된 단어들을 입력해 주는 것이 가장 베스트지만 단어가 떠오르지 않는다면 상위 노출되고 있는 제품들의 태그를 살펴보자. 제품의 상세페이지 하단에 있는 '관련 태그'에서 제품의 태그 설정값을 확인할 수 있다.

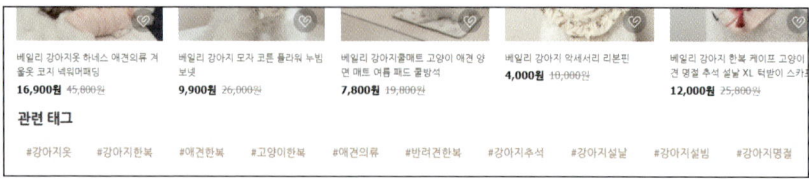

2.2 인기도

인기도는 해당 상품의 클릭수, 판매 실적, 리뷰수, 최신성, 배송 유형 및 정보 등의 고유한 요소를 카테고리 특성을 고려해 반영한다. 인기도는 카테고리별로 다르게 구성되어 사용된다.

1 클릭수

최근 7일 동안 쇼핑검색에서 발생된 상품 클릭수를 지수화한 점수이다. 네이버는 과학적인 방법으로 클릭수를 집계하고 있으며, 어뷰즈 행위를 정밀하게 필터링하고 있다. 링크보다는 검색을 통해 들어와 클릭했을 때 점수가 더 올라간다.

2 판매지수

최근 2일/7일/30일 동안 쇼핑검색에서 발생한 판매 수량/판매 금액을 지수화한 것이다. 판매지수는 상품명, 상품 이미지처럼 서비스에 노출되지는 않지만 검색 랭킹에 매우 중요한 역할을 하는 데이터이다. 판매지수는 쇼핑검색결과, 베스트 등 다양한 영역에서 상품의 랭킹을 만드는 기본적이고 비중이 높은 랭킹 요소이다.

동일한 상품인 경우 판매지수가 높은 상품이 상위 노출될 기회를 얻는다. 특히 베스트에서는 상품검색결과 랭킹보다 판매지수의 사용 비중이 더 크다.

3 리뷰수

상품의 리뷰수를 카테고리별 상대적으로 환산해 지수화한다. 상품평은 사용자가 상품을 최종적으로 구매 판단을 할 때 검토하는 정보 중의 하나이다. 판매 경쟁이 치열한 상황에서 상품평은 다른 판매자와 차별화되는 요소 중 하나이다.

4 최신성

상품을 등록하면 등록일이 부여되고, 이를 기준으로 상대적 지수화해 상품별로 부여한다. 신상품은 일시적으로 랭킹을 유도하는 효과가 있다.

최신성을 받기 위해 다른 랭킹 점수를 버리고 상품을 재등록하는 것은 무의미하며, 이것은 어뷰징 행위로 발견 시 스토어 단위의 제재가 가해질 수 있다.

☆ 인기도를 높이는 방법

인기도에서 중요한 것은 노출과 클릭수이다.

SNS에서 게시물 노출과 공유를 늘리려면 어떻게 만들어야 할까? 사람들이 원하고 찾는 정보에 가까울수록 많은 클릭을 받는다. 노출되려면 먼저 상품명과 적합도가 일치해야 한다. A 제품을 검색했는데 바로 나오면 다른 상품을 클릭할 이유가 없다. 따라서 상품명에는 제품을 간략히 소개하는 단어를 넣는 것이 좋다. 예를 들어, 접이식과 360도 회전 기능을 원하는 노트북 거치대 구매자가 있다.

A 제품: 초경량 접이식 노트북 거치대 360도 ABS소재

B 제품: 가벼운 노트북 거치대 ABS소재

A 제품은 가벼움, 폴딩, 회전, 소재 등 제품 특징을 나타내는 단어로 구성되어 있다. 반면 B 제품은 폴딩과 회전 기능이 상품명에 없다. 고객은 바로 A를 클릭할 것이다. 상품명은 직관적이어야 한다.

노출은 상품 유입 고객 수와도 관련이 있다. 유입을 늘리는 가장 간단한 방법은 광고이지만 비용이 발생한다. 광고 없이 상품을 알리는 방법이 SNS이다. SNS에는 상품 소개 채널이 많다. 여기에 계정을 만들어 상품 숏폼 영상을 올리면 불특정 다수에게 마케팅할 수 있다. 사소해 보이지만 중요한 사항이다.

고객 구매 여정은 대부분 1~2페이지에서 끝난다. 그 뒤의 상품은 선택받지 못한다. SNS 채널에서 꾸준히 유입을 만들어 소수라도 구매하게 되면 제품 인기도가 쌓여 노출 순위가 올라간다. 그러면 판매지수가 높아지며 노출 순위가 계속 상승한다.

틱톡, 유튜브 쇼츠, 트위터, 인스타그램 등 다양한 SNS에 내 상품을 소개하고 알려보자. 의외로 좋은 결과가 따른다. 실제로 필자도 거래처 납품 모습을 담은 3분짜리 유튜브 영상으로 강원도 고객에게 제품을 판매한 경험이 있다. 남들과 똑같이 해서는 잘 팔 수 없다. 초보 셀러는 더 노력해야 한다. 남들이 귀찮고 힘들고 번거롭다고 여기는 작업을 해야 성장할 수 있다.

2.3 신뢰도

네이버 가격비교 검색 페널티, 상품명 SEO 등의 요소를 통해 해당 상품이 이용자에게 신뢰를 줄 수 있는지를 산출한다.

1 상품명 SEO

상품명 가이드라인을 벗어난 상품에 대한 페널티 부여한다.

단어 중복, 혜택/수식 문구, 특수문자, 지나치게 긴 상품명은 사용하지 않아야 한다. 상품명, 카테고리, 브랜드/제조사, 속성 등에서 해당 상품과 관련 없는 정보를 포함할 경우 랭킹에 불이익이 주어진다. 따라서 앞의 적합도 내용에 맞게 작성해야 한다. SEO 스코어는 매우 강력한 조치로, 아무리 다른 상품 정보가 잘 구성되어 있어도 SEO에 맞지 않으면 랭킹에서 상당한 불이익을 받게 된다.

2 네이버 가격비교 검색 페널티

구매평/판매 실적 어뷰징, 상품 정보 어뷰징, 정상적인 판매 행위를 벗어나는 경우 등에 대해 상품/몰 단위 페널티를 부여하고 랭킹에 불이익을 준다.

☆ 고객 신뢰도를 높이자

고객 신뢰도는 구매전환율로 볼 수 있다. 상품 노출 후 클릭한 고객 중 실제 구매자 수에 따라 신뢰도가 결정된다.

$$구매전환율 = \frac{구매전환\ 수}{유입고객\ 수} \times 100$$

100명의 고객이 모두 구매했다면 신뢰도는 만점이겠지만, 이런 일은 없다. 이커머스의 구매전환율은 보통 2% 정도이다. 100명 중 1명, 또는 1,000명 중 1명만 구매한다면 신뢰도는 낮고 구매전환율은 저조하다.

우리가 쇼핑할 때 제품을 보기만 하고 구매하지 않는 이유를 생각해 보자. 비싼 가격, 원치 않는 기능, 낮은 퀄리티, 함께 사야 할 제품 존재 등 다양하다. 클릭했더라도 상세페이지 정보가 구매 욕구를 충족 못 하면 구매하지 않는다.

리뷰 이벤트

고객 구매 욕구나 상품 문제점 피드백을 받을 수 있는 것이 바로 리뷰이다. 필자는 상품 리뷰 작성 시 상품가의 5~10% 징도 포인트를 제공한다. 초기 리뷰를 쌓아 좋은 지수를 얻고, 상품 피드백을 받기 위해서이다.

판매가 일어나면 리뷰를 보며 상품의 부족한 부분을 파악해야 한다. 가격이 비싸다, 특정 제품과 구성해 주면 좋겠다 등 다양한 고객 의견을 듣고 제품에 반영해야 한다. 비싸다는 리뷰가 많으면 마진율을 재고하고, A와 B를 함께 살 수 있으면 좋겠다는 리뷰가 있으면 새 패키지를 구상해 볼 수 있다. 패키지 구성은 주문당 단가와 고객만족도를 높여 판매에 큰 도움이 된다.

상세페이지

상세페이지 데이터도 중요하다. 초보 셀러는 위탁 판매자의 상세페이지를 그대로 쓰거나 사진 몇 장으로만 만드는 경우가 많아, 제품 기능이나 퀄리티를 잘 보여주지 못한다. GIF와 동영상을 넣어 좋은 상세페이지를 만들었음에도 구매전환율이 낮다면 부족한 부분을 고민해야 한다. 지인이나 가족에게 페이지를 보여주고 어떤 점이 부족한지 묻는 것도 좋은 방법이다.

필자가 가장 많이 들었던 피드백은 상세페이지의 마무리가 부족하다는 것이었다. 다른 판매자 상세페이지를 보니 마지막에 배송 및 고객센터 정보(택배사, 연락처, 반품/교환 안내)가 있었다. 내 상품에는 그게 없었다. 미리캔버스로 급히 만들어 추가하니 상품 마무리가 그럴듯해졌다.

2.4 선호도

네이버플러스 스토어 검색 알고리즘은 네이버 가격비교 검색 알고리즘의 **적합도, 인기도, 신뢰도**와 함께 개인 **선호도**를 기준으로 구성된다.

개인 선호도는 사용자의 쇼핑 이력과 관심 상품을 분석해 개인 맞춤형 상품을 보여준다. AI 기술을 기반으로 고객의 쇼핑 데이터를 분석해 개별 사용자의 검색 의도에 맞는 상품, 가격, 혜택 등을 추천 및 전시해 준다. 이를 통해 사용자가 자신에게 가장 적합한 상품을 더 쉽고 빠르게 찾을 수 있도록 해준다.

네이버플러스 스토어는 상품의 노출 순환을 위해 검색어에 적합한 상품들을 기반으로 실시간 인기도, 신상품 여부 등을 고려해 최신 인기 상품을 보여준다.

여기까지 네이버 가격비교 검색 알고리즘의 핵심 3요소에 대해서 알아봤다. 적합도, 인기도, 신뢰도 어느 것 하나 덜 중요한 요소가 없다. 처음에는 이것들을 고려해 상품을 등록한다고 생각하면 복잡하게 느껴지겠지만 필자의 업로드 방법을 따라 하다 보면 자연스럽게 이 요소들을 충족할 수 있다.

02 스마트스토어 상품 등록하기

1 상품 등록하기

① 스마트스토어센터에서 상품관리 → 상품 관리 → 상품 등록을 클릭한다.

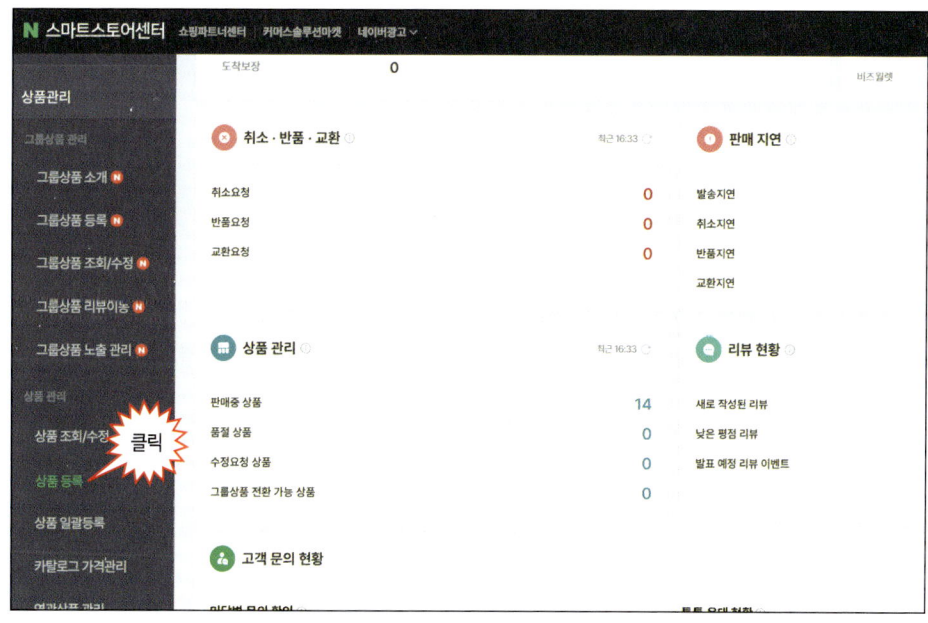

② 등록 상품에 적절한 **세부 카테고리**를 설정한다.

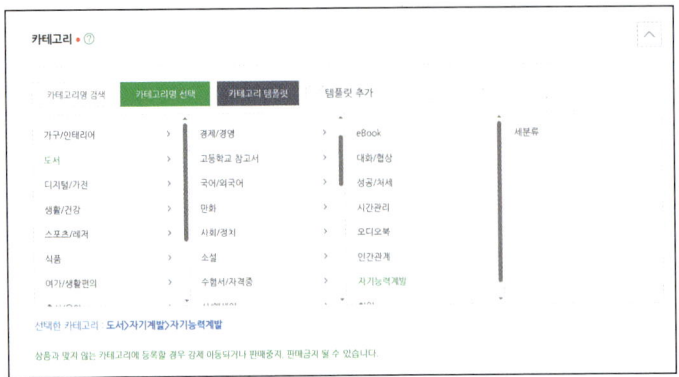

→ 네이버 가격비교에서 상위 판매자의 카테고리를 확인하고 선택한다. 만약 제품과 카테고리가 일치하지 않으면 카테고리 선호도에서 추가 점수를 받지 못해 노출 순위가 밀릴 수 있다.

③ **상품명**을 입력한다.

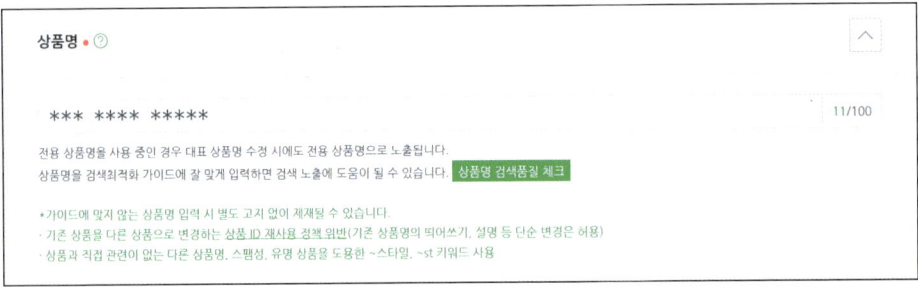

→ 앞서 설명한 대로 제품을 소싱했다면 첫 페이지에 내 자리가 있고 경쟁력이 있는 키워드가 있을 것이다. 이 핵심 키워드를 상품명의 가장 앞에 적어주고 그 뒤로 서브 키워드를 넣어준다.

핵심 키워드 + 서브 키워드 + 기능, 디자인, 소재

상품명에 많은 키워드를 넣으면 다양한 키워드에 노출되어 판매가 더 많이 될 것이라고 생각하는 사람이 있다. 필자도 처음엔 그렇게 지어서 50자를 넘기기도 했다. 그런데 이렇게 하니 상품이 정확하게 검색되지 않았다. 오히려 간결하게 제품의 기능만 나타내는 상품명이 더 좋은 반응을 보였다.

④ **판매가**와 **할인**을 설정한다.

① **판매가**: 정상 판매가를 입력한다. 한 가지 체크 사항은 뒤에서 입력할 '배송 조건'에서 무료배송의 가격 기준을 설정할 수 있는데 이때 기준이 되는 가격이 판매가다. 예를 들어 판매가 20,000원, 할인율 10%, 무료배송 금액을 20,000원 이상으로 설정했다면, 고객이 실제로 결제하는 금액은 18,000원이지만, 판매가는 20,000원이기 때문에 무료배송 대상이 된다.

② **즉시할인**: 할인 가격 설정 시 구매자는 할인가로 구매하게 된다. '정액'은 최소 10원 ~ 최대 판매가 미만(10원 단위)으로, '정률'은 최소 1% ~ 최대 99%(1% 단위)로 설정할 수 있다. 일부 카테고리에 한해, 즉시할인 및 복수구매할인 설정이 제한될 수 있다.

③ **부가세**: 대부분의 공산품은 과세상품이다. 대표적인 면세상품은 도서, 농축산물 등이 있다.
- 과세상품: 국내에서 제작 및 가공되어 국내에 판매해 세금을 부과하는 상품
- 면세상품: 가공되지 않은 기초생활필수품 등으로 세금을 부과하지 않는 상품
- 영세상품: 국내에서 제작 및 가공 후 해외로 수출 등 국내에서 세금을 부과하지는 않는 상품

⑤ 네이버 풀필먼트를 이용하는 상품이면 설정한다. 풀필먼트는 물류사에서 제품을 보관, 포장, 배송, 반품 처리 등 물류관리를 해주는 서비스로, 이용 중인 풀필먼트사가 있는 경우 연동 신청을 할 수 있다.

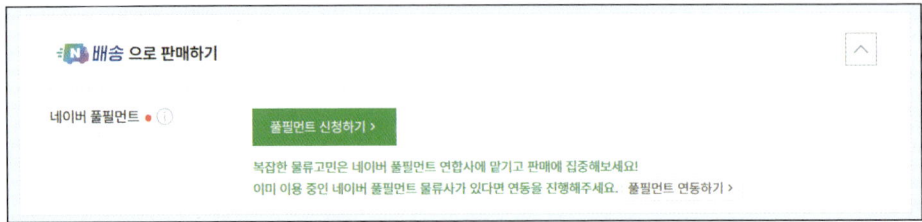

⑥ 재고수량을 입력한다.

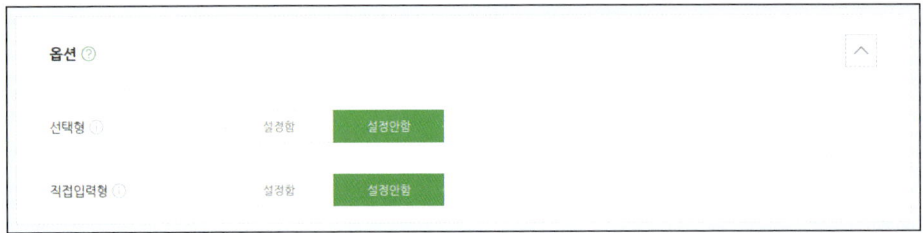

⑦ 옵션을 설정한다. 옵션이 없는 상품은 **설정안함**을 선택하면 된다.

☆ 옵션 설정하기

옵션은 상품의 사이즈, 색상 등 구매 상세 조건을 설정할 수 있는 기능으로, '**선택형**'과 '**직접입력형**'이 있다.(만약 상품 등록/수정 페이지 내에 '옵션' 기능이 없다면 좌측 하단 '노출설정' 버튼을 클릭해 선택 항목에서 '옵션'을 체크하면 된다.)

① **선택형**: 판매자가 미리 설정해 둔 옵션 리스트 중에서 구매자가 선택하는 방식
- **단독형**: 옵션별로 추가 옵션가와 재고수량이 동일한 경우(ex. 판매가는 같고 단순하게 색상만 선택하는 경우)
- **조합형**: 옵션별로 옵션가가 다르거나 재고수량이 다른 경우(ex. 중량별로 추가금액이 있는 경우)

→ '옵션명'과 '옵션값'을 입력한 후 옵션목록으로 적용을 클릭하면 아래로 '옵션목록'이 나타난다. 그러면 옵션별로 옵션가/재고수량/판매상태 등을 입력하면 된다.(단독형은 설정할 수 없다.)

① **옵션가**: 판매가를 기준으로 입력할 수 있는 범위가 다르다. 옵션가가 0원인 옵션이 1개 이상 있어야 한다.
- 판매가 0원 ~ 2,000원 미만: 0 ~ 100%
- 판매가 2,000원 ~ 10,000원 미만: -50% + 100%
- 판매가 10,000원 이상: -50% ~ +50%

② **직접입력형**: 주문 시 구매자가 선택사항을 직접 텍스트로 입력하는 방식(ex. 간판 제작인 경우, 반지에 이니셜을 기재하는 경우). 옵션의 종류가 너무 다양해 구매자가 직접 정보를 입력할 수 있도록 설정할 때 사용한다.

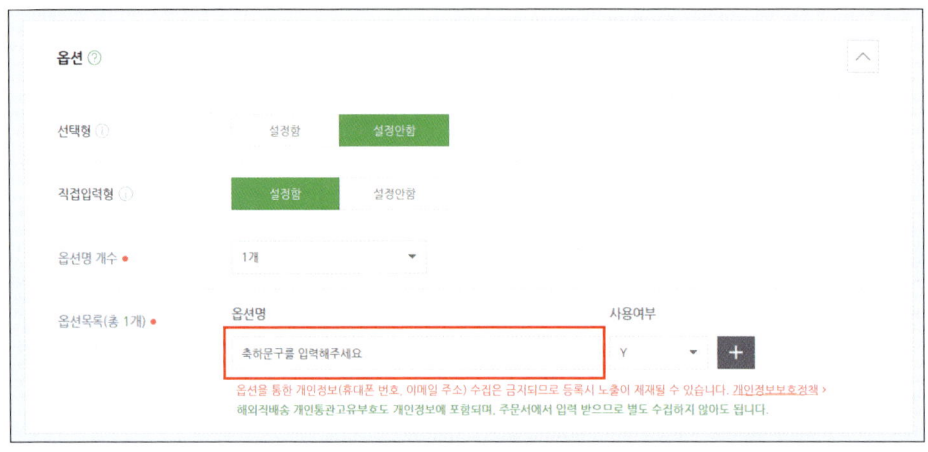

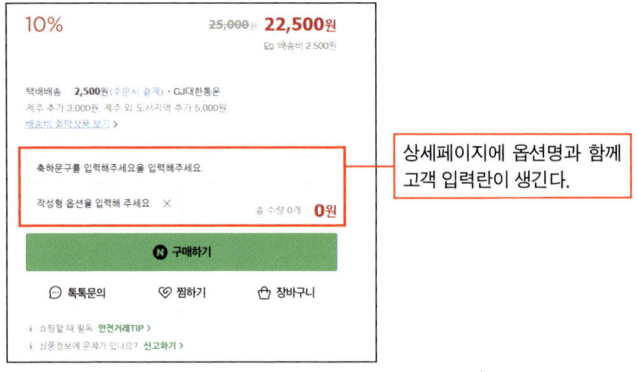

상세페이지에 옵션명과 함께 고객 입력란이 생긴다.

상품명 = 대표 이미지 = 첫 번째 옵션상품 일치시키기

옵션은 판매하고자 하는 상품 구성에 따라 설정해 주면 된다. 주의할 것은 상품명에 표기된 상품을 옵션 1번 상품으로 해야 한다. 상품명을 '반팔티 흰색'이라고 했다면 대표 이미지의 색상이 흰색이어야 하고, '옵션1'의 제품도 흰색이어야 한다. 만일 대표 이미지가 검정이거나 '옵션1'의 제품이 검정에 관한 것이라면 네이버 클린 프로그램에 의해 페널티를 받을 수 있다. 즉 상품명 = 대표 이미지 = 옵션 1번 상품을 일치시켜야 한다.

⑧ **상품 이미지**와 **동영상**을 등록한다.

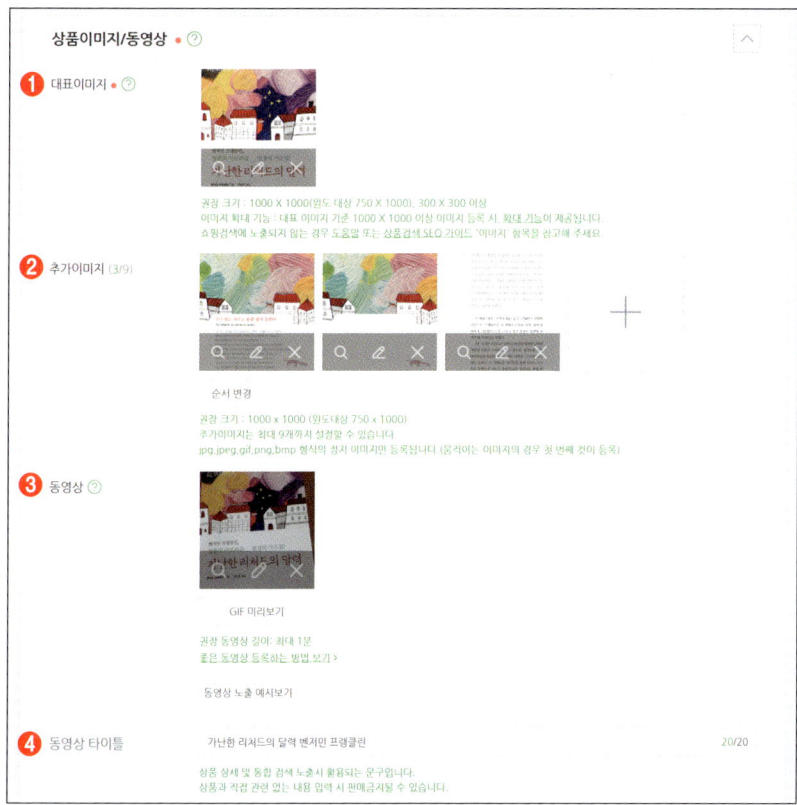

① **대표이미지**: 내 상품을 잘 나타내줄 수 있는 이미지를 사용한다. 무조건 하얀 바탕의 제품 사진이어야 하는 것은 아니다. 연출 사진을 써도 되지만 제품이 더 돋보이는 이미지가 좋다. 대표 이미지는 상품명과 일치해야 한다.

② **추가이미지**: 다양한 콘셉트의 사진을 넣을 수 있다. GIF는 첫 번째 이미지만 삽입되기 때문에 연출된 png, jpg 이미지 파일을 사용하는 것이 좋다.

③ **동영상**: 체류 시간을 늘려주는 효과가 있다. 1분 내외의 동영상을 권장하고 있는데, 제품 사용법이나 연출 모습을 보여주면 고객의 관심을 끌고 체류 시간을 늘려주기에 상품에 좋은 영향을 준다. 상세페이지에서 대표 이미지 영역 제일 마지막과 상세 정보 최상단에 노출된다. 특정 윈도 대상으로 동영상의 0~10초 구간을 GIF로 자동 추출해 대표 이미지로 활용하기도 한다.

④ **동영상 타이틀**: 네이버에서 검색했을 때 이 동영상이 네이버 포털사이트 [동영상] 탭에 노출된다. 상품명과 함께 검색에 도움이 될 만한 제목으로 지으면 된다.

⑨ 상품 상세설명은 SmartEditor ONE으로 작성을 클릭해 쉽게 작성할 수 있다.

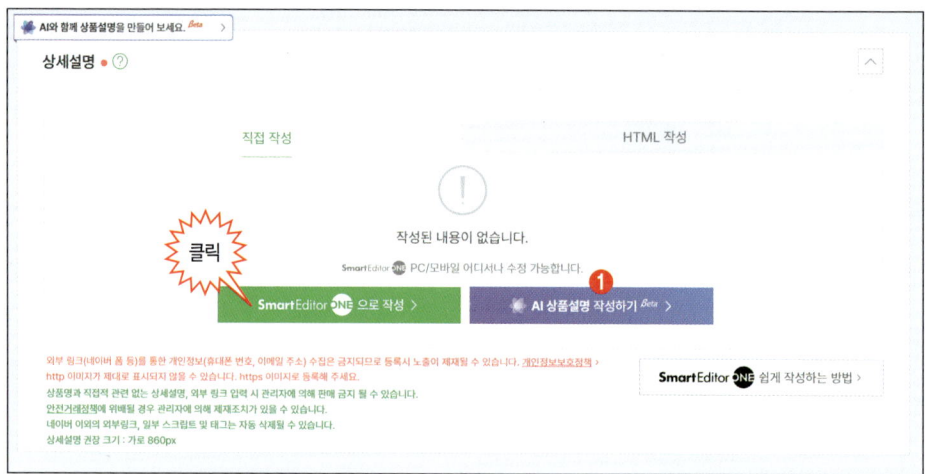

→ 상세설명은 스마트에디터와 HTML 태그를 이용해 등록할 수 있다. 상세페이지를 이미지로 만들어 이미지 호스팅에 올려놓았다면 'HTML 작성' 탭에서 이미지의 HTML 태그를 등록(붙여넣기)하면 된다.

① **AI 상품설명 작성하기**: 카테고리, 상품명, 상품속성을 설정한 후 클릭하면 AI와 함께 상세설명을 작성할 수 있다. 셀링 포인트 등을 입력하면 AI가 상세설명 초안을 작성해 준다. 이를 참조하여 수정하면 경쟁력 있는 상세설명을 작성할 수 있다.

☆ **직접 작성-스마트 에디터**

→ 스마트에디터는 네이버에서 개발한 웹 에디터로, 네이버 블로그, 카페, 포스트 등 글쓰기가 제공되는 네이버 공간에서 제공된다.

→ 상세페이지를 작성할 때는 '모바일 화면' 보기로 해서 작성하는 것이 좋다. 'PC 화면' 보기로 작성할 경우 모바일에서 글씨가 잘리거나 줄 바꿈에서 가독성이 떨어질 수 있기 때문이다. 많은 사람이 이용하는 모바일 환경에서 잘 보이도록 만드는 것이 중요하다.

→ 상세페이지 구성은 사진을 올리고 중간중간 글을 써주는 것이 좋다. 필자는 아이템을 소싱할 때 타 업체의 제품보다 개선된 제품을 찾아 올리는데 이럴 땐 '신제품 출시'라는 문구를 넣어준다. 상세페이지 상단에 타 상품과의 차별점 등을 적어주면 제품을 비교해 보는 고객들에게 임팩트를 줄 수 있다.

☆ HTML 작성

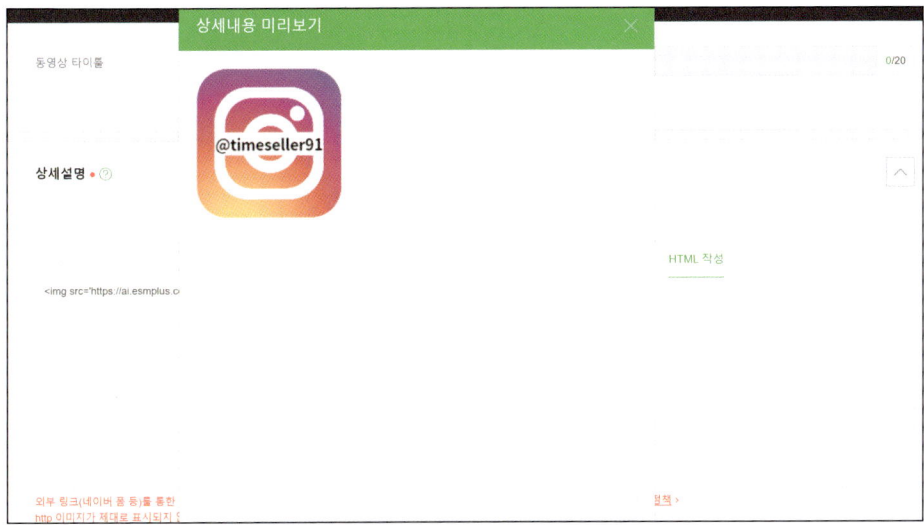

→ 앞서 이미지 호스팅에서 배운 HTML 태그를 이용해서도 상세페이지를 쉽게 업로드할 수 있다. 상세페이지를 한 장의 이미지로 만들어 호스팅 서버에 올려두었다면 HTML 태그로 올릴 수 있다. 이 방법의 장점은 타 마켓들의 상세페이지까지 모두 한 번에 수정이 가능하다는 것이다. 호스팅 서버에 있는 이미지를 변경하면 마켓들에 게시되어 있는 이미지도 같이 변경된다.

이미지가 여러 장이라면 태그를 줄바꿈해 입력해 주면 이미지가 연결되어 업로드된다.

⑩ **상품 주요정보**를 입력한다.

대량 등록이나 프로그램으로 등록하는 제품과 수동으로 등록하는 제품은 주요 정보(속성) 값의 디테일에서 달라진다. 입력해야 하는 정보가 많지만 모든 속성을 성실하게 입력해야 네이버 노출에서 유리하다.

① **모델명**: 제품을 구분하기 위해 제조사나 브랜드가 부여한 고유한 이름. '카탈로그로 입력'한 경우 선택한 카탈로그를 기준으로 적합 여부 검토가 진행되고 가격비교(카탈로그)에 매칭 완료된다. 초보 판매자는 가격비교에 매칭되면 판매를 기대하기 어렵기 때문에 설정하지 않는 것이 좋다. '텍스트로 직접 입력'한 경우 별도 검토는 진행되지 않으나, 상품에 적합한 카탈로그가 존재하는 경우 연결될 수 있다.

② **품번**: 제조사에서 각 상품에 부여한 상품코드(모델번호). 입력 대상 카테고리에 한해 입력 가능.

③ **브랜드**: '상품명'에 브랜드명이 있다 하더라도 여기에 브랜드명을 입력해야 한다. 그러면 검색 적합도가 높아져 상위 노출로 갈 수 있다. 입력 시 자동완성 레이어가 나오면 마우스로 그것을 선택해야 검색에 유리하게 적용된다. 타사 브랜드는 사용하지 않는 것이 좋다. 모델명과 브랜드명을 사용하면 카탈로그에 매칭될 수 있다.

④ **제조사**: 위탁판매를 할 때는 '내 스토어명 협력업체' 등으로 입력하면 된다.

⑤ **상품속성**: 상품속성은 상품의 카테고리에 따라 입력 정보가 다르게 나타나는데, 반드시 입력해야 한다. 내 제품에 맞는 기능과 스펙을 입력해 주면 검색에 도움이 된다.

⑥ **KC인증**: KC인증이나 기타 인증번호가 있으면 반드시 입력한다. KC인증이 필요한 상품을 인증 없이 판매하는 경우 3년 이하의 징역 또는 3천만 원 이하의 벌금형에 처해질 수 있다.
 - 브랜드 제품을 위탁판매 한다면 이미 받아놓은 KC인증 사항을 입력하면 된다.
 - KC인증이 없으면 '구매대행', '안전기준 준수', 'KC 안전관리대상 아님' 중에서 선택하면 된다.
 - '구매대행'은 전안법의 적용을 받는지, 구매대행이 가능한 품목인지 확인 후 등록한다.
   - 전기용품 및 생활용품 KC인증이 있는 상품은 인증정보 입력 후 구매대행을 선택한다.
   - KC인증 없이 구매대행이 가능한 품목은 'KS인증 없음'에서 '구매대행'을 선택한다.
   - 병행수입은 정식 수입업자가 이미 인증을 받은 모델을 병행수입하는 경우 인증검사가 면제되나, 별도 발급받은 KC인증정보를 등록해 판매해야 한다.
 - '안전기준 준수'는 법적으로 KC인증이 필수가 아닌 상품으로, 자율적으로 제품 판매가 가능하지만 실제 판매 상품 또는 포장에 품목별 안전기준에서 정하는 사항을 표기해 판매해야 한다.
 - 애초에 KC인증 대상이 아닌 제품도 있다.

⑦ **원산지**: 원산지는 마지막 단계까지 입력한다.

⑧ **상품상태**: 신상품, 중고상품 중에서 선택한다.

⑨ **맞춤제작**: 맞춤제작 상품이면 체크한다. 맞춤제작 상품은 구매자의 요구에 맞춰 개별적으로 제작되는 상품으로, 구매자의 주문 확인 후 제작하는 '주문확인 후 제작상품'과는 다른 것이다. 단순히 사이즈를 지정하는 의류/수제화나 주문 후 제작/발주하는 가구류, 반지, 주문확인 후 제작 등의 상품은 맞춤제작 상품이 아니다.

⑩ **제조일자**: 제조일자와 유효일자는 카테고리마다 다르다. 설정할 수 있는 상품이면 설정한다.

⑪ **미성년자 구매**: 성인제품은 불가능을 선택한다.

⑪ **사이즈**를 입력한다. 해당되는 상품군이 없으면 '설정안함'을 선택한다.

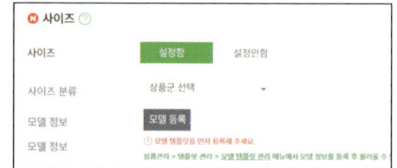

⑫ **상품정보제공고시**를 입력한다.

상품정보제공고시는 '전자상거래 등에서의 상품등의 정보제공에 관한 고시'에 따라 상품의 특성을 객관적으로 판단 가능한 정보(원산지, 제조일, 제품인증여부, A/S 책임자 등)를 사전에 제공토록 통신판매업자에게 의무를 부과하도록 한 규정이다. 상품군별로 입력 사항이 다르다.

→ 상품등록 시 '상품정보제공고시'는 필수 입력사항이며, 상품 상세정보에 자세한 내용이 있다면 '상품상세 참조로 전체 입력'을 선택하면 된다. 하지만 이렇게 하기보다는 상품에 대해 직접 자세한 설명을 입력하는 것이 좋다. 특히 용도 및 제형이나 중량, 용량, 매수, 크기와 같은 속성은 고객이 궁금해하는 사항이기에 실제 측정값을 넣어주면 좋다.

⑬ **배송** 정보를 입력한다. 배송에서 가장 중요한 것은 '배송 속성'과 '배송비 설정'이다.

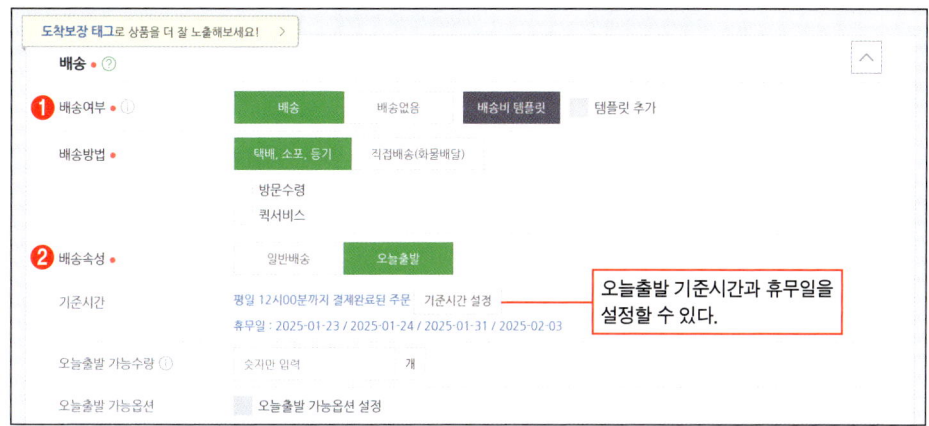

① **배송여부**: 배송이 필요 없는 E-쿠폰 등은 '배송없음'을 선택한다. '배송비 템플릿'을 클릭하면 설정해 놓은 '배송정보 템플릿' 창이 뜨고 선택할 수 있다. '템플릿추가'를 체크하면 현재 설정하고 있는 배송 정보를 배송비 템플릿에 추가할 수 있다.

② **배송속성**: '일반배송'과 '오늘출발'을 설정할 수 있는데, 재고가 있는 경우 오늘출발 기능을 선택해 주는 것이 좋다. 이 기능은 상품명과 같이 노출되기에 일반배송과 차별점을 줄 수 있다. '오늘출발'의 기준 시간은 하나의 상품이 아닌 전체 상품에 대해 오늘출발 시간이 반영된다.

TIPS! 배송비 템플릿 만들기

상품관리 → 상품 관리 → 템플릿 관리 → 배송비 템플릿 관리에서 등록 클릭 → 팝업창에서 배송비 템플릿명, 배송비 등 조건을 입력하고 등록을 클릭하면 템플릿이 만들어진다. 이렇게 조건을 설정해 여러 개의 템플릿을 만들어두고 상품에 따라 지정해 사용하면 된다.

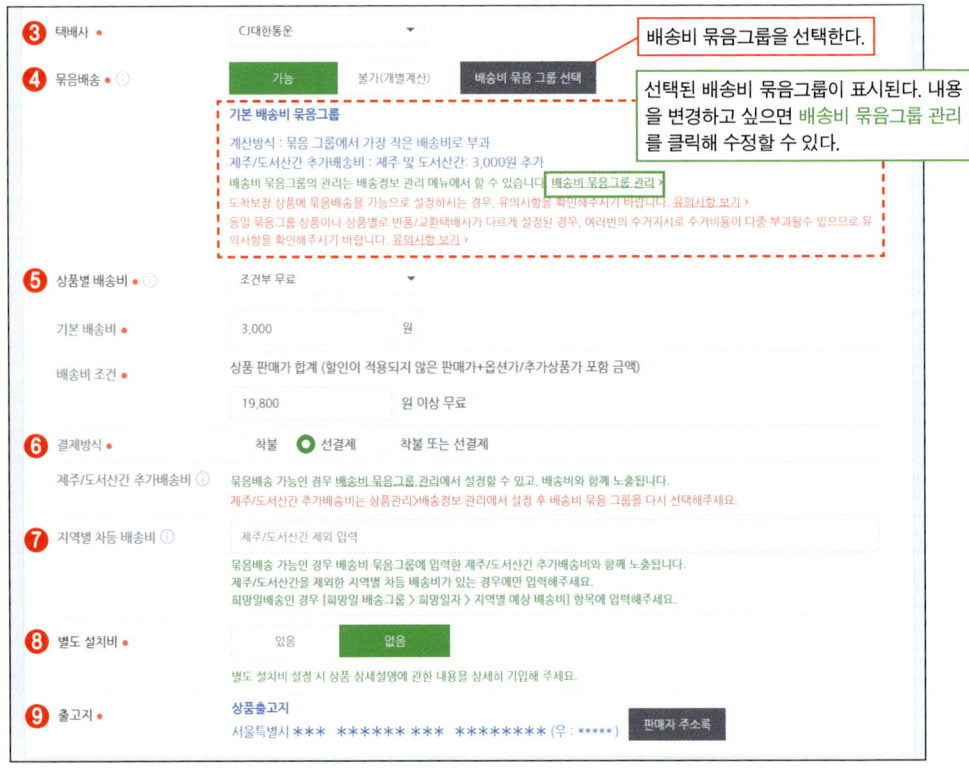

③ **택배사**: 택배사 정보는 상세페이지에 표시되기 때문에 실제로 보내는 택배사를 선택하는 것이 고객신뢰도 향상에 좋다.(실제로 보내는 택배사와 달라도 상관은 없다.)

④ **묶음배송**: 내 스토어에 있는 다른 상품과 합배송이 가능한 제품이면 '가능'을 선택한다. '배송비 묶음 그룹 선택' 버튼을 클릭해 배송비 묶음그룹을 설정할 수 있다. 만약 부피가 커서 1개씩 발송해야 하는 제품은 묶음배송 불가로 설정해야 한다.

⑤ **상품별 배송비**: 무료, 조건부 무료, 유료, 수량별, 구간별로 설정할 수 있다. 셀러의 정책에 따라 배송비를 상품 가격에 포함시켜 무료로 하는 경우도 있고, 유료로 하는 경우도 있다.

필자는 '조건부 유료'로 19,800원 이상이면 무료로 설정해 놓았다. 이렇게 하면 9,900원인 제품을 1개 사면 배송비가 3,000원이지만 2개를 구매할 경우 무료이기 때문에 객단가를 높이며 판매 수량도 늘리는 효과가 있다.

조건부 무료일 때 배송비 부과 기준은 결제금액이 아닌 판매가를 기준으로 한다.

⑥ **결제방식**: 선결제를 선택한다. 착불로 하면 고객이 쇼핑몰에서 결제했다고 착각해 전화가 오는 경우도 있고, 집에 아무도 없는 경우 반송되는 경우도 있기 때문에 선결제로 하는 것이 서로에게 편리하다.

⑦ **지역별 차등 배송비**: 제주/도서산간을 제외한 지역별 차등 배송비가 있는 경우에만 입력한다.
→ '묶음배송'을 '가능'으로 설정한 경우 상품관리 → 배송정보 관리에서 선택한 배송비 묶음 그룹의 수정 버튼을 클릭해 '제주/도서산간 추가배송비'를 확인하고 설정해 주어야 한다. 만약 '제주/도서산간 추가배송'가 설정되어 있지 않으면 제주도와 도서산간 지역도 기본 배송비와 같이 적용된다.

⑧ **별도 설치비**: 별도 설치비가 있을 경우 '있음'으로 하고, 비용은 구매자에게 별도로 받아야 한다.

⑨ **출고지**: '판매자 주소록' 버튼을 클릭해 주소지를 신규등록 및 설정할 수 있다.

⑭ 반품/교환 정보를 입력한다.

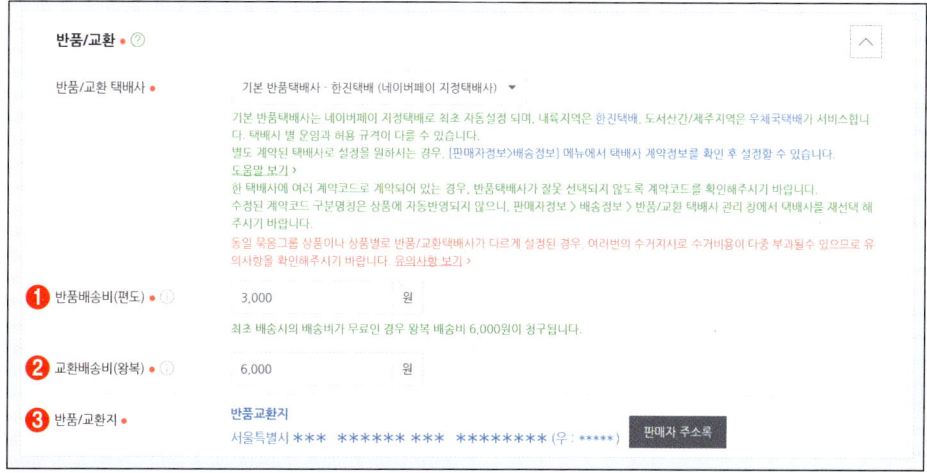

① **반품배송비(편도)**: 구매자가 판매자에게 반품을 보내기 위해 지불해야 하는 비용이다.
→ 최초 배송비와 동일하게 설정해야 한다. 최초 배송비가 무료였다면 설정한 금액의 2배가 왕복 배송비로 자동 청구된다. 예를 들어 '반품배송비(편도)' 3,000원을 설정했다면, 최초에 무료배송이었다면 6,000원이 구매자에게 자동 청구되고, 최초에 유료배송이었다면 3,000원이 자동 청구된다.

② **교환배송비(왕복)**: 구매자가 교환 접수 후 다시 상품을 배송받기 위해 지불해야 하는 비용이다.
→ 왕복으로 배송비가 발생하기에 왕복 금액으로 설정한다. 최초 배송비의 2배로 설정해야 한다. 예를 들어 '교환배송비(왕복)' 6,000원을 설정했다면 최초 배송비와는 무관하게 교환을 위해 구매자에게 6,000원이 자동 청구된다.

③ **반품/교환지**: '판매자 주소록' 버튼을 클릭해 주소지를 신규등록 및 설정할 수 있다.

⑮ **A/S, 특이사항** 관련 정보를 입력한다. 'A/S전화번호', 'A/S안내'는 필수 입력사항이다.

> 만들어 놓은 템플릿이 있으면 선택할 수 있다. A/S 템플릿은 상품관리 → 상품 관리 → 템플릿 관리 → A/S 템플릿 관리에서 만들 수 있다.

⑯ [**추가상품**] 판매 상품과 함께 구매하면 좋은 추가 연관 상품을 입력한다.

> 최대 10개까지 설정 가능

> 추가상품가는 기본상품과 상관없이 설정할 수 있다.

▶ 추가 상품은 '기본상품'을 등록하면서 세트로 함께 구매하기 좋은 상품을 등록한다. 기본상품과 동일 상품군은 등록 불가하다. 도서상품은 추가상품 등록 불가. 기본상품과 부가세유형(과세/면세/영세 상품)이 다른 경우 등록 불가하다.

예를 들어 꽃을 판매한다면 같이 촬영했던 꽃병을 추가 상품에 넣을 수 있다. 상세페이지에 연출한 사진이 있다면 이것을 보고 꽃과 꽃병을 같이 구매할 확률이 높아진다. 이렇게 추가 구성 상품을 만들면 주문 1건에 2~3개의 상품이 팔리는 효과를 볼 수 있고, 주문당 단가도 올라가게 된다.

⑰ 구매/리뷰 혜택 조건을 설정한다.

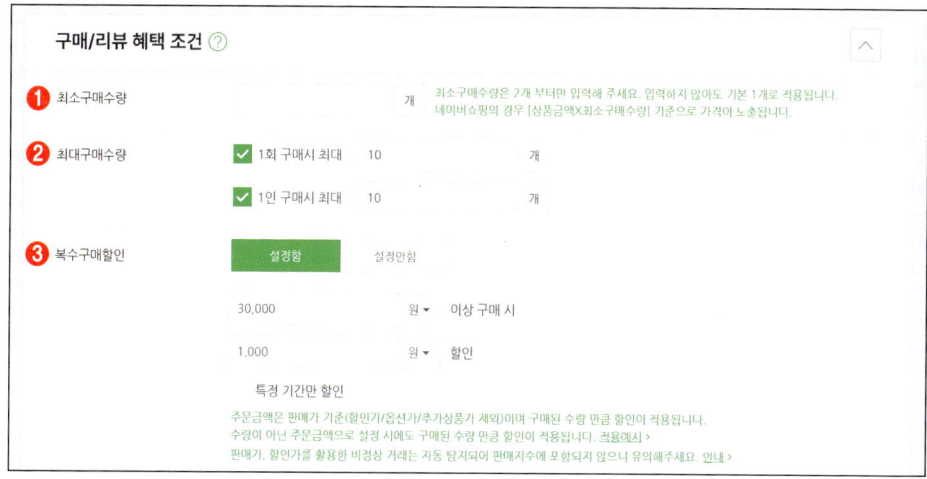

① **최소구매수량**: 2개 이상일 때 입력한다. 입력하지 않으면 기본 1개가 적용된다.
② **최대구매수량**: 최대 구매수량을 설정할 수 있다.
③ **복수구매할인**: 설정한 주문금액/수량 이상의 구매자에게 할인을 해준다. 주문번호 단위로 할인 적용 가능 여부가 결정되며, 개별 상품 단위로 할인이 적용된다. 기준가 및 복수구매할인율은 '판매가'를 기준으로 한다.

- 판매가 5,000원 / 5개 이상 구매 시 1,000원으로 복수구매할인이 설정된 경우
  ⇨ 상품 5개를 한번에 구매 시 개당 1,000원씩 할인 적용, 복수구매할인 총 5,000원 할인 적용
  = 구매자 실제 결제금액: 20,000원

- 판매가 5,000원 / 즉시할인 1,000원 / 주문금액 10,000원 이상 구매 시 1,000원으로 복수구매할인이 설정된 경우
  ⇨ 상품 2개를 한번에 구매 시 주문금액은 실 결제금액이 아닌 '판매가' 기준으로 반영되이 개당 1,000원씩 할인이 적용되어, 복수구매할인 총 2,000원 할인 적용
  = 구매자 실제 결제금액: 6,000원

- 판매가 7,000원 / 즉시할인 10%(700원 할인)적용 / 주문금액 10개 이상 구매 시 20%로 복수구매할인이 설정된 경우
  ⇨ 판매가 7,000원×(즉시할인 10% + 복수구매할인율 20%)×10개 = 21,000원 할인 적용
  = 구매자 실제 결제금액: 49,000원

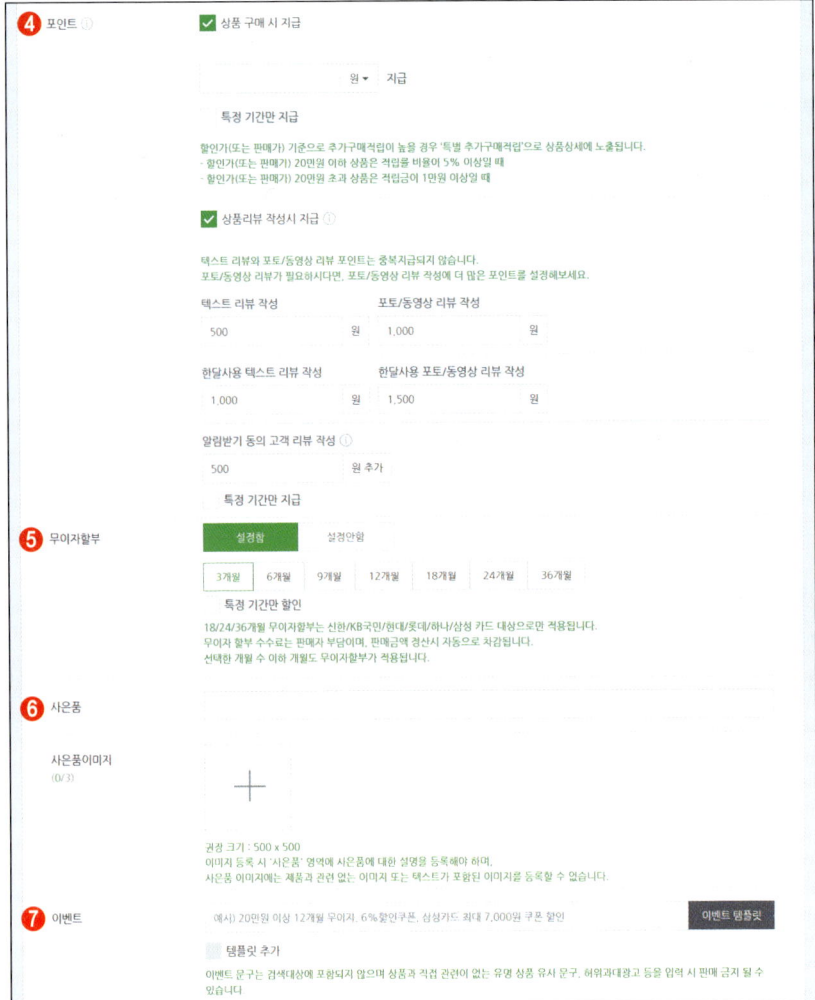

④ **포인트**: '상품 구매 시 지급', '상품리뷰 작성 시 지급' 기능으로 제품 구매와 리뷰 작성을 유도할 수 있다. 구매자에게 네이버페이 포인트를 지급하며, 금액만큼 판매자 정산금액에서 차감한다. 리뷰수는 상품의 인기도를 측정하는 요소 중 하나이므로 포인트 지급으로 리뷰를 유도하는 것이 좋다.

⑤ **무이자 할부**: 무이자 할부를 설정할 수 있으며, 할부 수수료는 판매자 부담이다.

⑥ **사은품**: 사은품이 있으면 등록한다.

⑦ **이벤트**: 이벤트가 있으면 등록한다. 상품명 아래에 노출되기에 이벤트가 없더라도 포인트 지급 등 혜택에 관한 내용을 언급하면 좋다.

⑱ [검색설정] 제품의 태그, 페이지 타이틀, 메타 스크립션을 입력한다.

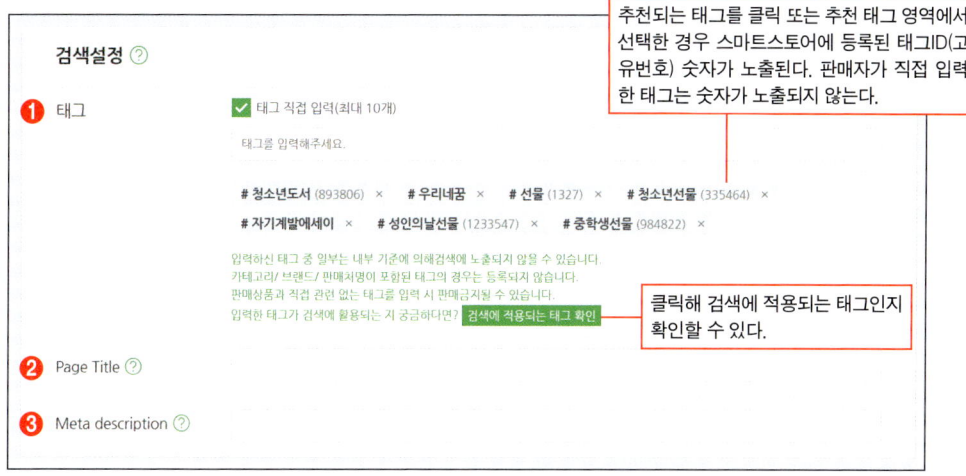

① 태그: 상품명에 사용하지 않은 상품 관련 주요 키워드를 입력한다. 사용자는 제품 키워드가 아닌 '20대 가을 원피스'와 같은 문구로 검색할 때도 있다. 이런 단어들을 태그에 넣어주면 된다. 최대 10개까지 등록 가능하다. 되도록 스마트스토어에 등록되어 있는 추천 태그를 선택한다.

→ 페이지 타이틀과 메타스크립션은 상품 정보를 SNS 등 소셜 서비스에 공유할 때 검색 최적화를 위한 기능으로 검색에 활용되도록 설정하는 것이다.

② Page Title: 상품 링크 공유, SNS 및 소셜 서비스에 상품 정보 공유 시 노출되는 타이틀이다. 미입력 시 상품명과 스토어명으로 조합되어 노출된다. 2줄 이상 노출되는 경우, Meta description이 미노출 될 수 있다.

③ Meta description: 상품 링크 및 상품 정보 공유 시 페이지 타이틀 아래 노출되는 설명글이다. 미입력 시 '[스토어명]스토어 소개글'로 적용된다. 기본으로 설정하는 것보다는 제품을 소개할 수 있는 간결한 한 줄 문구를 넣어도 되고, 내 스토어를 소개하는 글을 넣어도 좋다.

⑲ [판매자코드] 판매자 코드는 '상품관리' 메뉴 내에서만 활용할 수 있으며, 구매자에게 노출되지 않는다. 판매자가 상품 관리를 위해 설정하는 부분이다. 설정하지 않아도 상관없다.

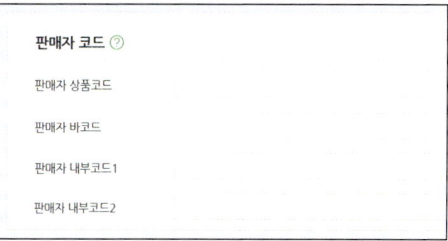

⑳ **노출채널**을 설정하고 **저장하기**를 클릭하면 등록이 완료된다.

① **채널명**: 운영 채널을 선택한다. 채널은 상품 판매가 진행되는 쇼핑 서비스 페이지로, 현재 '스마트스토어'와 '쇼핑윈도' 2가지 채널이 있다. 쇼핑윈도는 판매자가 입점 신청 후 승인을 받아야 운영할 수 있으며, 등록한 상품은 심사에서 승인이 나야 전시된다.

② **스마트스토어전용 상품명 사용**: 체크하면 기본 상품명이 나타나는데, 추가하고자 하는 키워드를 삽입하면 된다. 내 상품이 상위 노출되고 있을 때 상품명을 수정하면 하위로 밀릴 수 있다. 그럴 때는 상품관리 → 상품 조회/수정에서 해당 상품을 선택한 후 추가할 키워드를 여기에 추가하면 된다. 전용 상품명을 추가하는 경우 노출채널(스마트스토어/쇼핑윈도)과 네이버 쇼핑에도 전용 상품명으로 우선 노출된다. 전용 상품명 사용은 상품명에는 영향을 주지 않는다.

③ **가격비교 사이트 등록**: '네이버 쇼핑'을 체크해야 상품이 네이버 쇼핑에 노출된다. 이것을 해제하면 네이버 쇼핑에 노출되지 않으므로 반드시 체크해야 한다. 스토어가 스토어관리 → 서비스 연결 → 네이버 서비스 연결 / 가격비교 서비스 연결에서 연동되어야 해당 서비스 선택 가능. '가격비교 서비스'에 체크하면 '에누리', '다나와' 가격비교 사이트에 상품을 노출할 수 있다.

④ **공지사항**: '설정함'을 선택하고 작성해 놓은 공지사항을 선택해 게시할 수 있다. 아직 등록해 놓은 공지사항이 없으면 상품관리 → 상품관리 → 공지사항 관리를 클릭해 공지사항을 등록할 수 있다.

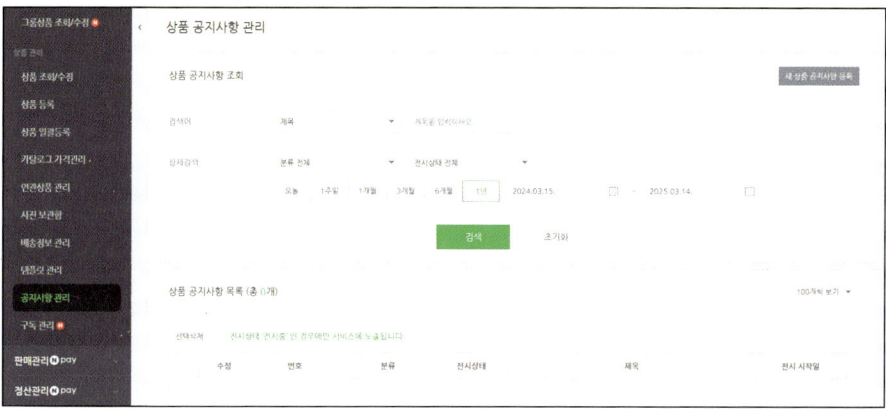

⑤ **N쇼핑 상품정보 검색품질 체크**: 확인이 필요한 항목은 '점검필요'에 빨간 동그라미가 표시되어 있다. 점검항목은 다시 수정 및 보완한다.

⑥ **미리보기**: 등록되는 화면을 미리볼 수 있다.

⑦ **임시저장**: 설정한 내용이 임시저장된다. 임시저장된 목록은 상품등록을 클릭해 임시저장된 목록을 불러와 등록을 신행할 수 있다. 임시저장은 최근 등록 기준 최대 40개까지 저장된다.

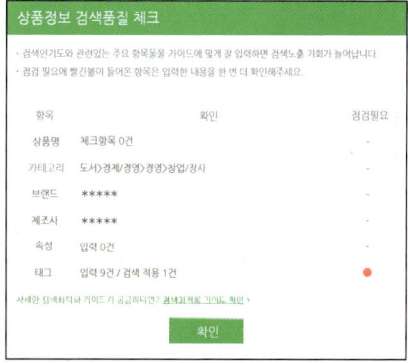

⑧ **저장하기**: 클릭하면 상품이 등록된다. 등록된 상품은 상품관리 → 상품 관리 → 상품 조회/수정에서 확인할 수 있다.

❷ 공지사항 등록하기

공지사항은 스토어 전체 또는 상품마다 전시할 수 있다. 스토어에서 고객에게 알리는 중요정보나 자주하는 질문 등을 공지사항으로 등록해 놓고 사용하면 된다. 또 상품마다 상품에 따른 공지사항을 등록해 고객 구매에 도움을 주도록 할 수 있다. 공지사항은 상품페이지의 상단에 위치하므로, 상품 정보뿐만 아니라 고객 혜택 등 어필 포인트로 고객의 관심을 끌 수 있게 하면 좋다.

① 상품관리→상품 관리→공지사항 관리를 클릭한다. 새 상품 공지사항 등록을 클릭한다.

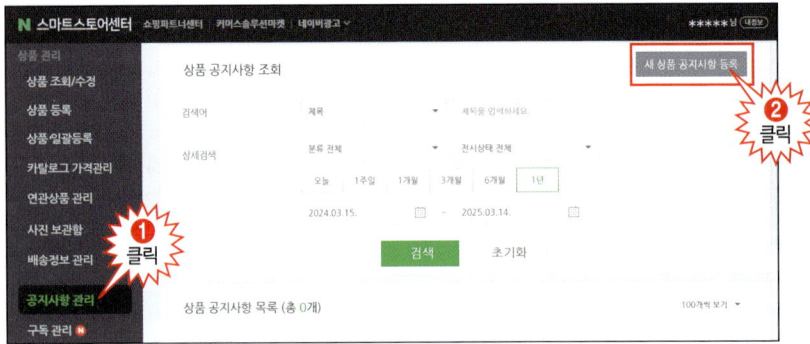

② '분류'(일반, 이벤트, 배송지연, 상품)를 선택하고 '제목'을 입력한다. 공지 내용을 입력하기 위해 SmartEditor ONE으로 작성을 클릭한다. 스마트에디터에서 텍스트, 사진, 인용구 등 다양한 컴포넌트를 이용해 공지사항 작성하고 등록을 클릭한다.

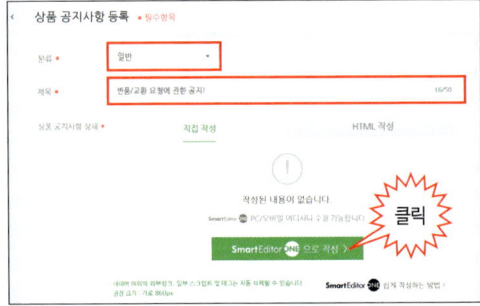 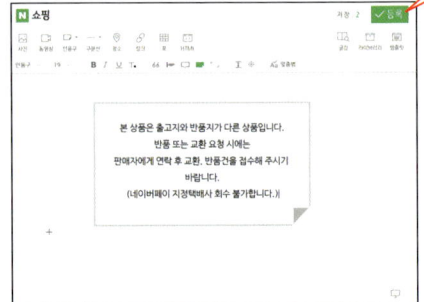

③ 노출 설정을 하고 상품 공지사항 등록을 클릭한다.

① **공지사항 노출설정**: '전체 노출', 'PC만 노출', '모바일만 노출' 중에서 선택한다.
② **상품상세 노출**: '모든 상품에 공지사항 노출'에 체크하면 판매자의 모든 상품의 상품상세 상단에 노출된다.
→ 개별상품에 적용하려면 먼저 '모든 상품에 공지사항 노출'을 체크하지 않은 공지사항을 등록해 만든 후 '상품관리 → 상품조회/수정' 메뉴에서 해당 상품의 '수정' 버튼 클릭해 '노출 채널'에서 공지사항을 선택해 주면 해당 상품에만 관련 공지사항이 노출된다.
③ **스토어홈 팝업**: 설정 기간 동안 스마트스토어 스토어홈 모바일/PC에 팝업이 노출된다.

④ 상품상세 상단에 공지사항이 전시된다.

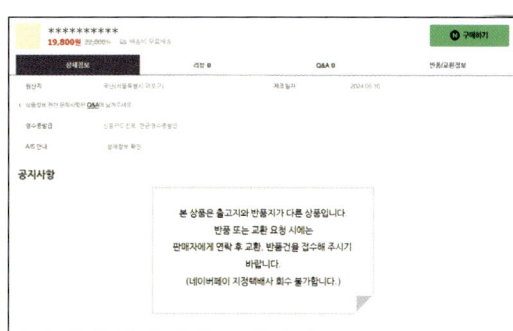

03 상품등록 후 해야 할 일

1 노출 순위 확인하기

상품을 등록했다면 먼저 내 상품이 잘 노출되고 있는지 확인해야 한다. 상품명 등 내 상품에 설정한 키워드로 검색해 봐서 어느 정도의 위치에 노출되고 있는지 확인해본다. 물론 등록 후 처음부터 상위에 노출되기는 쉽지 않겠지만 그래도 어느 정도의 위치에는 자리하고 있어야 한다. 검색에서 노출도 되지 않는데 판매가 되지 않는다고 투덜대면서 마냥 넋놓고 있어서는 안 된다. 온라인 판매는 검색에서 노출되지 않으면 판매가 일어날 일은 만무하다. 셀러는 왜 판매가 안 되는지, 판매가 되었다면 왜 판매가 되었는지를 분석하면서 상품을 개선 보완해야 한다.

스마트스토어에 상품등록 및 수정 후 네이버 쇼핑에 정보가 반영되기까지는 약 2~8시간 정도 걸리는데, 지연 시 최대 1~2일이 걸릴 수도 있다. 이를 감안해 등록 후 어느 정도 시간이 지난 후에 노출 순위를 확인하면 된다.

직접 검색하기

① 네이버 비교검색에서 내 상품의 키워드를 입력하고 검색한다.

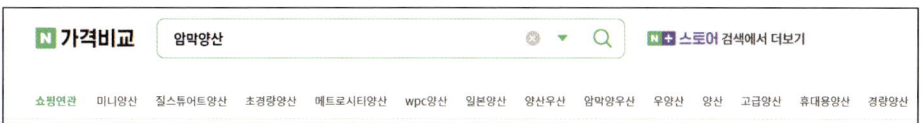

② 검색 결과에서 노출 여부와 순위를 확인한다. 이런 식으로 상품에 사용된 다른 키워드로도 검색을 하고 노출 순위를 확인한다. 상품등록 후에는 꾸준히 모니터링하면서 상품이 키워드에서 제대로 노출되고 있는지 확인해야 한다.

상품 순위 조회 사이트에서 확인하기

직접 검색으로 내 상품의 순위가 바로 확인되면 좋겠지만, 경쟁이 센 키워드에서는 아무리 하위로 내려가도 내 상품을 찾을 수 없는 경우가 많다. 이럴 때는 순위 프로그램을 이용하는 것도 방법이다.

포털에서 '스마트스토어 상품 순위 프로그램'을 검색하면 많은 유무료 사이트가 나온다. 이들 프로그램을 이용하면 내 상품의 순위를 쉽게 확인할 수 있다.

랭킹도구(https://www.dogumaster.com/biz/ranking) 사이트에서는 스토어명과 키워드를 입력하면 간단하게 내 상품의 키워드 순위를 확인할 수 있다. 광고를 제외하고 약 100위까지의 순위가 조회되고 그 밖의 것은 순위 조회 결과가 없다고 나온다.

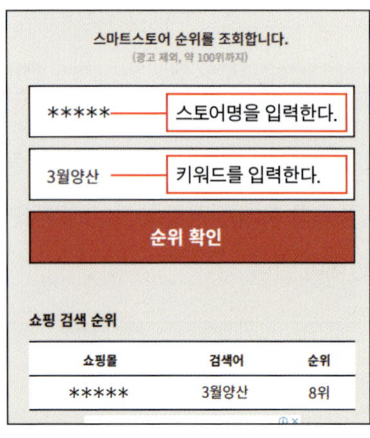 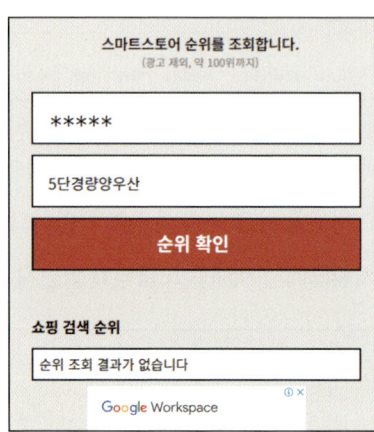

아이템스카우트(https://itemscout.io/)

판다랭킹(https://pandarank.net/)

사장님닷컴(https://www.sjnim.com/)

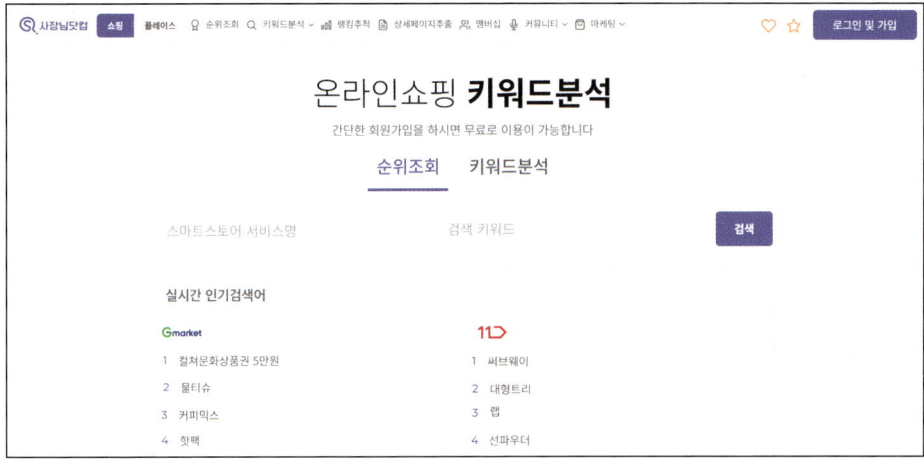

이 외에도 많은 사이트가 있으니 자신에게 맞는 것을 이용하면 된다. 유료 프로그램을 이용하면 순위 추적뿐만 아니라 상품 서치, 아이템 분석 등 다양한 툴을 제공하니 이러한 솔루션을 이용하면 많은 도움을 받을 수 있다.

- 셀링 하니(https://sellha.kr/)
- 스토어링크(https://storelink.io/#/)
- 헬프스토어(https://helpstore.shop/)
- 다이애드(https://diad.co.kr/)

 **광고 상품 순위 분석하기**

네이버 쇼핑광고를 하고 있다면 네이버 광고센터에 로그인 후 도구 → 광고 노출 진단 → 쇼핑검색(노출현황보기)을 선택한 후 확인하고 싶은 키워드를 입력하고 검색하면 내 상품의 순위를 확인할 수 있다.

노출이 되지 않는다면

이렇게 내 상품에 사용된 키워드로 검색을 해보면서 어떤 키워드에서 노출이 잘 되고 어떤 키워드에서 노출이 안 되는지를 분석한다.

아마 대표 키워드, 월간 검색량이 많은 키워드, 센 키워드에서는 순위가 잘 잡히지 않고, 세부 키워드, 검색량이 적은 키워드에서는 어느 정도 순위가 잡힐 것이다. 상품등록을 제대로 했다면 앞서 이야기한 신규 상품에 대한 최신성 베네핏이 작용할 수 있기 때문이다. 세부 키워드에서는 등록된 상품수가 대표 키워드보다 적다. 경쟁 상품수가 적으니 내 상품이 노출될 확률이 높다.

☆ 다시 등록하기

어떤 키워드에서도 순위가 잡히지 않는다면 상품등록이 잘못됐을 수 있다. 즉, 네이버 검색엔진최적화(SEO)에 맞지 않게 등록됐거나, 어뷰징 행위로 노출되지 않는 상황일 수 있다.

나름 분석하고 심혈을 기울여 상품명에 키워드를 사용했지만 검색 노출이 안 된다면, 해당 상품은 '판매중지'하고 키워드를 새로 분석하고 가격, 배송 등에 변화를 줘 다시 등록하는 것이 낫다.

기존 등록 상품에서 다음 사항을 확인하고 개선하자.

① 상품명, 카테고리, 검색옵션, 태그 등 네이버 쇼핑 알고리즘 적합도에 맞게 상품 정보를 등록했는가?
② 상품 이미지와 상세설명은 양질의 콘텐츠로 SEO에 맞게 등록했는가?
③ 가격, 배송, 서비스 등에서 경쟁력 있게 등록했는가?

키워드에서 노출되지 않으면 판매가 안 되고, 상품은 새 상품들에 밀려 하위로 떨어져 판매를 기대하기 어렵다. 검색량이 적은 키워드라도 어떤 키워드에서든 상위에 검색되어야 한두 개 판매가 일어나고, 그래야 그 키워드에서 순위가 상승하며, 더 센 키워드에서도 순위가 잡힌다. 그러면 판매는 더 늘고, 결국 대표 키워드에서도 순위를 차지할 수 있다. 이것이 스마트스토어 상위 노출의 핵심 키워드 전략이다.

상품 재등록 시에는 기존 키워드 외에 새로운 키워드를 찾아야 한다. 월간 검색량이 어느 정도 되면서 경쟁 상품이 많지 않은 키워드를 찾아 상품명을 구성하고 새로 등록한다.

☆ 스마트스토어전용 상품명 사용

등록한 상품이 순위가 잡히지 않을 때는 스마트스토어센터에서 상품관리 → 상품관리 → 상품 조회/수정에서 해당 상품의 수정 버튼을 클릭해 '**노출 채널**' 항목에서 '**스마트스토어전용 상품명**'에 새로운 키워드를 입력해 보면서 그 키워드에서 노출이 잘 되는지를 테스트해 본다. 스마트스토어전용 상품명을 사용하면 기본 상품명에는 영향을 주지 않으면서 기본 상품명보다 우선 적용되어 보여준다.

또 등록한 상품이 일부 키워드에서는 순위가 잡히고 판매도 한두 개 일어나면 더 센 키워드에서 상위 노출을 하고 싶은 욕심이 생길 것이다. 그렇다고 무턱대고 상품명에 키워드를 삽입해 수정해서는 안 된다. 네이버 쇼핑은 상품명에 민감하기 때문에 상품명을 잘못 건드리면 노출 순위에 변화가 일어날 수 있다. 그럴 때는 추가하고 싶은 키워드를 스마트스토어전용 상품명에 삽입하면 된다.

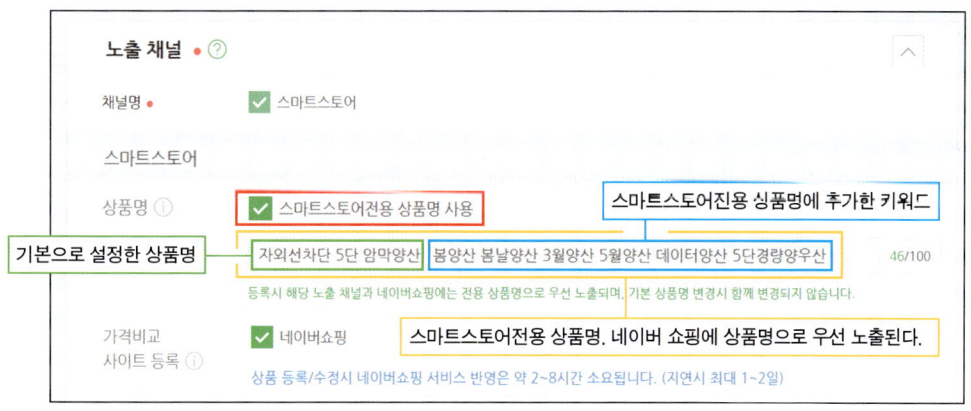

② 혜택 쿠폰 발행하기

수많은 상품 중에 선택을 받으려면 경쟁 상품보다 나은 것이 있어야 한다. 고객에게 가장 어필할 수 있는 것이 할인 혜택이다. 상품을 등록했다면 쿠폰이나 적립금을 제공해 고객을 스토어로 유입시키고 상품 구매를 유도할 수 있다. 할인쿠폰, 적립금 등 고객 혜택을 스토어나 상품상세 상단에 게시해 판매를 촉진해 보자.

① **혜택/마케팅 → 혜택 관리 → 혜택 등록**을 클릭한다. '혜택 이름'을 입력하고 '타겟팅 대상', '혜택종류', '혜택상품지정'을 설정하고 **확인**을 클릭한다.

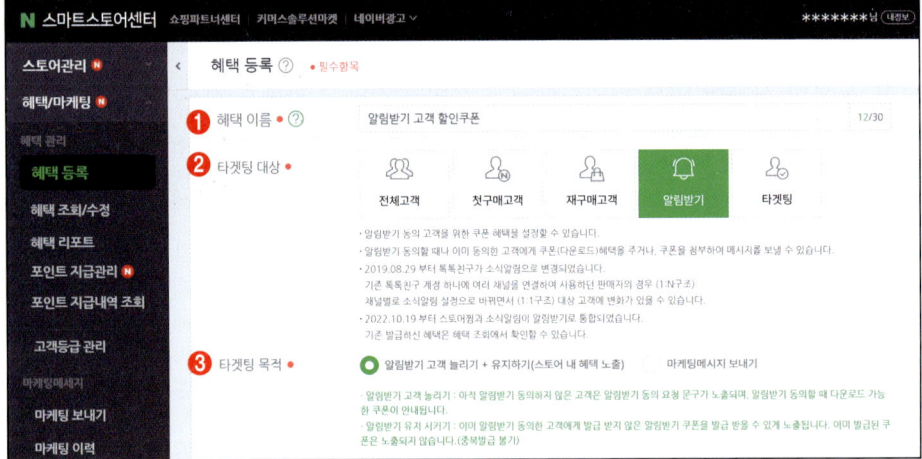

① **혜택 이름**: 쿠폰을 지급하는 행사 목적 + 타겟팅 대상 + 쿠폰 종류를 조합해 입력한다. 일부 상품/카테고리만 사용 가능한 쿠폰이라면 명시해 준다.(블랙프라이데이 10% 할인쿠폰, 알림받기 고객 중복할인쿠폰, 재구매고객 포인트적립, 청소기 30,000원 할인쿠폰…)
→ 할인액(율), 스토어명, 스토어 대표 이미지는 입력하지 않아도 자동 노출된다.
→ 고객이 네이버에 로그인하면 [네이버페이 > 쿠폰]에서 쿠폰명이 노출되므로 고객이 바로 쿠폰 내용을 알아볼 수 있게 입력한다.
→ 고객이 쿠폰을 쉽게 인지할 수 있도록 15자 내외로 입력한다.

② **타겟팅 대상**: 전체고객, 첫구매고객, 재구매고객, 알림받기, 타겟팅 등을 설정한다.

③ **타겟팅 목적**: 타겟팅 대상에 따른 타겟팅 목적이 나타난다.

④ **혜택종류**: 혜택 종류를 선택한다. '포인트적립'은 '타겟팅 대상'을 '재구매고객'으로 설정했을 때 가능하다.

⑤ **할인설정**: 판매가에 대한 '%'와 '원'으로 설정할 수 있다.

⑤ **최소주문금액**: 쿠폰을 사용할 있는 최소주문금액을 입력한다. 상품중복할인과 배송비 할인쿠폰의 최소주문금액은 '판매가'를 기준으로 한다.

⑦ **상품상세 노출**: '상품상세의 상세정보 상단에 쿠폰 전시하기'를 체크하면 상세페이지의 상단에 쿠폰이 전시된다.

⑧ **혜택상품지정**: '내스토어 상품전체', '카테고리 선택', '상품선택' 중에서 선택해 혜택 상품을 지정할 수 있다.

② 팝업창에서 설정한 혜택을 확인하고 저장을 클릭하면 등록이 완료된다.

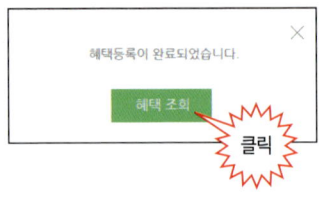

③ 혜택 조회/수정 화면에서 혜택이 등록된 것을 확인할 수 있다.

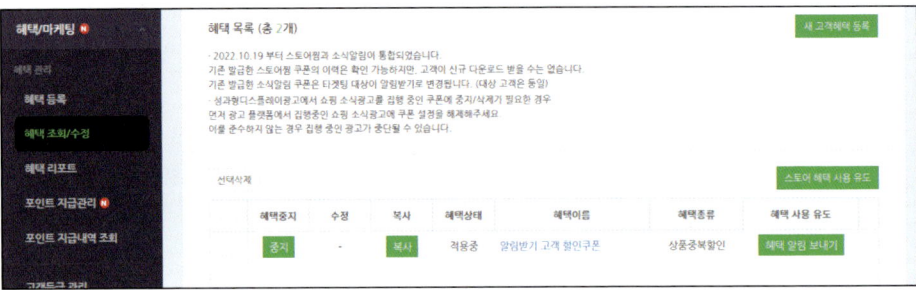

④ 스토어 상단에 쿠폰 발급에 관한 배너와 함께 다운로드 버튼이 생성된 것을 확인할 수 있다.

⑤ 상품상세 상단에도 쿠폰이 노출된다. 그러면 고객은 쿠폰을 다운로드해 사용할 수 있게 된다. 위와 같은 방법으로 쿠폰이나 고객혜택을 발행해 고객의 행동을 유도하면 된다.

③ 마케팅 메시지 보내기

① 혜택/마케팅 → 마케팅메세지 → 마케팅 보내기를 클릭한다.

② 발송 스토어를 정하고 스토어 확정을 클릭한다.

③ 어떤 고객에게 타겟팅을 할지 '목표 설정'을 하고 목표 확정을 클릭한다.

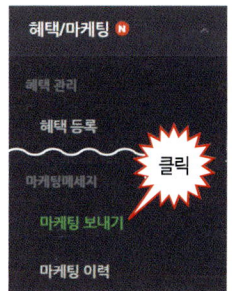

6장 스마트스토어에서 판매하기 233

④ 타겟팅을 설정하고 **타겟팅 확정**을 클릭한다.

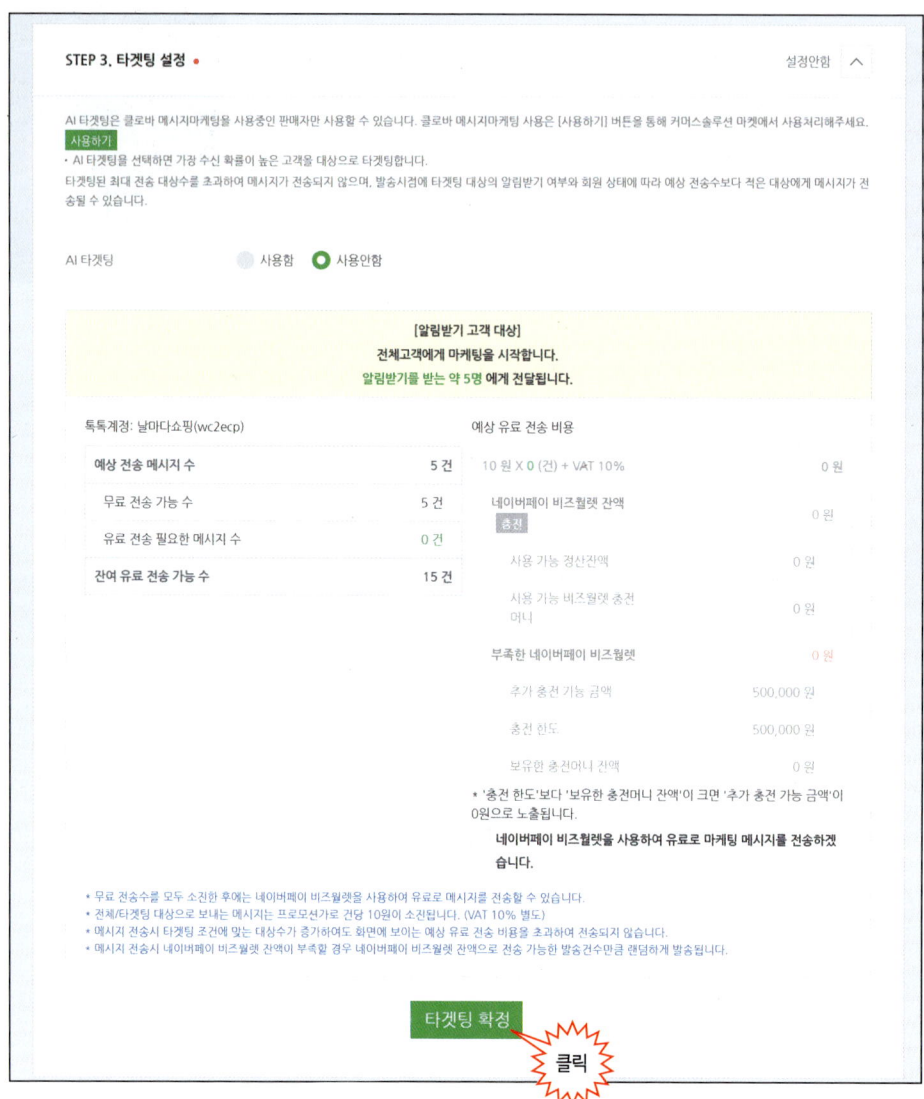

⑤ 'Step2'에서 설정한 고객이 사용할 수 있는 쿠폰이 있어야 나타난다. 혜택을 첨부하고 혜택 확정을 클릭한다.

- '알림받기 고객 대상 > 마케팅 메시지 보내기용'으로 발급한 쿠폰이 나타난다. '알림받기 고객 늘리기 + 유지하기' 타입으로 발급한 알림받기 쿠폰은 보이지 않는다.(스토어홈에서 이미 다운받았을 수 있어서, 마케팅메시지에 실어보내기 적합하지 않기 때문이다.)
- 재구매 고객대상 고객 즉시발급 쿠폰은 혜택 발급 당일이 지나면 발급이 종료된다. 메시지에 쿠폰을 첨부해 보내려면 발급당일에 전송해야 한다.

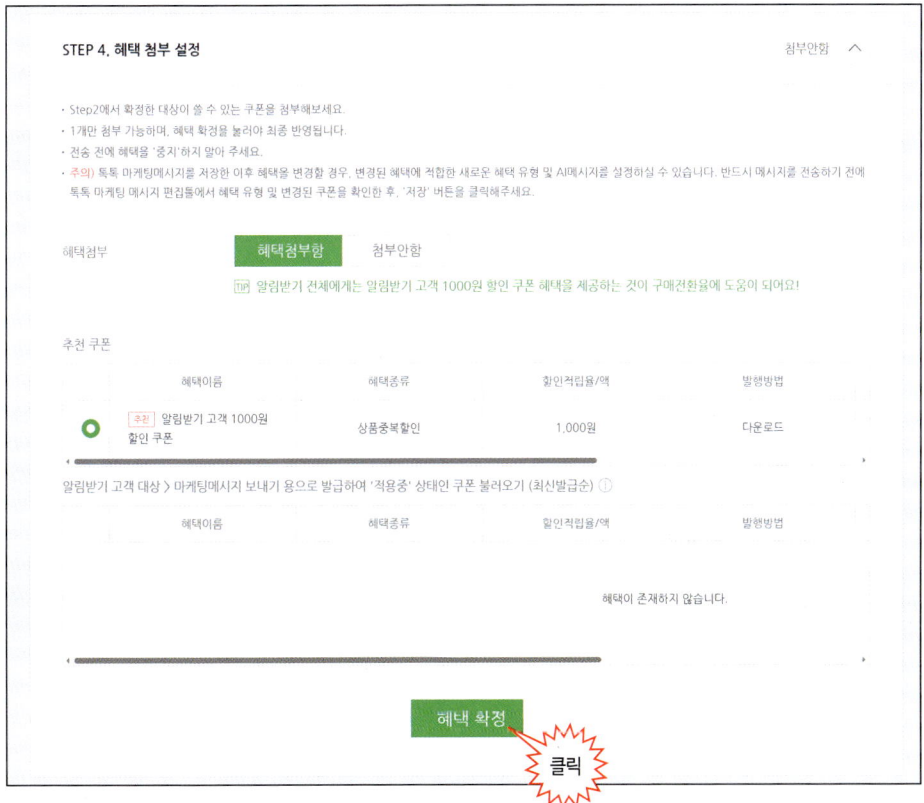

⑥ **톡톡 마케팅 편집**을 클릭해 톡톡에 보여질 메시지 형태를 편집한다.

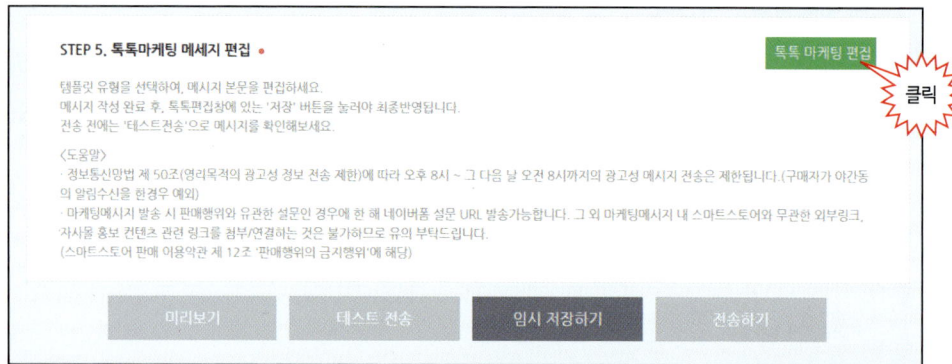

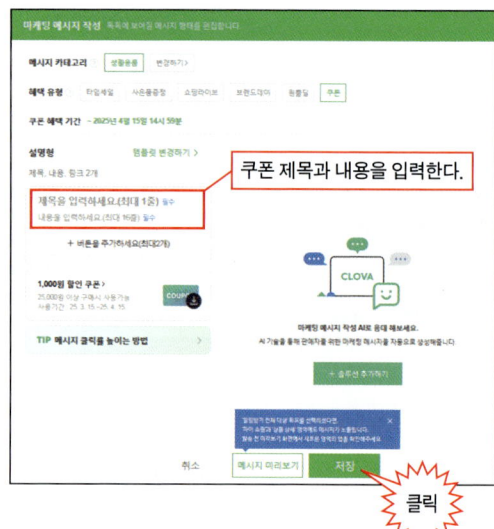

⑦ **테스트 전송**을 클릭하면 매니저 ID로 전송되어 톡톡채팅창에서 메시지를 확인해 볼 수 있다. 이상이 없으면 **전송하기**를 클릭하면 대상 고객에게 메시지가 전송된다.

4 추가 옵션 제품 구성하기

주문이 들어오기 시작하면 해당 아이템과 관련된 추가 옵션 제품을 구성하는 것이 좋다. 판매 상품과 관련성이 높은 아이템을 추가 상품으로 구성해 판매 단가를 높이는 것이다.

예를 들어 화장실 청소 세제를 판매한다면 청소 도구를 정리할 수 있는 거치대나 화장실 청소에 필요한 솔과 같은 메인 아이템과 관련 있는 제품들을 구성하면 좋다. 개별 아이템으로 보면 1~2천 원 정도의 저렴한 제품이지만 따로 구매하려면 택배비를 또 부담해야 하기 때문에 '살 때 같이 사면 좋은' 이런 아이템들로 추가 옵션을 구성해 주면 고객의 선택을 받기가 쉽다.

추가상품은 '기본상품'과 동일 상품군은 등록할 수 없으며, 도서 상품은 등록 불가하다. 또 '기본상품'과 부가세 유형(과세상품, 면세상품, 영세상품)이 다른 상품은 등록할 수 없다.

4.1 추가상품 등록하기

① 스마트스토어에서 추가상품은 상품등록 시 **추가상품** 항목에서 등록할 수 있다.

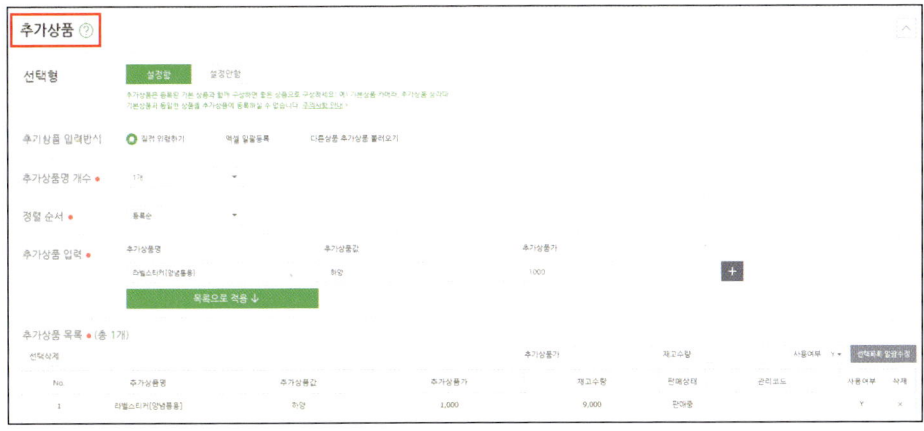

② 추가상품을 설정하면 메인 아이템의 옵션 하단에 '추가상품'이라는 탭이 생기면서 노출된다.

→ 추가상품의 이름은 직관적으로 설정하는 것이 좋다. 위 예시 화면은 음식 양념통을 기본 상품으로 판매하면서 양념통에 붙일 수 있는 라벨스티커를 추가상품으로 판매하고 있는 상세페이지이다. 육안으로 구별할 수 없는 소금이나 설탕 같은 조미료들을 보관한다면 충분히 같이 구매할 수 있는 옵션이다.

이럴 땐 기본상품의 '옵션'으로 추가하자

스마트스토어에서 '기본상품'은 낮은 가격으로 소량 선택하게 설정하고, '추가상품'에 동일 상품을 수량을 많이 해 등록하는 경우가 있는데 이것은 위반 등록이다.

만일 고객의 주문 데이터를 파악했는데 2개나 3개를 많이 구매한다면 1+1, 2+1 같은 옵션을 생성해 한 번에 구매할 수 있도록 유도하는 것이 좋다. 금액대가 낮은 물건이라면 3개, 4개를 구매하면 '무료배송'이라고 상세페이지에 안내해 주는 것도 판매에 도움이 된다.

이렇게 동종의 상품을 수량을 달리하거나 구성을 달리해 판매할 때는 '추가상품'으로 등록하는 것이 아니라 기본상품의 '옵션'에서 추가를 해주면 된다.

04 네이버 N배송 서비스 이용하기

1 N배송이란?

N배송은 주문 이후, 상품 입고, 보관, 포장, 운송, 반품 처리까지 물류 과정을 대행해주는 서비스로, 네이버와 제휴한 물류회사를 통해 시행하고 있다. N배송은 네이버의 데이터를 이용해 익일 도착 여부를 알려주고 네이버 풀필먼트 물류사를 통해 제품을 출고시키는 방식이다. 쿠팡의 로켓그로스와 같은 서비스라고 할 수 있다.

도착 가능일이 표시되고 도착하지 못할 시 일정 금액을 보상해 준다. 도착일시와 구매자가 조회하는 날짜, 상품의 배송속성 등에 따라 네이버 쇼핑에서 'N오늘배송',

'N새벽배송', 'N내일배송', 'N배송', 'N일요배송', 'N희망일배송' 등의 배지가 노출되기에 고객의 구매전환율을 높이는 효과가 있다. 네이버에서 쇼핑을 하다 보면 '오늘출발', '무료배송'과 같이 시선을 끄는 배너나 문구가 있는데 N배송 상품도 마찬가지로 제품에 표시된다. 네이버 스마트스토어를 중점으로 운영할 계획이라면 네이버에서 제공하는 N배송 서비스를 이용해 보는 것도 좋다.

② N배송 서비스 신청하기

네이버 협력 물류회사들을 이용할 수 있으며, 사전에 견적서를 요청하고 예상한 비용과 비교해 본 뒤 제품을 입고하면 된다.

① 스마트스토어센터에서 N배송 관리 → 풀필먼트 → 풀필먼트 신청을 클릭한다.
서비스 신청하기 탭에서 풀필먼트 카테고리와 물류사를 선택한다.

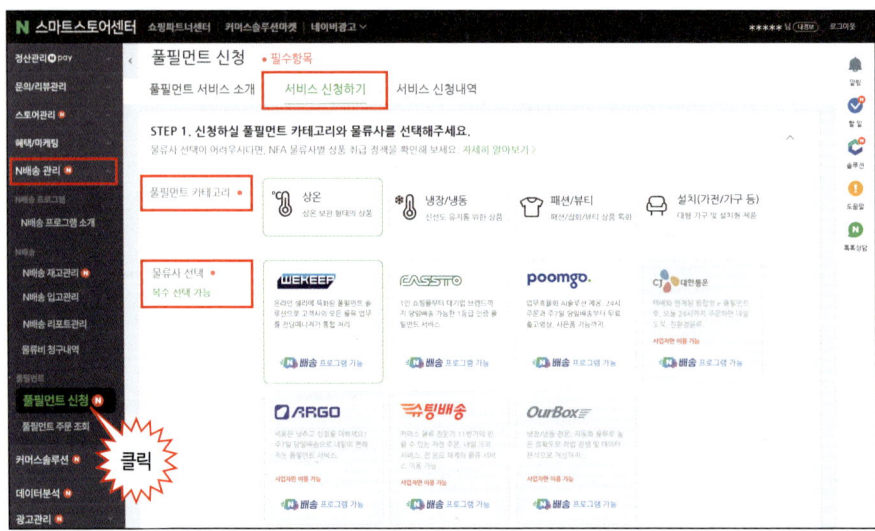

→ 판매할 제품의 풀필먼트 카테고리를 선택한다. 냉장/냉동, 패션/뷰티, 설치(가구/가전 등) 카테고리는 선택할 수 있는 물류회사가 제한적으로 나온다. 생활용품 등 일반 상품의 경우 '상온'을 선택하면 된다. 그리고 물류사 선택에서 거래하고자 하는 해당 물류사를 선택한다.

② 서비스 신청 정보는 제품 디테일과 택배 포장의 크기 등을 입력하는 입고 신청서이다. 입고할 제품의 스펙과 물량을 정확하게 입력한다.

→ 해당 스텝에는 입력해야 할 정보가 많다. 중요한 것은 '월 평균 보관량'과 '월 평균 출고 건수', '주요 택배 사이즈'이다. 풀필먼트는 창고이기 때문에 물건의 부피(CBM)로 보관료를 측정하고, 택배 사이즈를 통해 입출고 비용을 산정한다. 제품의 실제 크기보다 크게 입력하면 그만큼 손해를 볼 수 있기 때문에 최대한 정확하게 제품의 부피를 측정하고 택배 출고되는 포장 사이즈를 확인한 후 입력해야 한다.

③ 스토어 연락처를 확인 및 입력한다. '제공 동의 및 유의사항'에 동의하고 **서비스 신청** 버튼을 클릭한다.

④ 며칠 후 '서비스 신청 내역' 탭에서 서비스 신청 내역과 함께 견적서를 확인할 수 있다. 견적서를 확인한 후 마진율을 계산해 보고 입고시키면 서비스 이용이 시작된다.

서비스 신청내역

문의한 물류사	받은 견적서	월 예상 견적 / 건당 견적	견적서 수신 일자
품고	PG2305262116VLR5	1,099,200원 / 54,960원 (VAT 별도)	2023.05.28. 16:46:39
CJ 대한통운	-	-	-

05 신규주문 확인과 발송 처리, 정산받기

① 주문 확인, 발송 처리, 구매확정, 정산까지

① [주문 확인] 주문이 들어오면 스마트스토어센터 메인화면 '신규주문'에 주문 건수가 표시된다. 판매관리 → 발주(주문)확인/발송관리 → 신규주문(발주 전)에서 확인할 수 있다.(판매자 정보 → 판매자 관리 → 판매자 정보에서 실시간 알림 설정을 해놓았다면 스마트스토어센터 앱 알림을 통해 실시간 알림을 받을 수 있다.) 주문 건수를 클릭한다.

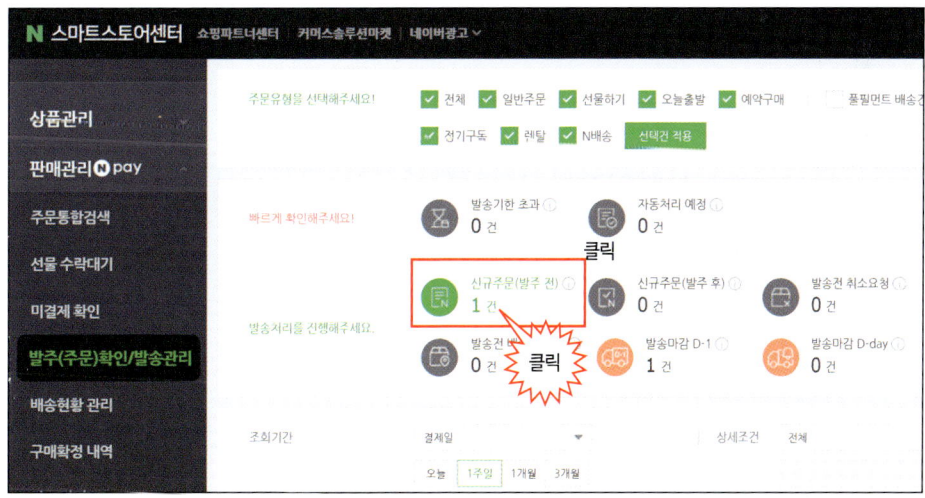

② 목록에서 상품주문번호를 클릭한 후 '상품주문정보 조회' 팝업창에서 주문 상품명과 수취인명, 연락처, 배송지 등 배송지 정보를 확인한다.

③ [발주확인] 주문 건을 선택하고 발주확인을 클릭하면 주문 건은 '신규주문(발주 후)'로 넘어간다.

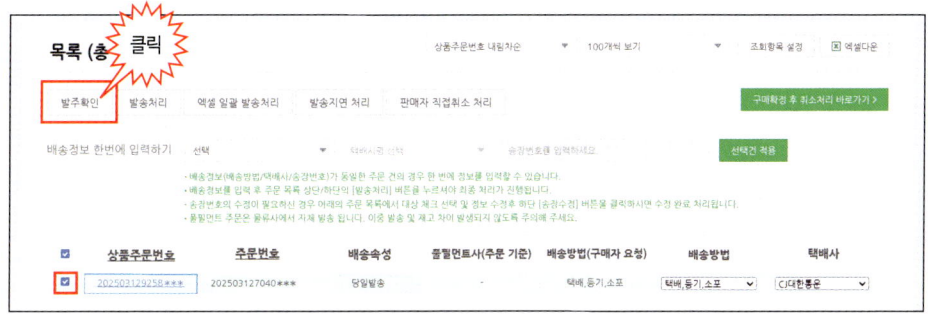

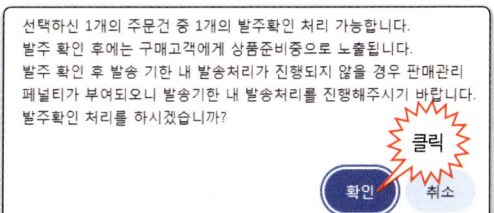

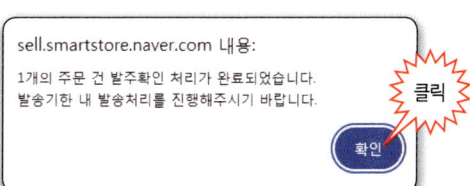

④ 상품은 '배송준비' 상태가 된다. '신규주문(발주 후)'에서 건수를 클릭해 내역을 확인할 수 있다.

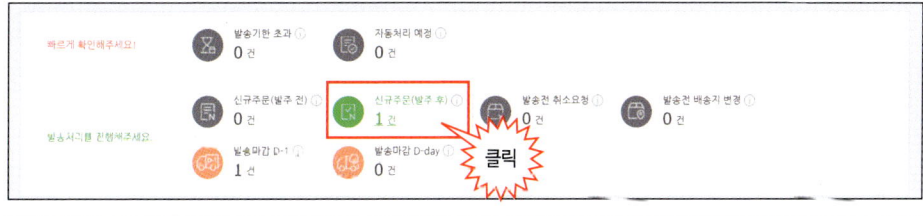

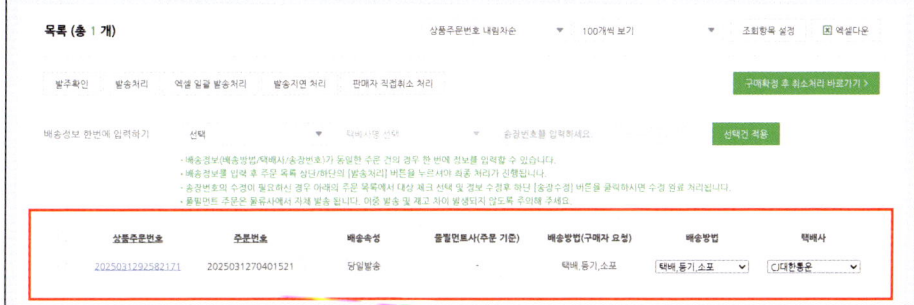

6장 스마트스토어에서 판매하기 **245**

⑤ [발송 처리] 상품을 발송한 후 택배사와 송장번호를 입력하고 발송처리 버튼을 클릭한다. 그러면 발송 처리가 완료되며 상품은 '배송중' 상태가 된다. 고객에게는 상품 출고 문자가 간다. 이렇게 발송 처리를 하고 나면 고객은 취소가 불가능하다.

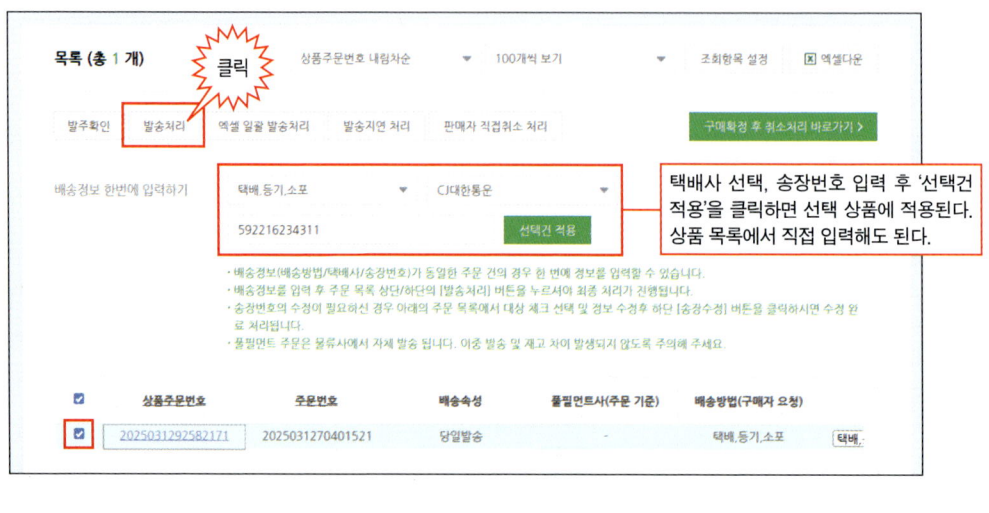

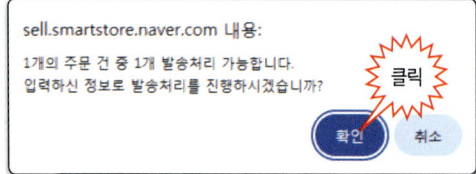

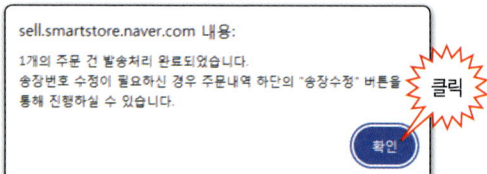

⑥ 상품은 '배송중' 상태로 넘어가고, 이때부터는 배송추적을 클릭해 배송조회를 할 수 있다.

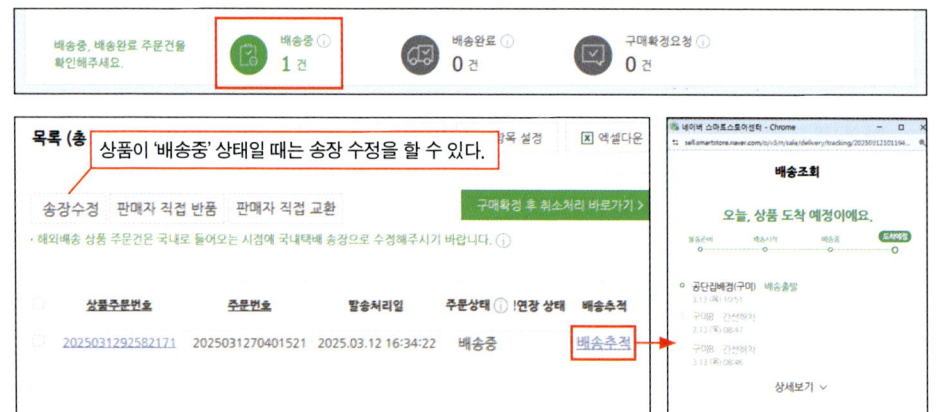

⑦ [배송완료] 배송이 완료되었다. 이 상품은 '2025년 3월 13일'에 배송완료 처리되었다.

⑧ [구매확정] 구매확정일은 '배송완료일+8일째' 되는 날이다. 그런데 이 상품은 구매자가 배송완료일 다음 날에 구매확정을 해주어서 '3월 14일'이 구매확정일이 되었다.

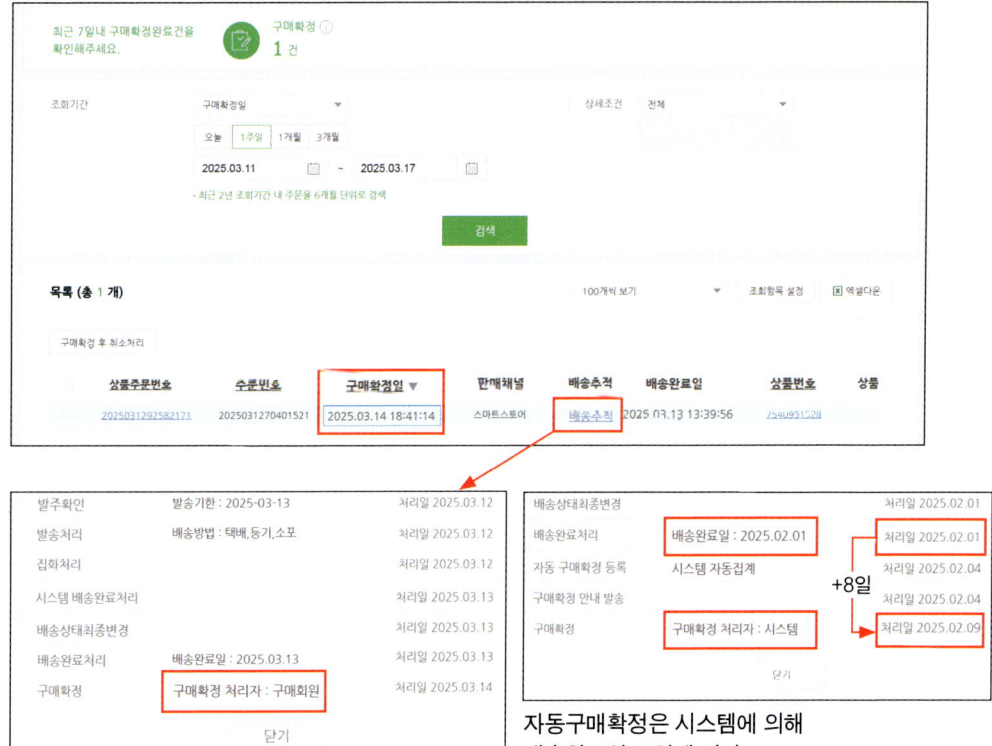

⑨ **[정산]** 정산은 정산기준(구매확정, 반품완료, 교환완료)일로부터 1영업일째 되는 날이다. 이 상품의 경우 구매확정일(3월 14일) 다음 날이 토요일이라 1영업일째 되는 날인 3월 17일(월요일)에 정산되었다. 이렇게 정산을 받고 나면 판매 과정이 완료된다.

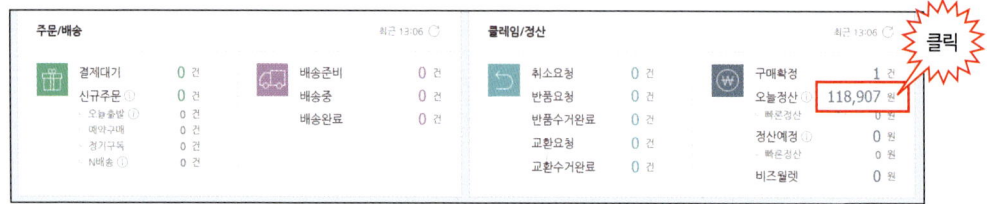

정산관리 → 정산 내역(일별/건별) → 일별 정산내역 탭에서 정산 내역을 확인할 수 있다.

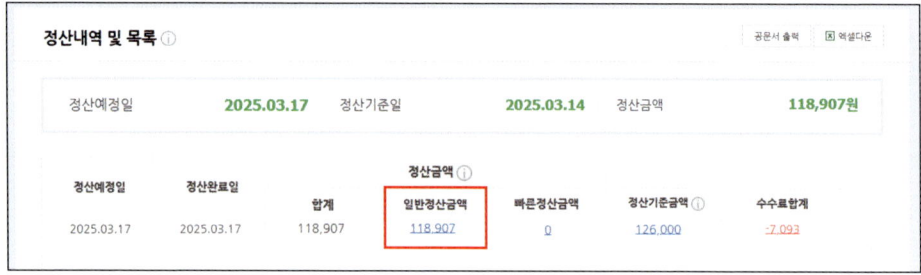

'일반정산 금액'을 클릭하면 건별 정산내역 탭으로 넘어간다. '상품주문번호'를 클릭하면 수수료 상세내역을 확인할 수 있다.

② 발송지연 안내하기

일반 상품의 '발송기한'은 결제완료일로부터 3영업일이다.(주말/공휴일 제외) 이 기한 내에 발송 처리를 해야 한다. 상품 카테고리별로 발송기한은 다를 수 있으며, '오늘출발', 'N판매자배송' 상품의 경우 결제시간에 따라 '결제완료 당일' 또는 '결제완료 +1영업일'로 설정된다.

기한 내 발송하지 않는 경우 구매자 취소요청 시 즉시 환불 처리된다. 발송지연 안내 없이 기한 내 발송하지 않으면 발송지연 페널티를 먹게 된다.

① 발송기한 내에 발송이 어려운 경우 판매관리 → 발주(주문)확인/발송관리를 클릭한 후 해당 상품을 선택하고 발송지연 처리를 클릭한다.

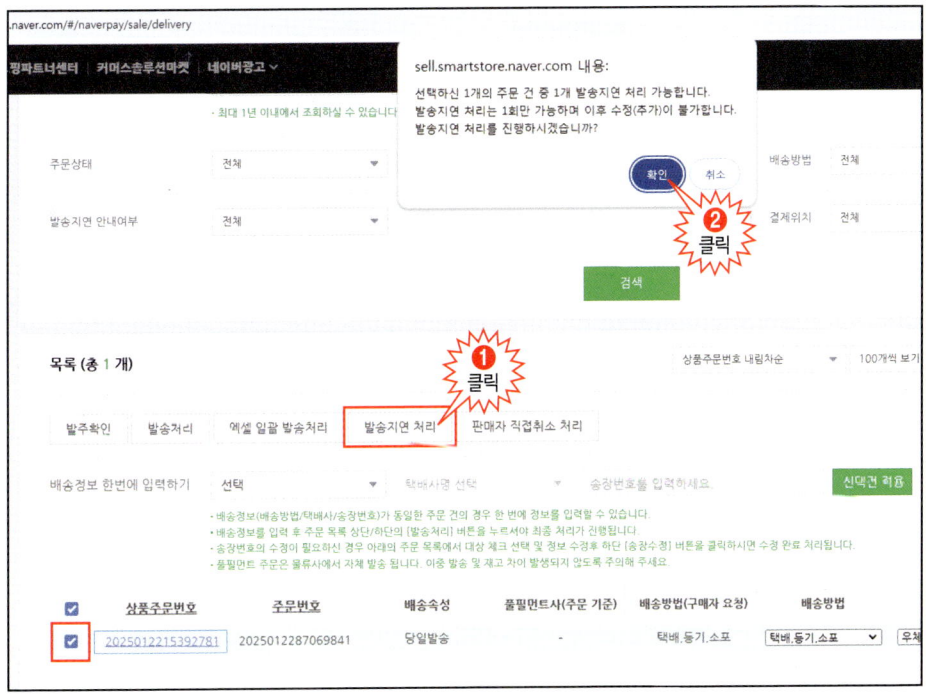

② 팝업창에서 발송지연 사유, 발송기한, 상세사유를 입력한 후 확인을 클릭한다. 그러면 고객에게 SMS와 이메일을 통해 전달된다. 이렇게 하고 입력한 발송기한 내에 발송을 하면 발송지연으로 인한 페널티를 면할 수 있다.

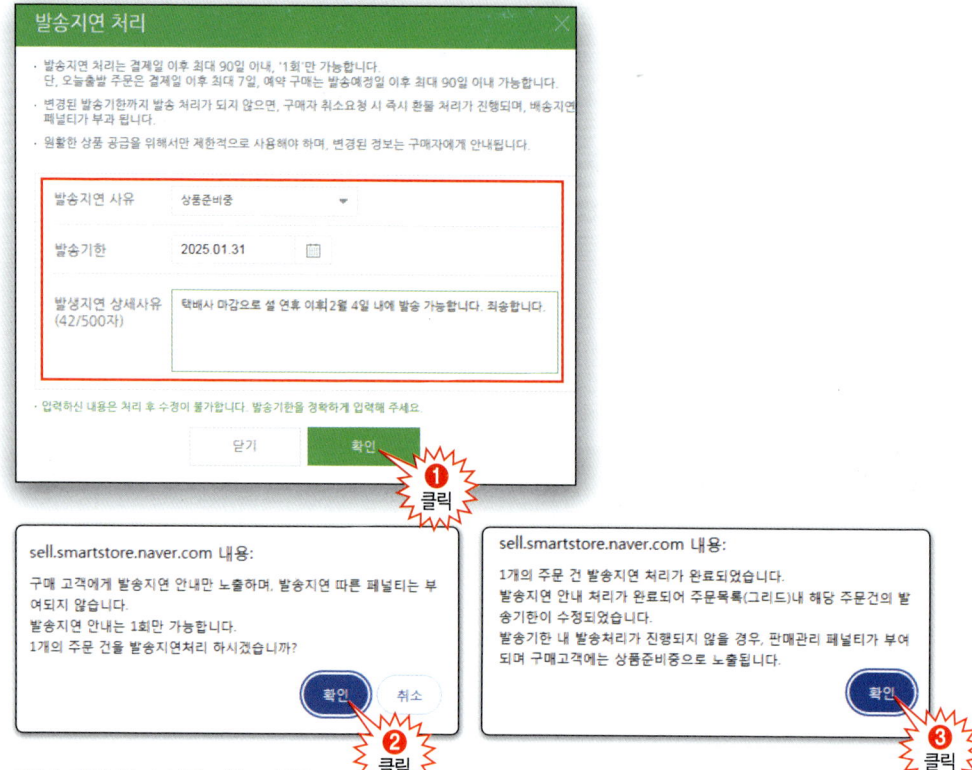

[발송지연 처리 연장 가능 기한]
- 일반상품 주문: 결제일로부터 최대 90일까지 연장 가능
- 오늘출발 주문: 결제일로부터 최대 7일까지 연장 가능
- 예약구매 상품: 발송예정일로부터 최대 120일까지 연장 가능
- 판매자도착보장 상품: 발송예정일로부터 최대 2영업일까지 가능(N판매자배송은 영업일 기준)

→ 발송지연은 '1회'만 가능하다.

발송지연 처리 후 설정한 기한까지 발송 처리가 되지 않으면 판매관리 페널티가 부여된다.

발송지연 처리 후 '발송기한' 내 구매자 취소요청이 접수되면 판매자의 취소승인을 거쳐야 환불 처리가 가능하다.

발송지연 처리 이후에도 '발송기한'까지 발송 처리되지 않으면 구매자 취소 요청 즉시 자동으로 환불 처리된다.

3 판매자에 의한 판매취소 진행하기

주문이 들어왔는데 재고가 없는 경우가 있다. 특히 위탁으로 판매하는 경우 도매 거래처에서 품절이 발생해 상품 출고가 어려울 경우가 있다. 이럴 때는 어쩔 수 없이 판매자가 판매취소를 해야 한다. 상품품절로 취소를 하게 되면 판매자는 페널티를 받게 되고, 해당 상품은 자동 품절 처리된다. 그 외 '배송지연', '서비스 및 상품 불만족', '상품정보 상이' 등으로 인해 취소를 해야 할 경우가 있다.

- 하나의 상품번호에 여러 수량인 경우 부분취소는 불가하다.
- 본상품과 추가상품이 함께 주문된 경우 본상품만 환불하는 것은 불가하고, 추가상품만 환불하는 것은 가능하다.

톡톡하기로 구매자에게 취소 요청하기

① 판매관리 → 발주(주문)확인/발송관리를 클릭한다. 구매자에게 취소 요청을 하기 위해 신규주문의 해당 상품에 있는 톡톡하기를 클릭한다.

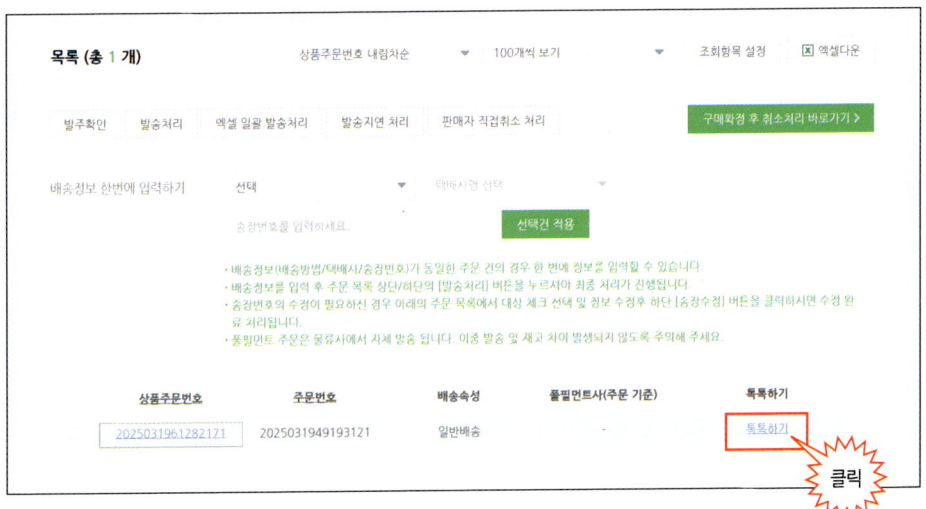

→ 판매자가 일방적으로 취소를 진행하면 고객은 불쾌감을 느끼고, 판매자를 신뢰할 수 없게 된다. 톡톡하기를 통해 고객에게 사유를 설명하고 양해를 구하는 것이 좋다.

② 채팅창 팝업창이 열린다. 내용을 입력하고 전송을 클릭하면 구매자의 네이버 톡으로 내용이 전달된다.

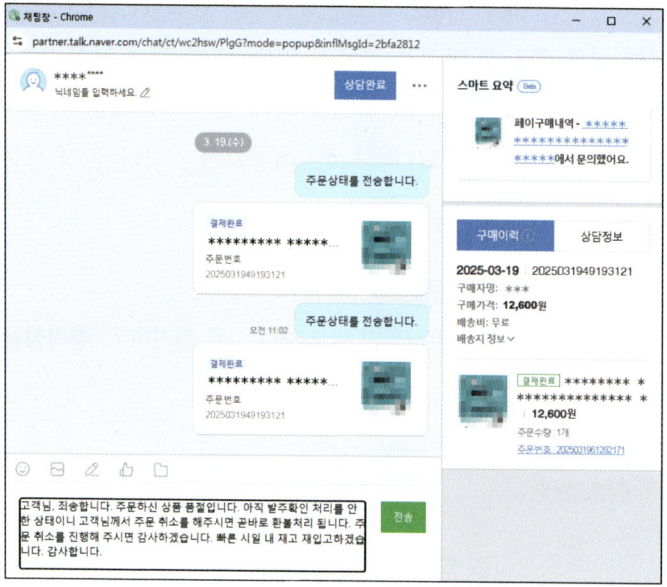

→ 이 주문 건은 판매자가 아직 '발주확인'을 하지 않은 상태라 구매자가 취소를 하면 즉시 환불된다고 안내를 했다.

③ 고객이 이렇게 판매 취소를 하면 고객에게 환불 처리된다. 이렇게 판매자가 발주확인을 하기 전에 구매자가 취소를 하면 판매자가 달리 처리할 일은 없다.

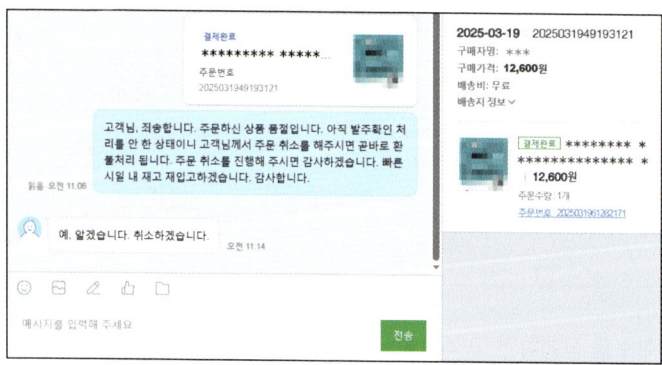

판매자 직접취소 처리하기

① 판매관리 → 발주(주문)확인/발송관리를 클릭한다. 취소할 주문 건을 선택한 후 판매자 직접취소 처리를 클릭한다.

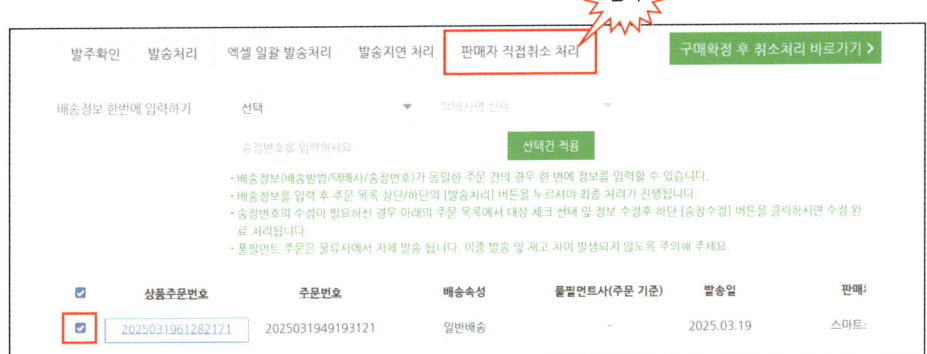

② '판매취소 사유'를 선택한 후, '구매자에게 전하실 말씀'을 입력한 후 판매취소 처리를 클릭한다. '상품품절'로 인한 판매취소 처리 시 스토어에 페널티가 발생한다.

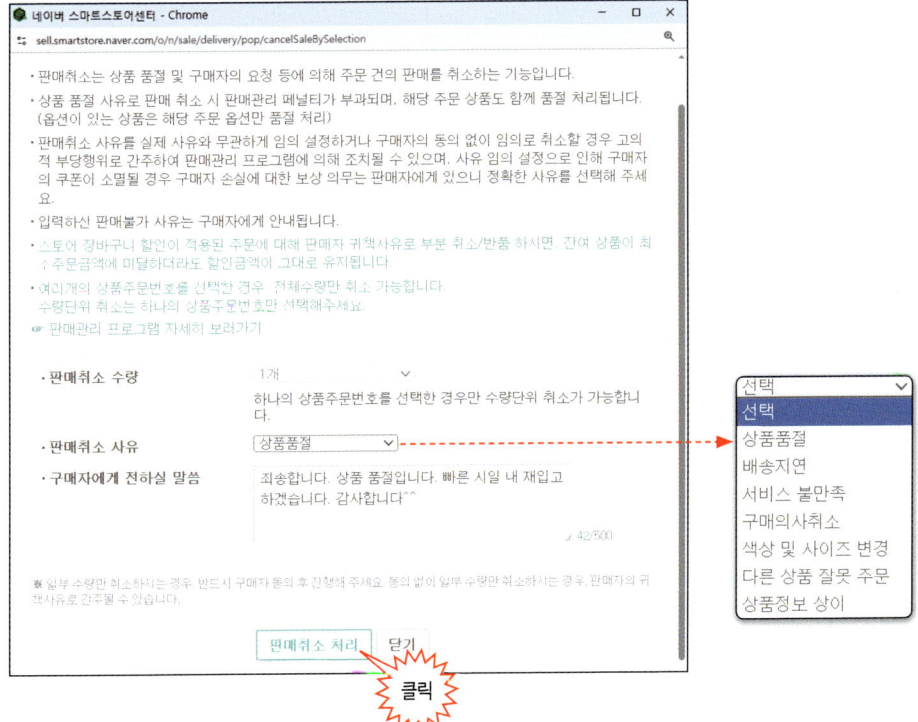

6장 스마트스토어에서 판매하기 253

4 합포장 배송하기

묶음배송 가능으로 등록한 상품을 같은 구매자가 동일한 배송지로 주문했을 경우 합포장해 하나의 송장번호로 배송할 수 있다. 이렇게 합배송으로 배송하면 판매자는 배송비를 절감할 수 있고, 유료배송 상품인 경우 고객도 배송비를 아낄 수 있다.

① 신규주문 건의 '상품주문번호'를 클릭해 주문정보를 확인하니 수취인명과 배송지가 같은 주문이었다. 이 경우 주문번호가 다르지만 합포장해 배송하면 된다.

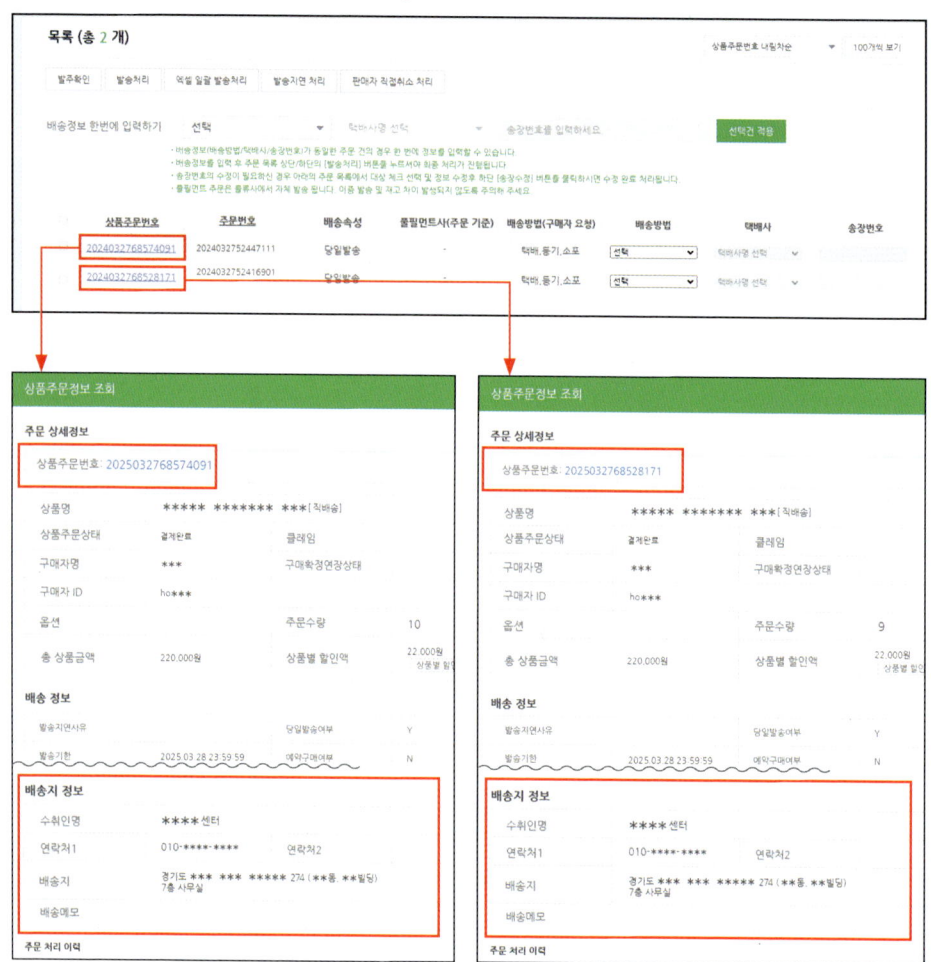

② 발주확인을 한 후, 합포장으로 발송할 상품을 선택하고 발송처리를 클릭한다.

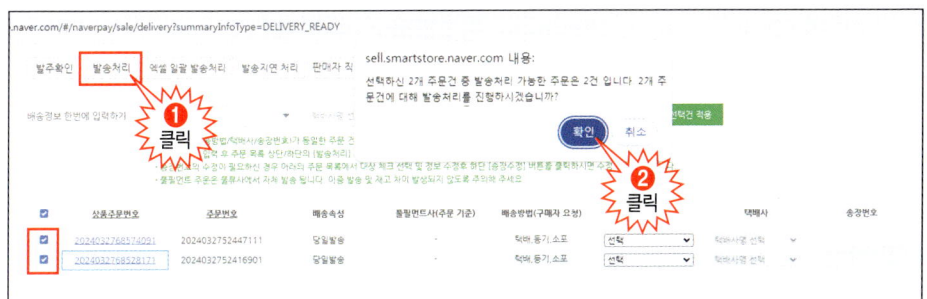

③ '합포장 일괄 발송처리' 팝업창이 뜬다. 선택한 주문과 합포장이 가능한 주문이 조회된다.

구매자, 수취인, 수취인 연락처 및 배송 주소가 동일한 주문끼리 묶음 정렬되어 있다.

택배사와 송장번호를 입력하고 일괄발송처리를 클릭한다.

이렇게 묶음배송이 가능한 상품은 합포장해 하나의 송장번호로 보내면 된다.

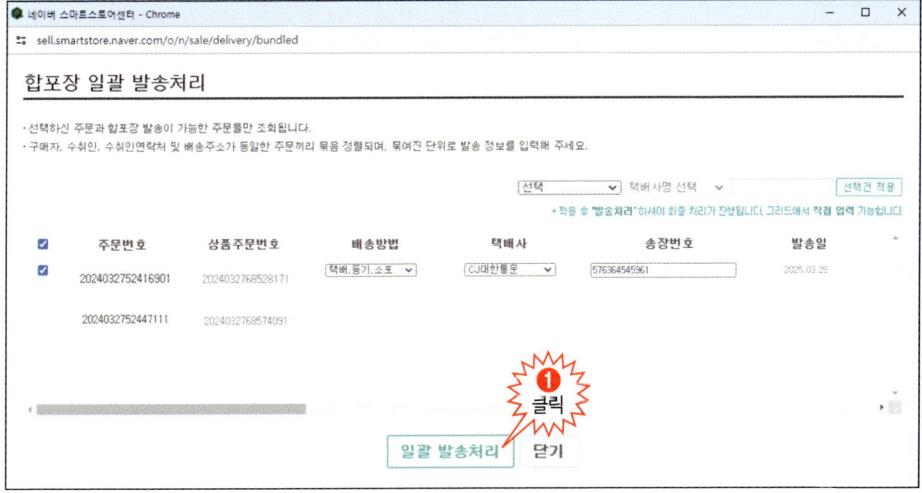

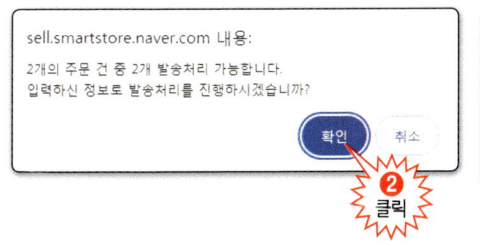
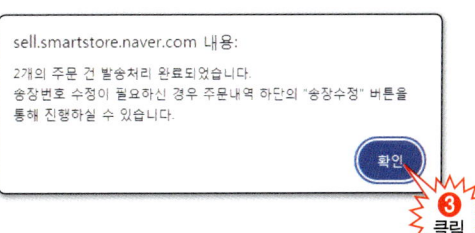

06 취소, 반품, 교환, 환불 처리하기

1 취소 처리하기

'결제완료' 단계에서의 취소 처리

- 판매자가 '발주확인' 처리를 하지 않은 상태: 구매자는 판매자의 허락 없이 구매취소를 할 수 있고, 금액은 자동 환불된다.
- 판매자가 '발주확인' 처리를 한 상태: 판매자의 승인이 있어야 한다.

① 판매자가 '발주확인'을 한 상태일 때 구매자가 구매취소를 하면 판매관리 → 취소 관리 에서 취소요청 건이 표시된다. 요청 건을 클릭한다.

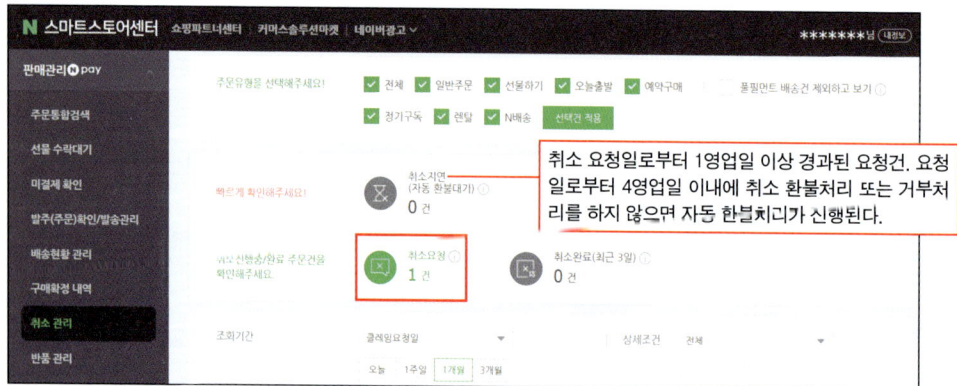

② 취소할 상품을 선택하고 **취소 승인처리** 또는 **취소 거부(철회)처리**를 클릭한다.

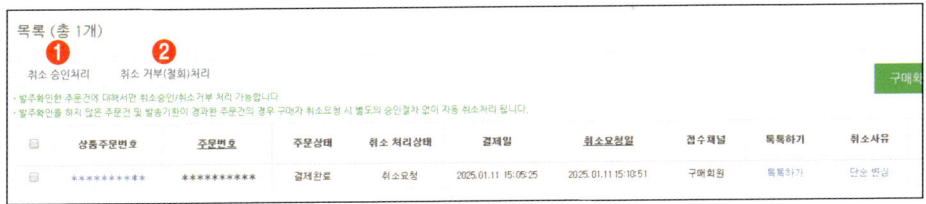

① **취소 승인처리**: 상품 발송 전이라면 취소 승인 처리를 해준다. 환불 처리할 취소건을 선택한 후, '취소 환불처리' 버튼을 클릭하면 취소 승인 및 환불 처리가 진행된다.

② **취소 거부(철회)처리**: 이미 상품을 발송했거나 취소가 불가능한 상태인 경우에는 '취소 거부(철회)처리'를 클릭해 발송 처리를 하면 된다.

해당 취소건을 선택한 후, '취소 거부(철회)처리'를 클릭하면 '취소건 발송처리' 팝업창에서 이미 발송된 상품의 송장번호를 입력할 수 있다. 발송정보가 정상 등록되면 취소요청이 거부되고, 주문상태는 '배송중'으로 처리된다.

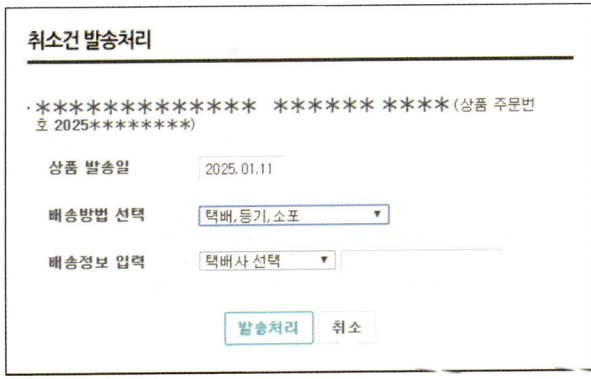

※ 취소요청일로부터 4영업일 이내에 '취소완료' 또는 '취소거부' 처리를 하지 않으면 자동으로 환불 처리가 진행된다.

※ 판매자가 '발송 처리'를 해 주문 상태가 '배송중'일 때는 구매자는 취소요청을 할 수 없다. 이때부터는 '반품요청'으로 접수해야 한다.

구매확정 후 취소 처리

구매확정 후에도 구매자가 뒤늦게 상품 상태를 확인하고 반품을 요청하는 경우가 있다. 이때는 구매확정 내역에서 취소 처리를 하면 된다.

① 판매관리 → 구매확정 내역 클릭한다. 상품 선택 후 구매확정 후 취소처리를 클릭한다.

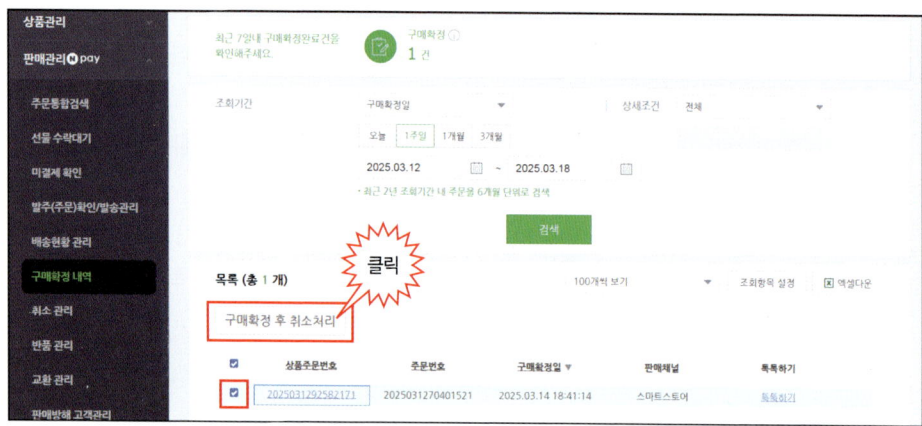

② '취소사유'를 선택하고 '구매자 재결제 필요여부 확인하기'를 클릭해 재결제가 필요한지 확인한다. '고객 확인 여부 체크'에 체크한 후 구매확정 후 취소처리를 클릭한다.

- 취소처리 진행 시 결제 금액은 전액 환불된다.
- 구매확정 후 취소처리는 반품배송비 청구가 불가하므로 취소(직권취소) 이전 별도 비용처리를 해주어야 한다.

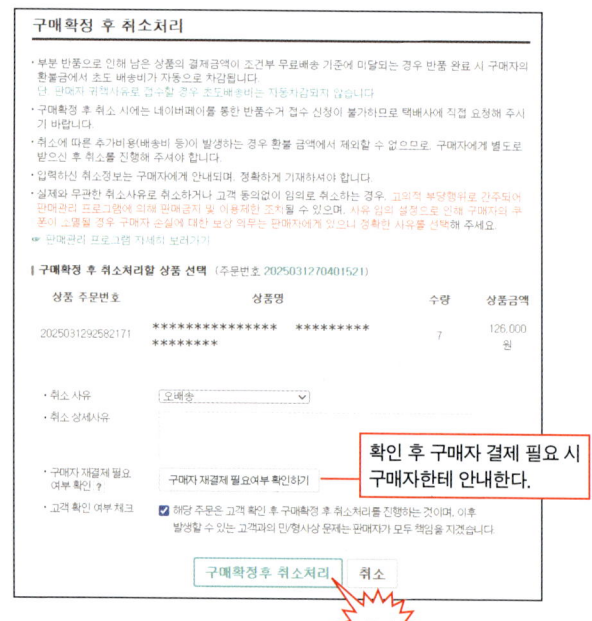

③ '물품 수거가 필요한 경우 '반품하기' 과정을 진행한다.

❷ 반품 처리하기

구매자의 반품 요청 처리하기

① 판매관리 → 반품 관리를 클릭해 반품요청 상품을 확인한다.

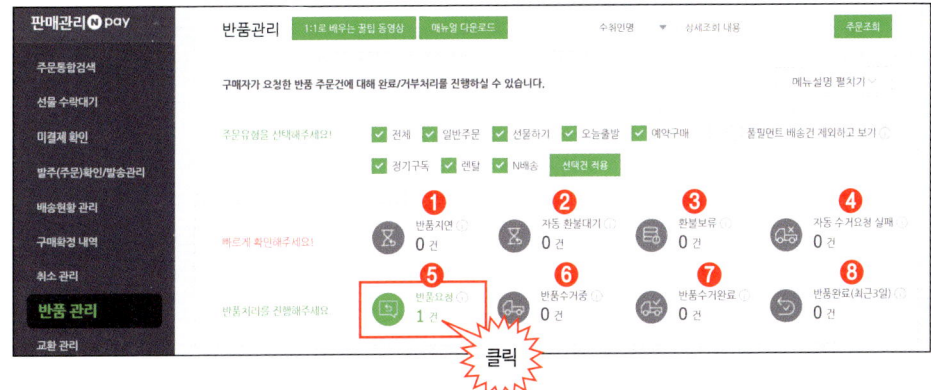

① **반품지연**: 반품 수거완료일로부터 1영업일 이상, 또는 반품 요청일로부터 7영업일 이상 경과되었으나 반품 환불 처리되지 않은 주문 건. ▷ 반품 수거완료 후 3영업일 이내 반품 처리를 진행하지 않으면 페널티 부과.

② **자동 환불대기**: 반품 수거완료일로부터 1영업일 이상 경과되었으나 반품완료 처리 혹은 환불보류가 설정되지 않은 주문 건. ▷ 수거완료일 기준 7영업일 후에 자동 환불 처리된다.
환불불가 사유가 있는 경우 [환불보류 설정] 버튼을 통해 환불보류 처리를 해줘야 한다.

③ **환불보류**: 특정 사유(미수거/배송비 청구/기타비용 청구) 등으로 인해 환불보류가 설정되어 있는 주문 건. ▷ 환불보류 사유가 해소되면 [환불보류 해제]를 해줘야 환불 처리가 진행된다.

④ **자동 수거요청 실패**: 자동 수거요청 이후 연동업체 실패 사유로 택배시로 수거되지 못한 주문 건.

⑤ **반품요청**: 반품 접수된 주문 건. 구매자가 반품상품 수거를 요청한 경우 자동으로 수거 처리된다. 반품요청 사유가 구매자 귀책이면 반품배송비가 자동 청구되고, 판매자 귀책이면 청구되지 않는다. 이 상태에서도 '반품 완료처리' 또는 '반품 거부처리'가 가능하다.

⑥ **반품수거중**: 상품 수거 중인 상태의 주문 건. '반품 완료처리' 또는 '반품 거부처리'가 가능하다.

⑦ **반품 수거완료**: 상품 수거가 완료된 상태의 주문 건. ▷ 수거된 상품에 문제가 없는 경우 '반품완료처리' 진행. 수거완료 후 3영업일 이내 반품처리를 진행하지 않으면 페널티 부과. 특정 사유로 환불이 불가할 경우 환불보류를 설정할 수 있고 구매자와 협의를 진행하면 된다.

⑧ **반품완료(최근 3일)**: 최근 3일 이내 반품완료된 주문 건.

'상품주문번호'를 클릭하면 반품 사유를 확인할 수 있다. 사유에 따라 처리 방법이 달라진다.

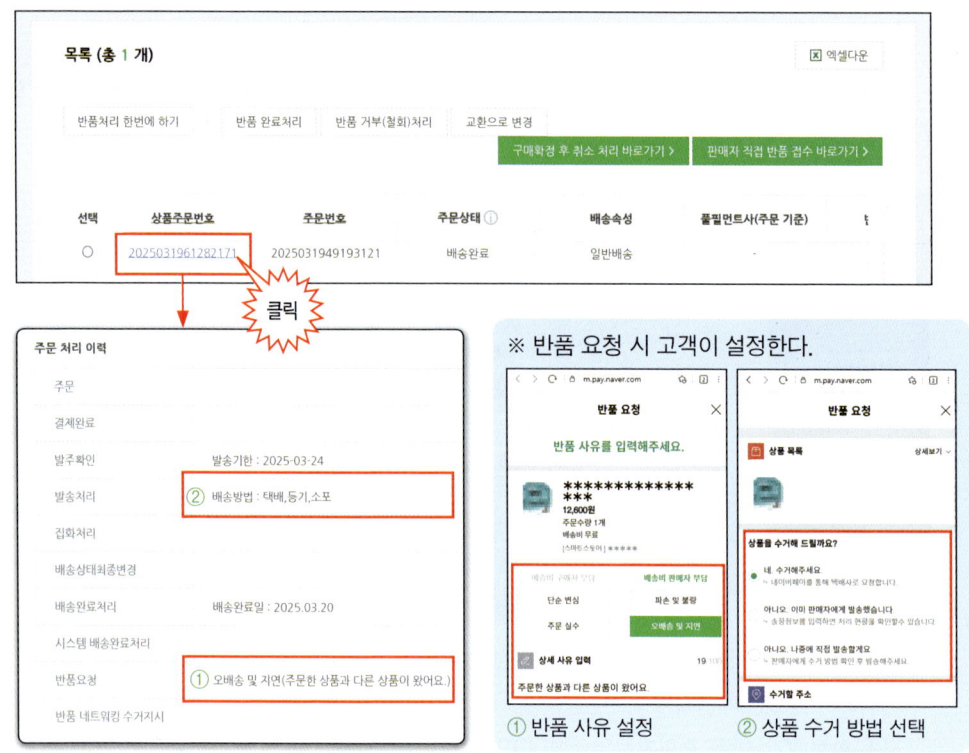

② 네이버페이 자동 수거 시스템에 의해 상품 수거가 진행된다. '수거상태'가 '택배사수거 예정'이라고 되어 있다. 클릭하면 '반품수거 상세정보'를 확인할 수 있다.

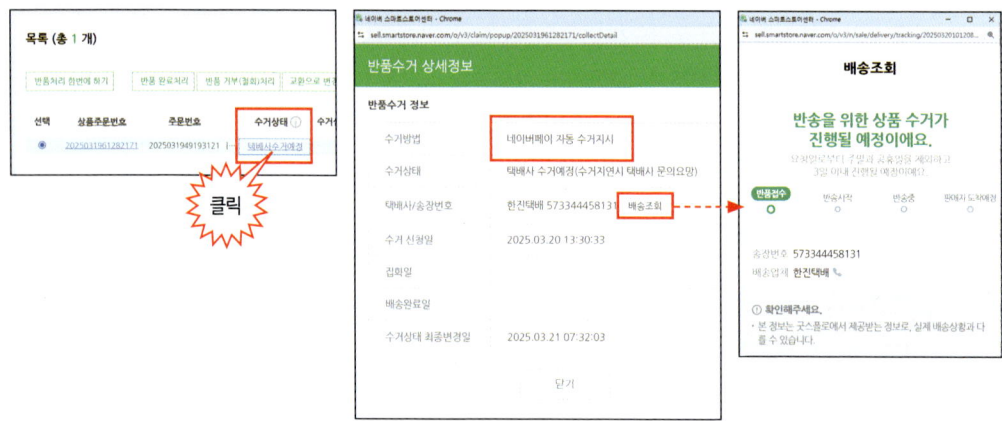

③ 판매관리 → 반품 관리에서 진행 상황을 확인한다. 택배사가 고객에게서 상품을 수령해 가면 '반품수거중'으로 넘어간다. 상품 목록의 '수거상태'는 '수거진행중'으로 바뀌었다.

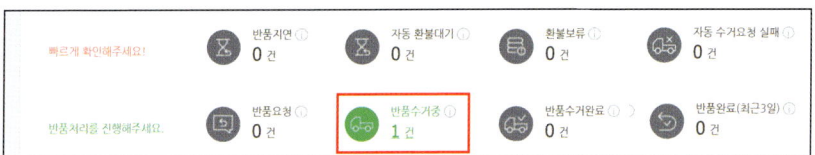

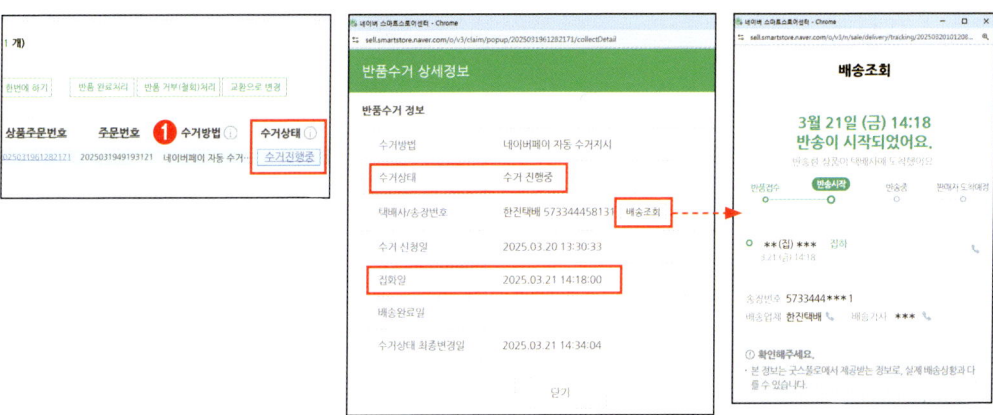

① 수거방법

[네이버페이 지정택배 수거지시]
- 판매자 계약 택배사를 지정하지 않았거나 상품의 반품택배사를 지정택배로 설정한 경우 지정택배로 수거된다.
- 영업일 기준 3일 이내 수거 진행되지 않을 경우 네이버페이 지정택배사로 문의한다.('네이버페이 지동 수거'는 보통 반품 요청 다음 날 택배사에서 수거, 그 다음 날 반품 도착, 반송 완료된다.)

[판매자 계약 택배 자동 수거지시]
- 판매자 계약 택배사를 지정했지만 계약 상태가 정상 상태가 아닌 경우 수거가 진행되지 않는다. 계약정보가 변경된 경우 신규 계약 코드 등록 및 반품택배사를 재설정해야 한다.
- 원 송장 택배사와 다른 택배사로 수거정보 등록 시에는 자동 수거지시가 진행되지 않는다.
- 영업일 기준 3일 이내 수거 진행되지 않을 경우 해당 택배사로 문의한다.

[수거정보없음(구매자 미입력)]
- 수거정보가 입력되지 않았다. 수거 관련 세부 협의는 구매자와 직접 확인한다.

[구매자 직접 반송]
- 구매자가 택배사로 직접 수거접수를 진행한 상태이다. 수거 관련 사항은 구매자 혹은 택배사로 확인한다.

④ 반품 수거가 완료되었다. 수거가 완료된 상품의 상태를 확인해 반품 가능 여부를 결정해야 한다.

① **수거 완료처리**: 반품 수거된 주문의 상태값이 '수거완료'로 변경된다.
- '수거 완료처리' 후 상품에 문제가 없으면 '반품 완료처리'를 한다.

② **반품 완료처리**: 반품수거 완료 및 환불 처리를 동시에 진행하는 기능.
- 주문상태가 '반품완료'에 표시된다.
- '환불보류'가 설정되어 있으면 처리 불가. 환불보류 확인 후 '환불보류 해제'를 진행한다.
- 반품 완료처리 시 자동 환불된다. 구매고객 결제수단에 따라 환불 소요일이 다를 수 있다.

③ **반품 거부(철회)처리**: 특정사유(반품 불가상품 또는 파손된 경우 등)로 인해 반품 완료처리가 불가한 경우 거부처리 하는 기능.
- 구매자 기준 반품철회와 동일한 기능으로, 구매자 요청에 의해 반품요청 취소가 필요한 경우 해당 기능으로 처리한다. 반품 거부처리 전 구매자와 반드시 협의한다.
- 자동 수거요청으로 반품상품 수거가 진행 중인 경우 택배사로 수거취소 요청을 해야 한다.

④ **교환으로 변경**: 반품완료 되지 않은 주문 건(반품요청/수거완료/수거중 상태)에 한해 교환으로 변경하는 기능. 반품 상품을 수령했지만 고객이 교환을 요구하는 경우 클릭한다.
- 교환으로 변경 이후 교환배송비 청구, 재배송 처리 등은 [교환관리] 메뉴에서 진행한다.
- 교환으로 변경 이후 교환배송비는 클레임 처리상태(반품요청/수거완료/수거중)와 무관하게 함께 계산된다.(1회 부과)

⑤ **환불보류 설정**: 반품배송비 및 기타 반품비용 부과 등의 특정 사유가 있는 경우 환불보류를 설정하는 기능. 환불보류 해제 전까지는 환불 처리가 불가하므로, 사유 해소 후 환불보류를 해제한다.

⑥ **환불보류 해제**: 보류 사유가 해소되어 환불하기 위해 보류를 해제하는 기능. 환불보류 해제 후 '반품 완료처리'까지 진행해야 최종 환불 처리가 완료된다.

⑦ **반품사유 수정**: 반품접수 시 구매자가 설정한 귀책사유와 다른 경우 귀책사유 수정 기능. 반품사유를 판매자 귀책에서 구매자 귀책으로 변경 시, 보류설정이 자동으로 처리되지 않으므로 환불보류 설정을 해줘야 한다.
- 판매자 과실 사유 시: 택배비 미청구
- 구매자 과실 사유 시: 왕복택배비 청구

⑧ **수거정보 수정**: 반품수거를 위한 송장정보를 변경하는 기능. 반품 처리상태가 '반품요청/수거중'인 경우에만 수정할 수 있다.

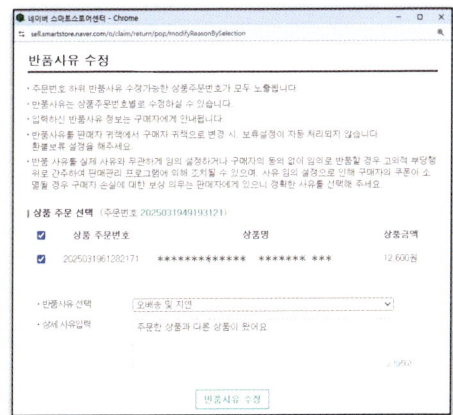

⑤ 반품 수거 후 상품에 이상이 없으면 반품 완료처리를 클릭한다.

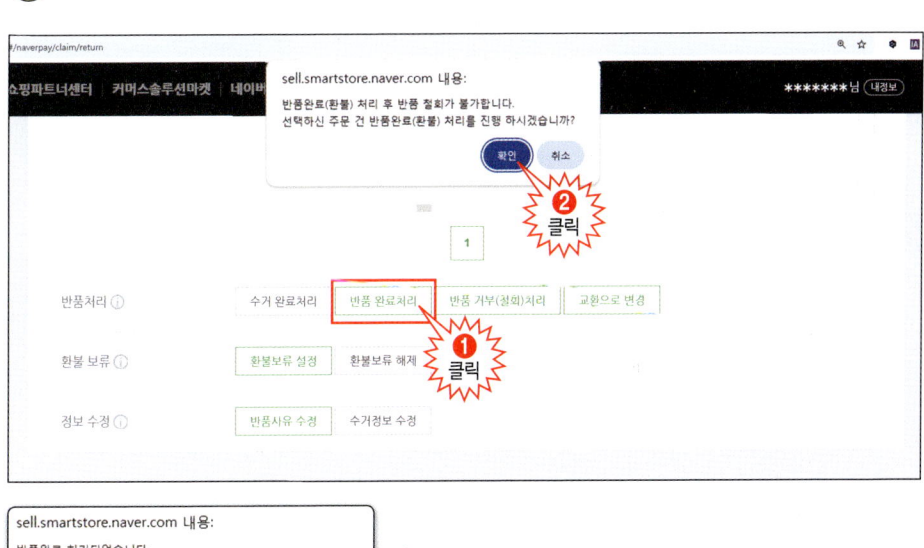

⑥ 판매관리 → 반품 관리에서 반품처리 상태가 '반품완료'로 된 것을 확인할 수 있다.

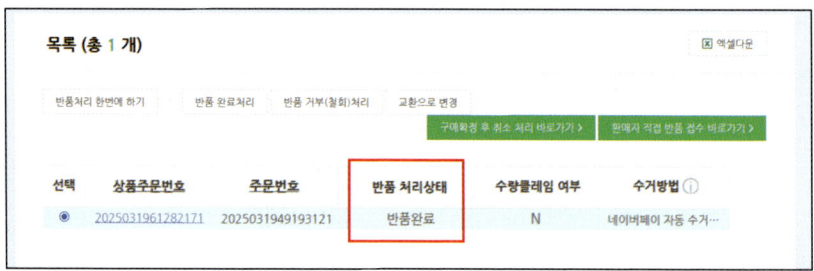

※ 그러면 자동 환불이 진행된다. 고객에게는 반품 완료 및 환불 처리 알림이 간다.

※ 'N페이 자동수거배송료'는 반품 완료 다음 날 정산되어 판매자의 비즈월렛에서 빠져나간다. 정산관리 → 정산 내역 (일별/건별) → 일별정산내역에서 확인할 수 있다.

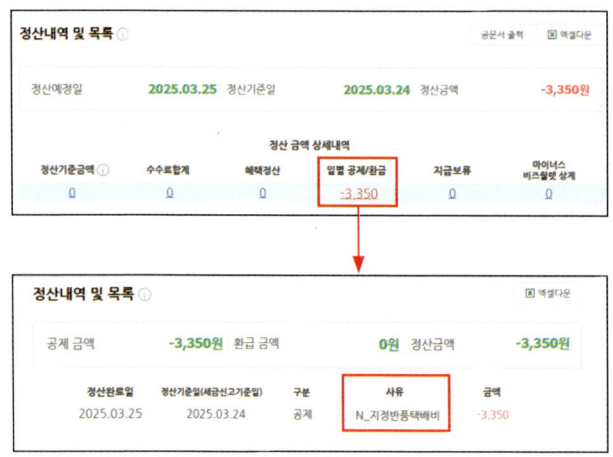

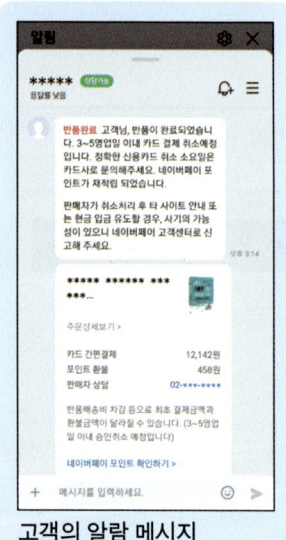

고객의 알람 메시지

교환 처리하기

① 판매관리 → 교환 관리를 클릭한다. 교환요청 건을 클릭한다.

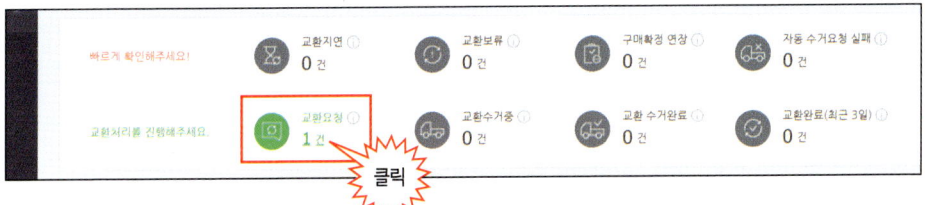

① **교환지연**: 교환 수거완료일로부터 1영업일 이상, 또는 교환요청일로부터 10영업일 이상 경과했으나 재배송 처리되지 않은 주문 건. → 교환수거완료일로부터 3영업일 이내 교환재배송 처리가 진행되지 않으면 페널티가 부과된다.

② **교환보류**: 특정 사유(교환배송비/기타 교환비용 청구 등)로 교환보류가 설정된 주문 건.
→ 교환보류 사유 해소 후에는 반드시 교환보류를 해제해 주어야 교환처리가 진행된다.

③ **구매확정 연장**: 구매자가 교환상품을 수령하지 못했거나, 기타 사유로 인해 구매확정 기간을 연장한 주문 건. → 구매확정 연장사유를 확인하고, 연장사유가 해결된 경우 주문 목록 하단 [구매확정 요청] 버튼을 클릭해 구매자에게 구매확정 요청을 진행한다.

④ **자동 수거요청 실패**: 자동 수거요청 이후 연동업체(굿스플로) 실패 사유로 택배사로 수거되지 못한 주문. → 실패사유는 연동업체(굿스플로) 혹은 택배사에 문의 및 해결할 수 있다. 대표적인 실패사유는 택배사 계약만료, 자동수거에 필요한 필수정보 누락 등이다.

⑤ **교환요청**: 교환 접수된 주문 건. → 교환요청 사유가 구매자 귀책 사유인 경우 수거/교환배송비가 자동 청구되고, 판매자 귀책 사유인 경우 청구되지 않는다.
→ 구매자가 교환상품 수거를 요청한 경우 자동으로 수거 처리된다.
→ '교환 재배송처리' 또는 '교환 거부처리'가 가능하다.

⑥ **교환수거중**: 상품 수거 중 상태. → 교환수거중 상태에서도 '수거 완료처리' 또는 '교환 거부처리'가 가능하다.

⑦ **교환 수거완료**: 수거 완료 상태 주문 건. → 상품에 문제가 없는 경우 '교환재배송처리'를 진행한다. 수거완료 후 3영업일 이내 교환재배송처리를 진행하지 않으면 페널티가 부과된다.
→ 특정 사유로 인해(수거 된 상품이 파손/분실된 경우 또는 구매자가 설정한 교환사유와 다른 경우 등) 환불이 불가한 경우, 교환보류 설정 후 구매자와 협의한다.

⑧ **교환 수거완료**: 최근 3일 이내 교환완료된 주문 건.
→ 교환배송비는 교환완료 후 1영업일째 되는 날 정산된다.

② 해당 상품의 '상품주문번호'를 선택해 교환 사유를 확인한다.

③ 네이버페이 자동 수거 시스템에 의해 상품 수거가 진행된다.

④ 수거가 완료되면 상품의 상태를 확인한 후 교환가능 여부를 결정한다. 수거 상품에 문제가 없으면 교환 재배송처리를 클릭해 진행하면 된다.

① **수거 완료처리**: 교환 수거된 상품의 상태값을 '수거완료'로 변경하는 기능. ➡ '수거 완료처리' 후 상품에 문제가 없으면 '교환 재배송처리'를 진행한다.

② **교환 재배송처리**: 교환 상품을 구매 고객에게 발송한다. '교환 재배송 처리' 후 '재배송 송장정보'를 등록한다. 교환 처리상태가 '수거완료'인 경우에만 교환 재배송처리가 가능하다.

③ **교환 거부(철회)처리**: 특정사유(교환 불가상품 또는 파손된 경우 등)로 인해 교환 재배송처리가 불가한 경우 거부처리 하는 기능. 철회 전 반드시 구매자와 협의해 진행해야 한다.

- 이미 재배송처리를 했다면 거부가 불가하니 구매자와 협의한다.
- 자동 수거요청으로 인해 수거가 진행 중인 경우 택배사로 직접 수거취소 요청을 해야 한다.
- 교환배송비가 결제되어 있는 상태에서 교환 거부처리가 진행되면 결제된 교환비용은 자동으로 환불된다.

④ **반품으로 변경**: 교환완료 되지 않은 주문 건(교환요청/수거완료/수거중 상태)에 한해 반품으로 변경하는 기능. ➡ 교환상품을 수령한 후 상품품절 등의 사유로 재배송이 불가한 경우, 반품으로 전환할 수 있다. 단, 재배송 처리가 완료된 이후에는 반품 전환이 불가하다.

⑤ **교환보류 설정**: 교환배송비 및 기타 교환비용 부과 등의 특정 사유가 있는 경우 교환보류를 설정하는 기능. ➡ 교환보류 사유 해소 후 교환보류를 해제해 주어야 교환처리가 진행된다.

⑥ **교환보류 해제**: 보류 사유가 해소되어 교환하기 위해 보류를 해제하는 기능. ➡ 교환보류 해제 후 '교환 재배송처리'까지 진행해야 최종 교환처리 완료된다.

⑦ **교환사유 수정**: 교환접수 시 구매자가 설정한 귀책사유와 다른 경우 귀책사유를 수정할 수 있는 기능. ➡ 교환사유를 판매자 귀책에서 구매자 귀책으로 변경 시, 보류설정이 자동으로 처리되지 않는다. 환불보류 설정을 해준다.

⑧ **수거정보 수정**: 수거가 진행되지 않은 경우, 교환수거를 위한 송장정보를 변경하는 기능. 교환처리상태가 '교환요청/수거중'인 경우에만 수정할 수 있다.

⑨ **재배송송장 수정**: 재배송처리 시 잘못된 송장을 입력한 경우, 재배송송장을 수정할 수 있다. 재배송송장은 자동구매확정일 등에 영향을 미치므로 정확히 입력해야 한다.
- ➡ 이미 교환재배송 처리한 주문 건의 배송방법/택배사/송장번호를 수정할 수 있다.
- ➡ 송장수정은 교환처리상태가 '교환재배송중'인 경우에만 가능하며, '교환완료' 상태에서는 수정이 불가하다.

⑩ **재교환 요청**: 교환재배송중 상태에서 판매자가 한 번 더 교환요청 할 수 있는 기능.
- ➡ 다시 교환을 요청한 경우에는 기존에 진행 중인 교환 정보에 대한 변경은 불가능하다.
- ➡ 수거방법을 '자동 택배예약'으로 선택해 접수한 경우에만 자동으로 싱품수거가 된다.
- ➡ 교환 상품이 도착하면 물건 확인 후, 재배송처리를 진행한다.

⑪ **교환상품 반품요청**: 교환재배송중 상태에서 판매자가 반품접수 할 수 있는 기능.
- ➡ 추가로 반품을 요청한 경우에는 기존에 진행중인 교환 정보에 대한 변경은 불가능하다.
- ➡ 수거방법을 '자동 택배예약'으로 선택해 접수한 경우에만 자동으로 상품수거가 된다.
- ➡ 반품 상품이 도착하면 반품 비용 확인 후 반품승인 처리를 진행하면 된다.

4 환불 처리하기

① 판매관리 → 반품 관리를 클릭한다. 반품 수거완료된 상품을 검사한 후 비용 청구가 필요한 구매자 과실의 반품인 경우 환불보류 설정을 한다.

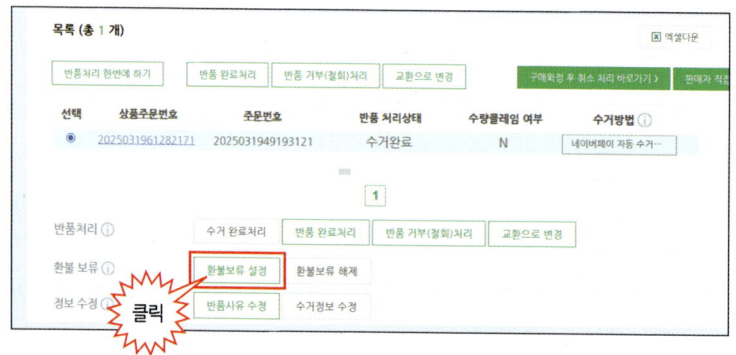

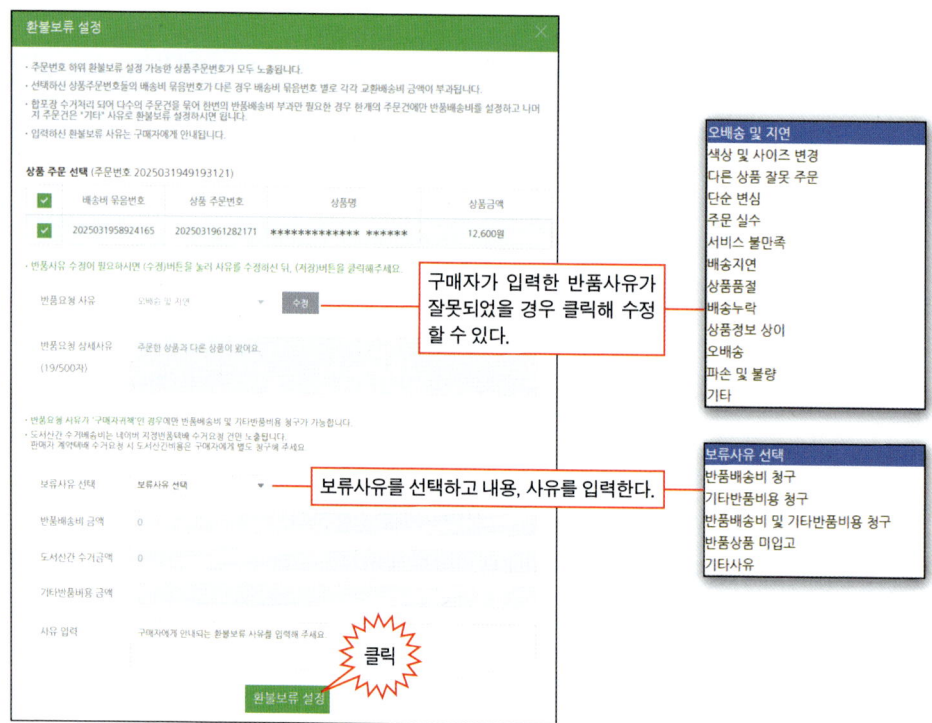

② 비용 정산이 완료되면 환불보류 해제를 클릭해 환불 처리를 하면 고객에게 환불된다.

7장

쿠팡에서 판매하기

01 쿠팡의 검색 알고리즘 이해하기

1 쿠팡 검색 랭킹 알고리즘

쿠팡에서 검색 결과를 보여주는 '쿠팡 랭킹순'은 다음과 같다. 즉 이것이 쿠팡의 검색 랭킹 알고리즘의 기본이라 할 수 있다.

쿠팡의 검색 알고리즘은 고객이 상품을 검색하면 '판매 실적', '고객 선호도', '상품 경쟁력' 및 '검색 정확도' 등을 지수화해서 점수가 높은 순으로 상품을 노출해 준다. 판매자는 이러한 쿠팡의 로직을 알고 있어야 내 상품을 상위 노출시킬 수 있는 작업을 할 수 있다.

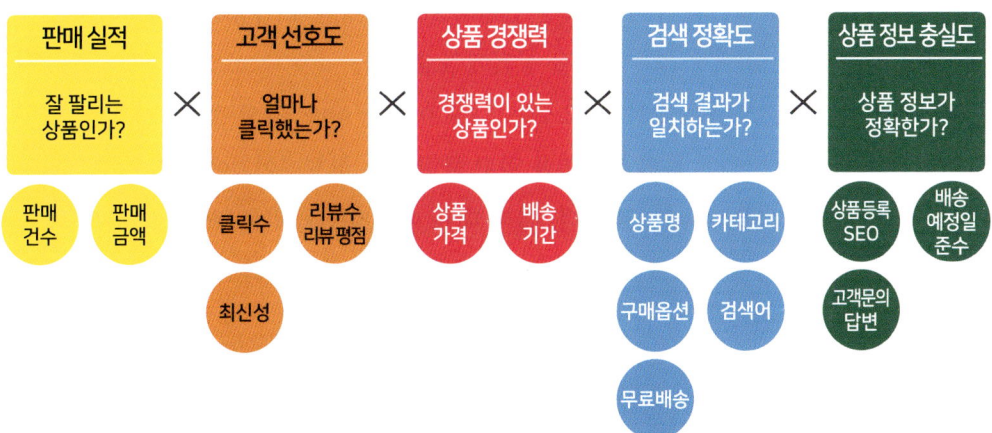

1.1 판매 실적   판매건수 판매 금액

쿠팡 알고리즘은 검색어 관련 상품군 중 판매 건수를 지수화해 랭킹에 반영한다. 판매 실적은 오픈마켓의 수입원인 판매수수료와 직결된다. 그래서 '판매 건수'와 '판매 금액'을 함께 본다. 판매 건수가 많다는 것은 잘 팔리는 상품, 판매 금액이 많다는 것은 같은 수량이라도 더 많은 수수료를 얻을 수 있음을 의미한다. 따라서 같은 판매 건수라면 객단가가 높아 판매 금액이 많은 상품을 우위에 둔다. 결과적으로 쿠팡은 더 많은 수수료를 위해 판매 건수와 판매 금액이 모두 많은 상품에 가중치를 주어 상위 노출시킨다.

판매 실적을 높이려면 합리적인 가격, 무료배송, 할인쿠폰 발행, 구매욕 자극 상세페이지 작성이 기본이다.

1.2 고객 선호도 (클릭수) (리뷰수) (최신성)

고객 선호도는 상품 및 판매자에 대한 고객 평가로, 인기도를 측정하는 것이다. 평가 요소는 상품 리뷰와 평점, 클릭수, 최신성 등이다.

1 클릭수

고객이 상품을 클릭한 수다. 클릭은 관심의 표현이자 판매 가능성을 의미하므로, 쿠팡 알고리즘은 클릭수 높은 상품을 상위에 노출한다.

고객 클릭을 유도하는 가장 큰 요소는 '대표 이미지'이다. 검색 결과에서 가장 먼저 시선을 끌며, 마음에 들면 상품명을 읽고 클릭한다. 상세페이지에 들어온 고객을 머무르게 하는 것은 '상세설명'이다. 결국 대표 이미지는 클릭을, 상세설명은 구매 결심을 유도한다. 좋은 대표 이미지와 상세설명으로 고객 클릭과 체류를 유도해 클릭수를 높일 수 있다.

2 리뷰수/평점

리뷰는 온라인 구매 결정에 큰 영향을 미친다. 실물 확인이 어려운 온라인에서는 먼저 구매한 사람의 리뷰와 평점을 많이 참조한다. 상세페이지 설명이 아무리 좋아도 상품평이 나쁘면 고객은 구매를 망설이거나 포기한다. 따라서 상품 리뷰, 평점, 불만사항은 늘 모니터링하고 개선해야 한다.

베스트 리뷰 이벤트로 리뷰 작성을 유도하고, 좋은 리뷰와 평점을 상단에 배치해 구매 결정에 긍정적인 영향을 주는 것이 좋다.

3 최신성

신규등록 상품에 일정 기간 상위 노출에 유리한 점수를 주는 것이다. 쿠팡뿐 아니라 네이버 가격비교 등 다른 플랫폼에서도 검색 알고리즘 평가 요소로 사용한다.

이 혜택이 없으면 먼저 등록한 상품이 계속 상위 노출될 것이다. '판매 실적'이 중요한데, 오래 판매한 상품이 실적이 좋을 수밖에 없다. 하지만 이런 상품은 유행이

지났을 수도 있다. 신상품이 트렌드를 주도하는데 플랫폼에 철 지난 상품만 상위 노출되고 있다면 고객은 이탈하고, 판매자 유입도 줄어 플랫폼 성장을 저해한다. 그래서 플랫폼은 신규등록 상품이 눈에 띌 수 있도록 일정 기간(약 7일) 노출 가산점을 준다. 이것이 최신성 로직이다.

단, 노출 지면이 제한적이므로 모든 신상품에 최신성 점수를 줄 수는 없다. 팔릴 가능성 있는 상품에 혜택을 주는데, 그 판단 기준이 '상품 경쟁력', '검색 정확도', '상품 정보 충실도'이다. 즉, 최신성 점수를 받으려면 우선 상품등록 SEO에 맞게 상품을 등록해야 한다.

신상품 가산점은 상당한 경쟁력이다. 상품등록 후 별다른 작업 없이 판매된 경험이 있다면, 해당 상품 키워드로 검색 시 상위 노출되고 있을 것이다. 최신성 가산점이 유리하게 작용해 상위 노출되면서 판매가 이뤄진 것이다.

판매자는 상품등록 후 최신성 가산점이 있을 때 마케팅에 집중해 어떻게든 판매가 일어나게 해야 한다. 그래야 판매 실적이 쌓여 계속 좋은 자리에 노출될 수 있다.

1.3 상품 경쟁력

쿠팡은 상품 가격과 배송 기간에서 상품의 경쟁력을 평가한다. 이것은 쿠팡의 '최저가'와 '빠른 배송' 정책과도 맞닿아 있다고 할 수 있다.

1 가격

판매 가격은 상위 노출과 아이템위너를 결정짓는 중요한 요소이기 때문에 신중하게 결정해야 한다. 또 판매가 책정에 따라 마진이 달라진다. 시장가도 고려하지 않을 수 없다. 이런 여러 가지 복합적인 요소를 고려해서 가격을 결정해야 한다.

쿠팡에서는 최저가 상품만 팔리는 것은 아니다. 고객마다 구매 포인트가 다르기도 하고, 쿠팡의 사용자 맞춤 시스템이 사용자마다 다른 검색 결과를 보여주기 때문이다. 하지만 최저가는 상위 노출과 아이템위너 선정에 유리한 것만은 사실이다.

2 배송 기간

쿠팡 알고리즘은 배송 기간이 짧은 상품이 경쟁력이 좋은 상품이라고 판단한다.

상품의 상세페이지에는 '도착예정일'(배송예정일)이 표시되는데, 이 날짜는 국내상품의 경우 '출고소요일+1일'(일요일, 공휴일 제외)로 계산되어 나타난다. 출고소요일은 고객이 상품 결제 후 판매자가 상품을 출고하기까지 걸리는 시간으로, 상품등록 시 '배송' 항목에서 설정할 수 있다.

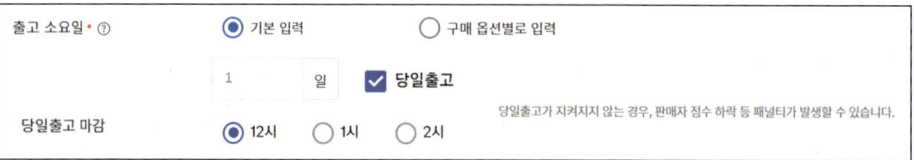

'당일출고'는 구매자가 주문한 당일 판매자가 택배사로 상품을 출고하는 것을 말하는 것으로, 고객은 다음 날 상품을 받을 수 있다. 당일출고를 선택하면 당일출고 마감 시간을 설정할 수 있다. 마감 시간 이후 주문분은 내일이 출고시한이 된다.

당일출고 상품은 배송 기간에서 좋은 점수를 얻어 상위 노출에 좋은 영향을 미친다. 당일출고가 지켜지지 않는 경우 판매자 점수 하락 등 페널티가 발생할 수 있다.

1.4 검색 정확도 (카테고리) (상품명) (구매옵션) (검색옵션) (검색어) (무료배송)

검색 정확도는 검색어와 상품 정보가 얼마나 일치하는가를 보는 것이다. 사용자가 검색어를 입력하면 쿠팡 검색엔진은 상품명, 카테고리, 구매옵션, 검색어(태그) 등에서 검색어와 일치하는 상품을 찾는다. 그리고 이들 상품의 '판매 실적', '고객 선호도', '상품 경쟁력' 등을 분석한 후 항목별 가중치를 적용해 순위를 매겨 보여준다. 따라서 상위 노출을 하려면 쿠팡이 요구하는 조건에 맞게 상품을 등록해 주어야 검색 알고리즘이 상품을 쉽게 찾을 수 있게 되고, 그러면 검색 정확도에서 좋은 점수를 받게 된다.

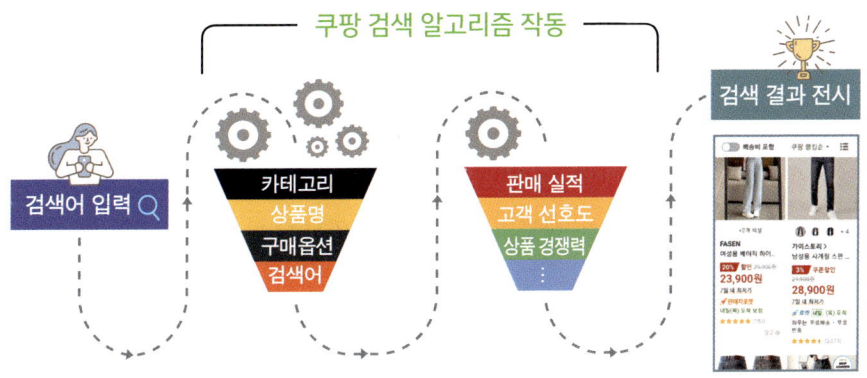

1 카테고리

쿠팡 검색엔진은 카테고리를 상품을 찾는 정보로 활용한다. 즉 카테고리명을 검색어로 인식한다는 것이다. 때문에 카테고리명은 굳이 상품명에 넣지 않아도 된다.

쿠팡에서 '신발'을 검색하면 상품명에 신발이라는 키워드가 없는데도 많은 상품이 검색된다. 물론 상품명 외에 태그 등에 신발이라는 키워드가 있어서 검색된 것일 수도 있지만, 이 상품의 카테고리가 **패션의류/잡화 > 여성패션 > 신발 > 운동화/스니커즈 > 스니커즈** 등으로 카테고리명에 '신발'이라는 단어가 있기 때문이다.

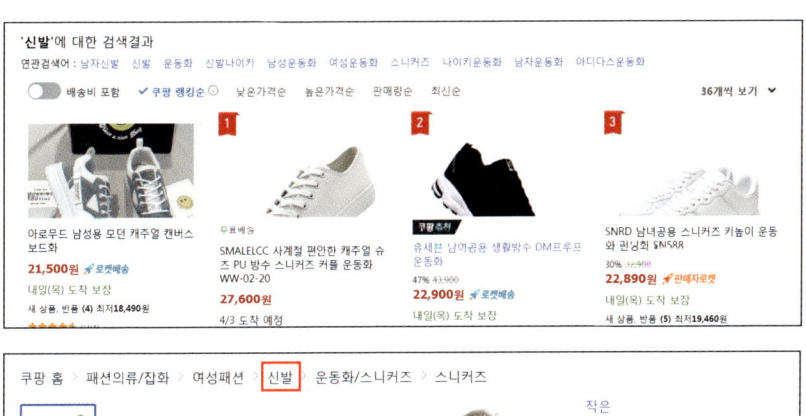

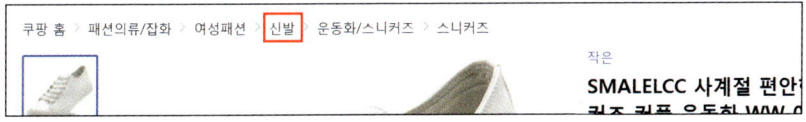

만일 이 상품을 '반려동물용품 > 강아지 용품 > 의류/패션 > 패션 액세서리/기타 > 양말/신발/부츠'에 등록하면 카테고리 매칭에서 좋은 점수를 받을 수 없다.

쿠팡 검색엔진은 상품명과 카테고리가 맞지 않으면 상품명을 우선으로 검색한다. 카테고리 매칭이 잘못된 상품은 쿠팡이 알아서 적합한 카테고리로 옮기기도 한다.

쿠팡은 스마트스토어에 비하면 상위 노출에 있어서 카테고리 매칭이 유연한 편이긴 하지만, 그래도 상품의 정확한 카테고리에 등록해야 상위 노출에 유리하다. 카테고리를 선택할 때 판매하려는 상품과 일치하는지 반드시 확인하기 바란다.

스마트스토어에서는 카테고리를 잘못 매칭해서 등록하면 상위 노출이 될 수 없다. 스마트스토어는 아이템이 속한 정확한 카테고리에 등록해야만 상위 노출이 된다.

☆ 내 상품과 알맞은 카테고리 찾기

① 추천 카테고리에서 선택한다.

상품등록 시 상품명을 입력하면 '추천 카테고리'가 나타난다. 이것은 쿠팡이 제안하는 카테고리인데, 여기서 내 상품과 일치하는 카테고리를 선택하면 된다.

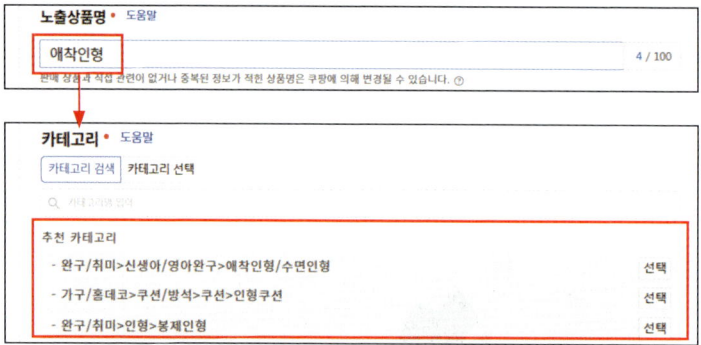

② 카테고리를 검색한다.

카테고리 입력창에 상품명의 키워드를 입력하면 연관성이 많은 자동완성 카테고리를 보여준다. 이것을 참조해 내 상품과 일치하는 카테고리를 선택하면 된다.

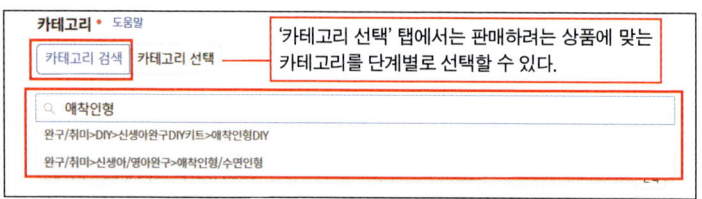

③ 카탈로그 매칭 상품을 참조한다.

내가 등록하고자 하는 상품과 동일한 상품이 이미 등록되어 있다면 노출상품명 입력 시 카탈로그 매칭 상품이 나타난다. 여기서 판매하고자 하는 상품과 동일한 상품을 선택하면 카테고리를 알 수 있다. 주의할 것은 이렇게 등록하면 이미 많은 판매자가 묶여 있는 아이템페이지에 등록된다. 늦게 등록하는 상품이 아이템위너가 되기가 쉽지 않다. 카탈로그 매칭 상품은 내 상품의 카테고리를 확인하기 위한 용도로만 사용하는 것이 좋다. 물론 아이템위너가 될 자신이 있으면 카탈로그 매칭 등록을 해 노출과 랭킹을 끌어올리면 좋다.

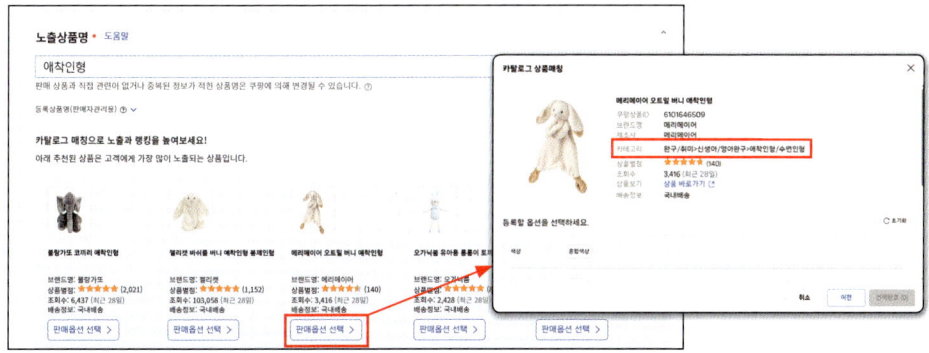

④ 쿠팡 상위 노출 상품의 카테고리를 확인한다.

쿠팡 검색창에서 상품명의 키워드를 검색한 후 상위 노출되고 있는 상품의 카테고리를 참조한다. 내 상품과 가장 연관성이 깊은 카테고리를 선택하면 된다.

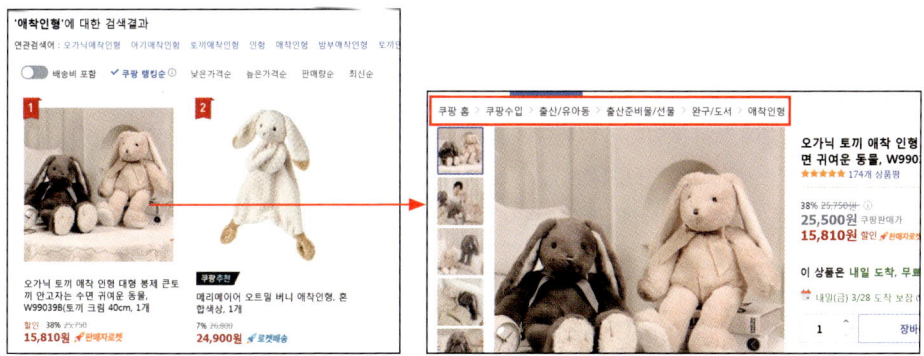

2 상품명

검색을 하면 쿠팡 알고리즘은 카테고리, 상품명, 구매옵션, 검색어(태그) 등 검색 적합도에서 키워드와 관련된 상품을 찾는다. 이러한 항목은 쿠팡 검색 알고리즘이 중요하게 여기는 SEO로, 이러한 것을 알고리즘에 맞게 잘 작성해야 검색에서 상위 노출될 수 있다. 이 중에서 판매자가 가장 신경 써서 작성해야 할 것이 상품명이다.

상품명은 상품목록페이지와 상세페이지에서 내 상품을 나타내는 이름이다.

쿠팡의 상품명은 '노출상품명'과 '등록상품명'이 있다. 노출상품명은 실제 판매 페이지에 노출되어 고객에게 보여지는 상품명이다. 등록상품명은 발주서에 사용되는 상품명으로, 고객에게는 보이지 않는 판매자 관리용 상품명이다. 등록상품명을 입력하지 않으면 노출상품명이 자동으로 입력된다.

☆ 상품명 작성 방법

노출상품명은 쿠팡에서 노출할 상품을 '**브랜드 + 제품명 + 상품군**'으로 조합해 만든다. 이것을 잘 만들어야 고객이 내 제품을 쉽게 찾을 수 있다.

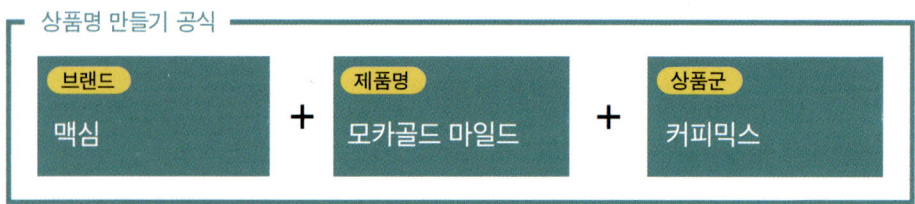

상품명 만들기 공식: 브랜드(맥심) + 제품명(모카골드 마일드) + 상품군(커피믹스)

① **브랜드**: 브랜드 또는 제조사 이름. 영문명은 한글로 표기한다.
② **제품명**: 옵션 정보를 포함하지 않은, 상품의 고유명사 또는 모델명
- 포장지 라벨에 적힌 품명에서 브랜드와 제조사, 옵션 정보를 제외한 나머지를 적는다.
  - 일동후디스 모유보감 → 모유보감
  - 동서식품 카누 콜롬비아 다크로스트 아메리카노 → 콜롬비아 다크로스트 아메리카노
③ **상품군**: 상품이 속한 카테고리 중 최하위 카테고리명
- 최하위 카테고리 이름이 어색할 때는 상품을 정의할 수 있는 다른 이름을 넣는다.

☆ 상품명 작성 유의사항

① 글자 수 최대 120자(공백 포함), 모바일 가독성 고려 80자 이내가 좋다.

② [표준 상품명 구조] 브랜드명 + 모델명/시리즈(해당 시) + 주요 상품 유형 + 핵심 특징/속성 + 사이즈/색상/수량(해당 시)
   - 브랜드명은 공식적이고 확인 가능한 것이어야 한다.(판매자 이름 또는 상점명은 불허.)

③ [금지된 특수문자] !, $, ?, _, {, }, ^, ¬, ¦, *, %, @, #, ~, &, [,], |, =, 또는 기타 비(非)영문자나 기호를 꾸밈이나 강조 용도로 사용할 수 없다.
   - 공식 브랜드명 또는 모델명에 실제 포함된 경우에만 예외적으로 허용(예: "M&M's").

④ [단어 반복] 특정 단어(일반적인 전치사, 관사, 접속사 등은 제외)는 두 번 초과 반복될 수 없다.

⑤ [금지된 내용 및 문구] 다음 중 어떠한 내용도 포함할 수 없다.
   - 프로모션 또는 주관적인 표현: "무료배송", "할인", "세일", "최저가", "특별가", "한정수량", "신규", "최신", "인기상품", "홈쇼핑 히트", "1+1 판매", "지금 구매"와 같은 홍보성 문구. 또한 "고급, 고품질, 공동포장, 균일가, 대박특가, 득템찬스, 마감, 막판특가, 매장운영, 모음전, 본사정품, 신상, 실속, 에디션, 예랑, 한정판매" 등과 같은 주관적 품질 평가나 판매자 홍보성 문구는 금지(단, 공식적인 상품 라인명인 경우는 예외).
   - 판매자 정보: 판매자의 개별 이름, 상점명 또는 내부 판매자 ID.
   - 배송 또는 기간 한정 정보: "당일출고", "국내발송", "묶음배송" 등 배송 관련 정보. "어린이날", "크리스마스", "어버이날", "기념일 특별" 등 특정 기간이나 이벤트 관련 문구(단, 공식적인 상품 시리즈명인 경우는 예외).
   - 내부 시스템 용어/플레이스홀더: 1개, null, 없음, 속성없음, 대상없음 등 상품과 직접 관련 없거나 의미 없는 단어.

⑥ [꾸밈을 위한 서식 사용 금지] 과도한 구두점, 기호 또는 비표준적인 공백을 사용하여 상품명을 꾸밀 수 없다.(예: !!!상품!!!, --- 상품명 ---, << 사이즈 아동 XXS >>)

⑦ [숫자 표기] 숫자는 항상 아라비아 숫자로 표기한다.(예: "두 개" 대신 "2개")

⑧ [언어 및 문자] 상품명은 한국어로 반드시 작성해야 한다.
   - 브랜드명 또는 국제적으로 통용되는 상품 특징에 한해 영어 허용
   - 표준 단위의 경우 측정 단위는 영문으로 기재한다.(예: cm, m, ml, l, g, kg 등)
   - 지원되지 않는 다른 언어 문자(예: 중국어 간체, 일본어, 아랍어 등)는 상품명에 포함할 수 없다.

⑨ [지적 재산권] 제3자의 상표권 또는 지적 재산권을 침해하는 상품명(예: 무단 브랜드명, 저작권이 있는 문구)을 사용할 수 없다.

☆ 경쟁력 있는 상품명 만들기

상품명은 유의사항을 준수하면서 기본적으로 '브랜드 + 제품명(모델명) + 상품군'을 조합해 작성하면 된다. 그런데 이렇게만 작성하면 동종의 상품을 파는 판매자의 상품명은 거의 같아서 변별력이 없을 것이다.

검색에서 타 판매자의 상품보다 내 상품이 더 상위에 노출되어야 판매가 된다. 그러려면 고객이 검색할 만한 키워드를 찾아내어 상품명에 넣어야 한다. 가장 좋은 방법은 타 판매자들은 사용하지 않은 키워드를 알아내어 나만 사용한다면 고객이 그 키워드로 검색했을 때 내 상품이 상위 노출 1위가 될 것이다. 하지만 이런 키워드를 찾기란 현실적으로 불가능한 일이다. 판매자 누구나 이런 키워드를 찾아 혈안이 되어 있고, 키워드 서치를 하는 방법이나 툴들도 거의 비슷하기 때문이다. 그래도 끊임없이 서치를 해서 정말 타 판매자들이 많이 사용하지 않는 좋은 키워드를 찾아내어 내 상품명에 사용한다면 그것은 바로 매출로 이어진다. 그래서 판매자는 일상 속에서 늘 키워드를 서치해야 한다.

① **세부 키워드를 적절히 사용한다.**

'브랜드 + 세부 키워드 + 제품명 + 세부 키워드 + 상품군 + 세부 키워드' 등으로 조합한다.
- 리스테린(브랜드) 내추럴 시트러스(제품명) 구강청결제(상품군) 입냄새제거(세부 키워드) 휴대용가글(세부 키워드)

② **상품을 쉽게 알아볼 수 있도록 어순에 맞게 작성한다.**

고객이 무슨 상품인지 쉽게 알아볼 수 있도록 어순에 맞게 키워드를 조합한다.
- 샤오미 20000mAh 보조배터리 화이트
- 라우드 여성용 노엘 코트

③ **중복된 키워드는 생략한다.**

키워드를 중복해서 사용하지 않는다.
- 여성 봄자켓 경량자켓 슬림핏 간절기자켓 → 여성 경량 슬림핏 간절기 봄자켓

④ **띄어쓰기를 적용한다.**

쿠팡 상품명은 띄어쓰기를 적용해 작성한다.
- 튼튼한˅손잡이˅미니˅에코백˅부직포˅가방

3 구매 옵션

구매 옵션은 쿠팡 검색 알고리즘에서 카테고리, 상품명, 검색어와 함께 검색 키워드로 사용된다.

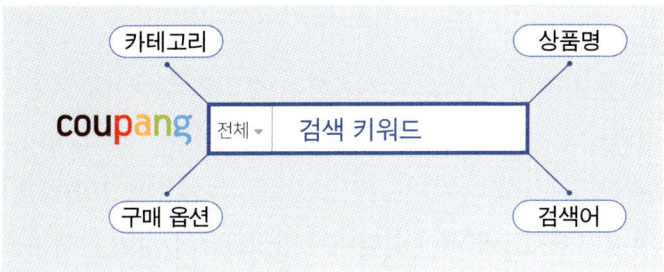

구매 옵션은 고객이 상품을 구매할 때 선택하는 정보로, 상품등록 시 '옵션' 항목에서 설정한다. 옵션 유형은 카테고리에 따라 다르다. 옵션값은 직접 입력하거나 드롭다운 메뉴에서 선택한다.

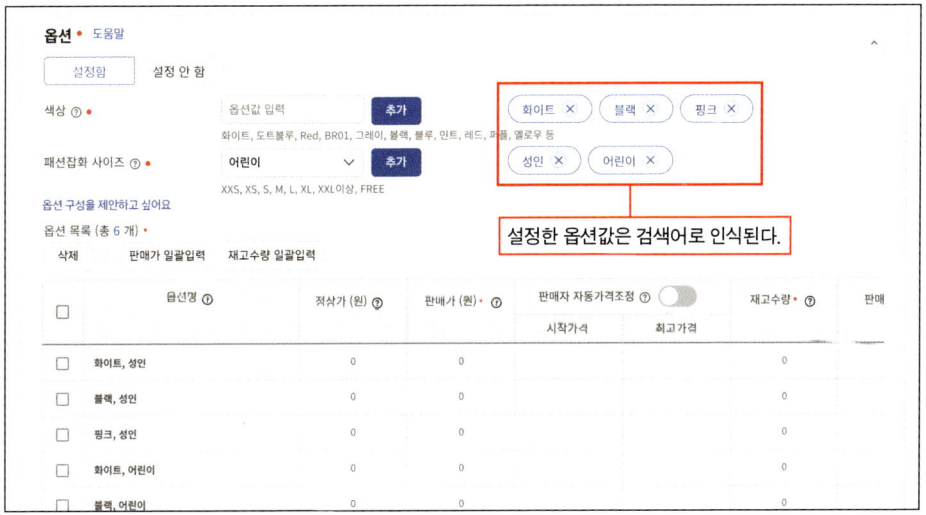

옵션은 쿠팡 검색엔진에서 검색 정보 또는 필터 검색으로 쓰여, 고객이 내 상품을 더 잘 찾을 수 있게 도와준다. 고객이 '원피스'를 검색하면 쿠팡에는 너무나 많은 상

품이 있다. 그만큼 노출은 쉽지 않다. 그런데 분홍 원피스를 사기 위해 '핑크 원피스'를 검색할 수도 있다. 그럴 때 내 상품의 옵션에 핑크가 있다면 상위에 노출될 확률이 높다. 그만큼 경쟁상품이 적기 때문이다.

4 검색 옵션

검색 옵션은 상품 검색 시 필터로 사용되는 정보로, 검색어로 자동 설정된다. 상품등록 시 '검색필터'에서 설정하는데, 카테고리에 따라 옵션 유형이 다르다. 옵션 값을 직접 입력하거나 드롭다운 메뉴에서 선택할 수 있는데, 드롭다운 목록이 있는 경우는 반드시 목록에서 선택해야 필터에서 검색된다. 설정한 검색옵션은 상세페이지에 노출된다.

검색 옵션은 필터 정보로 사용되므로 상품이 정확하게 노출되는 데 도움을 준다. 고객은 검색 옵션을 통해 조건에 맞는 상품을 빠르게 찾는다.

쿠팡 고객은 검색 결과에서 필터를 적극 활용한다. 필터를 이용해 조건을 좁혀 가면서 원하는 상품을 찾는다. 따라서 검색 옵션을 정확히 입력해 주면 고객이 내 상품을 찾을 수 있는 확률이 훨씬 높아진다.

5 검색어(태그)

검색어는 판매 상품과 연관되는 단어를 말한다. 상품등록 시 '검색어' 항목에서 내 상품과 연관 있는 단어를 등록해 상품이 더 잘 검색되도록 할 수 있다. 등록한 모든 검색어가 쿠팡 검색에서 사용되는 것은 아니다.(부적합 검색어는 수정/삭제한다.)

검색어는 흔히 '태그'라고 하는데, 쿠팡은 태그도 검색어 정보로 반영한다. 최대 20개까지 최대한 많이 입력하는 것이 좋다.

☆ 검색어 찾기

① 검색어는 '카테고리', '상품명', '구매 옵션'과 조합되는 키워드를 설정하면 좋다.

- 고객이 어떤 단어로 검색할지를 생각해 본다. 검색어를 등록하면 검색어 조합이 늘어나 그만큼 많은 검색에서 상품이 노출될 기회가 생긴다.

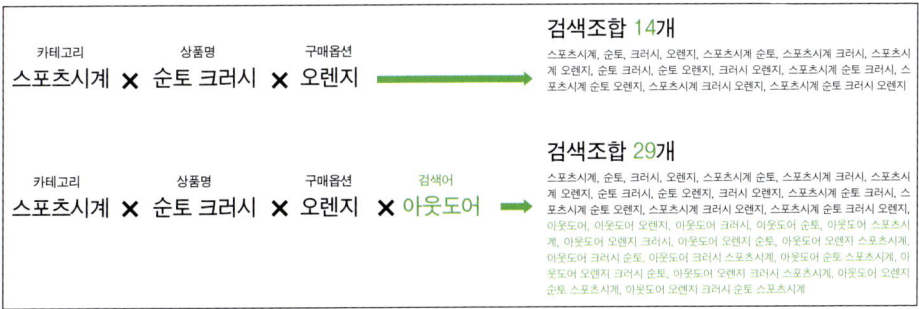

② 자동완성검색어와 연관검색어에서 찾는다.

1. 브랜드, 제품명, 상품군, 특징 등을 입력해 보면서 자동완성검색어와 연관검색어를 찾는다.

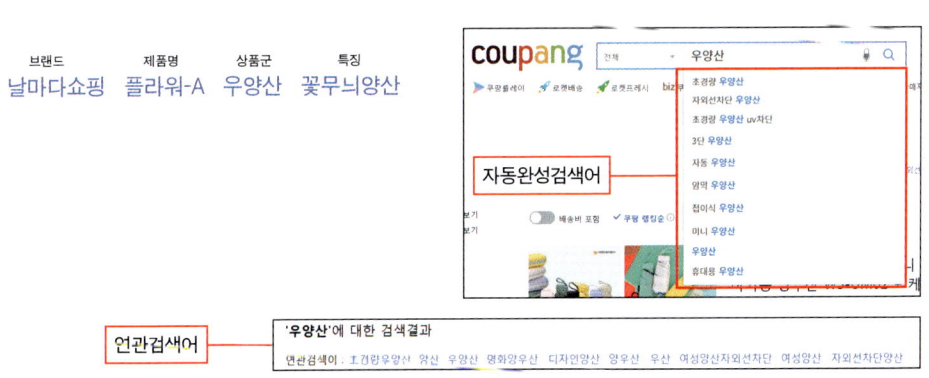

2. 유사어 및 연관성 있는 단어를 검색창에 입력해 보면서 자동완성어와 연관검색어를 찾는다.

3. 찾은 자동완성어와 연관검색어에서 내 상품과 관련 있는 단어만 검색어에 등록한다.

③ 형태, 소재, 스타일 등에서 검색어를 찾아 추가한다.
- 스키니 진, 라운드 티, 댄디룩, 핸드메이드, UV코팅, 입학식 등 상품 관련 단어

☆ 검색어 입력 유의사항

① 상품명, 카테고리명과 중복해서 사용할 필요 없다.
② 띄어쓰기 적용 단어와 띄어쓰기 미적용 단어를 중복으로 쓸 필요 없다.
- 노루 페인트, 노루페인트 → 노루 페인트만 입력
③ 연관성 없는 단어, 확인하기 어려운 단어는 쓰지 않는다.
④ 같은 단어 조합을 순서만 바꿔 중복으로 쓰지 않는다.
- 가을 패딩, 기모 패딩, 가을 기모 패딩, 패딩 가을 기모 → 가을, 기모만 입력
⑤ 상품을 수식하는 말과 상품명은 띄어 쓴다.
- 예쁜꽃무늬양산 → 예쁜 꽃무늬 양산
⑥ 브랜드와 제품명은 띄어 뜬다.
⑦ 슬래시(/) 사용할 때 단어를 생략하지 않는다.(워킹/런닝화 → 워킹화/런닝화)
⑧ 배송 관련 문구는 쓰지 않는다.(무료배송, 로켓배송 등)

6 무료배송

고객은 무료배송을 선호한다. 때문에 쿠팡 검색 알고리즘은 무료배송 여부를 상위 노출에 반영하고 있다. 또 아이템위너를 선정할 때도 무료배송은 평가 대상이 된다. 이러한 것을 고려하면 판매자는 배송비를 판매가에 녹여내는 방식으로 해 무료배송 전략으로 가는 게 좋다. 무료배송이 부담스럽다면 '조건부 무료배송'으로 판매 객단가를 높이는 방법도 있지만, 조건부 무료배송은 '무료배송' 필터 검색에 노출되지 않는다.

쿠팡의 검색 결과에서 '무료배송' 필터는 최상단에 있다. 그만큼 무료배송 필터를 이용하는 고객이 많다는 뜻이다.

쿠팡에서 판매를 하려면 무료배송으로 판매하는 것이 좋다. 배송비를 판매가에 녹이는 전략이나 마진을 줄이는 전략으로 무료배송을 해야 상위 노출에 유리하고, 그래야 판매가 일어난다. 실제로 쿠팡에서 상위 노출 되고 있는 대부분의 상품이 무료배송이다.

1.5 상품 정보 충실도

상품 정보 충실도는 쿠팡의 등록 기준에 맞게 정확하게 등록된 상품인가를 보는 것이다.

1 상품등록 SEO

상품명, 카테고리, 옵션, 검색필터, 검색어, 상품 주요 정보 등을 쿠팡의 등록 SEO에 맞게 등록했는가를 본다. 앞의 검색 정확도 등록 기준에 맞게 등록하면 된다.

'브랜드'는 검색 알고리즘이 참조하는 항목으로, 상품명이나 검색어 등에 입력되어 있더라도 '상품 주요 정보'의 '브랜드'에 입력되어 있어야 한다.(브랜드는 필수 입력 항목이다.) 입력 시 추천 브랜드가 있으면 선택하고, 없으면 직접 입력하면 된다.

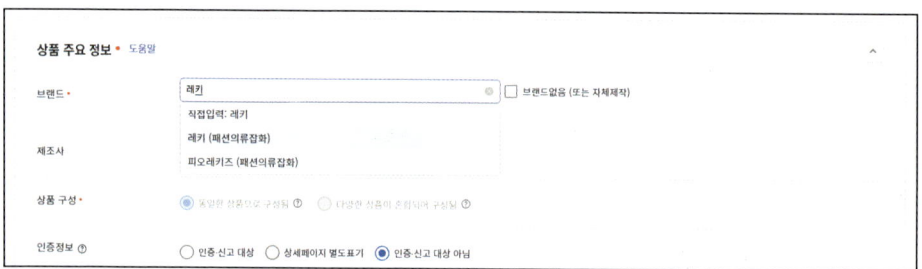

상품 주요 정보의 '브랜드'에 브랜드명이 정확하게 입력되어 있으면 상품명에 브랜드명이 없어도 검색에서 노출되고, 상품명에 브랜드명이 있으면 '필터'의 브랜드에서 브랜드명을 선택했을 때에도 노출된다. 만일 상품명에 브랜드명이 없으면 이때는 노출되지 않을 수 있다. 따라서 브랜드는 '상품명'과 상품 주요 정보의 '브랜드'에 모두 다 입력하면 노출의 기회를 더 확대할 수 있다.

2 배송예정일 준수

배송예정일(도착예정일)은 결제완료일 기준으로 **출고소요일 + 배송소요일**로 계산되어 상품 상세페이지에 표시된다.

구분	내용	국내상품	국내상품 (도서산간)	해외배송상품
출고소요일	고객 주문 후 판매자가 상품을 발송할 때까지 걸리는 기간	- 일반배송, 신선냉동일 경우: 1~7일 - 주문제작, 구매대행, 설치배송 및 판매자 직접 전달일 경우 : 1~20일		
배송소요일	상품을 발송한 때부터 배송이 완료될 때까지 걸리는 기간			
배송예정일	상품이 고객에게 배송되는 날짜	출고소요일 +1일	출고소요일 +3일	출고소요일 +6일

판매자는 상품등록 시 설정한 출고소요일을 지키는 것이 중요하다. 출고소요일을 준수하지 못해 배송이 늦어지면 쿠팡에서는 상품 정보를 충실하게 작성하지 않았다고 보고 판매자점수를 하락시킨다. 이는 노출에 좋지 못한 영향을 미친다.

국내 배송 상품은 출고소요일만 잘 지키면 페널티는 없다. 배송사의 집화 처리가 출고소요일 이내면 정시 출고로 본다. 출고소요일만 잘 지켰다면 배송예정일보다 배송이 늦어져도 그것은 판매자의 잘못이 아니라 배송사의 문제로 본다. 해외배송 상품은 출고소요일에 상관없이 배송예정일만 준수하면 된다.

판매자는 상품등록 시 실제로 가능한 출고소요일을 입력해야 한다. 또 주문 확인이 늦어져 출고소요일을 지키지 못하는 일이 없도록 해야 한다.

☆ 판매자 점수 관리

판매자 점수는 **주문이행, 정시출고완료, 정시배송완료, 24시간 내 답변** 이 4가지 요소를 측정해 점수로 환산한 것이다. 각 항목의 점수가 일정 기준 이하로 떨어지면 주의 또는 경고 조치한다.

내 판매자 점수는 판매자정보 → 판매자점수에서 확인할 수 있다.

① 주문이행

전체 주문 옵션ID 중에서 취소되지 않고 배송을 완료한 주문을 평가한다.
판매자 귀책의 취소는 점수가 낮아지고, 고객 사유로 인한 취소는 평가에서 제외된다.

② 정시출고완료

출고예정일 내에 출고한 주문을 평가한다.
택배사에서 운송장을 처음 스캔한 시간을 기준으로 출고 여부를 확인한다.

③ 정시배송완료

배송예정일 내에 배송을 완료한 주문을 평가해 배송예정일이 잘 지켜지고 있는지를 측정한다.
배송예정일보다 지연 배송, 지연 중인 주문이 있으면 점수가 낮아진다.
휴무일 및 도서산간 미설정, 배송직원 착오, 스캔 누락 등 택배사 사유의 지연도 반영된다.
국내 배송 상품은 참고지표로만 보고, 점수 하락으로 인한 페널티는 부과하지 않는다.

④ 24시간 내 답변

고객의 상품문의를 24시간 이내 답변한 수를 평가한다.
24시간 내에 상품문의 답변이 없을 경우 점수가 낮아진다.(주말, 공휴일, 판매자 휴무일 제외)
로켓배송, 로켓그로스 상품의 고객 문의는 쿠팡에서 답변한다.

판매정지 평가항목의 점수가 저조하면 판매 자격이 제한될 수 있으니 주의해야 한다. 국내 배송 상품은 '주문이행'과 '정시출고완료'를 평가하고, 해외배송 상품은 '주문이행'과 '정시배송완료'를 평가한다.

판매자점수 평가항목	배송방법별 구분	
	국내배송	해외배송
정시출고완료	○	×
정시배송완료	×	○
주문이행	공통 평가 항목	
24시간 내 답변	* 페널티 평가 항목은 아니지만 24시간 내 답변이 완료되지 않을 경우, 판매에 영향이 있을 수 있으므로 관리가 필요하다.	

3 고객 문의 답변

고객 문의에 대한 답변은 최대한 빨리, 24시간 내에 하는 것이 좋다. 페널티 항목은 아니지만 판매자를 평가하는 참고 지표로, 판매자 점수에 영향을 미친다.

상품 문의에 대한 '24시간 내 답변'이 95점 이상이 되도록 해야 한다. 이 점수보다 하락해도 판매 자격이 제한되는 것은 아니지만, 상위 노출을 위해서는 높은 수준의 점수를 유지하는 것이 좋다. 고객관리 → 고객문의에서 확인 및 답변을 할 수 있다.

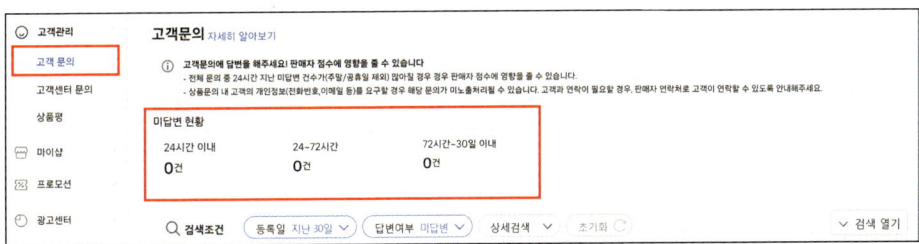

2 쿠팡 상위 노출의 핵심 전략

쿠팡에서 상위 노출을 하기 위해서는 앞서 이야기한 쿠팡 랭킹 알고리즘에서 좋은 점수를 받을 수 있도록 해야 한다. 즉 다음과 같이 요약할 수 있다.

> 쿠팡 랭킹순은 판매 실적, 고객 선호도, 상품 경쟁력 및 검색 정확도 등을 종합적으로 고려한 것이다.

검색 정확도 높이기

고객이 키워드 검색을 하면 쿠팡 알고리즘이 내 상품이 잘 찾을 수 있도록 검색 정확도가 높게 상품을 등록해야 한다. 즉 쿠팡 알고리즘이 원하는 카테고리, 상품명, 검색어, 검색필터, 무료배송 정보를 정확하고 충실하게 입력해야 한다. 이것이 상위 노출을 위한 첫 번째 작업이다.

클릭수 높이기

내 상품의 리뷰수, 클릭수 등 인기도 점수를 높여야 한다.

리뷰수는 판매가 전제되므로, 판매 전까지 판매자가 할 수 있는 일은 없다. 많이 파는 수밖에 없다.

상품을 많이 팔려면 우선 고객 검색 키워드에 내 상품이 노출되어야 한다. 클릭수를 높이려면 고객이 많이 검색하는 키워드를 상품명, 검색어 등에 설정해 상품이 키워드에서 노출되게 해야 한다. 즉, 고객을 내 상품페이지로 유입시켜 검색어 유입 점수를 높이는 것이다. 쿠팡은 유입 키워드가 많을수록 랭킹 점수를 더 좋게 주므로, 다양한 키워드에서 클릭수를 높이는 것이 상위 노출의 필수 조건이다.

고객이 많이 찾는 키워드는 쿠팡에서 키워드 입력 시 나타나는 '자동완성 검색어'와 '연관검색어'를 참고하면 된다. 자동완성 검색어 중 내 상품과 관련된 키워드는 빠짐없이 사용해 상품을 등록한다.

판매 실적 높이기

이렇게 고객이 상품페이지로 유입되면 가격, 상세페이지, 리뷰 등을 살펴보고 구매한다. 쿠팡 랭킹 알고리즘에서 판매 실적이 큰 비중을 차지한다. 검색 정확도나 리뷰는 대부분 판매자가 잘 설정할 수 있으므로, 결국 판매 실적이 좋아야 상위 노출된다. 판매는 상위 노출의 지름길이다. 검색 노출과 클릭수가 높아도 구매로 이어지지 않으면 불리하다. 따라서 판매자는 가격, 상세페이지, 할인쿠폰, 무료배송 등의 판매 전략으로 상품의 구매전환율을 높여야 한다.

02 쿠팡 마켓플레이스 상품 등록하기

1 상품 등록하기

　네이버는 검색 기반으로 제품을 노출하는 반면, 쿠팡은 사용자 데이터를 이용해 관련도 높은 제품을 노출시킨다. 이 때문에 쿠팡은 같은 키워드로 검색해도 사용자마다 다른 결과와 추천 제품을 보여주며, 네이버보다 상품 노출 확률이 다소 높아 판매도 잘 일어나는 경향이 있다.(2024년 10월 30일부터 네이버 쇼핑도 사용자 맞춤 서비스인 네이버플러스 스토어를 운영하고 있다.)

　쿠팡에는 '로켓배송', '판매자로켓(로켓그로스)', '판매자배송(마켓플레이스)' 3가지 판매 방식이 있다.

　로켓배송은 쿠팡이 직접 제품을 매입해 판매하는 방식이다. 판매자로켓(로켓그로스)은 판매자가 쿠팡풀필먼트 창고에 제품을 입고하면, 쿠팡이 로켓배송처럼 배송·반품·관리를 대행한다. 판매자배송은 일반 오픈마켓처럼 주문 시 판매자가 직접 택배로 배송하는 방식이다.

　쿠팡 판매자로 가입하면 판매자관리시스템인 쿠팡 WING에서 판매자배송과 로켓그로스 방식으로 판매 활동을 할 수 있다.

① 쿠팡윙에서 상품관리 → 상품 등록을 클릭한다.

② [매칭 및 판매 방식 선택] 카탈로그 매칭하기로 등록하고자 할 때는 '매칭할 상품 찾기'를 클릭한다. 직접 등록하고자 할 때는 '직접 등록할게요'를 클릭하거나 그냥 두면 된다.

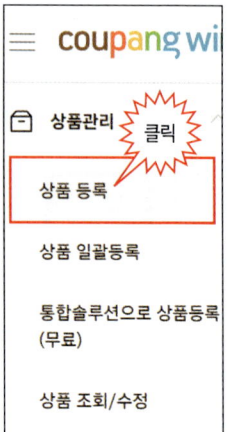

카탈로그 매칭하기

'카탈로그 매칭하기'는 기존 판매자의 상품에 내 상품을 매칭해 판매하는 것으로, 기존 판매자보다 가격을 낮추면 '아이템 위너'가 될 수 있다. 아이템 위너는 판매자 간 경쟁을 통해 더 낮은 가격을 유도하고 최저가 판매를 장려하는 기능이다. 이것을 잘 이용해 내가 더 낮은 가격으로 공급이 가능하면 카탈로그 매칭으로 판매하는 것도 좋다. 하지만 초보 셀러가 최저가를 만들어 판매하기에는 어려움이 많을 것이다.

쿠팡에서 아이템 위너가 되지 않으면 판매를 기대하기가 어렵다. 내 제품이 브랜드가 아니라면 브랜드 제품과 매칭하면 안 된다. 브랜드 제품인지는 사전에 특허정보검색서비스 '키프리스'(http://www.kipris.or.kr/)에서 찾아봐야 한다.

카탈로그 매칭하기로 등록하고자 한다면 매칭할 상품 찾기를 클릭한 후 팝업창에서 내가 팔고자 하는 상품을 검색한다. 검색 결과에서 판매옵션 선택을 클릭한다. 판매하고자 하는 상품과 같은 옵션의 상품을 선택하고 선택완료를 클릭한다. 그러면 노출상품명과 카테고리가 매칭한 상품과 같은 것으로 설정된다. 이후 '옵션', '상품이미지', '상세설명' 등의 과정은 자신의 상품에 맞게 수정 및 설정하면 된다.

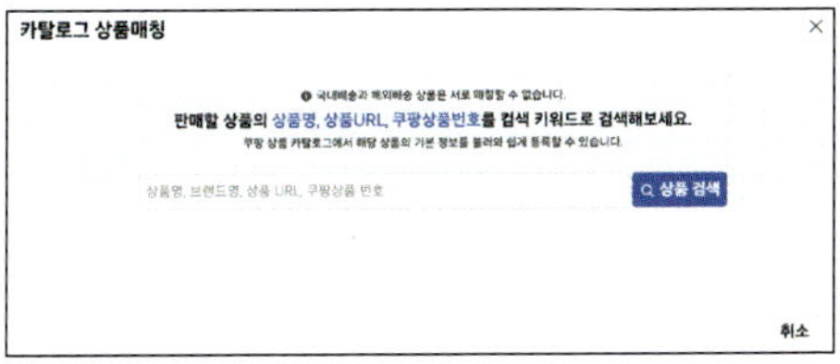

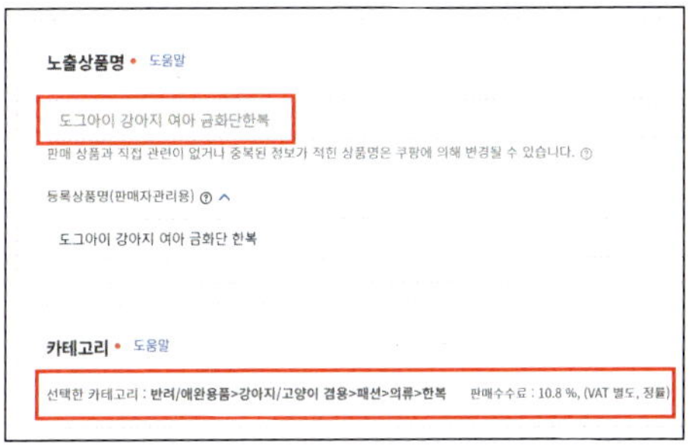

판매 방식 선택

판매 방식은 '판매자배송'과 '로켓그로스'가 있다. 쿠팡은 로켓배송과 로켓그로스 상품이 잘 팔린다. 따라서 로켓그로스를 진행할 수 있다면 2가지 판매 방식을 모두 체크하는 것이 좋다. 로켓그로스를 체크하면 상품등록 과정에서 상품 물류/입고 정보 설정이 추가된다.(로켓그로스는 판매자배송 등록 완료 후 해도 되고, 별도로 등록해도 된다.)

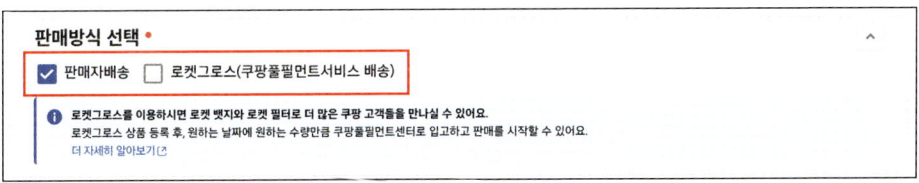

③ 노출상품명과 등록상품명을 입력한다.

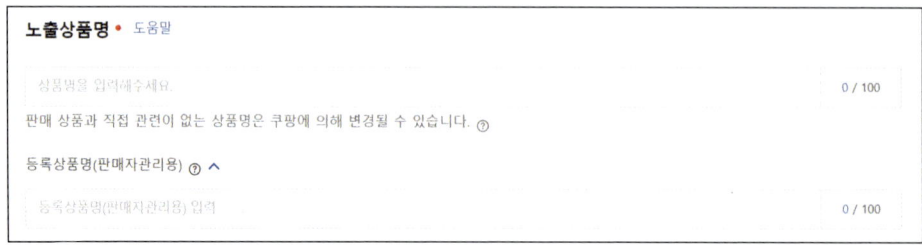

→ 노출상품명은 고객에게 보여지는 상품명이다. 스마트스토어와 비슷한 방법으로 지으면 되지만 쿠팡은 옵션이 상품명 뒤에 노출되기 때문에 옵션명은 제외하고 지어야 한다. [제품명 + 옵션명]으로 설정되기 때문에 상품명에 옵션명은 넣지 않는다.

④ 카테고리를 설정한다.

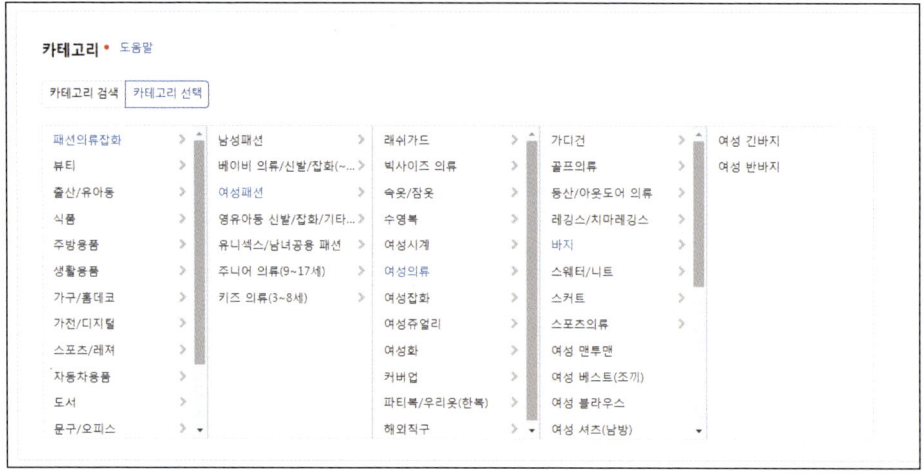

→ '카테고리 검색'에서 카테고리명을 입력해 검색해도 되고, '카테고리 선택'을 클릭해 대-중-소-상세 카테고리로 단계별로 선택해도 된다.

⑤ 옵션을 설정한다.

→ 옵션은 고객이 상품을 구매할 때 선택하는 정보로, 옵션은 쿠팡 검색엔진에서 검색 정보 또는 필터 검색으로 쓰인다.

→ 등록하려는 상품의 카테고리에 따라 등록 타입이 다를 수 있다.

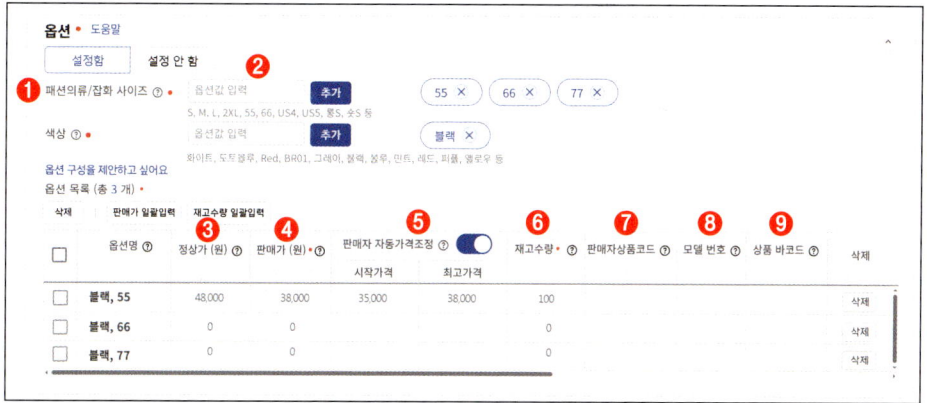

① **옵션명**: 상품 카테고리에 따라 추천 옵션명이 나타난다.
② **옵션값**: 옵션명에 맞는 옵션값을 입력하고 추가를 클릭하면 옵션값이 표시된다.
③ **정상가**: 할인 적용 전의 상품 정상가. 정상가와 판매가를 기준으로 할인율이 계산되어 상품 페이지에 표시된다. 고객은 할인이 많이 된 상품을 선호한다.
④ **판매가**: 실제 판매 가격. 최소 10원 단위로 입력한다.
⑤ **판매자 자동가격조정**: 초보 셀러는 꺼주는 것이 좋다. 판매자가 지정한 가격 범위 내에서 매출 기회를 극대화할 수 있도록 쿠팡 알고리즘이 자동으로 가격을 조정하는 기능인데, 마진율이 너무 낮은 제품은 가격 조정에 의해서 손해를 볼 위험이 있다.
⑥ **재고수량**: 판매 가능한 재고수량 입력(0~99,999까지)
⑦ **판매자상품코드**: 판매자가 자체적으로 관리하는 상품코드를 입력한다. 발주서에 출력된다.
⑧ **모델 번호**: 제품의 품번 또는 모델명을 입력한다.
⑨ **상품 바코드**: GTIN-8, GTIN-13, GTIN-14, UPC-A, ISBN 등 표준상품코드를 입력한다.

⑥ 상품 이미지를 등록한다.

→ 상품 이미지는 2가지 방법으로 업로드할 수 있다. PC에 있는 사진을 직접 업로드하는 것과 이미지 호스팅 서버에 이미지를 올려놓고 URL로 등록하는 것이다.

'+' 버튼을 클릭해 PC에 있는 이미지를 등록할 수 있다. '이미지 URL주소로 등록'을 클릭하면 URL 주소를 넣어 이미지를 등록할 수 있다. 이미지 호스팅 서브에 이미지를 올려놓았다면 이미지 URL을 복사해 붙이면 된다. 이렇게 할 경우 호스팅 서버에 올라가 있는 이미지를 수정하면 여러 플랫폼에 등록해 놓은 이미지가 일괄적으로 변경된다.

⑦ 상품 상세설명을 작성한다.

① **이미지 업로드**: 만들어둔 상세페이지를 업로드하면 끝이다. '이미지 추가'와 함께 '텍스트 (HTML) 추가'를 통해 이미지와 텍스트를 업로드하면 된다.

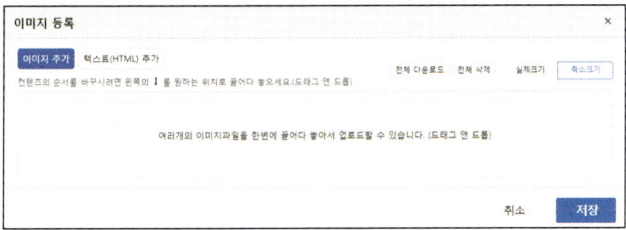

② **에디터 작성**: 에디터 기능을 이용해 유튜브에 있는 동영상을 쉽게 업로드할 수 있다.
③ **HTML 작성**: 이미지 호스팅으로 업로드하려면 [HTML 작성]으로 코드를 넣어주면 된다.

쿠팡에 유튜브 동영상 업로드하기

1 유튜브 영상에서 공유 → 퍼가기를 누르면 화면 오른쪽에 iframe 태그가 나타난다. 복사를 클릭해 이 코드를 복사한 후 쿠팡윙 상품등록 화면으로 돌아온다.

2 상세설명에서 [에디터 작성] 탭을 클릭한 후 [html]을 클릭한다. 팝업창에 복사한 소스 코드를 붙여넣고(Ctrl+V) 저장을 클릭하면 유튜브 화면이 등록된다.
상품과 관련된 짧은 동영상이 있다면 유튜브에 업로드해 두고 쿠팡 상세페이지 상단에 노출시키면 좋다.

⑧ 상품 주요 정보를 입력한다.

① **브랜드**: 브랜드명이 있다면 입력해 주고 없으면 '브랜드 없음'을 체크한다.
② **제조사**: 제조사를 모를 경우 '○○○(쇼핑몰명) 협력업체'라고 입력한다.
③ **인증정보**: '인증·신고 대상'이면 인증 종류를 선택하고 인증번호를 입력한다. 대상이 아니면 '인증·신고 대상 아님'을 선택한다.
④ **인당 최대구매수량**: 특정 기간 동안 구매할 수 있는 최대 수량을 설정할 수 있다.
⑤ **부가세**: 부가세 면세 상품이면 면세를 체크한다.

⑨ 판매 상품과 연관 있는 검색어를 입력한다. 소비자가 상품과 관련해 검색할 만한 단어를 넣어준다.

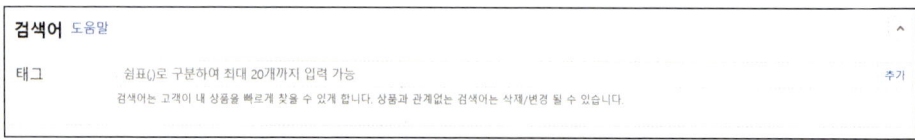

⑩ 검색필터는 상품 검색 시 필터로 사용되는 옵션이다. 상품의 속성값으로 제품의 색상, 크기, 스펙 등 디테일한 사양을 입력하면 된다.

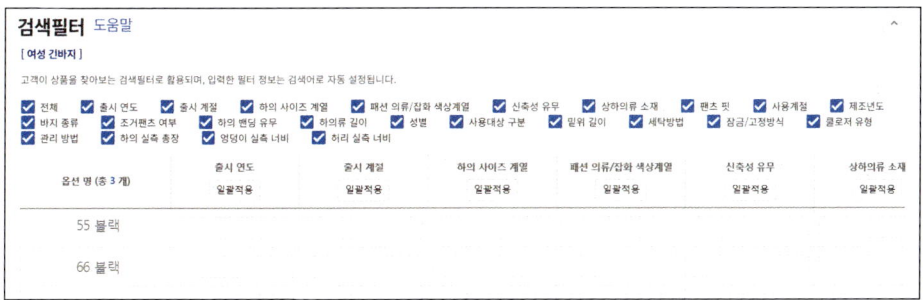

⑪ [상품정보제공고시] 카테고리별 상품에 대한 법적 정보고시를 입력한다. 상세페이지에 고시정보가 있는 경우 '상품 상세페이지 참조'를 체크하면 된다.

⑫ 판매 상품의 적법성과 그를 입증하는 증빙서류를 업로드한다. 구비서류는 카테고리별로 다를 수 있으며, 필수 지정 항목은 반드시 업로드해야 상품이 등록된다. 해당 사항이 없으면 넘어가면 된다.

⑬ 배송 정보를 입력한다.

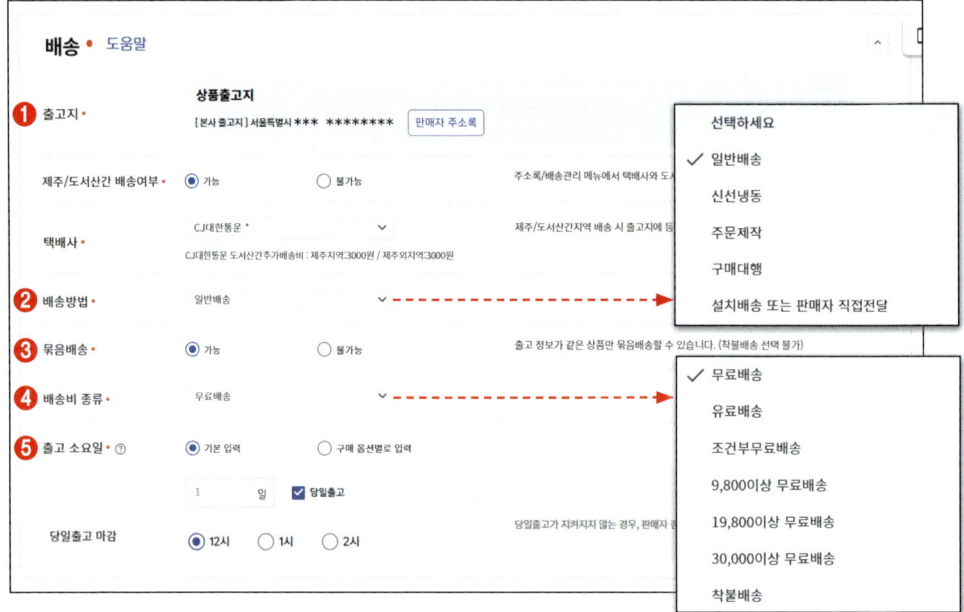

① **출고지**: 상품출고지를 선택한다. 판매자 주소록을 클릭해 출고지를 추가 및 선택할 수 있다.
② **배송방법**: 배송 방법을 선택한다.
③ **묶음배송**: 합배송이 가능한 다른 제품들이 있다면 '묶음배송' '가능'을 체크하면 다른 제품들과 함께 배송이 가능하다. 출고 정보가 가능한 상품만 가능하다.
④ **배송비 종류**: 무료배송, 유료배송 등 배송비 종류를 선택한다.
⑤ **출고소요일**: 출고소요일을 설정한다. '당일출고'를 체크하면 출고 마감시간을 설정할 수 있다. '구매 옵션별로 입력'을 선택하면 옵션별로 출고 소요일과 당일출고 시간을 설정할 수 있다.

⑭ **판매자 주소록**을 클릭해 반품/교환지를 선택하고 반품 배송비를 설정한다.

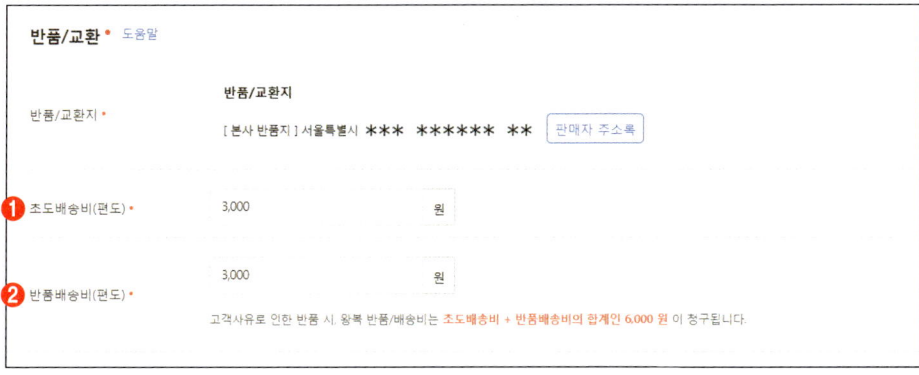

① **초도배송비(편도)**: '무료배송'인 경우 반품 시 고객이 지불해야 하는 배송비를 입력한다. 반품 배송비에 합산되어 노출된다.(예: 왕복배송비 = 초도배송비 + 반품배송비)

② **반품배송비(편도)**: 편도 반품배송비를 입력한다.

⑮ 앞서 '판매방식 선택'에서 '로켓그로스(쿠팡풀필먼트서비스 배송)'도 선택했다면 '로켓그로스 – 상품 물류/입고 정보' 설정 항목이 나온다. 여기서 입력해도 되고 나중에 로켓그로스 입고 생성 페이지에서 해도 된다.

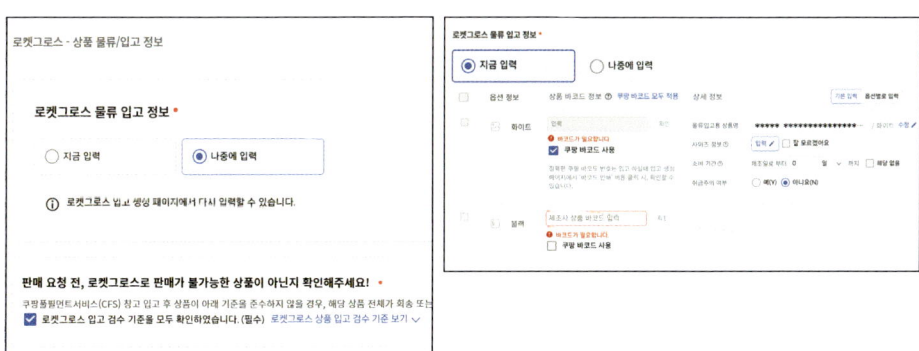

⑯ **판매요청**을 클릭하면 상품이 등록된다.

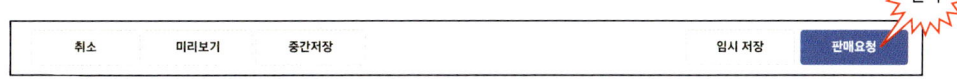

❷ 상품 일괄 등록하기

엑셀 파일 업로드 방식으로 한꺼번에 여러 상품을 등록할 수 있다.

① **상품등록→상품 일괄등록→상품 일괄등록(엑셀) 업로드 요청**에서 등록할 상품 타입과 카테고리를 선택한다.(여러 개 선택 가능) **선택한 카테고리로 엑셀파일 다운로드** 버튼을 클릭해 엑셀 파일을 다운로드한다.(상품등록 시 최신 버전을 다운받아 사용해야 한다.)

① **이미지(파일) 업로드하기**: 다운받은 엑셀 파일에는 대표 이미지, 추가 이미지, 상세설명 이미지 등 이미지 파일의 파일명을 기재해야 한다. 이미지 주소(URL)가 있는 경우 직접 엑셀 파일에 입력하면 된다. 이미지 주소가 없는 경우 **이미지(파일) 업로드하기**를 클릭해 이미지를 업로드한 후 파일명을 복사해서 엑셀 파일에 입력하면 된다.

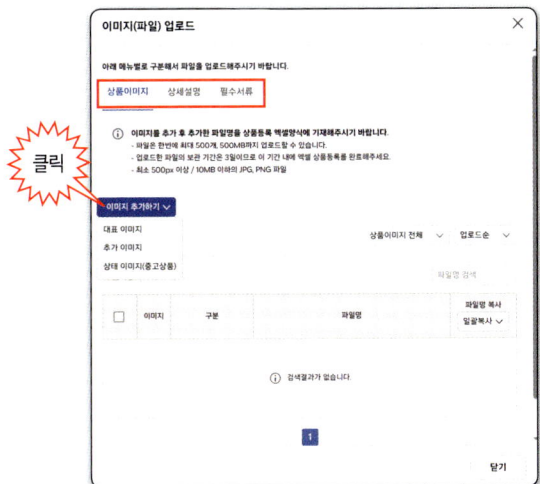
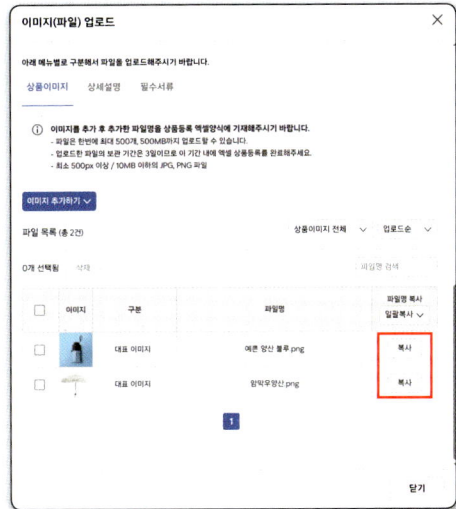

② 다운로드한 엑셀 파일을 열어 메시지 표시줄의 '콘텐츠 사용'을 클릭해 매크로를 활성화한 후, 각 필드에 맞는 값을 입력하고 저장한다.

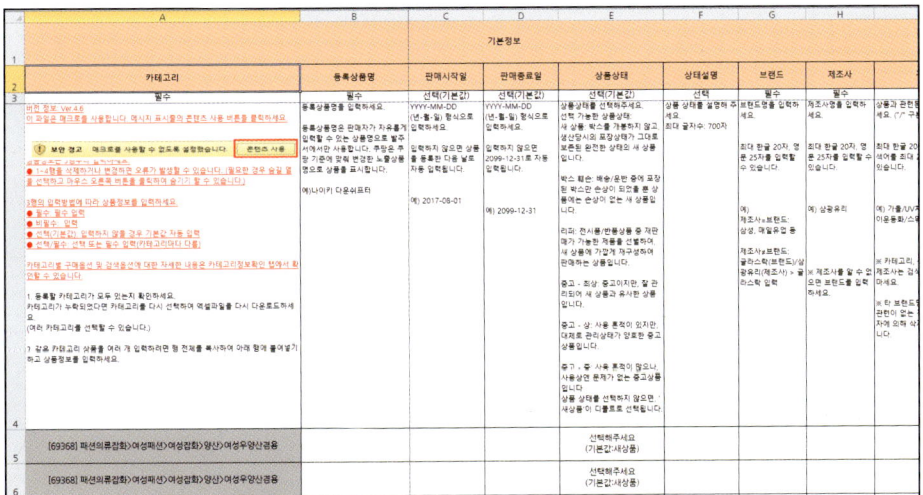

→ 필수 입력은 반드시 입력해야 한다. 기본정보, 구매옵션, 검색옵션, 구성정보, 고시정보, 이미지, 상품 상세설명, 구비서류 등 상품등록에 필요한 정보를 입력한 후 저장한다. 이미지는 '이미지 업로드 창'에서 해당 이미지의 복사를 클릭한 후 해당 셀에 붙여넣기를 하면 된다.

③ 쿠팡 WING에서 엑셀파일 업로드 요청에서 상품 타입을 선택하고, 세부 항목 열기 버튼을 클릭해 배송정보 및 반품/교환정보를 설정한다. 상품 엑셀파일 업로드를 클릭해 엑셀 파일을 업로드한 후 엑셀파일 업로드 요청 버튼을 클릭한다.

④ 엑셀 파일이 업로드되었다. 팝업창에서 요청목록으로 이동 버튼을 클릭하면 업로드 요청 내역을 확인할 수 있다. '요청 완료'된 상태이고 '요청결과'에서 성공 건수와 실패 건수를 확인할 수 있다. 이상이 없으면 판매요청하러 가기 버튼을 클릭한다.

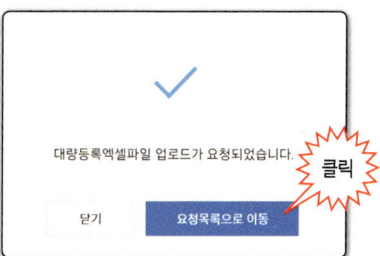

→ 실패 건수가 있으면 상세내역 다운로드 버튼을 클릭해 엑셀 파일을 다운받아 열어 보면 빨간 색으로 실패 사유가 표시되어 있다. 내용 수정, 저장한 후 파일을 다시 업로드하면 된다.

⑤ 상품 조회/수정 화면에서 등록한 상품이 '임시저장' 상태인 것을 알 수 있다. 상품을 선택한 후 선택한 상품 일괄적용 → 판매 요청 버튼을 클릭하면 상품이 등록된다.

7장 쿠팡에서 판매하기 305

03 상품등록 후 판매 관리하기

1 상품 결합 및 분리 요청하기

상품을 등록하면서 옵션을 설정했는데, 일부 옵션이 분리되어 등록되는 경우가 있다. 판매자는 고객이 하나의 상품페이지에서 옵션을 선택하면서 구매할 수 있도록 등록한 것인데, 옵션 중 일부가 아예 다른 상품으로 등록되면서 노출상품 ID가 다른 경우이다. 등록 후 옵션별로 등록상품ID가 다르다면 분리된 옵션 상품의 결합을 요청해야 한다. 상품관리 → 상품 조회/수정에서 상품을 확인할 수 있다.

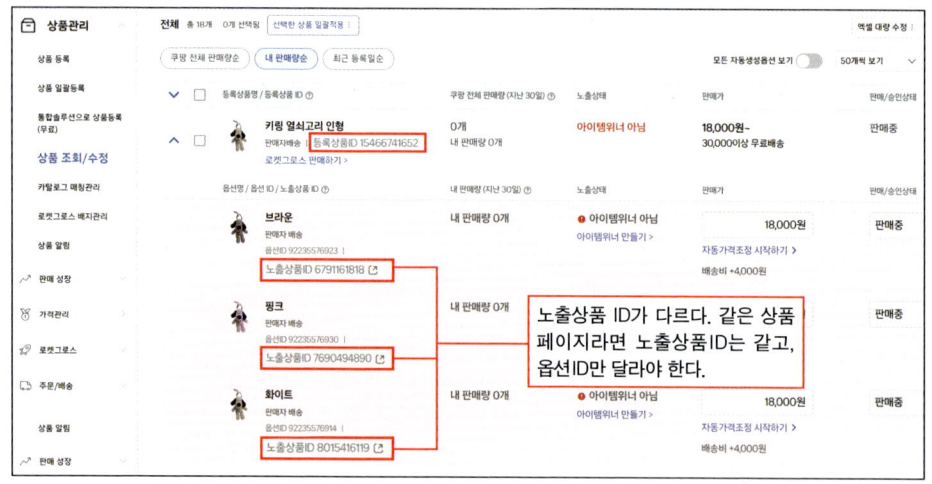

이 상품은 '등록상품ID' 15466741652에 3개의 옵션이 설정된 상품이다. 그런데 브라운, 핑크, 화이트 옵션이 제각각 다른 상품으로 등록되어 '노출상품ID'가 모두 다르다. 노출상품ID를 클릭하면 상품페이지가 나온다.

판매자는 내가 맞고 가격과 배송비, 상세설명은 내가 설정한 것이 맞다. 그런데 카테고리, 상품명, 대표 이미지가 내가 설정한 것과 다르다. 내 상품의 옵션(브라운)이 다른 판매자의 상품에 결합된 것이다. 다른 판매자 보기를 클릭해 보면

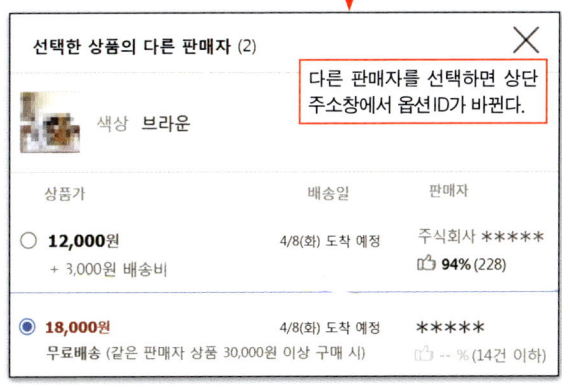

알 수 있다. 나머지 핑크, 화이트 옵션도 각각 다른 판매자의 상품과 묶여 있다. 이럴 때는 이 3개의 옵션을 내 상품페이지에서 옵션 상품으로 선택할 수 있도록 결합을 해주는 것이 좋다. 현 상태에서는 아이템페이지에 묶여 있고, 내 상품이 아이템위너도 아니다. 이런 상태에서는 내 상품이 팔리기는 쉽지 않다.

① 쿠팡 WING에서 온라인문의를 클릭한다. 상품관리 → 상품수정요청 → '상이한 상품과 잘못 결합되어 있으니, 분리해주세요.'를 클릭한다.

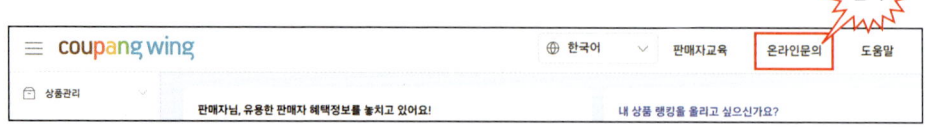

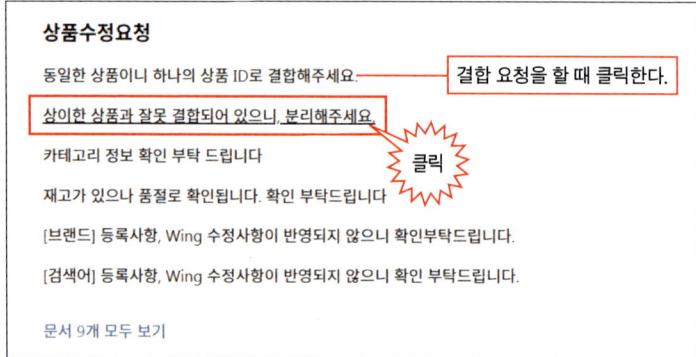

② 온라인 문의 방법이 나와 있다. 화면 맨 아래 온라인 문의하기를 클릭한다.

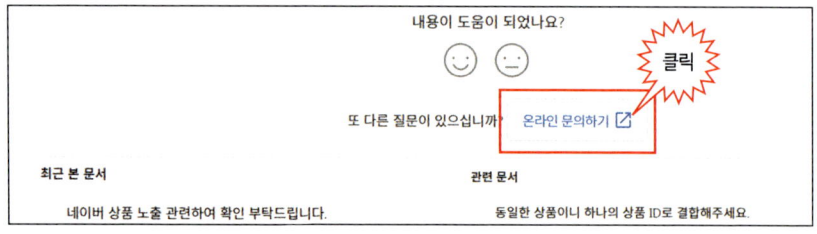

③ '요청 유형'은 '[마켓플레이스/로켓그로스] 상품 정보를 수정해 주세요.'로 되어 있다. 필수 내용을 입력하고 제출을 클릭하면 된다.

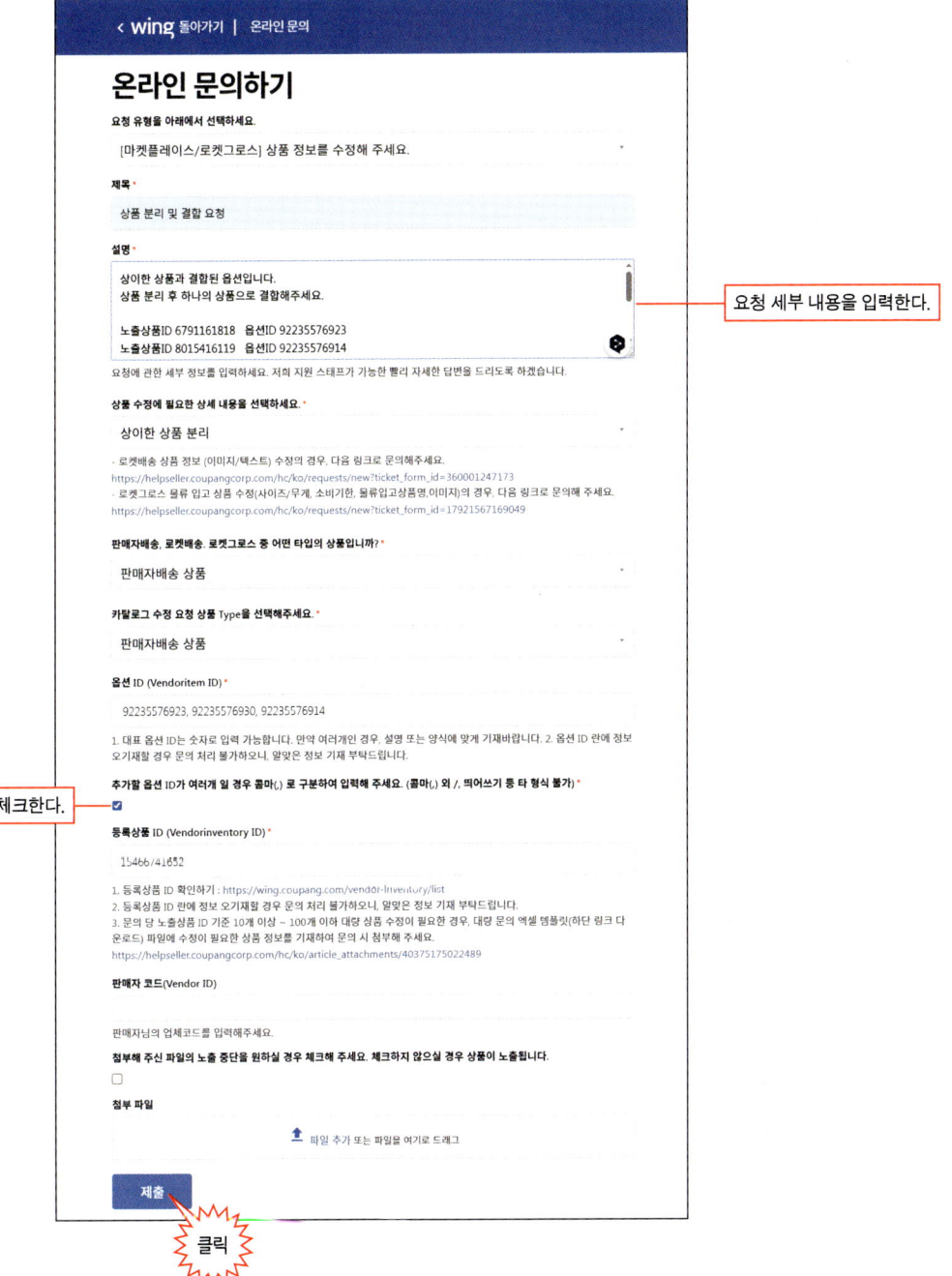

④ 온라인문의 → 나의 문의내역에 문의 내용이 나타난다. 쿠팡 지원 스태프가 문의 내용을 확인하고 문제가 없다면 수정 완료해 준다.

⑤ '노출상품ID'가 같은 것으로 변경되었다. 노출상품ID를 클릭한다.

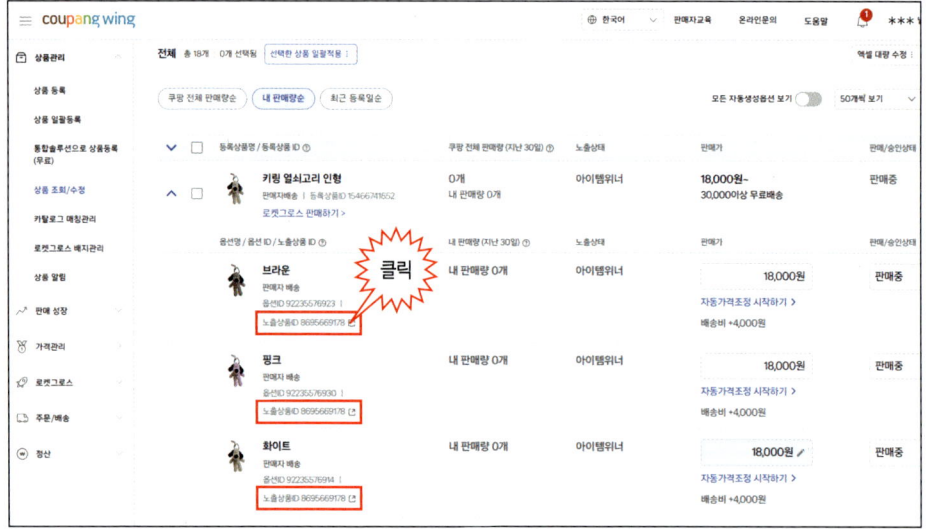

⑥ 노출상품ID를 클릭해 보면 같은 상품페이지에 브라운, 핑크, 화이트 옵션 상품으로 구성되어 있는 것을 확인할 수 있다.

→ 3개의 옵션으로 등록한 상품이 옵션이 각각 분리되어 다른 판매자의 상품과 결합되어 아이템페이지에 묶여 있던 것이 내 상품의 단독페이지 옵션 상품으로 결합되었다.

쿠팡 상품의 네이버 쇼핑 비노출 처리

쿠팡에서 판매되는 모든 상품(로켓배송, 판매자로켓, 마켓플레이스 상품)은 네이버 쇼핑 정책에 부합하는 경우에 한해 자동으로 네이버 쇼핑에 노출된다.

다음의 경우는 비노출 처리된다.

- 성인상품, 사회적으로 부적절한 상품 등
- 로켓배송, 로켓그로스 상품의 경우 19,800원 미만 상품 & 로켓프레시 상품
- 일정 기간 동안 구매가 발생하지 않은 상품
- 중고상품

그런데 판매자의 정책에 따라 네이버 쇼핑에서의 노출을 원치 않을 경우도 있다. 그럴 때는 온라인 문의를 통해 비노출 처리를 요청하면 된다. 노출 제외를 요청하면 네이버 외 가격비교 사이트(다음, 다나와, 에누리)에서도 노출 제외된다.

① 쿠팡 WING에서 온라인문의 → 상품관리 → 상품노출 항목에 있는 네이버 상품 노출 관련하여 확인 부탁드립니다.를 클릭한다.

상품노출

자주 함께 구매하는 상품의 노출기준은 무엇이며 수정을 원할경우 어떻게 해야 하나요?

네이버 상품 노출 관련하여 확인 부탁드립니다.

다른 판매자가 내가 등록한 대표이미지를 사용했을 경우 어떻게 해야 하나요?

상품을 등록했는데 보이지 않는 이유는 무엇인가요?

[판매자 상품 보러가기]의 노출 기준은 무엇인가요?

상품이 왜 분리되나요?

② 상품 노출과 비노출에 관한 내용이 나온다.

네이버 가격 비교 노출

네이버 가격 비교 노출 요청 시, 아래 기준을 모두 충족해야 합니다.
1. 네이버 쇼핑 내 동일상품 10개 이상
2. 한 달 이상 가격 비교 노출이 안된 경우 (쿠팡에 신규상품 등록 이후 약 40일 뒤)
3. 요청하신 쿠팡 상품이 네이버 쇼핑에서 최저가인 경우

세 가지 기준을 모두 충족하는 상품의 네이버 가격 비교 노출을 원하는 경우, 네이버쇼핑 가격비교 원부생성(매칭) 템플릿 파일을 작성하여 문의 접수 시 첨부해 주세요.
* 용어 참고: 원부(가격비교, 카탈로그 매칭), 원부ID(네이버 카탈로그ID)

네이버 가격 비교에서 노출되지 않기를 원하시는 경우에는 네이버 쇼핑 비노출 처리가 진행되어야 합니다.
네이버 쇼핑에는 노출됨과 동시에 가격 비교에는 비노출되게 처리할 수는 없습니다.

※ 참고로 네이버 가격비교에서의 노출 요청은 다음 조건을 모두 만족해야 한다.
 1. 네이버 쇼핑 내 동일상품 10개 이상
 2. 한 달 이상 가격비교 노출이 안 된 경우(쿠팡에 신규상품 등록 이후 약 40일 뒤)
 3. 요청하는 쿠팡 상품이 네이버 쇼핑에서 최저가인 경우

하단에 있는 온라인 문의하기를 클릭한다.

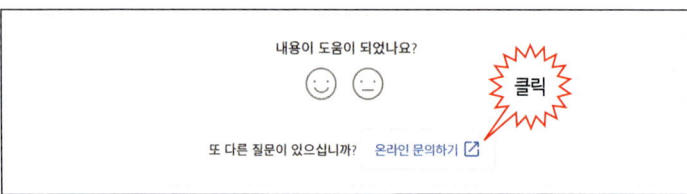

③ '온라인 문의하기'에서 해당 내용을 입력하고 제출을 클릭하면 요청 문의가 완료된다.

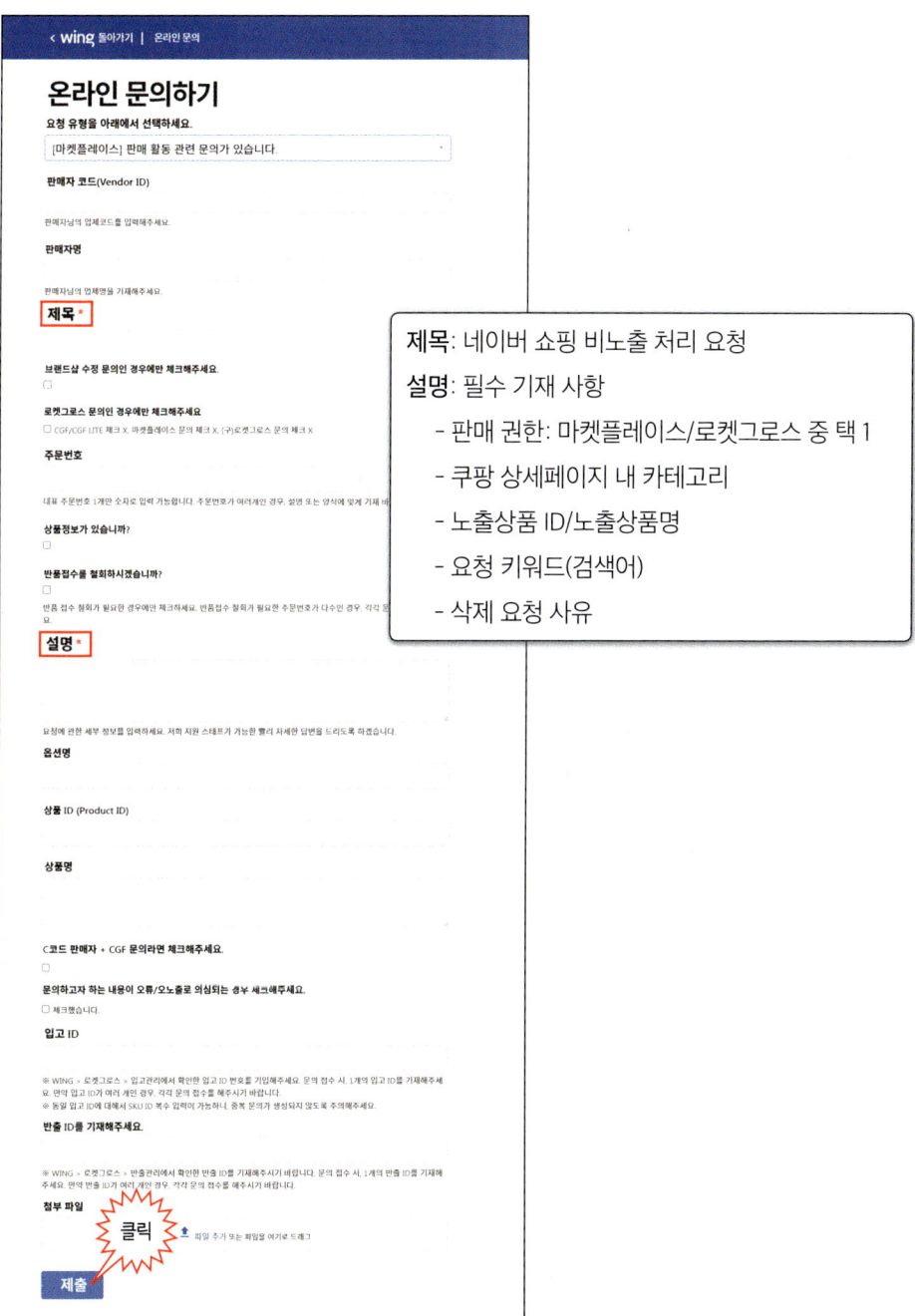

제목: 네이버 쇼핑 비노출 처리 요청
설명: 필수 기재 사항
- 판매 권한: 마켓플레이스/로켓그로스 중 택 1
- 쿠팡 상세페이지 내 카테고리
- 노출상품 ID/노출상품명
- 요청 키워드(검색어)
- 삭제 요청 사유

③ 반품 자동회수와 수동회수

구매자가 반품을 요청했을 때 판매자가 상품을 회수하는 방법은 다음과 같다.

① **자동회수**: 판매자가 계약한 택배사를 통해 자동으로 반품 상품이 회수된다.
- 판매자가 택배사와 계약했다면, 반품/교환 요청 시 등록된 택배사에 자동 연동되어 회수된다.
- 상품등록 시 '택배사 계약여부: 있음'으로 등록된 반품지를 지정하면 자동회수연동이 된다. 단, 택배사명과 계약 코드가 정확해야 한다.

② **수동회수**: 판매자가 계약한 택배사가 없다면 판매자가 직접 회수 접수를 진행한다.
- 고객 상품 수령 전: 고객에게 수취거부를 하라고 요청한다. → 상품은 판매자에게 회송된다.
- 고객 상품 수령 후: 판매자가 택배사에 연락해 회수하거나 고객에게 택배 반품을 요청한다.
- 상품등록 시 '택배사 계약여부: 없음'으로 등록된 반품지를 지정했을 때 진행한다.

위탁판매 상품의 반품 수거

위탁상품 자동회수는 먼저 도매업체가 고객 반품을 받아주는지 확인해야 한다. 도매업체는 주로 사업자 간 거래를 하므로 개인 고객 반품은 잘 받지 않는다. 그러면 판매자가 직접 고객 반품을 받아 도매업체에 반품해야 한다.

도매업체가 고객 반품을 받아준다면, 반품지를 도매업체 주소로 하고 택배사와 계약해 자동회수로 등록하면 된다. 하지만 위탁판매로 특정 도매업체와 이 정도 물량을 계약하는 경우는 드물며, 그 정도 물량이면 사입이 낫다.

반품지를 판매자 사무실로 자동회수 설정했다면 판매자 사무실로 반품이 온다. 그러면 판매자는 다시 도매업체로 보내야 해 시간과 배송비가 추가된다. 이 경우 상품등록 시 '택배사 계약여부: 없음'으로 반품지를 지정하고, 반품 발생 시 (도매업체 허락 하에) 택배사에 연락해 도매업체 주소로 회수하면 된다.

3.1 자동회수 연동 취소하기

자동회수 연동이 되지 않게 하려면 상품등록 시 '반품/교환지'를 등록할 때 '택배사 계약여부'를 '없음'으로 한 주소지를 지정하면 된다.

① 상품등록 시 '반품/교환' 항목에서 판매자 주소록을 클릭한다.

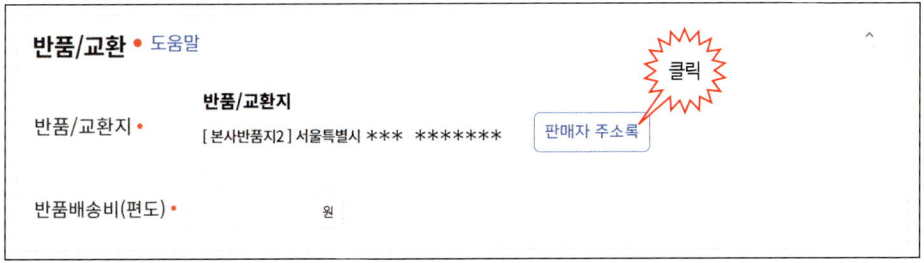

② 반품/교환지 추가 버튼을 클릭해 새로운 반품지를 등록한다.

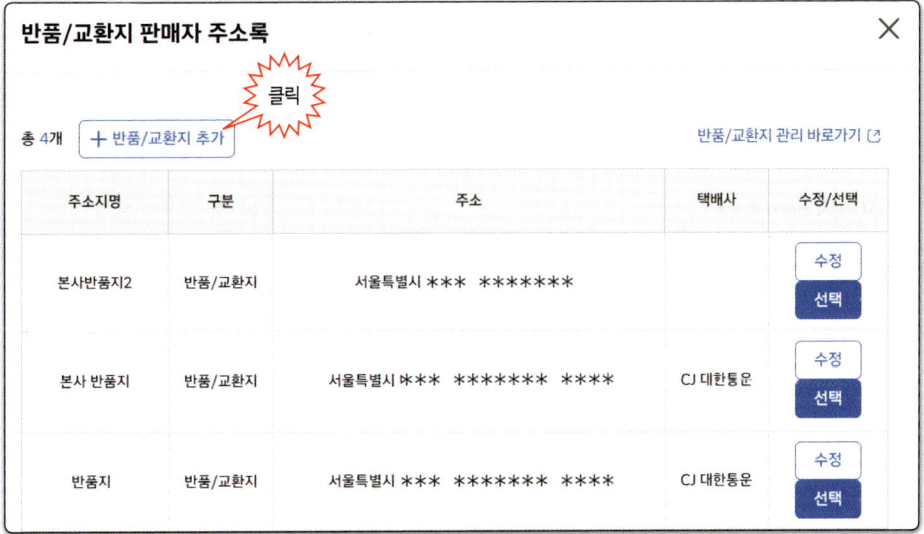

③ '주소'에 반품 받을 주소지를 입력한다. 위탁배송의 경우 도매업체의 주소를 입력하면 된다. '택배사 계약 여부'는 '없음'을 선택하고 등록을 클릭한다.

④ 설정한 주소지를 선택해 반품지 주소로 설정한다.

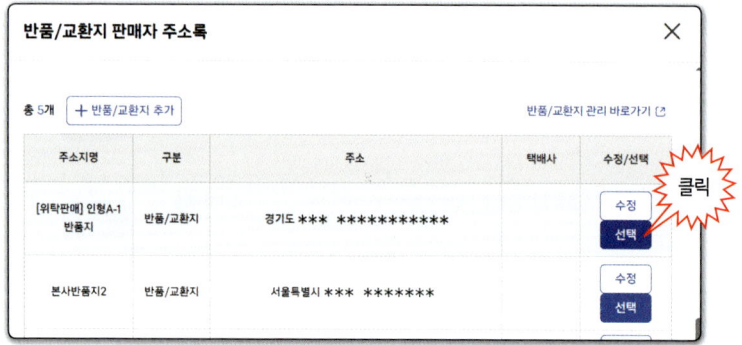

→ 이렇게 반품/교환지 주소를 설정하고 등록한 상품은 고객 반품 시 택배사 자동회수 연동이 진행되지 않는다. 이때는 판매자가 택배사에 연락해 반품 수거를 요청하고, 도매업체에도 반품 정보를 이야기해 주면 원활하게 반품 수거가 진행된다.

⑤ 이미 등록한 상품인 경우 상품관리 → 상품 조회/수정을 클릭해 '반품/교환' 항목에서 위와 같이 '택배사 계약 여부: 없음'으로 설정한 반품지로 수정하고 저장하면 된다.

⇢ 이렇게 수정한 정보는 수정이 완료된 이후 발생한 주문 건부터 반영된다.
⇢ 택배사 계약이 진행되지 않은 반품지를 선택했다면, 타 택배로 회수 접수가 진행될 수 있다.
⇢ 자동회수 진행 중인 주문 건의 회수 취소가 필요한 경우, 판매자가 직접 자동회수 택배사로 회수 미진행 요청 및 수동회수를 재접수해 주어야 한다.
⇢ 회수지연 시 자동 환불이 진행될 수 있다.

수동회수 접수 시 추가 진행사항

① 택배사로 직접 회수 접수를 진행한 후, 고객에게도 회수 관련 안내를 한다.
② 반송장 흐름의 정상 조회 여부를 확인하고, 반품관리 → 입고 송장번호를 입력한다.
③ 사전에 고객에게 반송장 정보를 확인했다면 반품 접수 시에 회수송장번호를 입력해 준다.

구매대행 상품의 경우

국내 반품지와 택배사 계약 코드를 등록하지 않은 반품지를 선택했을 경우, 주문 취소/반품 시 자동회수가 진행되지 않으며 회수 불필요 환불 정책이 적용된다.

- 상품가 5만원 이하 시: 쿠팡은 상품을 회수하지 않고 환불을 진행하며, 고객에게 직접 처리를 요청한다.
- 상품가 5만원 초과 시: 판매자가 직접 상품의 회수를 진행해야 한다. 이때 쿠팡에서도 판매자 이관글을 발송해 상품의 회수를 요청한다.

04 할인쿠폰 프로모션 진행하기

쿠팡에서 판매자가 고객을 위해 발행할 수 있는 쿠폰은 '즉시할인 쿠폰'과 '다운로드 쿠폰'이 있다.

즉시할인 쿠폰은 판매자가 직접 할인액 혹은 할인률을 상품에 적용하는 것으로, 할인이 적용된 가격이 '즉시할인가'로 노출된다. 할인 혜택을 직관적으로 보여준다.

다운로드 쿠폰은 고객의 총주문 금액을 기준으로 사용 가능한 다운로드 쿠폰이다. 고객이 상세페이지에서 다운로드해 특정 금액 이상 주문 시 사용할 수 있다. 다운로드 쿠폰을 발행한 상품은 검색 결과 리스트에서 '추가할인 쿠폰'이라는 문구가 표시되고, 상세페이지에는 '쿠폰받기'라는 배너가 붙는다. 상품 1개의 가격이 다운로드 쿠폰 최소 주문 조건을 충족하는 경우에만 쿠폰할인가가 자동 노출된다.

즉시할인 쿠폰과 다운로드 쿠폰은 중복해서 사용할 수 있다.

❶ 즉시할인 쿠폰 발행하기

즉시할인 쿠폰을 발행하면 상품에 즉시할인가가 적용된다. 쿠폰 발행 금액은 정산에서 차감되고, 판매수수료는 쿠폰 적용 후 금액을 기준으로 부과된다.

① 프로모션 → 할인쿠폰 관리 → 할인쿠폰 만들기 버튼을 클릭한다.

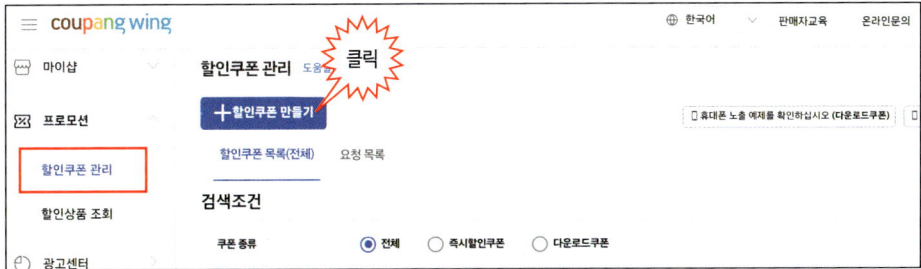

② '즉시할인쿠폰'을 선택하고 쿠폰명, 유효기간, 할인 방식을 설정한다.

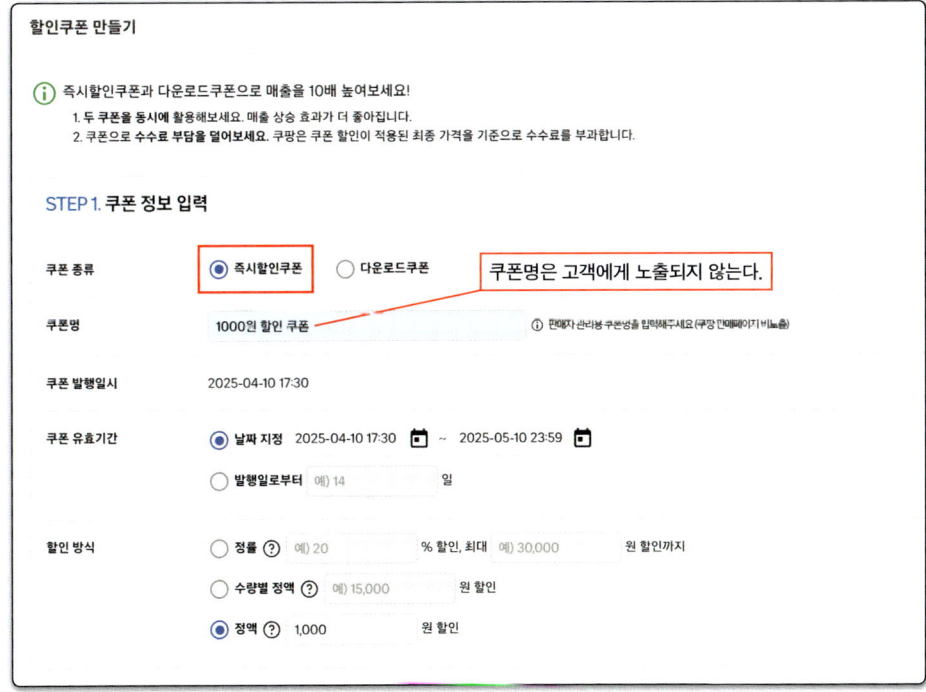

③ 쿠폰을 적용할 상품을 설정하고 할인쿠폰 적용 버튼을 클릭한다.

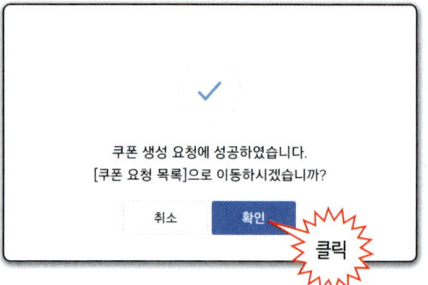

④ '요청 목록' 탭에서 쿠폰 생성 결과를 확인한다.

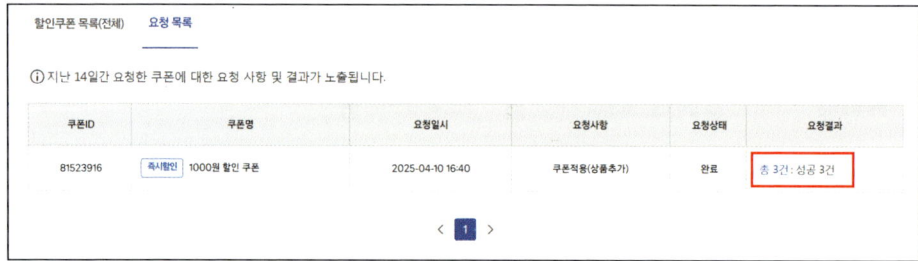

⑤ '할인쿠폰 목록(전체)' 탭에서 생성된 쿠폰을 확인할 수 있다. 쿠폰 적용 상품수와 쿠폰 상태를 알 수 있다. 쿠폰상태가 '사용전'에서 '사용중'으로 바뀌면 상품페이지에 즉시할인가가 적용된다.

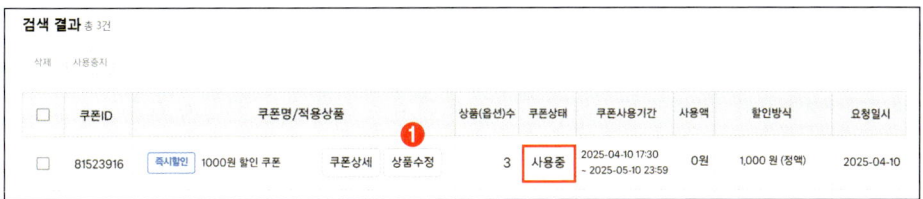

① **상품수정**: 즉시할인 쿠폰은 쿠폰 생성 후 쿠폰 적용 상품을 추가하거나 해지할 수 있다.

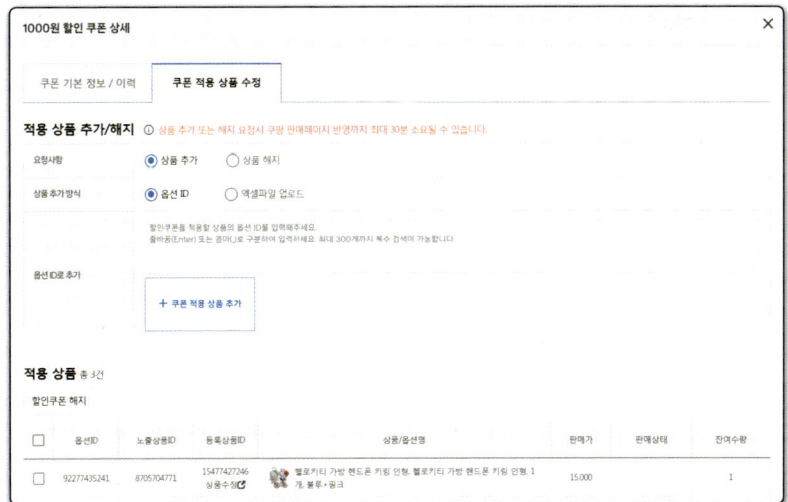

다운로드 쿠폰 발행하기

쿠폰이 붙은 상품의 총주문액이 판매자가 설정한 금액을 충족할 경우 사용할 수 있는 쿠폰으로, 고객이 쿠폰을 내려받아 사용할 수 있다.

다운로드 쿠폰이 붙은 상품은 검색 결과 페이지에서 '쿠폰할인'이 표시되며 상품 상세페이지에서는 쿠폰할인 상품을 모은 페이지로 이동하는 배너가 생성된다.

① 프로모션 → 할인쿠폰 관리 → 할인쿠폰 만들기 버튼을 클릭한다.

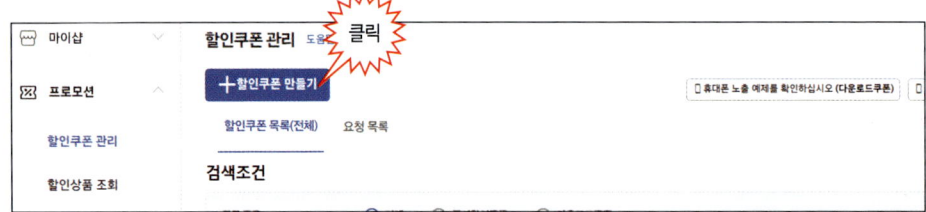

② '다운로드쿠폰'을 선택하고 쿠폰명, 유효기간, 할인 방식, 최대 발급 개수를 설정한다.

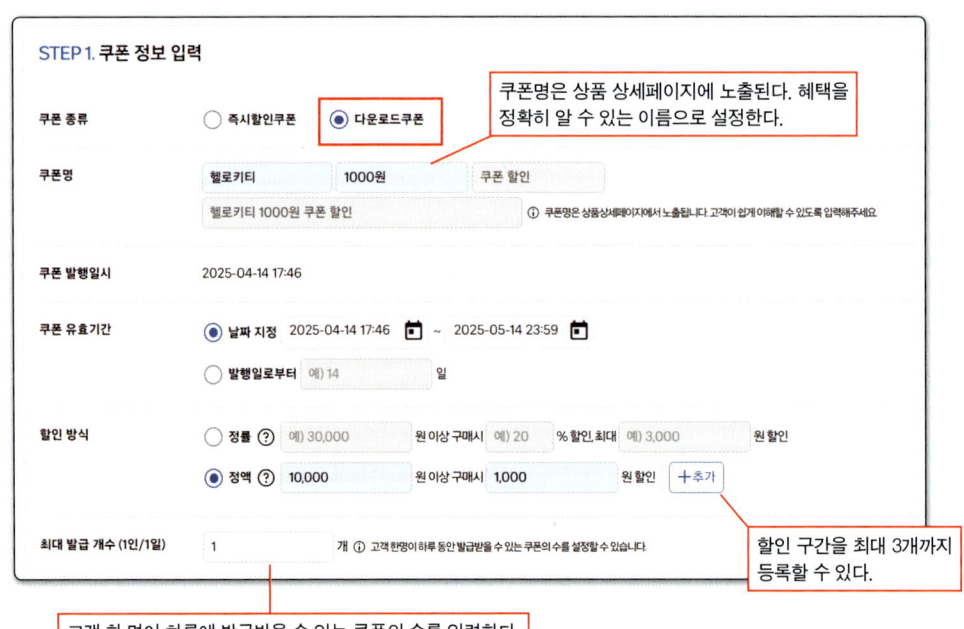

③ 쿠폰을 적용할 상품을 설정하고 할인쿠폰 적용 버튼을 클릭한다.

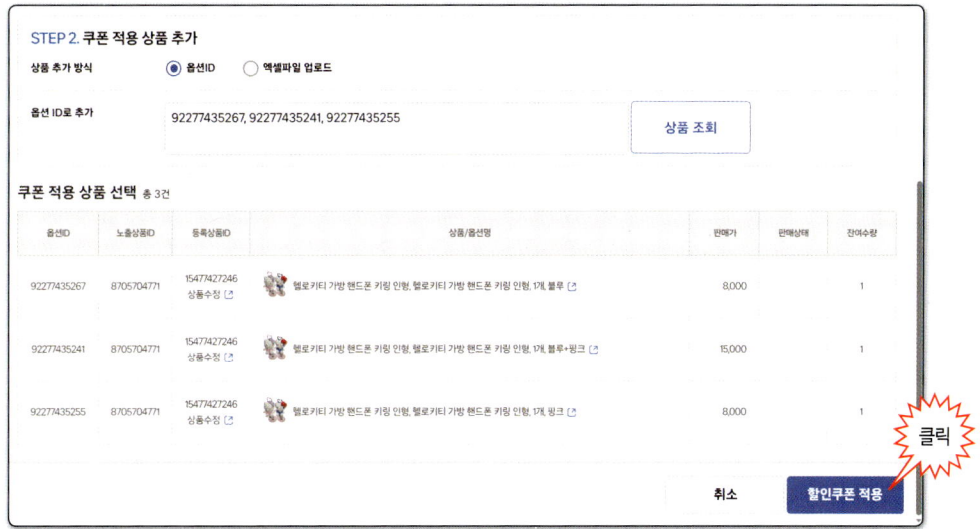

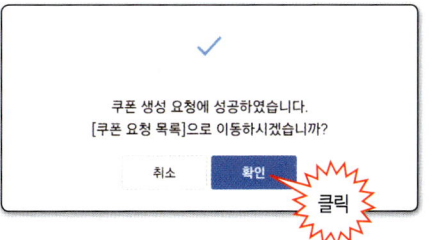

④ '요청 목록' 탭에서 쿠폰 생성 결과를 확인한다.

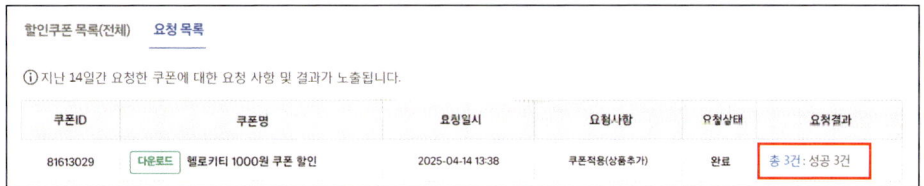

⑤ '할인쿠폰 목록(전체)' 탭에서 생성된 할인쿠폰을 확인할 수 있다. 30분 이내에 '쿠폰상태'가 '사용전'에서 '사용중'으로 바뀌며, 상품 상세페이지에 쿠폰받기 버튼이 생긴다.

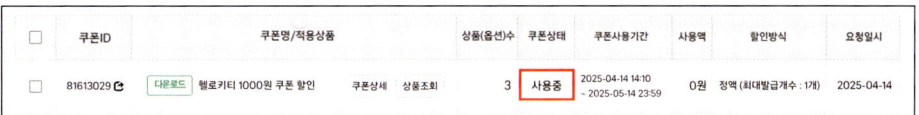

 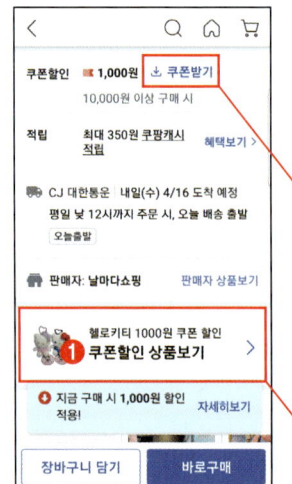 

① **쿠폰할인 상품보기**: 다운로드 쿠폰이 붙은 상품은 배너가 생성된다. 클릭하면 판매자의 쿠폰할인 상품을 모아놓은 페이지로 이동한다. 고객은 여기서 할인기준 금액을 충족하기 위한 더 많은 상품을 장바구니에 담을 수 있고, 쿠폰을 다운로드할 수 있다.

→ 다운로드 쿠폰 발행 후 쿠폰 적용 상품을 추가 및 삭제하려면 기존 쿠폰을 중지하고 새 쿠폰을 생성해야 한다.

→ 즉시할인 쿠폰과 다운로드 쿠폰은 중복 적용이 가능하다. 1개의 상품(옵션 단위)에 최대 3개의 쿠폰 중복 적용이 가능하다.(즉시할인 쿠폰 1개, 다운로드 쿠폰 정률 1개, 다운로드 쿠폰 정액 1개)

→ 상품 1개의 가격이 다운로드 쿠폰 최소 주문 조건을 충족시키는 경우에만 쿠폰할인가가 자동 노출된다.(1만 원 이상 1천 원 할인 다운로드 쿠폰인 경우, 상품가가 1만 원 이상이면 쿠폰할인가가 적용되어 노출된다.)

→ 다운로드 쿠폰은 생성한 그날부터 활성화할 수 있으며, 활성화까지는 생성 요청한 시점으로부터 최대 30분까지 소요될 수 있다. 쿠폰 유효기간은 쿠폰 생성 후 1시간 후부터 적용된다.

③ 쿠폰 사용 중지하기

① 프로모션 → 할인쿠폰 관리를 클릭한다. 할인쿠폰 목록(전체) 탭에서 중지하고자 하는 쿠폰을 선택하고 사용중지를 클릭한다.

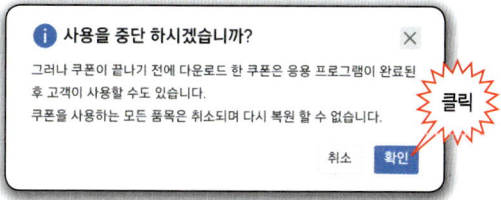

② '쿠폰상태'가 '사용종료'로 바뀐다. 사용중지를 한 쿠폰은 다시 복구할 수 없다.

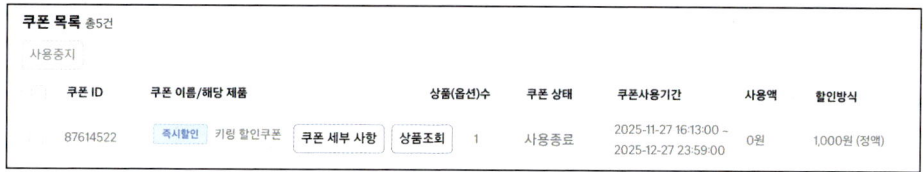

05 신규주문 확인과 발송 처리, 정산받기

1 주문 확인, 배송 처리, 정산받기

① 신규주문은 '결제완료'에 표시된다. 건수를 클릭한다.(주문/배송 → 배송 관리 → 결제완료).

② 주문번호를 클릭해 주문 상품 및 배송 정보를 확인한다.

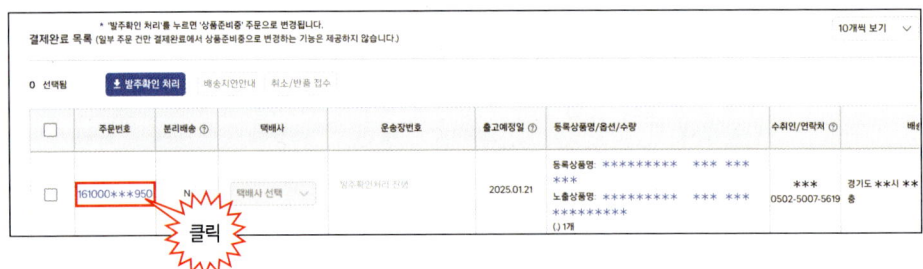

326 스마트스토어와 쿠팡에서 10억 벌기

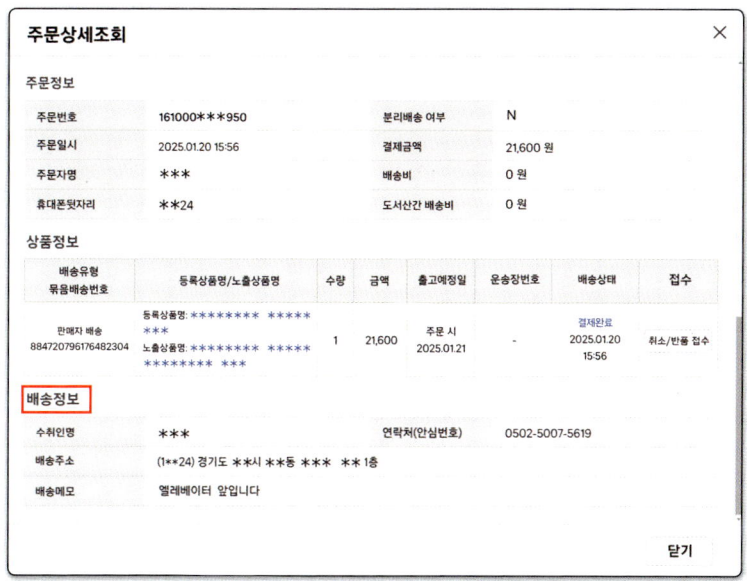

③ 발주확인 처리를 클릭한다. 팝업창에서 배송사, 사유를 입력하고 다운로드를 클릭한다.

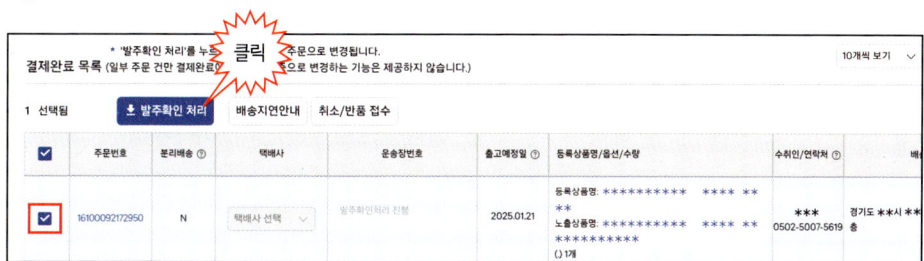

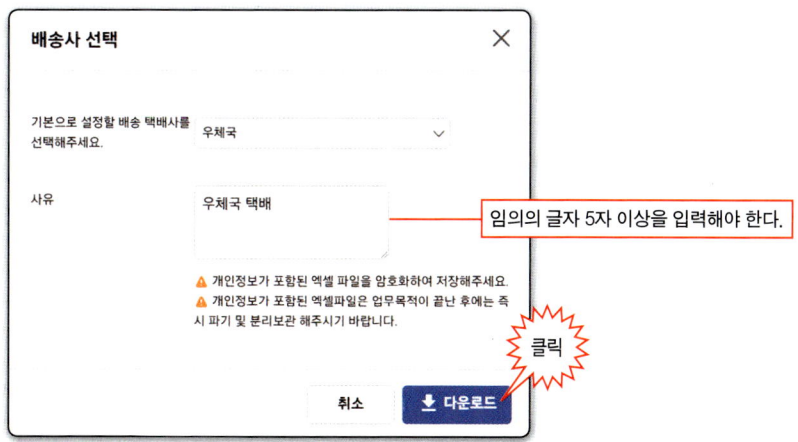

7장 쿠팡에서 판매하기 **327**

④ '상품준비중' 단계로 넘어간다. '택배사 선택'을 하고 '운송장번호'를 입력한 후 선택물품 배송을 클릭한다.

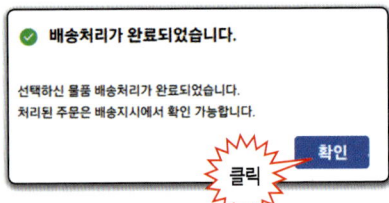

① 엑셀 다운: 주문 건수가 많으면 엑셀 파일을 다운받아 운송장번호를 입력하고 저장한 후 엑셀 대량 배송 버튼을 클릭해 파일을 업로드하면 된다.

⑤ '배송지시'로 넘어간 후 배송이 시작되면 '배송중'으로 넘어간다. 이때부터는 배송조회 버튼을 클릭해 배송추적을 할 수 있다. 배송이 완료되면 '배송완료' 단계로 넘어간다.

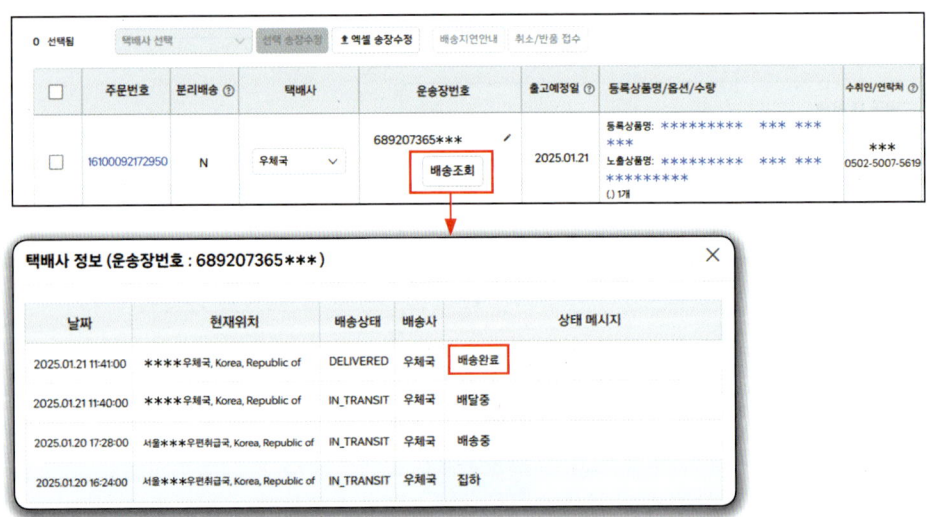

⑥ 이상 없이 배송이 완료되고 나면 판매자가 설정한 정산 유형에 따라 쿠팡에서 정산을 해준다. 정산은 정산 → 정산현황에서 확인할 수 있다.

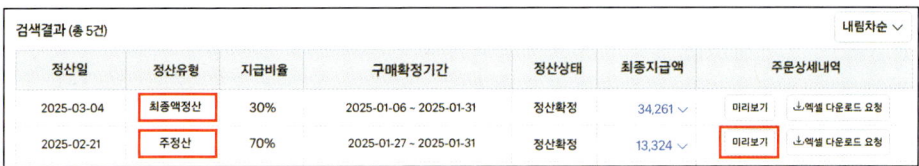

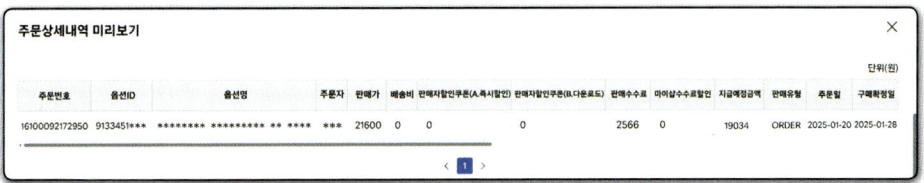

→ 위 예의 상품은 1월 21일에 배송완료되었고, 이로부터 7일째 되는 날인 1월 28일이 자동구매확정일이었다. 매출의 70% 주정산은 구매확정기간(1. 27. ~ 1. 31.)으로부터 15영업일째 되는 날인 2월 21일에 되었고, 최종액정산 30%는 익익월 첫 영업일인 3월 4일에 되었다.

일	월	화	수	목	금	토
1/19	20	21 배송완료일	22 배송완료일+1	23 +2	24 +3	25 +4
26 +5	27 +6	28 +7 구매확정일	29 설날	30	31 구매확정기간	2/1
2	3 구매확정기간 +1영업일	4 +2	5 +3	6 +4	7 +5	8
9	10 +6	11 +7	12 +8	13 +9	14 +10	15
16	17 +11	18 +12	19 +13	20 +14	21 +15 주정산	22
23	24	25	26	27	28	3/1
2	3 대체공휴일	4 익익월 첫 영업일 최종액정산	5	6	7	8

분리배송과 묶음배송(합배송)

☆ 분리배송

고객이 여러 옵션 상품을 한 번에 주문했는데, 판매자의 사유로 옵션별로 나누어 배송하는 것을 말한다.

- 하나의 주문 건에 대해 각각의 옵션 단위로만 분리할 수 있다.
- 같은 옵션을 수량을 나누어 발송하는 것은 불가능하다.
- 분리배송 상품은 분리 단위에 따라 개별 운송장이 필요하며, 각 옵션의 출고예정일을 입력해야 한다.
- 분리배송한 모든 상품의 배송비와 반품배송비는 판매자 부담이다.
- 분리배송으로 처리한 것을 다시 묶음배송으로 바꿀 수 없다.

☆ 묶음배송

고객이 판매자의 여러 가지 상품을 주문했을 때 같이 포장해 '합포장', '합배송'하는 것을 말한다. 상품 출고지가 같고 묶음배송이 가능한 상품이라면 상품등록 시 '묶음배송 - 가능'으로 설정하면 좋다. 그러면 고객은 판매자의 여러 상품을 구매하면서 배송비를 한 번만 부담하면 되고, 판매자도 배송비를 아낄 수 있다.

- 상품출고지 주소가 같아야 묶음배송을 할 수 있다.
- 상품등록 시 묶음배송 '가능'으로 설정해야 한다.

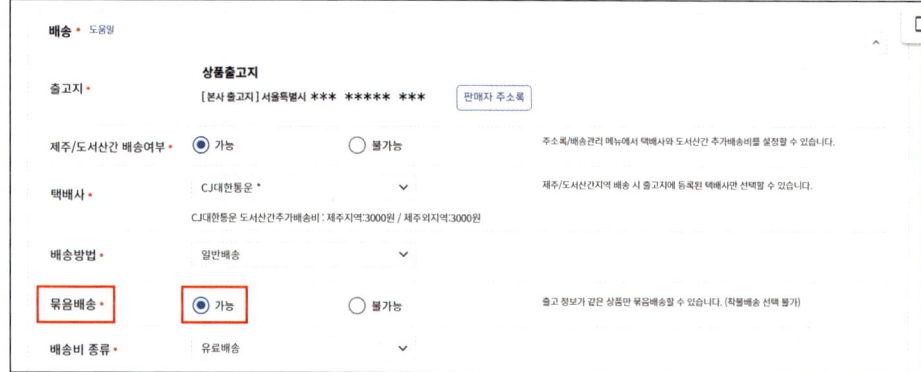

① [분리배송] 주문확인 처리를 하면 상품은 '상품준비중' 상태가 된다.(주문/배송 관리 → 배송 관리) 만약 한 개의 주문번호에 여러 개의 주문 상품이 있는 경우라면 '분리배송' 버튼이 보인다. 분리배송을 하고자 한다면 분리배송 버튼을 클릭한다.

※ [묶음배송] 분리배송 버튼은 한 주문에 여러 개의 상품이 있다는 뜻이다. 주문 상세내역을 확인하고 택배사, 운송장번호를 입력하고 선택물품 배송을 클릭하면 묶음배송 처리된다.

② 분리배송할 상품을 선택하고 완료를 클릭한다.

③ 분리배송 옵션 상품별로 택배사와 운송장번호를 등록한 후 선택물품 배송을 클릭하면 분리배송 된다.

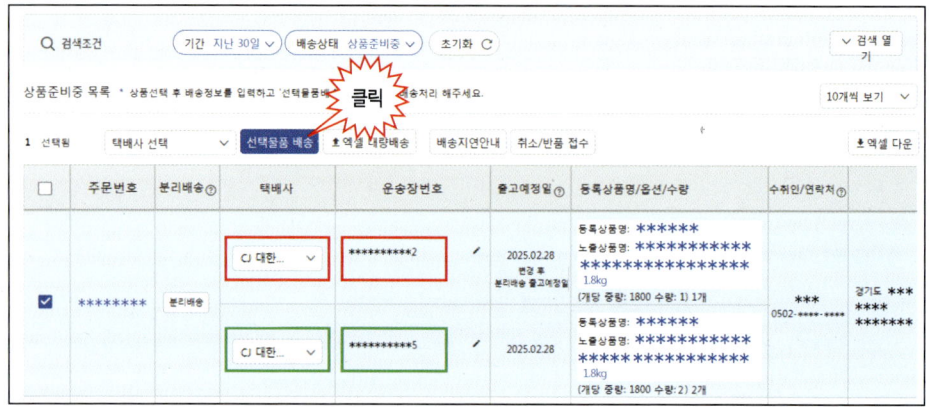

③ 운송장번호 수정하기

운송장번호를 잘못 입력했다면 상품의 배송 상태가 '배송지시', '배송중' 단계일 때는 수정할 수 있다.

주문/배송 → 배송 관리를 클릭한다. 상품을 체크하고 택배사와 운송장번호를 수정하고 선택 송장 수정 버튼을 클릭하면 운송장이 수정된다.

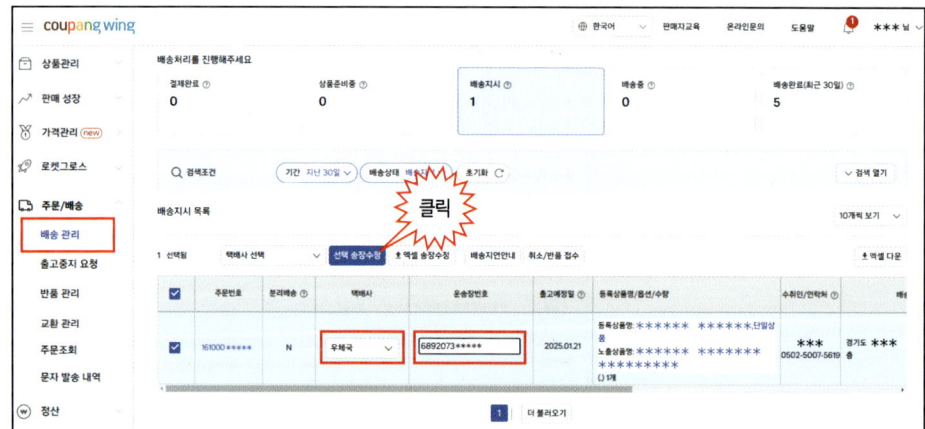

06 주문 취소, 반품, 교환 처리하기

상품 판매 후 고객 변심, 상품 불량, 오배송 등의 사유로 주문 취소 및 반품이 발생하는 경우가 있는데, 고객 접수 시점 기준 상품의 배송 상태에 따라 '주문 취소' 또는 '반품'으로 처리된다.

주문 취소

판매자가 발주확인 처리를 하지 않은 '결제완료' 단계일 때는 주문 취소로 처리된다. 고객이 취소를 접수하는 즉시 주문이 취소되고 환불 완료된다. 판매자의 사유로 취소할 수도 있다.

반품

판매자가 주문확인 처리를 해 배송현황이 '상품준비중'으로 바뀐 후부터는 반품으로 처리된다. 반품 사유에 따라 고객 또는 판매자가 반품배송비를 부담한다.

- **상품 출고 전**: 주문/배송 → 출고중지요청에서 확인할 수 있다. 출고중지요청에도 불구하고 상품을 출고하거나, 출고 후 운송장이 업로드되지 않았다면 왕복배송비는 판매자가 부담한다.

- **상품 출고 후**: 주문/배송 → 반품 관리에서 반품 접수를 확인할 수 있다.

1 주문 취소

판매자가 '발주확인 처리'를 하지 않은 '결제완료' 상태일 때, 고객이 취소를 접수하면 바로 주문이 취소되고 환불 처리된다.

그런데 이 단계에서 판매자가 주문을 취소해야 할 때가 있다. 주문을 확인해 보니 재고가 부족하거나 위탁판매의 경우 도매 사이트에서의 품절 또는 판매 종료인 경우 어쩔 수 없이 판매자가 주문을 취소를 해야 한다.

① 주문/배송 → 배송 관리 → 결제완료를 클릭해 상품을 확인한다.

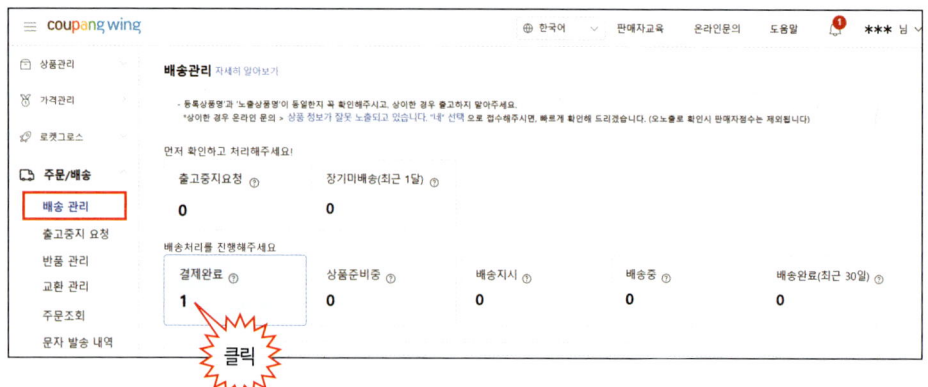

② 목록에서 해당 상품의 취소접수 버튼을 클릭한다.

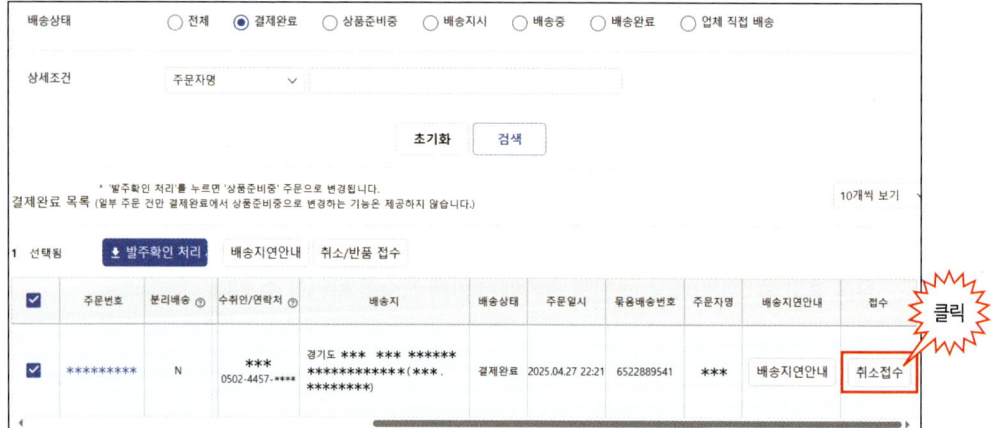

③ '취소사유'를 선택하고 접수 버튼을 클릭한다. 그러면 고객에게 취소 문자가 발송되고, 결제 금액은 환불된다.

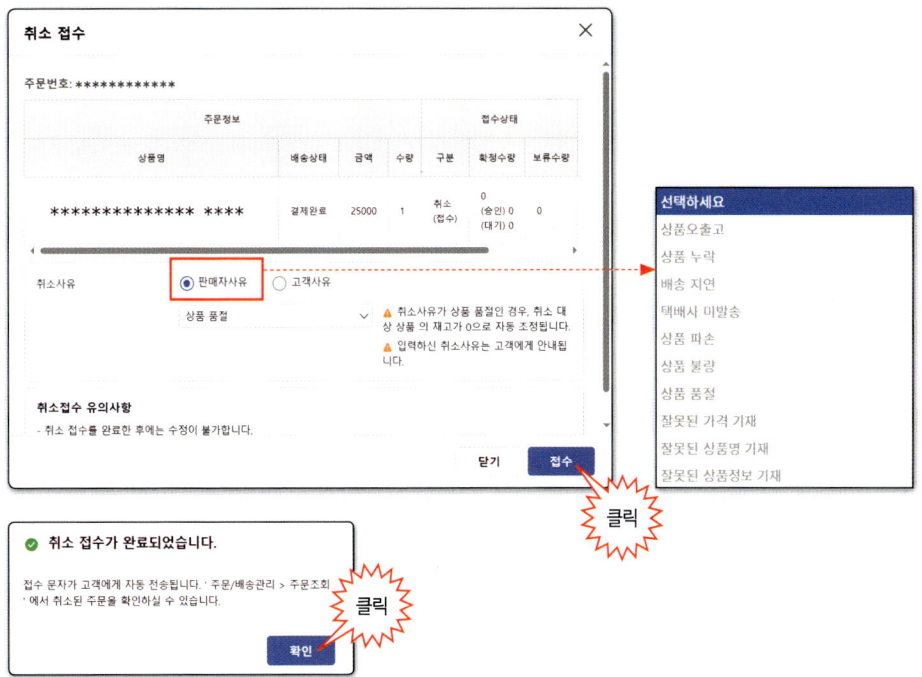

④ 취소한 주문 건은 주문/배송 → 주문조회에서 검색으로 확인할 수 있다. 상품 품절 사유로 판매자가 취소를 하면 해당 상품은 자동으로 품절 처리된다.

❷ 반품 처리하기

판매자가 '발주확인 처리'를 하고 난 후 배송 진행 상태가 '상품준비중', '배송지시', '배송중', '배송완료' 단계일 때의 접수는 '반품'으로 처리된다.

판매자가 반품 접수하기

① 주문/배송 → 배송 관리에서 해당 상품의 반품접수 버튼을 클릭한다.

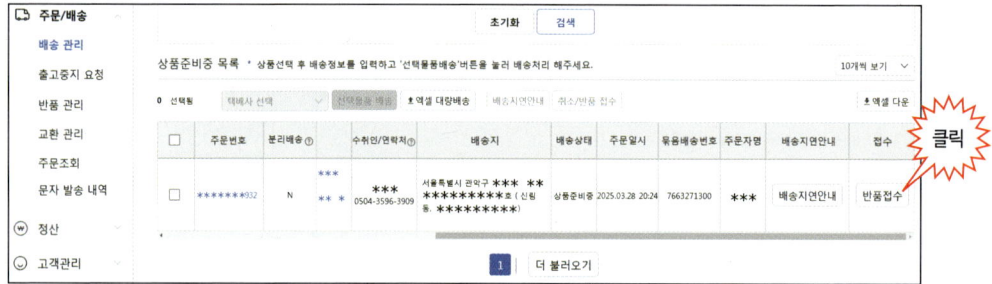

② 반품접수수량, 반품사유, 배송비 부담 주체, 반품상품 회수여부, 상품 회수지 정보를 입력하고 환불예정금액 조회를 클릭한다.

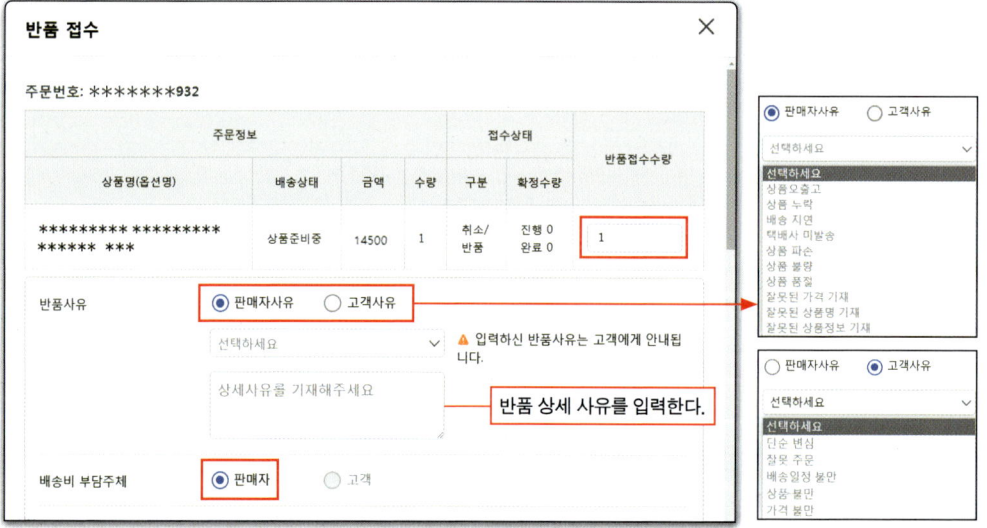

① 반품상품 회수여부

[고객으로부터 상품을 회수해야 합니다.]

- 회수 수동 연동: 택배사에 연락해 반품회수를 요청한다.

- 회수 자동 연동: 자동회수가 연동되어 있어 택배사에 반품회수를 요청할 필요 없다.

[고객이 상품을 이미 반품(또는 발송) 했습니다.] 고객이 직접 반품 회수를 진행했거나, 택배사에서 임의반송 한 경우 선택한다. 정산 시 초도배송비만 차감된다. 회수 송장번호를 안다면 입력해 회수 현황을 확인할 수 있다.

③ 환불정보를 확인하고 접수를 클릭한다.

④ 접수 완료 팝업창이 뜬다. **출고중지 요청으로 이동** 버튼을 클릭한다.

⑤ **주문/배송 → 출고중지 요청**에서 '출고중지 처리'에 [출고중지완료]와 [이미출고] 버튼이 있다. 출고를 하지 않았다면 **출고중지완료** 버튼을 클릭한다.

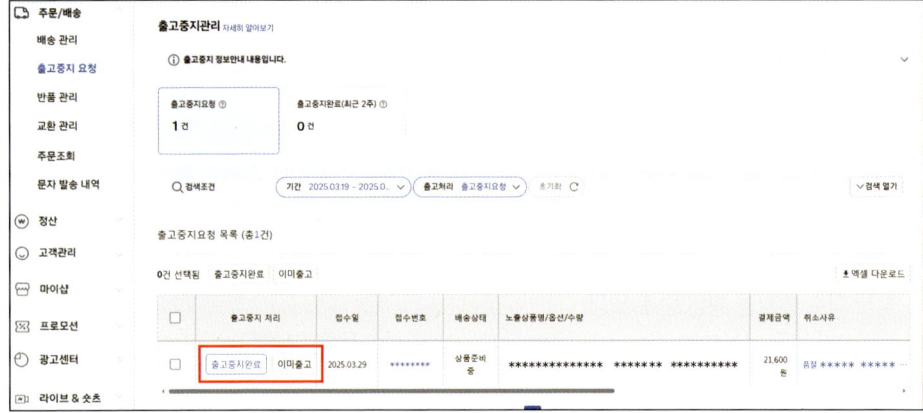

⑥ **완료** 버튼을 클릭한다.

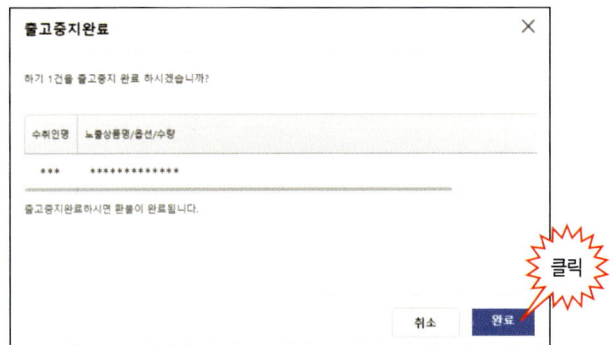

⑦ 그러면 '출고중지완료'로 넘어간다. '출고중지 처리' 상태에 '출고중지완료'로 표시되고 반품요청이 완료된다. 접수번호를 클릭하면 반품 진행 상태를 확인할 수 있다.

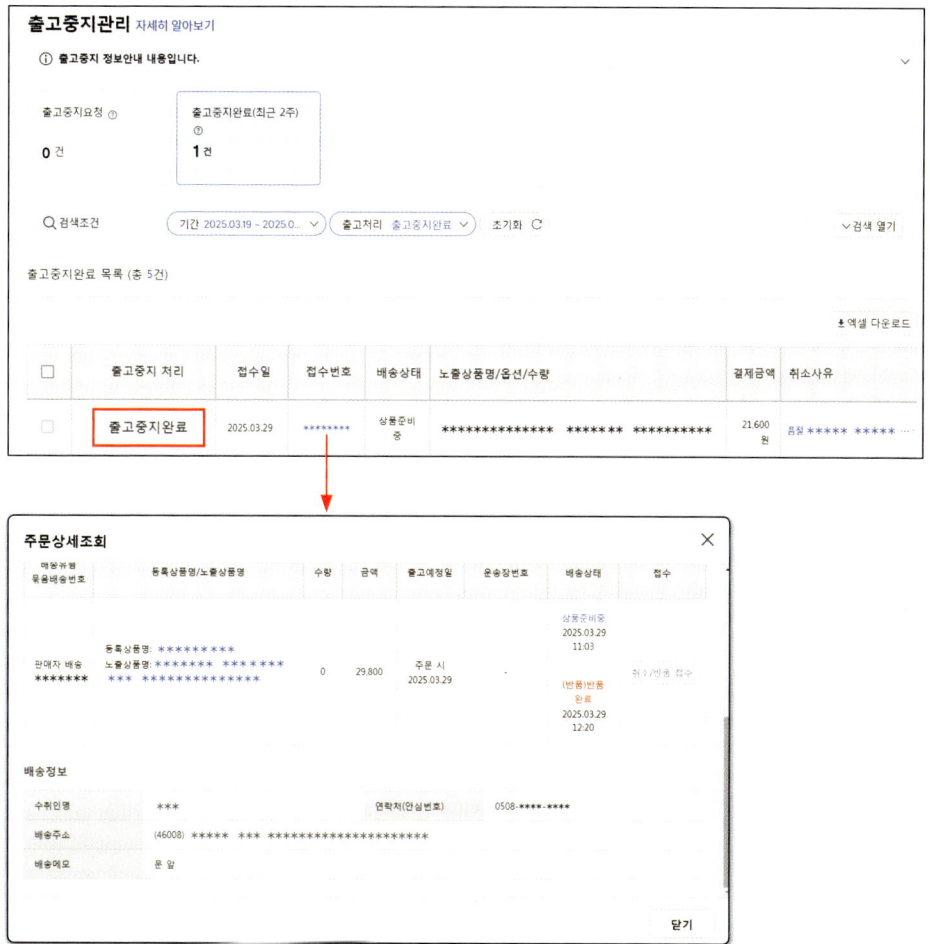

고객 반품 요청 처리하기

☆ 출고중지요청

① '상품준비중' 상태일 때 고객이 취소요청을 하면 주문/배송 → 출고중지요청에 표시된다. 판매자는 상품을 발송하기 전에 출고중지 요청 건이 있는지 확인해야 한다. 만일 고객이 출고중지요청을 했는데 배송을 하면 왕복배송비는 판매자 부담이다.

② '출고중지 처리'에 [출고중지완료]와 [이미출고] 버튼이 있다.

→ 상품 출고 전: 출고중지완료를 클릭해 완료하면 반품 처리가 종료되고 환불된다.
→ 상품 출고 후: 이미출고를 클릭한다. 운송장번호를 입력하고 등록 → 완료를 클릭한다. 그러면 고객에게 이미 발송되었다는 문자와 수취거부 및 회수에 관한 안내 문자가 간다. 배송완료 처리되면 반품을 위해 회수접수가 자동으로 이루어진다. 이후 과정은 반품 건으로 진행된다.

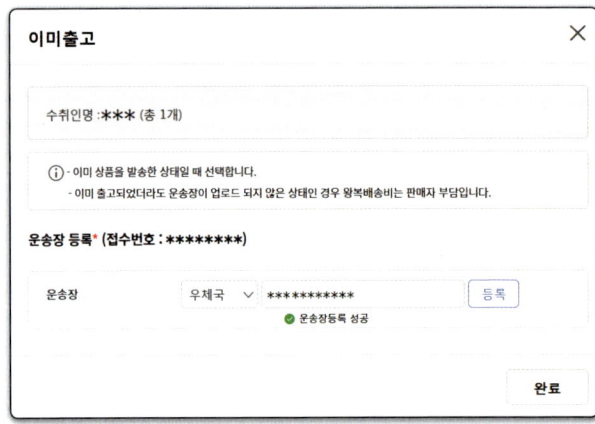

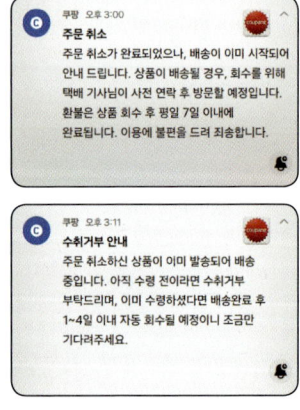

☆ 반품 관리

① '배송지시', '배송중', '배송완료' 단계일 때 고객이 반품요청을 하면 반품접수로 진행된다.

주문/배송 → 반품 관리를 클릭한다. 반품접수 목록을 확인한다.

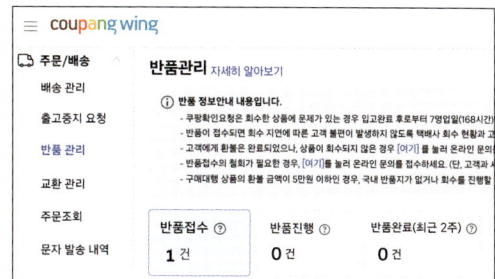

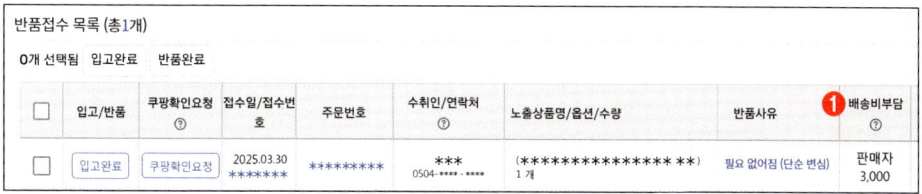

① **배송비 부담**: 반품 귀책 주체와 판매자가 정산받을 배송비가 표시된다.
  - 판매자 귀책: 정산받을 배송비는 없다.
  - 쿠팡 귀책: 확인되는 금액은 0원이나, 판매자가 등록한 반품배송비 금액이 정산된다.

② **입고방법**

→ **자동회수접수**: 자동회수가 진행되는 주문 건. 판매자는 반품을 받고 반품 처리만 하면 된다. 회수가 완료되지 않은 건은 쿠팡이 직접 연동되어 있는 택배사를 통해 상품 회수를 시도한다.

→ **수동회수접수**: 회수 계약 택배사가 없어 판매자가 택배사에 회수 접수를 해야 하는 주문 건.
  - **수취거부**: 상품 도착 전이라면 고객에게 수취거부를 해달라고 요청한다. 고객이 수취거부를 하면 상품은 판매자에게 회송된다.
  - **택배사 회수 접수**: 고객이 상품을 수령한 경우라면 판매자가 택배사에 연락해 회수 접수를 진행한다. 또는 고객에게 택배로 반품을 해달라고 요청해야 한다. (쿠팡윙 → 고객관리 → 고객센터 문의 → 문의 유형: 회수문의관리를 통해 상품 회수 여부를 확인하고 해당 반품 건이 상품 미회수 상태인 경우, 쿠팡에 상품 회수 지원을 요청한다. 그러면 쿠팡이 고객과 통화해 회수 가능 일정을 안내해 준다. 판매자는 회수 일정에 맞춰 택배사에 상품 회수 접수를 하면 된다.)

 **자동회수 연동하기**

반품 상품 자동회수 서비스를 연동하려면 계약된 지정 택배사가 있어야 한다. 택배사명, 계약코드, 업체코드가 정확해야 자동회수 서비스 연동이 승인된다.

1. 판매자정보 → 주소록/배송정보 관리 클릭한 후 새로운 반품지를 생성한다. '택배사 계약여부'를 '있음'으로 하고 택배사, 계약코드, 고객번호를 입력하고 반품지를 생성한다.

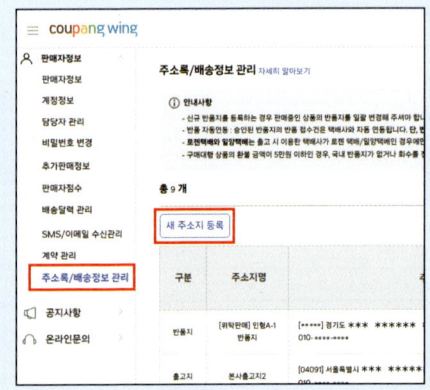
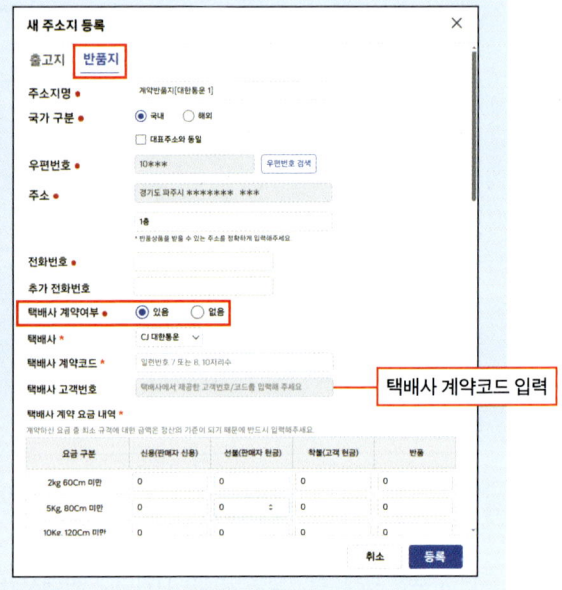

2. 상품등록을 할 때 위와 같이 설정한 택배사 계약코드가 있는 반품지를 선택하면 반품 상품 자동회수 서비스가 연동된다.

→ 자동회수 서비스가 연동된 상품은 판매자정보 → 주소록/배송정보 관리에서 반품지 정보를 수정하면 해당 반품지가 연동된 모든 상품의 반품지 정보가 변경된다.

→ 상품등록 시 택배사 계약 정보 없이 생성한 반품지를 선택해 등록한 상품은 자동회수 서비스가 연동되지 않는다. 이때는 수동회수를 진행해야 한다.

② 반품 수거가 완료되면 **입고완료** 버튼을 클릭한다.

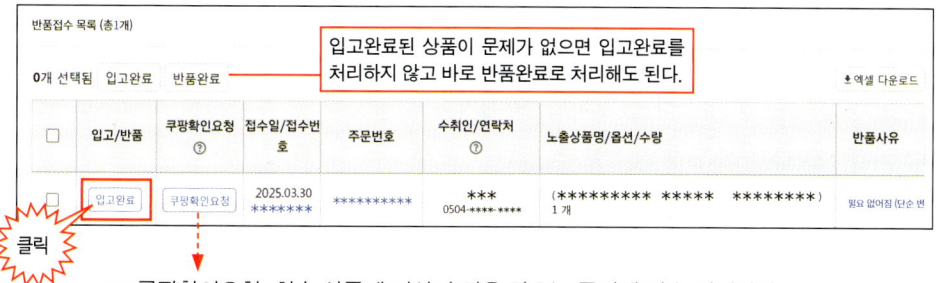

※ 쿠팡확인요청: 회수 상품에 이상이 있을 경우는 클릭해 접수 진행한다.

③ 팝업창에서 반품 상품의 정보를 확인하고 **완료** 버튼을 클릭한다.

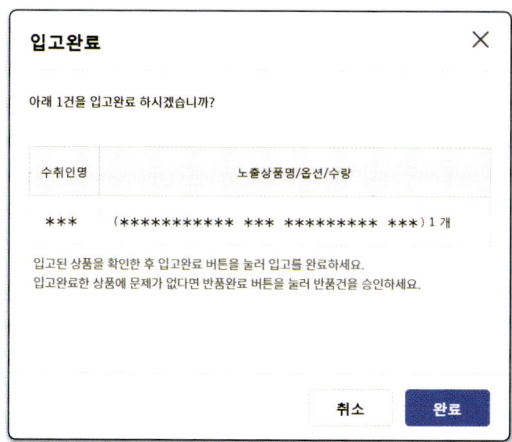

④ **반품완료** 버튼을 클릭한다. 팝업창에서 반품 정보를 확인한 후 **완료**를 클릭하면 반품완료 처리되고, 고객에게 환불된다.

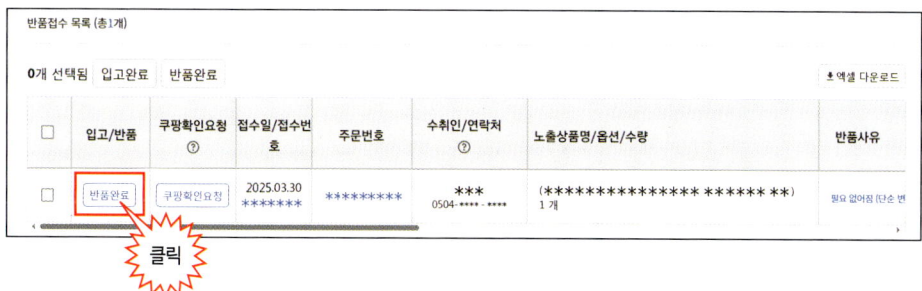

③ 쿠팡확인요청 진행하기

쿠팡확인요청은 반품 및 교환으로 회수한 상품에 문제가 있을 시에 쿠팡에 확인을 요청해 문제를 해결하는 것이다. 판매자에게 상품이 입고 완료된 시점부터 영업일 기준 168시간 이내에 접수할 수 있다.

다음과 같은 경우 쿠팡확인요청 버튼을 클릭해 접수할 수 있다.

① **반품배송비가 부족한 경우**
 - 고객이 판매자 귀책으로 반품/교환을 접수했으나 실제로 고객 귀책인 경우
 - 판매자와 계약한 택배사가 아닌 다른 택배사로 상품을 회수해 추가 비용이 발생한 경우 등

② **회수한 상품 상태가 이상한 경우**
 - 회수한 상품에 구성품이 일부 누락된 경우
 - 회수한 상품이 훼손된 경우
 - 회수한 상품의 수량이 부족한 경우
 - 다른 판매자의 상품을 회수한 경우 등

③ **배송비 부족+상품 이상인 경우**

(1) 상품을 회수한 후 문제가 있으면 주문/배송 → 반품 관리 또는 교환 관리 메뉴에서 해당 상품의 쿠팡확인요청 버튼을 클릭한다.

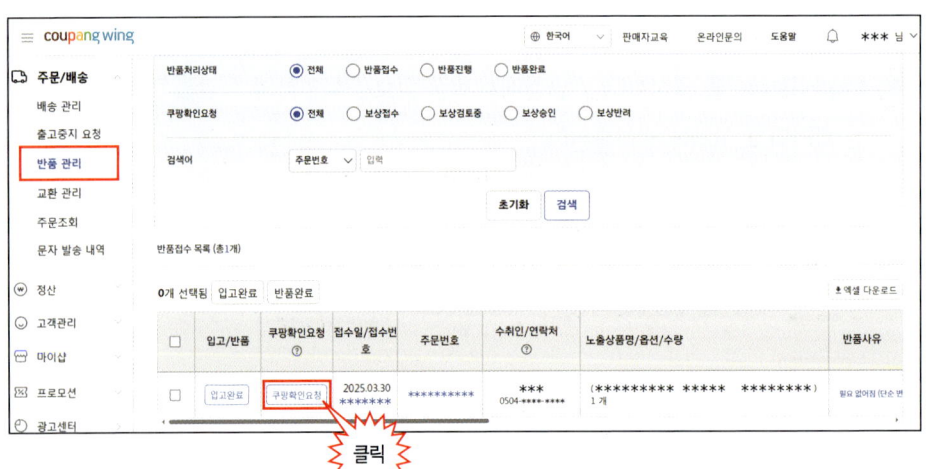

② '사유'를 선택하고 확인요청 수량, 상세 사유 내용, 배송비 등을 입력하고 관련 파일이 있으면 파일첨부를 한다. 접수 버튼을 클릭하면 접수 완료된다.

고객 반품 사유인 경우 회수 시 반품 배송비를 차감하고 고객에게 환불한다. 만약 고객이 직접 반품을 하면서 착불로 반품을 한 경우 판매자는 편도 배송비에 대해 쿠팡확인요청을 할 수 있다.

❶ **파일첨부**: 보상이 필요하다는 객관적 사실을 입증할 수 있는 자료를 첨부한다. 예를 들어 양말 10개를 보냈는데 5개만 회수되었다면 이를 어떻게 증명할까? 초보 셀러는 제품 포장을 녹화하는 것도 아니고, 매 건마다 사진을 찍어두는 것도 힘들다. 그래서 필자는 제품을 포장하는 예시 사진을 하나 찍어두고 증빙 자료로 사용한다.

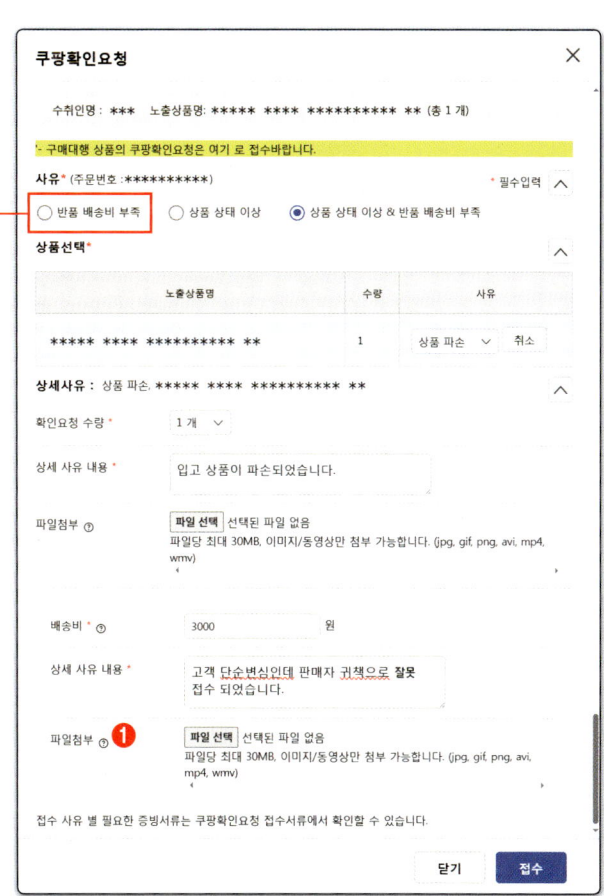

③ '보상접수', '보상검토중', '보상승인', '보상반려'로 진행상태가 표시된다.

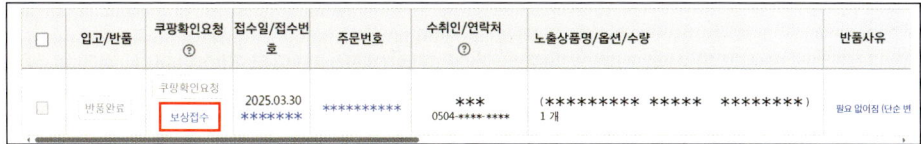

→ 심사결과는 접수 시점 기준으로 반품은 5영업일, 교환은 8영업일 이내에 확인할 수 있다.
→ 쿠팡확인요청의 추가지급은 심사 승인 후 다음 주 5영업일에 지급된다. 정산 → 추가지급에서 확인할 수 있다.

반품 접수 처리 사례

쿠팡의 반품 내역은 쿠팡윙에서 '주문/배송 → 반품 관리'에서 확인할 수 있다. 다음은 필자의 반품 사례이다.

반품사유	배송비부담 ⓘ	입고상태	입고방법 ⓘ	입고 송장번호	반품상태	결제금액
상품이 제조/제작 불량임	판매자 3,500	입고완료 2023.09.25	수동회수접수	777777777 업체직송	반품진행 2023.09.25	15,400

이 상품은 '상품이 제조/제작 불량임'의 반품 사유로 접수되었다. 클릭해 상세 내용을 살펴보니 제품 불량이 맞았고, 해당 건은 제품 회수 없이 보상 처리했다. 보통의 경우라면 제품을 회수해 불량을 확인해야겠지만 내역을 살펴보니 제품을 회수하더라도 재판매가 어렵다고 판단했다. 이럴 경우 구매자에게 제품 폐기 요청을 하고 주문 금액을 환불해 주는 것이 좋다. 제품을 회수하고자 한다면 다시 편도 택배비를 지불해야 하고 회수된 제품을 또 폐기해야 한다. 이럴 때 제품 회수 없이 환불해 주면 고객은 불량이지만 제품도 받고 금액도 100% 환불받으니 불편함을 감수하고 그냥 써도 되겠다고 생각하는 경우가 많다. 판매를 하다 보면 이런 경우가 많은데 너무 스트레스 받지 말고 다른 제품들을 더 잘 파는 것에 집중하는 것이 좋다.

반품사유	배송비부담 ⓘ	입고상태	입고방법 ⓘ	입고 송장번호	반품상태	결제금액
실제 상품이 상품 설명에 써있는 것...	판매자 3,500	입고완료 2023.09.25	수동회수접수	777777777 업체직송	반품진행 2023.09.25	15,400

이 상품은 '실제 상품이 상품 설명에 써있는 것과 다름'이라는 사유로 접수되었다. 클릭해 살펴보니 '원하는 기능이 아닐 것 같아요'라는 사유였다. 제품은 문제 없으나 구매자가 자신이 생각한 것과 다를 것 같다고 판단해 접수한 반품이었다. 사실 단순 변심이었다.

쿠팡에서 고객이 '교환, 반품 신청'을 진행할 때 '사유 선택'의 가장 상단에 '단순 변심'이라는 항목이 있다. 대부분의 고객은 반품 사유로 '단순 변심'이나 '상품 문제'를 선택한다. 상품 문제라면 판매자가 반품 배송비를 부담하는 것이 맞지만, 단순 변심인데도 상품 문제라고 반품을 접수하는 경우가 많다. 그런데 이러한 반품에도 판매자는 구매자에게 반품 배송비를 부과하거나 차감할 수 없다.

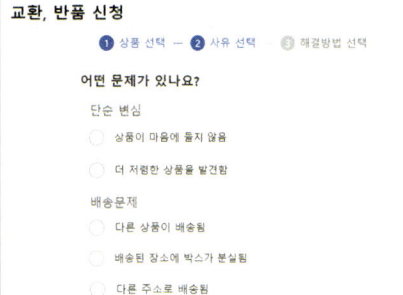

제품이 회수되었는데 박스의 포장을 뜯지도 않은 채로 돌아왔다. 이러한 사례는 배송이 출발했는데 갑자기 변심한 경우이다. 쿠팡에 보상신청을 했고 왕복배송비를 보상받았다.

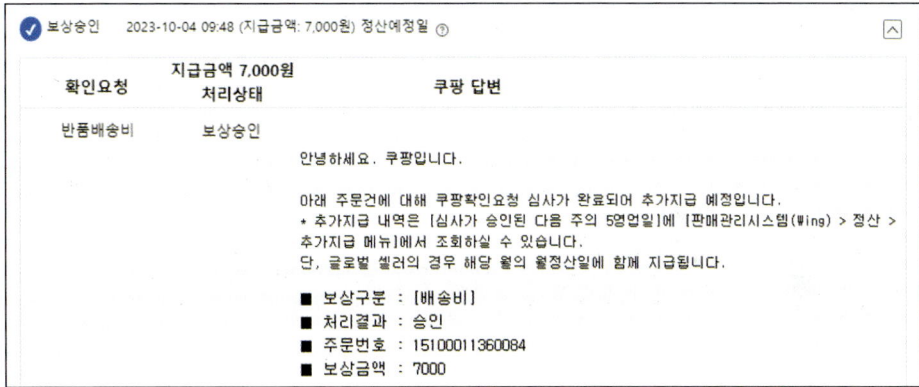

쿠팡의 보상요청 시스템은 조금 불편할 수 있지만, 사유가 정당하다면 구매자와 조율할 필요 없이 쿠팡으로부터 보상받을 수 있다는 것은 장점이기도 하다.

쿠팡이 반품 걱정 없이 쇼핑을 할 수 있도록 하는 소비자 친화적인 정책을 펴다 보니 구매자가 마음에 안 들면 판매자 귀책사유로 반품 접수를 하는 경우가 더러 있지만 너무 걱정할 정도는 아니다. 고객은 필요에 의해 쇼핑을 하기 때문에 판매자가 품질 좋은 상품을 판매하면 생각만큼 반품이 많이 들어오지는 않는다.

4 교환 처리하기

교환 요청은 상품이 배송 중일 때는 할 수 없고, 배송완료 후에 할 수 있다. 상품의 현재 배송 상태에 따라 고객의 교환 요청과 처리 방법이 달라진다.

결제완료: 고객은 주문을 취소하고 원하는 상품으로 다시 주문해야 한다.

상품준비중, 배송지시, 배송중: 고객은 주문 취소 또는 반품접수를 해야 한다.
판매자는 '상품준비중'일 때는 주문/배송 → 출고중지 요청에서 확인하고 해당 상품의 처리 상태에 따라 출고중지완료, 이미출고 버튼을 클릭해 반품 진행을 하면 된다. '배송지시', '배송중'일 때는 주문/배송 → 반품 관리에서 확인 후 처리한다.

배송완료: 배송완료 후에는 고객이 교환 요청을 할 수 있다. 단순 변심에 의한 교환접수는 제한되며, 상품 하자 등 판매자 사유에 의한 교환접수만 가능하다.
판매자는 쿠팡 주문/배송 → 교환 관리에서 교환접수 건을 확인하고 처리한다.
상품 회수 후 이상이 없으면 입고완료 버튼을 클릭한 후 회수된 제품의 정보를 확인한 후 완료 버튼을 선택하면 입고완료 처리된다. 교환할 상품을 발송한 후 운송장을 등록하고 선택물품 배송 버튼을 클릭하면 교환처리가 완료된다.

반품 중에 교환으로 변경 요청 시

고객이 반품접수를 했다가 마음이 변해 교환하고 싶다고 했을 때, 환불 후라면 고객에게 원하는 상품으로 재구매를 하라고 하면 된다.

환불 전이라면 다음과 같이 처리한다.

고객 귀책의 반품

1. 고객에게 마이쿠팡에서 '반품 철회'를 하고, 상품에 왕복배송비, 교환 요청 메모를 동봉해 상품을 발송하라고 안내한다.(상품 회수 중이라면 왕복배송비를 판매자 계좌로 입금하도록 안내한다.)
2. 상품 입고 확인, 왕복배송비 확인 후 교환 상품을 발송한다.

판매자 귀책의 반품

1. 고객에게 마이쿠팡에서 '반품철회'를 하고 '교환접수'를 하라고 한다.
2. 상품이 회수되면 이상 유무를 확인하고 주문/배송 → 반품관리에서 입고완료 버튼을 클릭해 처리한다. → 교환 상품을 배송하고 운송장을 등록해 교환 상품을 배송한다.

교환 중에 반품으로 변경 요청 시

교환 출고 운송장번호 입력 전 상태에서는 교환취소를 할 수 있다.

1. 주문/배송 → 교환 관리 → 교환취소 버튼 클릭 → 사유에서 교환철회(고객요청)을 선택한다.
2. 반품 접수를 진행한다.
3. 상품 입고 확인 후 주문/배송 → 반품 관리 → 입고완료 버튼 클릭 → 반품완료 버튼을 클릭한다.(빠른환불의 경우 자동으로 취소승인된다.)

교환 운송장 번호 입력 이후에는 교환 취소를 할 수 없다.

→ 교환 상품 출고 전이라면 교환출고한 송장번호를 업체직송으로 변경해 교환완료 처리 후 반품 접수한다.
→ 교환 상품 출고 후라면 판매자가 직접 고객과 반품 처리 및 반품비용 등을 협의해야 한다.

07 로켓그로스로 판매하기

1 로켓그로스 개요

쿠팡에서의 판매 방법은 로켓배송, 로켓그로스, 판매자 배송이 있다.

로켓배송 - 쿠팡 납품 판매 방식

쿠팡이 판매자 상품을 직접 매입해 판매하는 방식이다. 판매자가 쿠팡에 제안하거나, 쿠팡이 판매자 상품을 보고 제안하기도 한다. 판매자는 쿠팡에 상품을 납품하고 대금만 받으면 된다. 쿠팡 물류센터 입고 후 상품은 쿠팡 상품이 되며, 이후 모든 판매와 CS는 쿠팡이 처리한다. 즉, 판매자가 쿠팡(주)인 셈이다.

진행 시 쿠팡 공급대가는 상품 판매가의 60~70% 선에서 결정되는데 상품, 판매자마다 다르고 쿠팡 BM과 협의에 의해 결정된다.

로켓그로스 - 쿠팡 풀필먼트 판매 방식

쿠팡 풀필먼트(fulfillment) 서비스를 이용하는 판매 방식이다. 4PL 개념으로 이해하면 된다. 판매는 셀러가 하지만 보관, 배송, 반품, 고객 응대는 쿠팡이 해준다.

로켓그로스는 개인 셀러가 쿠팡 로켓배송 시스템을 이용해 익일 배송과 주말 배송이 가능하다는 장점이 있다. 셀러가 배송 경쟁력을 갖추면서 편리하게 판매할 수 있다. 단, 서비스 이용 비용이 있으므로 잘 계산해 진행 여부를 결정해야 한다. 잘못 계산하면 매출은 오르지만 순수익이 적을 수 있다.

판매자 배송 - 판매자 직접 판매 방식

일반적인 오픈마켓 판매 방식이다. 상품 보관, 배송, 반품, CS 등 판매 관련 모든 일을 판매자가 직접 처리한다.

☆ 로켓그로스 진행 불가 상품

다음의 카테고리/상품군은 로켓그로스로 판매할 수 없다. 로켓그로스 운영 불가 카테고리는 상품등록 시 카테고리를 선택하면 '로켓그로스 불가'로 표시된다.

- 상품이 변질되기 쉬운 신선식품, 냉장냉동식품, 식물
- 특정 화학성분의 함양 지수가 높은 디퓨저, 손 소독제, 탈취제, 세정제, 연료, 액상형 각종 클리너, 살충제 류
- 에어로졸, 스프레이 형태로 1mpa 이상의 고압가스를 이용해 충전한 제품
- 사이즈, 무게 기준 초과 상품(기준: 단일상품(포장재 포함) 가로+세로+높이 합 250cm 이하+30kg 이내)
- 설치배송이 필요한 상품
- 오픈 대상 카테고리라 하더라도, 등록한 상품의 특성이 위와 같을 경우 등록이 제한됨
- 라이선스 미보유 상품(오징어게임, 디즈니, 샤넬 등) (*보유 시 서류를 반드시 첨부)
- 서비스 운영상 불법적인 상품의 유통 및 보관 방지를 위한 사전 검수가 어려운 전자담배 액상

② 로켓그로스 비용

로켓그로스를 이용하면 판매수수료와 물류서비스 비용을 지불해야 한다.

비용	부과 기준	비고
판매수수료	판매 완료된 상품에 대해 부과되는 수수료 - 판매자배송과 동일한 4~10.9%이며, 카테고리별로 상이	
입출고 비용	상품 입고 및 상품 출고를 처리하는 작업에 대한 비용 - 판매 완료된 상품에 대해서만 부과 - 카테고리, 사이즈 유형, 판매가에 따라 주문 수량당 부과 - 판매 완료 시 비용 부과	2027.01.31까지 프로모션 진행
배송 비용	상품을 고객에게 배송하는 작업에 대한 비용 - 판매 완료된 상품에 대해서만 부과(반품이 여러 번 발생해도 최종 판매된 상품에만 부과) - 카테고리, 사이즈 유형, 판매가에 따라 주문 상품당 1회만 부과 - 판매 완료 시 비용 부과	
보관비	쿠팡 물류센터에 상품을 보관하는 데 드는 비용 모든 상품 매 입고 시 30일 무료 (액세서리/의류/신발 카테고리는 45일간 무료), 이후 CBM당 부과	
반품 회수비	고객 반품 또는 교환 발생 시 회수 및 검수/재입고 작업에 대한 비용 매달 20건 무료/이후 상품당 부과 - 동일 상품 여러 개가 한꺼번에 반품되더라도 1회만 부과	2026.01.31까지 프로모션 진행
반품 재입고비	반품/교환 시 회수 상품을 검품해 물류센터에 재입고하는 작업 비용 매달 20개 무료/이후 수량당 부과	
반출비	상품을 보관 장소에서 반출할 수 있도록 처리하는 작업에 대한 비용 매달 20개 무료/이후 수량당 부과	
부가서비스	바코드 부착 서비스: 사이즈 유형별로 개당 125원~250원 - 이용한 만큼만 부과	

* 프로모션이 변경/종료될 경우, 사전에 공지된다.

① 자세한 로켓그로스 비용은 정산 → 로켓그로스 정산현황 → 로켓그로스 수수료 & 비용 가이드 버튼을 클릭하면 알 수 있다.

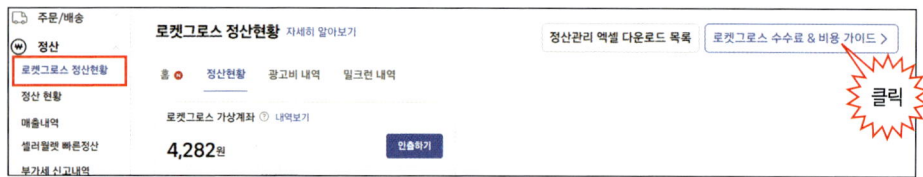

☆ 입출고 & 배송 비용

- 카테고리, 사이즈 유형, 판매가(판매자 할인쿠폰이 적용된 최종 소비자가)에 따라 최종 비용이 결정된다.

② 입출고/배송 비용 확인하기를 클릭하면 자세한 비용을 확인할 수 있다.

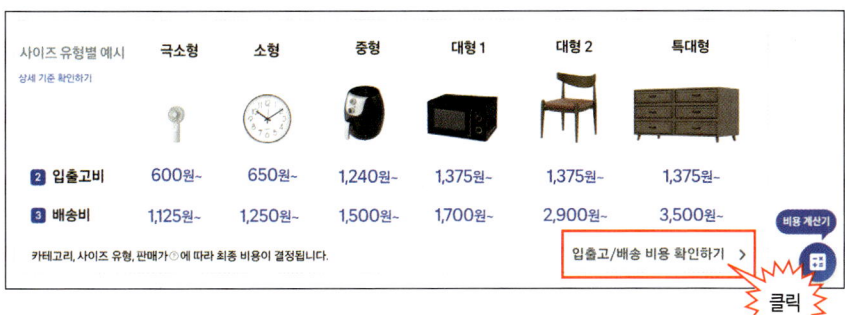

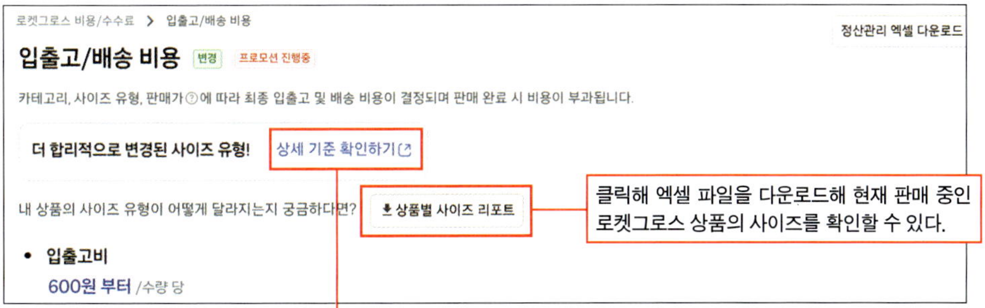

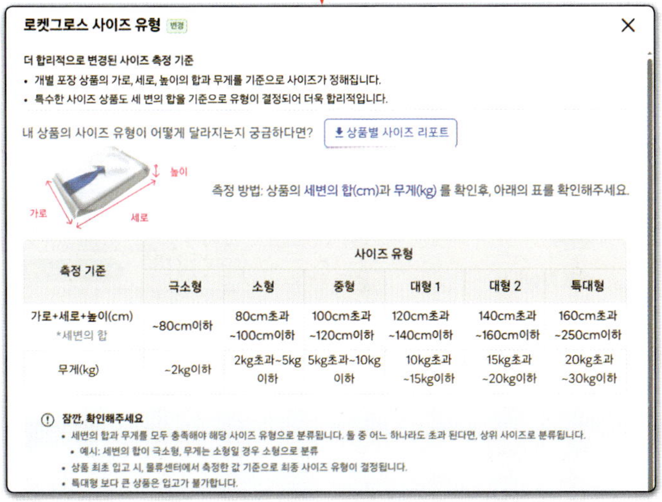

측정 기준	사이즈 유형					
	극소형	소형	중형	대형 1	대형 2	특대형
가로+세로+높이(cm) *세변의 합	~80cm이하	80cm초과 ~100cm이하	100cm초과 ~120cm이하	120cm초과 ~140cm이하	140cm초과 ~160cm이하	160cm초과 ~250cm이하
무게(kg)	~2kg이하	2kg초과~5kg 이하	5kg초과~10kg 이하	10kg초과 ~15kg이하	15kg초과 ~20kg이하	20kg초과 ~30kg이하

③ 입출고/배송 비용 확인하기에서 카테고리를 선택하면 사이즈 유형별 입출고/배송 비용을 확인할 수 있다.

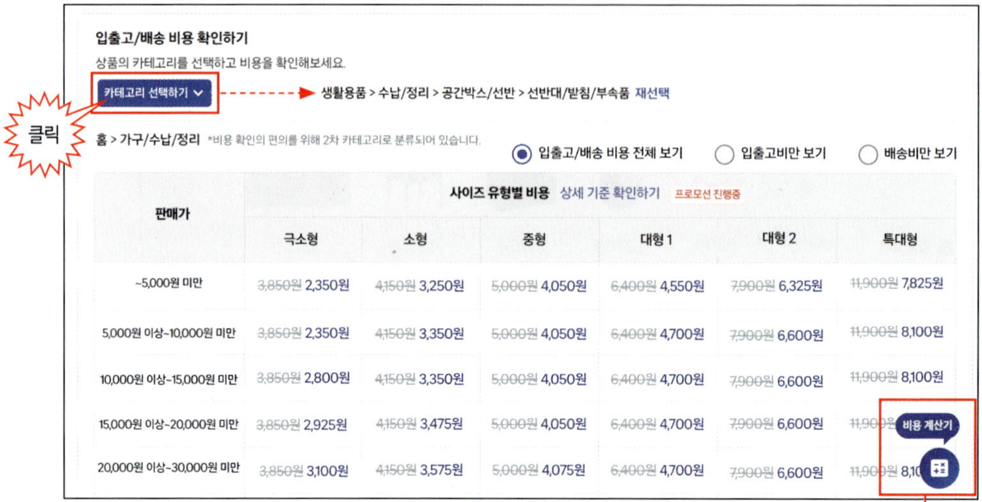

판매가	극소형	소형	중형	대형 1	대형 2	특대형
~5,000원 미만	~~3,850원~~ 2,350원	~~4,150원~~ 3,250원	~~5,000원~~ 4,050원	~~6,400원~~ 4,550원	~~7,900원~~ 6,325원	~~11,900원~~ 7,825원
5,000원 이상~10,000원 미만	~~3,850원~~ 2,350원	~~4,150원~~ 3,350원	~~5,000원~~ 4,050원	~~6,400원~~ 4,700원	~~7,900원~~ 6,600원	~~11,900원~~ 8,100원
10,000원 이상~15,000원 미만	~~3,850원~~ 2,800원	~~4,150원~~ 3,350원	~~5,000원~~ 4,050원	~~6,400원~~ 4,700원	~~7,900원~~ 6,600원	~~11,900원~~ 8,100원
15,000원 이상~20,000원 미만	~~3,850원~~ 2,925원	~~4,150원~~ 3,475원	~~5,000원~~ 4,050원	~~6,400원~~ 4,700원	~~7,900원~~ 6,600원	~~11,90~~ [illegible]
20,000원 이상~30,000원 미만	~~3,850원~~ 3,100원	~~4,150원~~ 3,575원	~~5,000원~~ 4,075원	~~6,400원~~ 4,700원	~~7,900원~~ 6,600원	~~11,900~~ 8,1[illegible]

클릭해 입출고/배송 비용을 계산해 볼 수 있다.

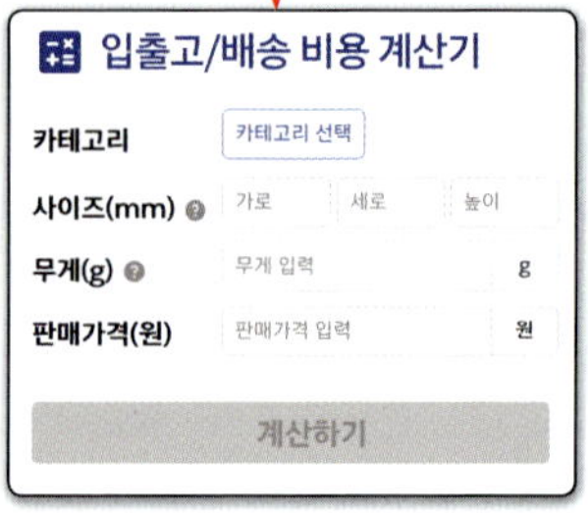

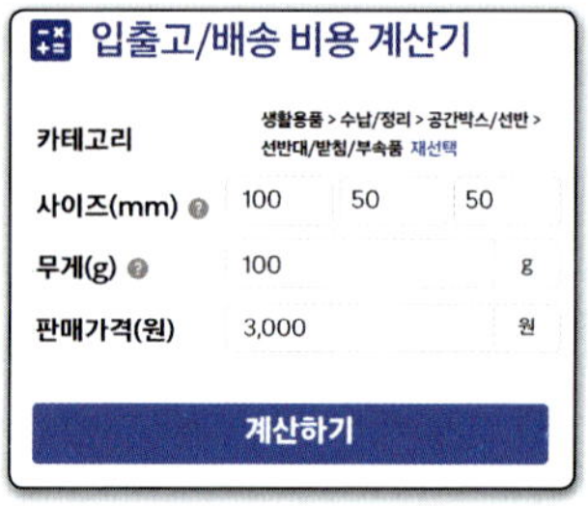

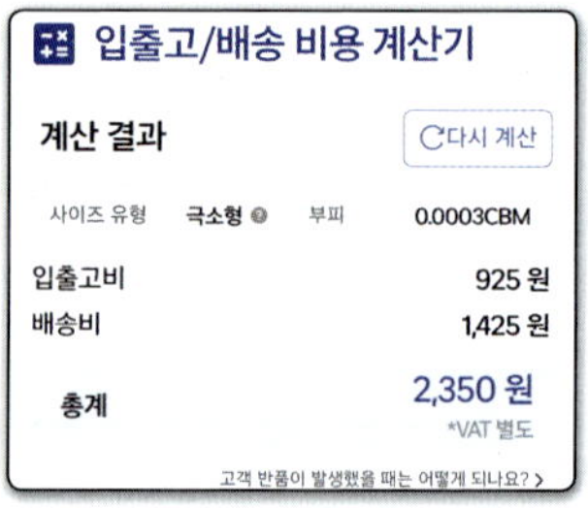

※ 저가 상품 전용 할인: 14,000원 미만 상품 중 일부 카테고리에 한해 입출고비, 배송비 할인이 적용된다.(2027. 01. 31까지)

④ 그외 서비스 비용을 확인할 수 있다.

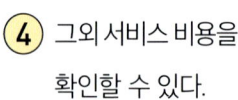

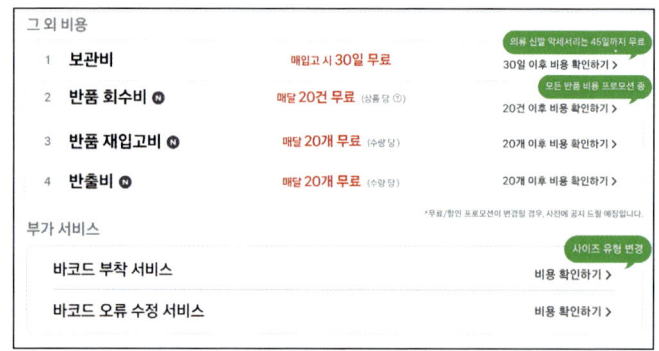

☆ 보관비

- 상품을 보관하는 데 발생하는 비용
- 매 입고 시 30일 무료 (액세서리/의류/신발 카테고리는 45일간 무료)
- 이후 CBM 기준 상품 1개의 부피에 따라 보관일별 비용 부과

보관비 `변경` `프로모션 진행중`

매 입고시 30일 무료, 이후 CBM당 부과

상품을 보관하는데 발생하는 비용으로, 상품 1개의 부피에 따라 **보관일 별 비용이 부과**됩니다.
변경되는 보관비는 기 입고된 상품을 포함하여 2025년 1월 6일 부터 적용됩니다.

보관비 계산 예시

*CBM을 기준으로 상품 개당 부피를 계산하여 보관비가 측정됩니다.

- **CBM이란?** CBM은 가로·세로·높이가 각 1미터인 공간의 부피를 측정하는 단위입니다. 1CBM은 셔츠 낱개가 약 250개 이상이 보관되었을 때 차지하는 부피입니다.

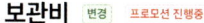

0.26 m × 0.32 m × 0.05 m

상품 부피(CBM)

가로×세로×높이 =   CBM
0.26m x 0.32m x 0.05m= **0.004CBM(m3)**

기간별 개당 보관비(일)

기간	보관비
45~60일 보관비	8원
61~120일 보관비	10원
121~180일 보관비	14원
181일 이상 보관비	20원

1CBM당 일 보관비

보관 기간	의류, 신발, 액세서리 상품 상세 기준 확인	그 외 모든 상품
1~30일	~~1,000원~~ 0원 `프로모션 진행중`	~~1,000원~~ 0원 `프로모션 진행중`
31~45일	~~2,000원~~ 0원 `프로모션 진행중`	2,000원
46~60일	2,000원	2,000원
61~120일	2,500원	
121~180일	3,500원	
181일 이상	5,000원	

☆ 반품 회수비

- 고객 반품 또는 교환 발생 시 고객으로부터 상품을 회수하는 작업에 대한 비용
- **매월 20개까지 무료**/이후 카테고리, 사이즈 유형, 판매가에 따라 상품당 부과, **회수된 상품당 1회만 부과**

☆ 반품 재입고비

- 반품/교환 발생 시 회수된 상품을 검품해 쿠팡 물류센터에 재입고하는 작업에 대한 비용
- **매월 20개까지 무료**/판매가에 따라 재입고 수량당 비용 부과

☆ 반출비

- 상품이 보관된 장소에서 반출할 수 있도록 처리하는 작업에 대한 비용
- **매월 20개까지 무료**/이후 개당 300원

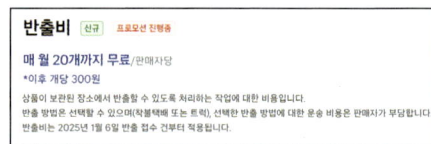

☆ 부가 서비스비

- **바코드 부착비**: 입고 시 쿠팡 물류센터에서 바코드 부착을 대행해주는 작업에 대한 비용
  (극소형~소형 125원 / 중형 175원 / 대형 1~특대형 250원)
- **바코드 오류 수정 서비스**: 입고된 상품에 바코드 훼손, 오부착 등 문제 발생 시 쿠팡 물류센터에서 재부착을 대행해주는 서비스.(극소형~소형 400원 / 중형 500원 / 대형 1~특대형 700원)

③ 로켓그로스 판매 진행하기

로켓그로스 판매를 위해 쿠팡 물류센터에 제품을 입고시킬 때는 쿠팡이 정한 입고 규칙을 맞춰서 입고해야 한다.

입고 날짜, 입고 시 스티커 부착 등 로켓그로스 입고 방법을 정확하게 지켜야 하는데, 잘못 입고하면 제품이 자동 반송되기 때문에 왕복 택배비가 고스란히 셀러의 손해로 이어질 수 있다.

3.1 로켓그로스 상품 등록하기

로켓그로스는 판매자배송(마켓플레이스) 상품을 등록하면서 동시에 그로스 상품으로도 등록해 판매할 수도 있고, 로켓그로스만으로 등록해 판매할 수도 있다. 같은 상품을 로켓그로스와 판매자배송 방식으로 판매할 때는 고객 경험이 뛰어난 상품만 노출된다.

상품등록 과정은 판매자배송 상품등록과 별 차이가 없다.

① 상품 관리 → 상품등록을 클릭한다. '판매 방식 선택'에서 로켓그로스(쿠팡풀필먼트 서비스 배송)를 체크한다.(판매자배송과 로켓그로스로 동시에 판매하고자 한다면 모두 체크하고 진행하면 된다.) 이후의 상품등록 과정은 판매자배송 상품등록과 동일하다.

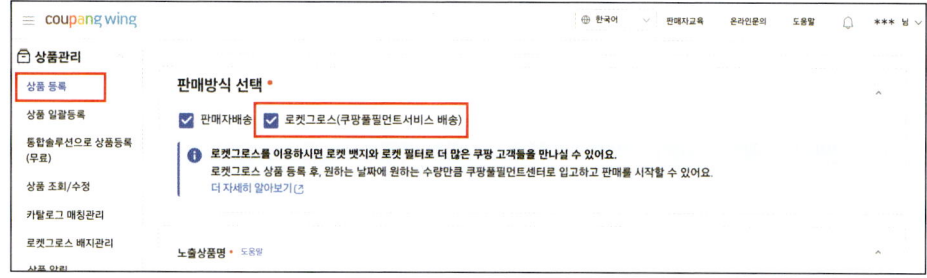

② 로켓그로스는 마지막 단계에서 로켓그로스 물류 입고 정보를 설정하는 항목이 있는데, '지금 입력'과 '나중에 입력'을 선택해 진행할 수 있다. (※ '나중에 입력'을 선택하면 로켓그로스 → 입고관리 → 입고생성하기를 진행할 때 '로켓그로스 물류 정보'를 입력하면 된다.)

① **상품 바코드**: 실물 상품에 표시된 바코드와 여기서 등록하는 바코드가 일치해야 한다. 바코드가 없는 상품인 경우 '쿠팡 바코드 사용'을 체크한다.(상품등록 완료 후 상품 관리 → 상품 조회/수정에서 해당 상품을 선택한 후 선택한 상품 일괄적용 - 바코드 라벨 인쇄 클릭 또는 로켓그로스 → 입고 관리에서 입고 생성 후 해 바코드를 다운로드 후 인쇄할 수 있다.) 상품에 바코드를 부착해 물류센터로 입고하면 된다.

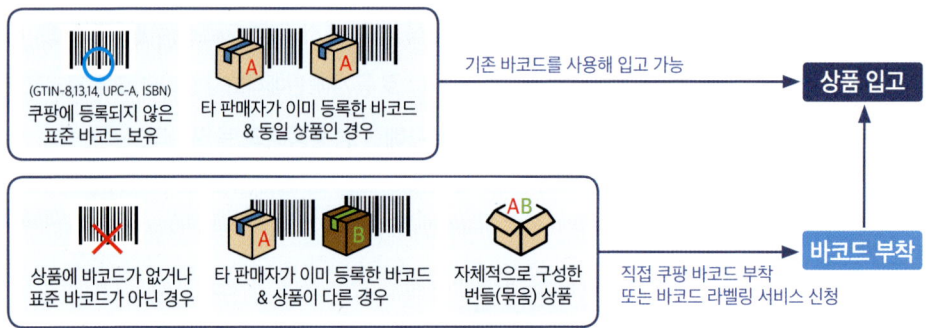

③ 검수 기준 확인에 체크하고 판매요청을 클릭하면 상품등록이 완료된다.

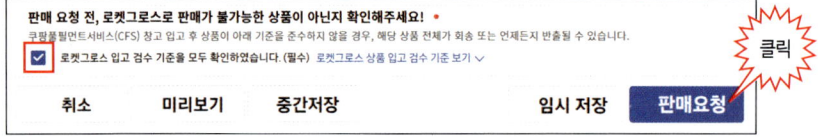

상품등록 시 주의사항

로켓그로스는 판매하고자 하는 제품의 옵션과 썸네일이 일치해야 한다..

- 상품명: 여행용 가방 1개
- 옵션: 블랙

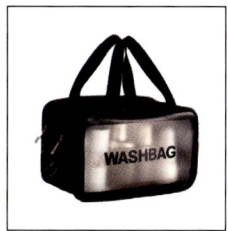 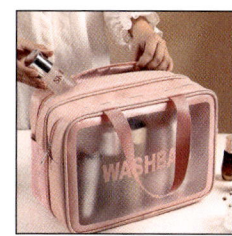

여행용 가방을 로켓그로스에 입고시키려면 썸네일과 제품의 옵션이 정확히 일치해야 한다. 위 왼쪽 그림의 썸네일은 블랙 가방 1개 이미지이기 때문에 로켓그로스 상품등록이 승인되지만 오른쪽 그림은 블랙 색상이 아니고 다른 제품과 같이 있는 사진이기에 승인을 받을 수 없다. 색상이 있는 제품이라면 각 제품의 옵션별로 썸네일을 다르게 등록해줘야 한다.

쿠팡은 연출컷이나 브랜드명이 들어간 썸네일에 대한 경고를 하고 있다. 제품 이미지만 깔끔하게 나온 사진을 이용해야 한다. 필자도 이러한 경험이 있는데, 이메일로 3번의 경고가 왔는데 확인을 하지 못해서 상품이 판매 중지된 사례가 있었다. 이를 확인하고 상품 썸네일을 변경해 다시 쿠팡에 판매재개 요청을 했다.

TIPS! 로켓그로스 판매중지 해제 요청하기

만약 상품을 등록했는데 로켓그로스 제품이 '판매 중지' 상태라면 다음의 과정으로 쿠팡에 문의를 남기면 어떠한 부분을 수정해야 하는지 답변을 받을 수 있다.

1. 쿠팡윙에서 온라인문의 → 로켓그로스 → 로켓그로스 상품 관리 → 로켓그로스 상품등록 후, 판매중지 처리되었습니다. 어떻게 해야 하나요?를 클릭한다.
2. 내용을 읽어보고 페이지 맨 하단에 있는 '온라인 문의하기'를 클릭한다.
3. 온라인 문의하기 페이지에서 '요청 유형'을 '판매중지 상품 해제 요청드립니다'를 선택한다. 그리고 '제목'과 '설명'란에 제품이 판매중지된 사유가 무엇인지 물어보면 쿠팡에서 답장을 해주는데 이것을 수정하고 다시 한번 요청하면 판매를 재개할 수 있다.

3.2 로켓그로스 입고 신청하기

로켓그로스 상품을 등록했다면 이제 입고 신청을 할 차례이다. 로켓그로스 입고 신청은 물건의 정보, 바코드, 입고 날짜(오차범위 1~2일)를 정하고 ○○물류센터로 입고하겠다고 쿠팡에 미리 신청을 넣는 것이다. 로켓그로스 입고 신청이 완료 후 승인이 되어야 상품을 입고할 수 있다.

① 로켓그로스 → 입고관리를 클릭한다. 새로운 입고 생성 버튼을 클릭한다.

② [상품 선택] 입고할 상품을 선택하고 다음을 클릭한다.

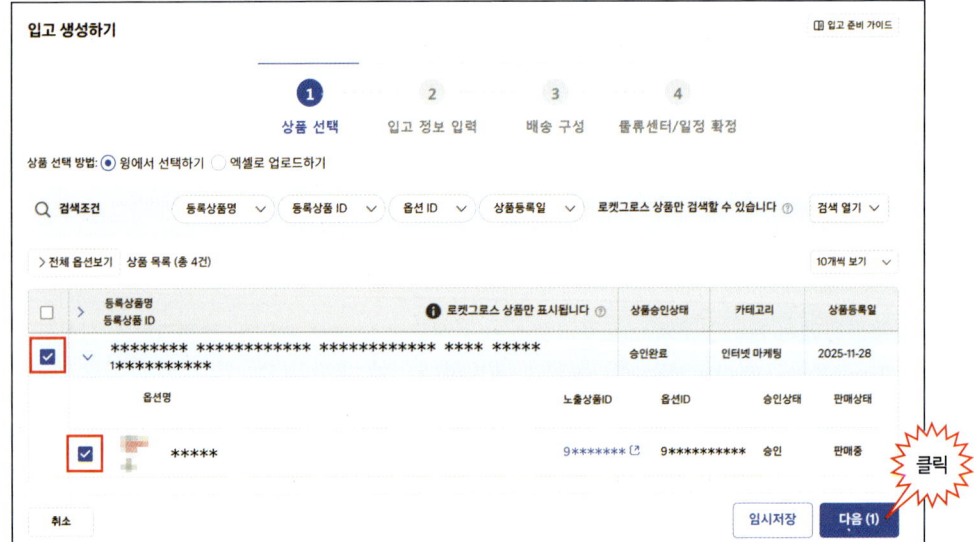

③ [입고 정보 입력] 입고 방법 선택, 입고 수량을 입력하고 다음을 클릭한다.

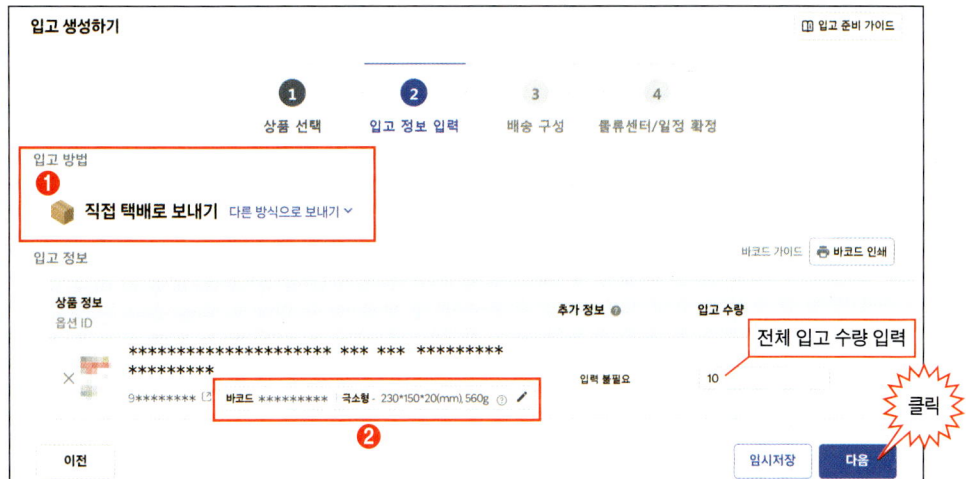

① **입고 방법**: '직접 택배로 보내기'가 선택되어 있다. '다른 방식으로 보내기'를 클릭해 트럭, 밀크런 등 원하는 입고 방법을 선택하면 된다.

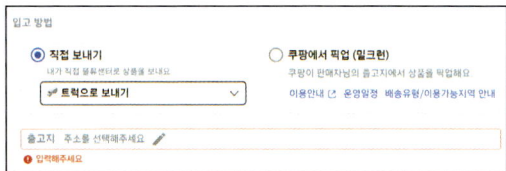

② **추가 정보**: 상품등록 시 입력한 물류 정보를 확인할 수 있다. 상품등록 시 '나중에 입력'을 선택해 입력하지 않았다면 입력 버튼을 클릭해 바코드, 상품 크기 등 물류 정보를 입력한다.

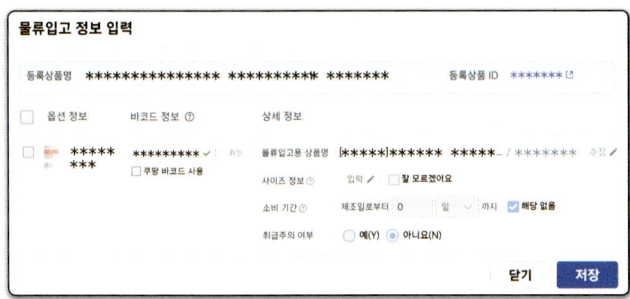

④ [배송 구성] 포장 박스 수를 선택, 해당 박스 내 상품 수량을 입력한 후 다음을 클릭한다.

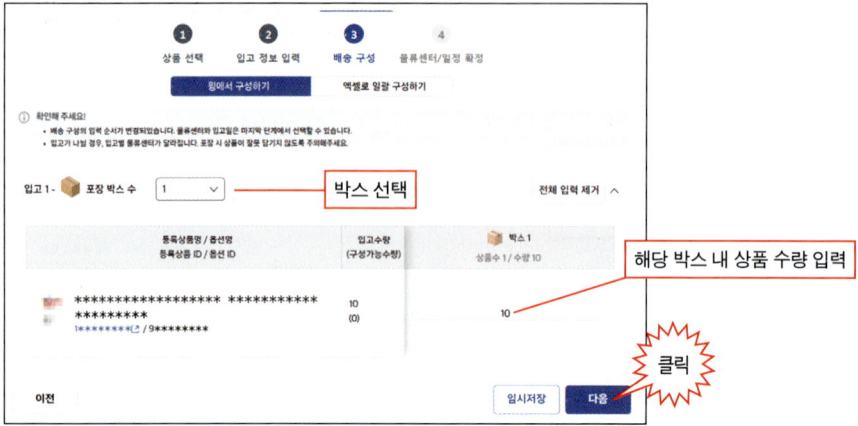

⑤ [물류센터/일정 확정] 물류센터 및 도착예정일을 선택한다. '바코드 오류 수정 서비스' 이용 여부 선택, 서비스 이용 동의 체크, 회송지 주소 선택 후 입고 제출하기를 클릭한다.

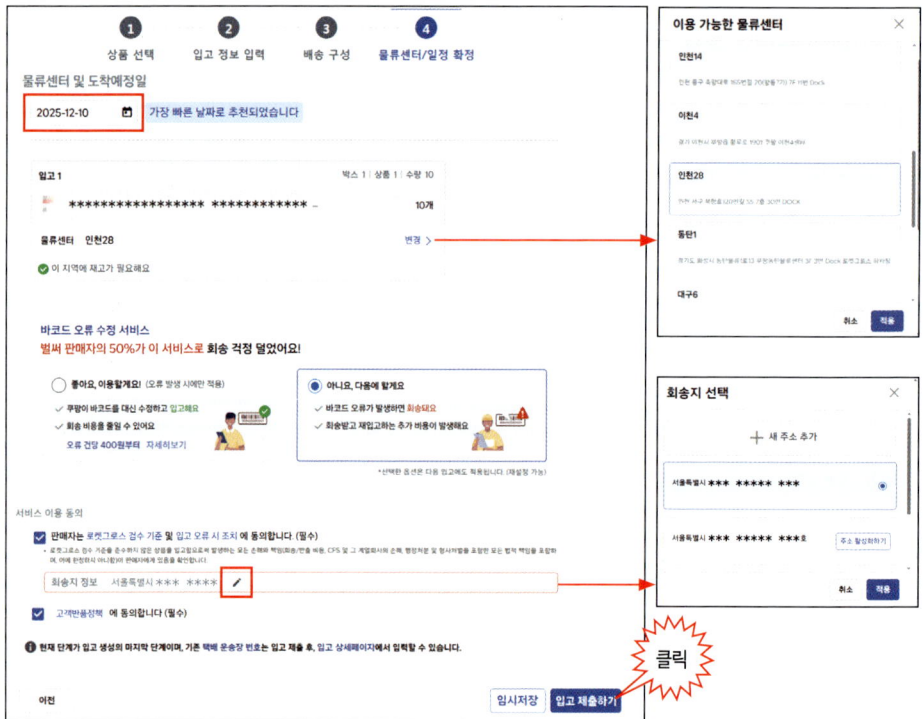

⑥ 입고 제출이 완료되었다. 입고 목록으로 돌아가기를 클릭한다.

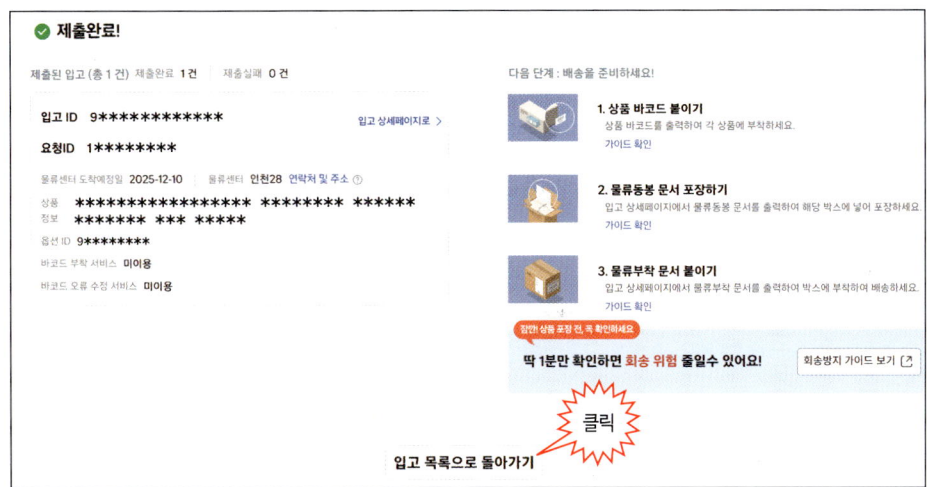

⑦ 입고 관리 화면의 입고 목록에서 입고생성 내역을 확인할 수 있다.

입고 생성 후 수정이 필요하면 취소 후 다시 생성하면 된다.
입고 취소는 허용되는 기간까지만 가능하며, 상품을 발송한 후 취소할 경우 모두 회송될 수 있다.

3.3 상품 입고하기

설정한 도착예정일에 지정 물류센터에 상품이 입고될 수 있도록 발송한다.

1 바코드, 관련 서류 출력하기

로켓그로스 → 입고관리에서 입고할 상품의 필요 문서를 출력한다.

① 바코드/물류문서 인쇄
- 바코드를 부착해야 한다면 바코드를 출력해 개별 판매 상품마다 부착한다.
- 물류부착 문서는 출력 후 택배 박스에 부착한다.(A4로 출력한다. 사이즈 변경으로 바코드 스캔이 불가 시 회송될 수 있다.)
- 물류동봉 문서는 출력 후 박스 안에 동봉한다. 한 박스에 동일한 옵션이 담겨져 있는 박스의 경우 물류동봉 문서는 필요 없다.

2 택배 박스 포장과 발송

1. 포장 박스 안에 상품과 (해당하는 경우) 물류동봉 문서를 넣고 포장한다. → 2. 박스 겉면에 물류부착 문서를 부착한다. → 3. 택배사를 통해 배송한다.

- 판매 상품은 판매 단위별로 포장되어 있어야 한다. 포장 박스 안에 상품 혼재 시 세로 파티션으로 상품별 구분이 가능하게 한다.
- 판매 상품에는 택배 송장을 붙일 수 없다.(별도의 박스에 담아 포장하거나 상품을 랩핑한 후 택배 송장을 붙인다.)
- 무게 30kg 이하, 그리고 가로 + 세로 + 높이의 합이 250cm 이하의 상품만 입고 가능하다. 기준 초과 시 회송 또는 반출될 수 있다.

3 운송장번호 입력

1. 택배 발송을 한 후 운송장번호 입력 버튼을 클릭한다.

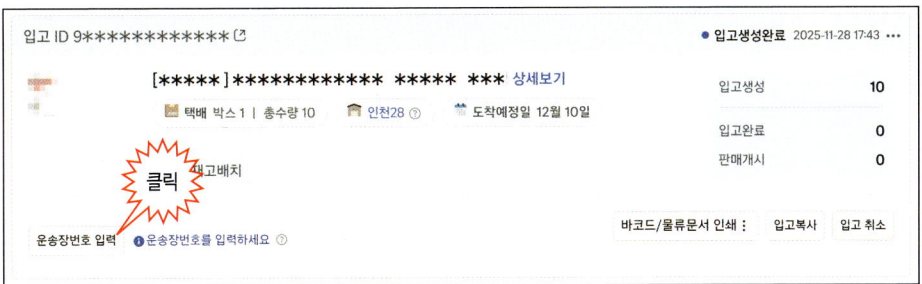

2. 수정하기를 클릭해 택배사, 송장번호를 입력하고 저장하기를 클릭한다.

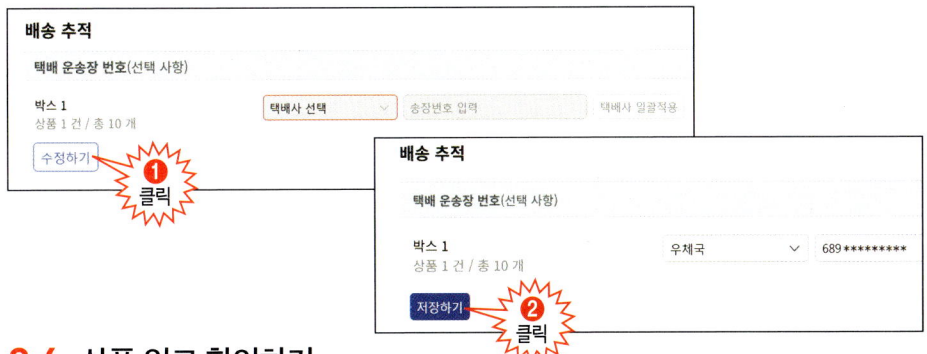

3.4 상품 입고 확인하기

로켓그로스 → 입고관리의 입고 목록에서 상품의 상세보기를 클릭하면 입고 진행 상황을 확인할 수 있다.

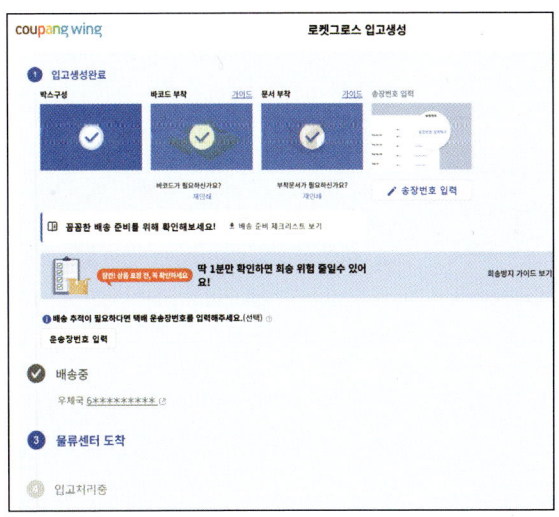

3.5 재고 관리와 반출 요청하기

로켓그로스 → 재고현황에서 재고 확인 및 관리를 할 수 있다. 추가 입고, 반출, 가격관리도 진행할 수 있다.

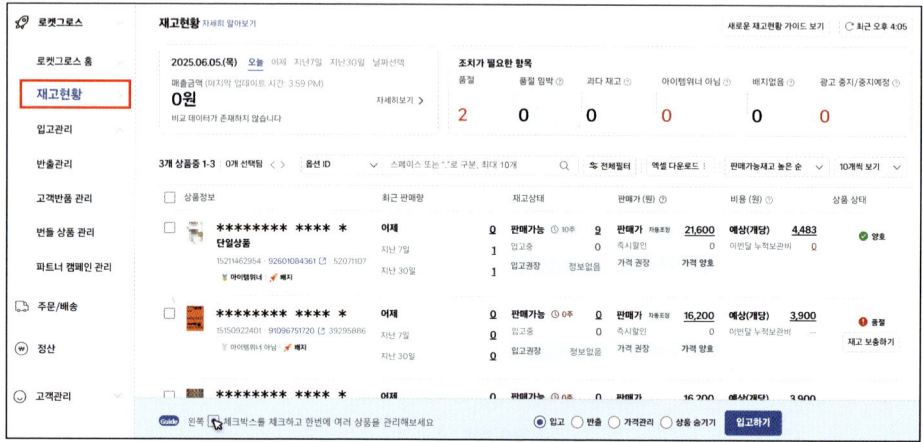

반출 요청하기

① 로켓그로스→반출관리→신규 반출요청 생성 버튼을 클릭한다.

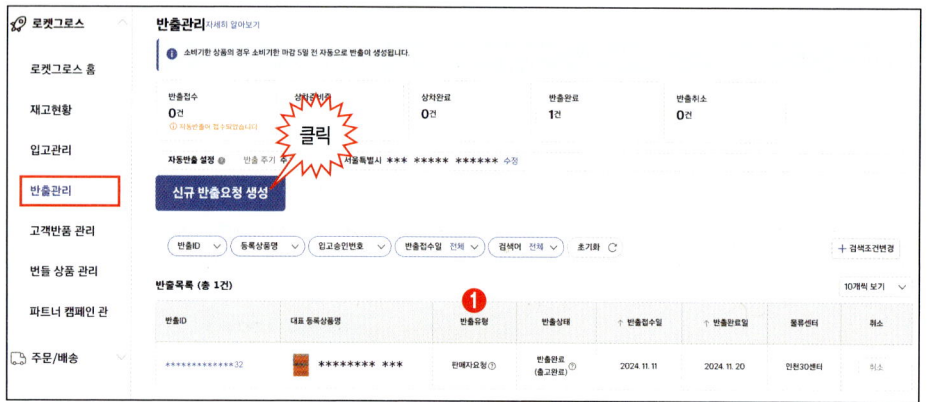

① **반출유형**: 판매자요청 - 물류센터 보관 재고를 판매자가 직접 요청한 반출
자동반출(고객반품) - 고객 반품된 상품들에 대해 자동으로 생성되는 반출 건

② 반출방법, 반출지, 연락처, 반출사유 등을 입력하고 다음을 클릭한다.

③ 반출 상품을 선택하고 반출요청 수량을 입력한 후 다음을 클릭한다.

④ 반출 정보를 확인하고 제출하기를 클릭하면 된다.

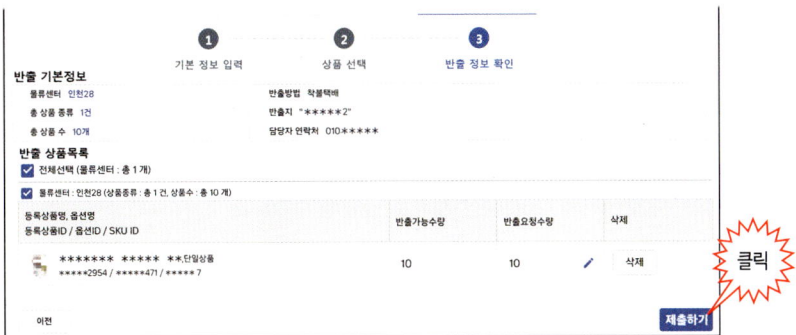

3.6 로켓그로스 정산

로켓그로스 판매 상품은 판매대금에서 판매수수료와 쿠팡풀필먼트서비스(CFS) 요금, 추가 상계금액(밀크런 이용액, 광고비 등)을 제하고 정산된다.

항목		판매자배송 상품	로켓그로스 상품
매출 인식일		배송완료일 D+7일(또는 구매확정 시점)	판매수수료: 결제완료일 기준 입출금요금, 배송요금: 배송완료일 기준
지급일	주정산	매주 일요일 기준 15영업일(70%) 매월 말일 기준 익익월 첫 영업일(30%)	주 판매마감일 D+20 영업일(70%) 판매마감일 해당 월의 익익월 1일(30%)
	월정산	매달 마지막 날 기준 15영업일(100%)	월 판매마감일 D+20 영업일(100%)
공제항목		다운로드 쿠폰, 즉시할인 쿠폰, 스토어 할인, 판매자서비스이용료 등	다운로드 쿠폰, 즉시할인 쿠폰, 밀크런 이용액, 광고비, 쿠팡풀필먼트서비스 요금 등

정산 → 로켓그로스 정산현황에서 확인할 수 있다.

→ 정산대금은 로켓그로스 정산일에 로켓그로스 가상계좌로 지급된다.
→ 지급된 대금은 언제든지 판매자의 대표 정산 계좌로 인출할 수 있다.
① '자동인출'을 해놓으면 정산지급 당일에 가상계좌 잔액 전체가 대표 정산 계좌로 입금된다.
② 상세보기 버튼을 클릭하면 상세내역을 확인할 수 있다.

8장

해외구매대행으로 판매하기

01 해외구매대행 개요

해외구매대행과 글로벌셀러

해외구매대행은 중국, 일본, 미국 등 해외 쇼핑몰 제품을 국내에서 판매하는 사업을 일컫는다. 해외 상품을 쿠팡이나 스마트스토어 등에 등록해 판매하는 것은 정확히는 글로벌셀러 사업이다. 해외구매대행은 고객이 먼저 요청한 상품을 해외 쇼핑몰에서 대신 구매해 주고 수수료를 받는 사업이다. 하지만 많은 이들이 이 둘을 같은 것으로 알고 '해외구매대행'으로 통칭하므로, 여기서도 그렇게 표기한다.

해외구매대행 사업은 국내 위탁판매와 비슷하지만, 판매자가 제품을 소싱(구매)하는 곳이 해외라는 점이 다르다.

1 해외구매대행의 장단점

해외구매대행은 제품 인증이나 재고 부담 없이 판매 가능한 장점이 있지만, 본격적인 판매 시 CS 처리가 어렵다는 단점도 있다. 배송 기간이 길면 수많은 고객 문의를 받기도 한다.

☆ 장점

① 국내 인증 불필요

무자본 시작 가능, 국내 복잡한 인증 없이 판매 가능하다는 것이 큰 장점이다.

KC인증이나 식품검열 등은 사업자가 국내 판매를 위해서는 필수이지만, 개인 사용 목적 구매 시는 면제된다. 해외구매대행은 해외 물건을 고객 대신 구매·운송해주는 것이라 개인 사용 목적으로 간주되어 인증이 필요 없다.

② 국내 제품과 단가 차이 - 가격 경쟁력

국내 수입 판매 제품은 다양한 부대 비용이 추가된다.(예: 브랜드 제품 수입 시 박스/디자인 변경, 추가 인증) 하지만 해외구매대행은 운송료 외 비용이 없어 국내 제조나 브랜드 제품보다 가격 메리트가 있다.

또한 해외 상품은 국내 상품보다 싼 경우가 많다. 국내 생산 단가가 중국 단가를 따라가지 못해, 국내 생산품은 중국산 제품과 경쟁이 어렵다. 중국 제품은 국내 제품 대비 놀랄 만큼 싸서 해외 운송비를 부담해도 가격 경쟁력이 있다.

해외구매대행은 국내 고객이 다루기 어려운 크고 무겁고 비싼(크무비) 상품 위주로 매출이 좋다. 다루기 어려워 경쟁이 적고, 국내 판매 제품은 가격이 높은 경우가 많아 해외 제품으로 진행하면 운송료를 지불해도 가격 메리트가 있다.

③ 별도 사업자 불필요

해외구매대행을 위해 새 사업자를 낼 필요는 없다. 각 마켓에서 해외판매자 신청 후 배송지를 해외로 설정하면 해외구매 제품으로 노출된다.

온라인 판매는 크게 사입, 국내 위탁판매, 해외구매대행으로 나뉘는데, 이 모든 방식을 할 줄 알아야 경쟁력 있는 셀러가 될 수 있다. 예를 들어 국내 인기 전기 제품을 발견했다면, 해외구매대행 방식으로 업로드하고 주문 처리할 줄 알아야 국내 인증 없이 판매할 수 있다.

☆ 단점

① 알리익스프레스의 한국 시장 진출

알리바바 그룹의 글로벌 B2C 쇼핑몰 '알리익스프레스'가 우리나라에서도 점유율을 높여가고 있다. 알리바바 그룹 내 여러 쇼핑몰 중 알리익스프레스는 개인 고객 대상 글로벌 쇼핑몰로, 미국의 아마존과 유사하다.

알리익스프레스는 국내에서 본격적인 마케팅과 판매를 시작했으며, 국내 유명 배우 광고 등으로 폭발적인 성장세를 보인다. 이 알리익스프레스와 경쟁하는 것이 해외구매대행 셀러들이다. 앞으로 알리익스프레스가 국내 시장을 더욱 잠식할 것이며, 이미 통관 업무가 지연될 정도로 많은 물량이 수입되고 있다.

이미 한국 시장에서 알리익스프레스는 여러 쇼핑몰을 앞서고 있다. 알리익스프레스의 한국 시장 직접 진출로 고객은 플랫폼 내에서 중국 제품을 구매할 수 있게 되었고, 이는 해외구매대행 사업자에게 타격을 주었다. 해외구매대행은 개인 셀러 판매 방식이라 반품/교환이 셀러 손실로 이어져 최대한 고객과 협의로 CS를 처리하는 반면, 알리익스프레스는 기업 운영으로 오배송이나 파손에 대한 확실한 보상이 가능해 큰 메리트로 작용하고 있다.

② 배송 기간 클레임에 대한 대안 부재

최대 단점은 긴 배송 기간이다. 배송 지연 문제에 뚜렷한 해결 방안이 없다. 알리익스프레스 및 해외직구 물량 증가로 세관 업무량이 늘어 통관 지연도 잦다. 고객 배송 문의 시 기다려달라고 양해를 구하는 것 외에는 방법이 없다.

우리나라는 쿠팡 로켓배송으로 익일 도착이 보편화됐다. 이런 환경에서 2주가량 걸리는 배송은 상당히 길며, 통관 지연까지 겹치면 더욱 지체된다. 셀러로서는 이 문제를 해결할 방법이 없다. 이는 결국 내 비즈니스 통제권이 세관, 중국 수출자, 배송대행지에 있다는 의미이다. 해외구매대행을 그만두는 이들은 대부분 대량 등록과 CS 처리 스트레스를 이기지 못하는 경우가 많다. 무자본, 무재고로 가능하지만, 아무나 쉽게 성공하는 분야는 아니다.

해외구매대행 시작 전 알아야 할 내용

해외구매대행을 시작하기에 앞서 알아야 것이 있다. 해외구매대행 판매 방식은 해외의 제품을 대신 구매해 주는 것이기 때문에 세금에 대한 부분도 처음부터 신경 쓰고 챙겨야 한다. 국세청에서는 이 제품을 직접 사용하기 위해 구매했는지 마켓의 주문에 의해서 대신 구매해 준 것인지를 구분할 수 없다. 그렇기 때문에 판매를 하면서 주문 내역 등 세금 신고를 할 때 필요한 관련 서류를 잘 정리해 두어야 한다.

2.1 마진율은 여유롭게 설정한다

해외구매대행은 판매 제품에 대해 자세히 모르고 파는 경우가 많다. 중국 구매대행 상품은 상세페이지가 중국어로 되어 있어 판매자가 제품 특성이나 크기를 모르는 경우가 많다. 이런 제품 판매 시 국제 및 국내 운송료가 예상보다 많이 나오기도 한다.

필자가 해외구매대행 초기 '쇼케이스 냉장고' 주문을 받은 적이 있다. 국내에서는 비싸 해외 구매가 많은 제품으로, 당시 중국 마켓 원가는 약 40만 원이었다. 이를 네이버에서 약 70만 원에 팔았으나 결과적으로 몇만 원 손해를 봤다.

원가 40만 원에 배송대행지까지 무료배송이었지만, 배송대행지에서 연락이 왔다.

"제품 패킹을 다시 해야 합니다. 포장된 나무에 훈증마크가 없어 선적 불가합니다. 또 유리 부분이 파손 위험이 있어 파손 면책에 동의해야 운송 가능합니다."

훈증마크는 나무를 소독해 병해충 없음을 인증하는 마크이다. 국제식물보호협약(IPPC)은 국가 간 병해충 유입 및 확산 방지를 위해 국가 간 운송 목재에 IPPC MARK

표기를 의무화했다.

운송 불가라 하니 추가 비용을 내고 우드패킹과 에어캡 포장을 할 수밖에 없었다. 에어캡 포장 없이 국내 도착 시 쇼케이스 유리가 손상되면 반품될 텐데, 이처럼 크고 무거운 물건을 보관할 장소도 마땅치 않았다.

모든 후작업과 출고 비용까지 추가로 24만 원이 들었다. 이런 실수는 초보 해외구매대행 셀러라면 한 번쯤 겪는 사례인데, 이것이 끝이 아니다.

재포장이 끝난 쇼케이스

이 쇼케이스는 경동택배로 운송 가능했지만, 너무 크고 무거워 배송지 관할 영업소까지만 운송 가능하다고 했다. 이후에는 고객이 직접 가져가야 했다. 필자는 1톤 차량 운송을 의뢰해 운송료로 약 6만 원을 지출했다. 그런데 물건을 받은 고객에게서 쇼케이스를 사람 힘으로 내릴 수 없어 지게차를 불렀다고 연락이 왔다. 지게차 사용료는 보통 7만 원 내외이다.

이 판매 건은 초보 시절 기억나는 주문 중 하나로, 만약 제품 손상으로 반품되었다면 손해가 막심했을 것이다. 그렇다면 지금이라면 이 주문을 어떻게 처리했을까?

	기존 비용	개선된 비용
국제운송료	242,250원 - 잡비 6,000원	LCL 1CBM = 79,000원
국내운송료 + 하차 비용	운송 60,000 + 지게차 70,000	리프트 차량 70,000원

① 판매자와 패키지 상의

중국 판매자가 패킹한 나무는 수출용으로 사용 불가능했다. 처음부터 수출 가능한 목재, 즉 합판으로 포장해달라고 했다면 어땠을까?

합판은 작은 목재들을 건조·분쇄 후 접착제로 압착해 만든 판재이다. 목재 기능도 우수하며 병해충이 없어 수출 시 IPPC 인증이 필요 없다. 판매자에게 미리 합판 포장을 요청했다면 배송대행지에서의 재포장 비용을 아낄 수 있었다.(실제로 재포장된 쇼케이스는 합판 목재로 패킹되어 있었다.)

② 국내 운송료 및 하차 비용 고려

필자가 배차한 차량은 기본 1톤 화물차였다. 리프트 장착 차량으로 배차했다면 지게차 없이 쇼케이스 하차가 가능했을 것이다.

차량 후미에 리프트가 장착된 '1톤 리프트 차'는 기본 화물차보다 운송료가 약간 비싸지만, 이 차량을 이용했다면 지게차 비용을 아낄 수 있었다. 물건을 바닥에 내리면 매장 사람들이 옮길 수 있는 상황이었다. 기존 방법으로는 총 37만 원을 지출했지만, 개선된 방법을 썼다면 14만 원에 운송이 가능하다.

이런 이유로 수입 셀러는 제품 수입 및 처리 방법에 다양하게 대응할 수 있어야 한다. 각 방법 하나하나가 해외구매대행 순수익과 연결되므로, 주문 시 판매자에게 화물 크기와 무게를 받아 운송 방법을 결정해야 한다.

2.2 판매 내역 리스트 작성하기

해외구매대행 사업자는 판매 내역 리스트를 필수로 작성해야 한다. 이는 추후 세금 신고 시 매입증빙자료로 제출되므로, 카드 내역, 배송대행 지급 운송료, 국내 택배비 등 모든 비용을 꼼꼼히 챙겨야 한다.

국세청에서 카드 내역을 볼 때 지출 용도를 특정할 수 없으므로, 자료가 없으면 개인 사용으로 간주되어 매입 자료로 사용할 수 없다. 해외구매대행 사업자의 주요 매입 자료는 '해외쇼핑몰 결제내역', '배송대행지 비용', '국내 운송료', '마켓 수수료' 등이다. 중요한 것은 제품 구입과 판매 내역을 일치시키는 것이므로 판매 리스트를 작성해야 한다. 온라인에는 많은 해외구매대행 셀러들이 사용하는 엑셀 양식이 있다. 사업에 사용된 비용들을 정리한 리스트를 만들면 된다.

A	B	C	D	E	F	G
주문일자	판매처	상품명	판매금액	송비결제금	총결제액	마켓수수료
1월29일	옥션	*** ****** *****	47,000	0	47,000	13%
1월8일	옥션	*****	72,500		72,500	13%
1월12일	옥션	*** ****** *****	111,000	0	111,000	13%
2월12일	옥션	*** **** *****	23,500		23,500	13%

H	I	J	K	L	M	N	O	P	Q	R	S	T
예산예정금	tao결제액	ao실결제액	환율	원가계	A 배대지배송비	B 관부가세 부담	C 추가부담 배송비	D 부가세	A+B+C+D 지출계	수수료 차감전 이익	이익	마진률
40,890	20.39	21	182	3,822				3,707	3,707	43,178	33,361	71%
63,075	175.81	181	182	32,957	15300			1,482	16,782	24,243	13,336	18%
96,570	334.75	345	182	62,752				3,382	3,382	48,248	30,436	27%
20,445	9.9	10	182	1,856				1,859	1,859	21,644	16,730	71%

판매 내역 리스트 엑셀 양식 예시

상품 소싱 URL 저장하기

해외구매대행 시 많은 상품을 업로드하는데, 유료 프로그램은 상품 URL을 저장해주므로 별도 저장이 필요 없다. 하지만 유료 프로그램을 사용하지 않는다면, 소싱한 아이템 URL을 엑셀이나 구글 스프레드시트에 저장하는 것이 좋다. 판매 후 찾으려면 옵션이 다르거나 찾기 어려울 수 있으니 처음부터 기록하는 습관을 들여야 한다. 등록 상품명과 URL 정도만 저장해도 주문 시 발주 시간을 크게 단축할 수 있다.

세금 신고 원리

해외구매대행업 종합소득세는 '마켓 매출 - 해외 매입'으로 산정된다. 판매 내역 리스트가 없으면 매입 자료 부족으로 종합소득세가 많아진다.

해외구매대행 세금 신고는 기존 사업자와 조금 다르다. 셀프로 하려면 유튜브 영상을 참고하면 된다. 처음이라면 세무대리인에게 위임하는 것이 좋다. 비용(약 15만 원)이 들지만, 놓치는 매입 자료를 잘 챙겨줘 종합소득세를 더 아낄 수 있다.

2.3 개인통관고유부호

'개인통관고유부호'란 관세청 유니패스(UNI-PASS)에서 발급하는 코드로 개인정보 유출을 방지하기 위해 개인 물품 수입신고 시 주민등록번호 대신 활용할 수 있는 제도이다. 법적으로 해외구매대행 사업자나 쇼핑몰은 개인정보보호법에 따라 법령에 근거가 없으면 주민등록번호를 수집할 수 없다. 따라서 해외구매대행으로 판매를 하려면 개인통관고유부호를 고객에게 요청해야 한다.

생각보다 개인통관고유부호가 무엇인지 모르는 고객이 많기 때문에 발급 방법을 요약해 고객에게 보내주는 것도 좋다. 발급 당시 휴대폰 번호와 현재 사용하고 있는 번호가 다르다면 배송대행지에서 통관부호 불일치 에러가 뜨기 때문에 휴대폰 번호가 변경된 고객은 정보를 수정해 주어야 정상적인 수입신고가 가능하다.

개인통관고유부호 발급받기

관세청 홈페이지(https://www.customs.go.kr/)에서 개인통관고유부호발급을 클릭해 관세청 유니패스(https://unipass.customs.go.kr/csp/persIndex.do) 페이지에서 발급받을 수 있다.

02 해외배송 상품 판매하기

1 해외배송 상품 등록하기

스마트스토어에서 해외배송 상품으로 등록하면 제품 상세페이지에 '해외직배송 상품'이라는 안내가 표시된다.

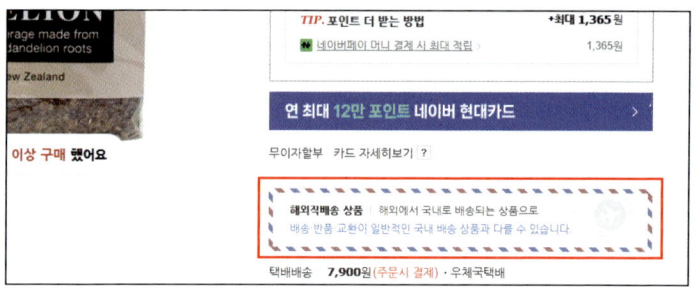

해외배송 상품은 소비자에게 '해외직배송 상품'이라는 사실을 고지해야 하는데, 일부 셀러들은 '국내 배송'으로 제품을 업로드하고 주문이 들어오면 '주문제작'으로 변경해 페널티를 피해가는 수법도 사용하고 있다. 이러한 방법은 보통 TV나 SNS에서 반짝 뜨는 아이템을 소싱해 판매하는 방식인데, 잘못된 것은 아니지만 소비자는 1~2일 안에 받을 것으로 생각하고 주문하는데 사실은 해외직배송 상품인 것이다.

이런 방법이 계속된다면 운영사로부터 페널티를 받을 수 있으니 해외구매대행 제품으로 판매하려면 반드시 해외배송으로 제품을 등록해야 한다.

해외구매대행 상품을 등록하는 과정은 일반 상품을 등록하는 것과 같은데, 다만 상품 출고지를 해외 배송지로 설정해줘야 한다.

1.1 스마트스토어 상품 해외배송지 설정하기

해외배송 상품을 등록하기 위해서는 배송지에 해외 주소를 추가해야 한다. 그래야 상품을 등록할 때 출고지를 해외로 설정해 '해외배송상품'이라는 표시가 나타나게 할 수 있다.

※ 해외주소지 설정은 판매자정보 → 상품판매권한 신청 메뉴에서 해외상품판매 권한을 먼저 신청해야 한다.

① 스마트스토어센터에서 판매자정보 → 판매자 정보를 클릭한 후 배송정보 항목에 있는 주소록 버튼을 클릭한다.

② 주소록 팝업창에서 신규등록을
클릭한다.

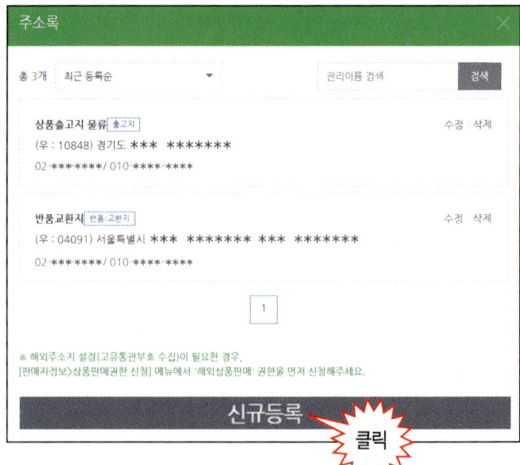

주소를 '해외'로 선택하고 배송대행지 주소를 입력한다. 배송대행지에 나와 있는 주소를 참조해 항목에 맞게 입력한다.

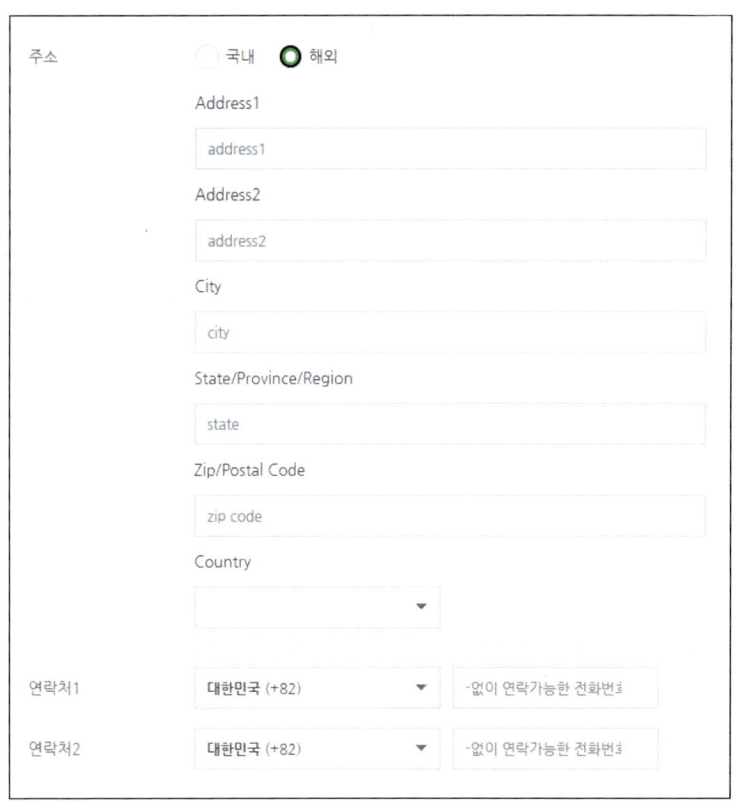

다음과 같은 중국 배송지의 주소를 입력해 보자. 주소가 중국어로만 나와 있을 경우 파파고를 이용해 영어로 번역해 입력한다. 이때 해외 주소는 해외배송을 설정하기 위한 것이기 때문에 반드시 실제 출고지 주소를 입력해야 하는 것은 아니다.

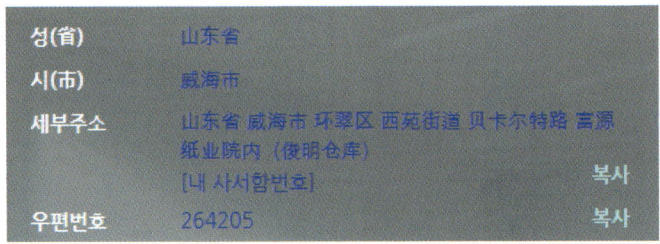

- Address 1: Fuyuan Paper Institute
- Address 2: Xiyuan Street, Baikalte Road
- City: Weihai City
- State/Province/Region: Shandong
- Zip/Postal Code: 264205
- Country: China

③ 해외 배송지를 추가했다면 상품등록 시 '배송' 항목에서 '출고지'에 있는 판매자 주소록를 클릭해 해당 해외출고지를 선택하고 등록하면 해외배송 제품으로 업로드된다.

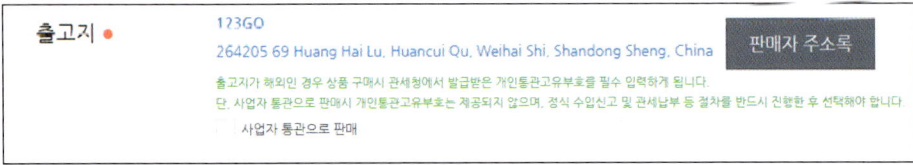

8장 해외구매대행으로 판매하기 **381**

1.2 쿠팡 상품 해외배송지 설정하기

쿠팡에서 해외구매대행으로 제품을 판매하려면 판매자 이름 → 추가판매정보 → '해외 상품 배송(구매대행 등)'을 '유'로 변경해줘야 한다.

① 판매자정보 → 주소록/배송정보 관리를 클릭한 후 새 주소지 등록 버튼을 클릭한다. 국가 구분을 '해외'로 선택하고 해외 주소를 입력해 새 주소지를 등록한다.

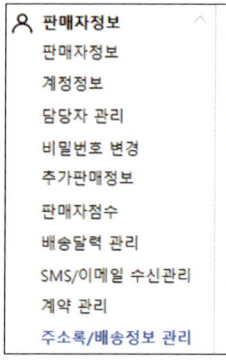

② 상품등록 시 '배송' 항목에서 판매자 주소록을 클릭해 등록한 해외 출고지를 선택한다.

③ 배송방법은 '구매대행', 출고 소요일은 20일로 설정한다. 중국에서 물건이 국내 도착하는 기간이 15일 내외이다. 통관이 지연될 수 있기에 넉넉하게 설정하고 예정일보다 일찍 도착한다는 내용을 상세페이지에 넣는 것이 좋다.

❷ 주문 처리하기

해외구매대행으로 등록한 상품의 주문이 들어오면 제품을 해외 쇼핑몰에서 주문해서 배송대행지로 보내면 된다. 해외직구할 때와 같은 방법이기 때문에 특별하게 다른 것은 없다. 해외구매대행은 보통 타오바오에서 많이 진행하기 때문에 해외 결제가 가능한 신용카드를 준비해야 한다. Master Card 또는 VISA 카드를 이용한다.

2.1 해외 마켓에서 구매하기

① 타오바오의 상품 페이지를 보면 가격, 옵션, 주문수량이 보인다. 스토어에서 판매된 옵션을 정확하게 선택하고, ❶ 번 버튼(立即购买, 立即购买 , 지금 구매, Buy Now)을 누르면 주문창으로 넘어가고, ❷ 번 버튼(加入购物车, 加入购物车 , 장바구니 담기, Add to Cart)을 누르면 해당 제품을 장바구니에 담는다. 결제해야 할 제품이 여러 개라면 장바구니에 담아놓고 한 번에 결제하는 것이 좋다.

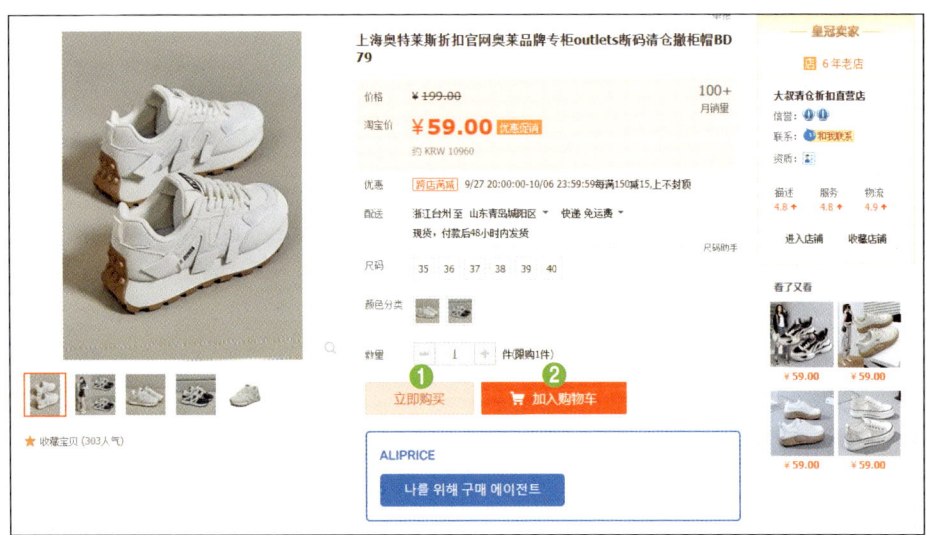

② 배송대행지를 선택한다. 배송대행지가 없으면 새로운 주소를 입력한다.

☆ 새로운 주소 등록하기

해외구매대행을 하다 보면 다양한 주소지를 이용하게 된다. 운송 방법에 따라서 주소가 다른 배송대행지도 있다. 해운은 A주소로, 항공은 B주소로 보내야 하는 경우도 많이 있는데, 그럴 땐 각 주소를 타오바오의 배송지에 추가해야 한다.

상품 주문 페이지에서 使用新地址(새 주소 사용) 버튼을 클릭한다. 새로운 배송대행지를 입력하고 保存(저장) 버튼을 클릭하면 새로운 주소지가 저장된다.

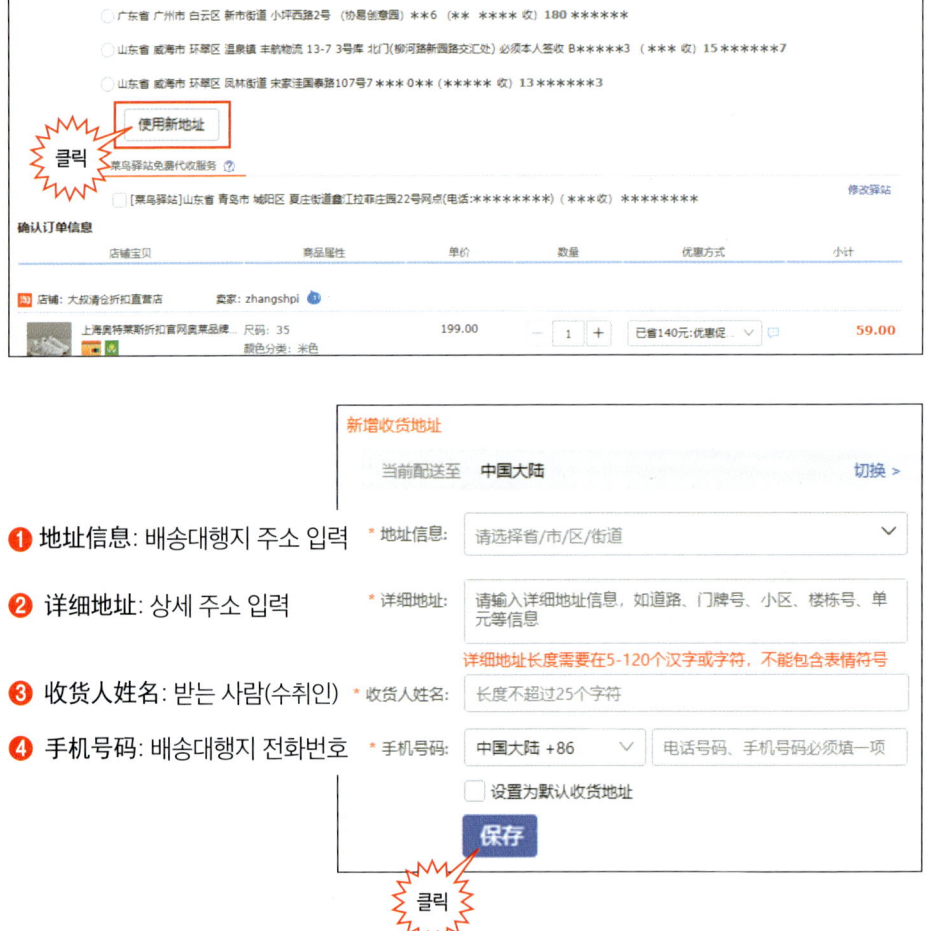

❶ 地址信息: 배송대행지 주소 입력
❷ 详细地址: 상세 주소 입력
❸ 收货人姓名: 받는 사람(수취인)
❹ 手机号码: 배송대행지 전화번호

③ 배송대행지를 선택하고, 提交订单(주문 제출) 버튼을 클릭하면 결제 페이지로 넘어간다.

④ 처음 결제하는 셀러라면 신용카드가 등록되어 있지 않기 때문에 카드 등록을 먼저 해야 한다. 카드 정보를 입력하고 使用此卡(使用此卡 , 이 카드 사용) 버튼을 클릭하면 타오바오 계정에 카드가 등록된다.

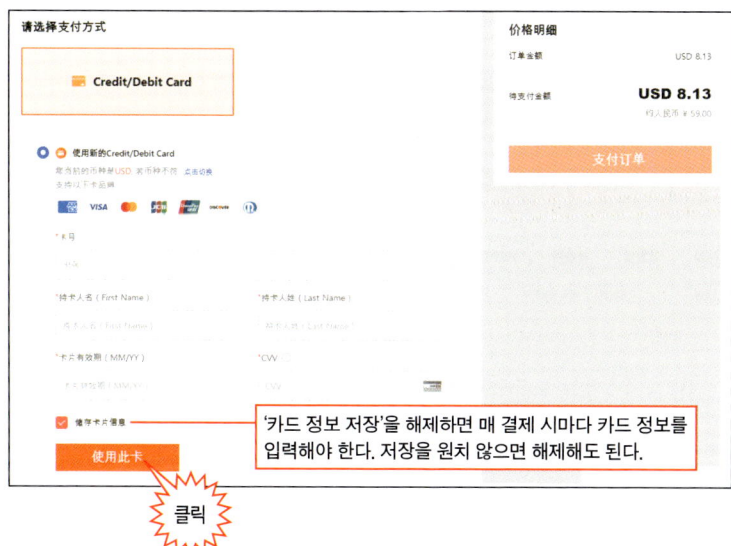

'카드 정보 저장'을 해제하면 매 결제 시마다 카드 정보를 입력해야 한다. 저장을 원치 않으면 해제해도 된다.

⑤ 支付订单(주문지불)을 클릭하면 등록한 카드로 결제가 된다.

※ 1~2일 후 타오바오의 주문 내역에서 트래킹번호(택배송장번호)를 확인할 수 있는데, 이것은 배송대행지에 배송 요청을할 때 쓰인다.

2.2 배송대행지에 배송 요청하기

이제 배송대행지에 제품을 국내로 배송해 달라는 배송요청서를 작성해야 한다.

① 타오바오에서 결제하고 1~2일 후에 트래킹번호가 생성된다. 타오바오의 주문내역 페이지 상단 메뉴에서 我的淘宝(나의 타오바오) → 已买到的宝贝(구매한 제품)를 클릭한다.

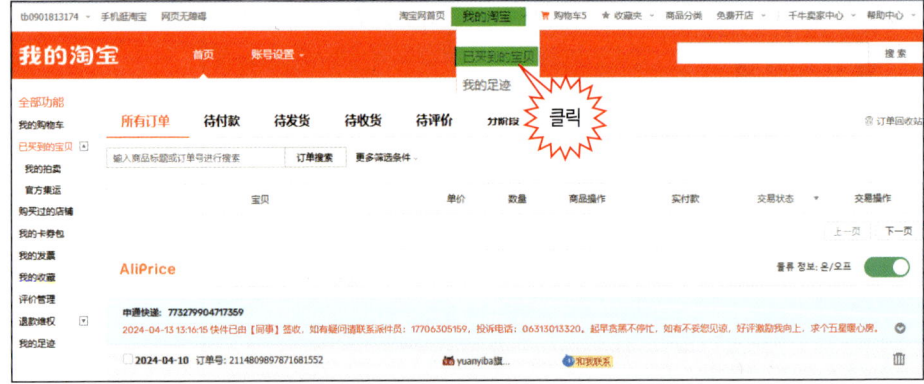

② 查看物流(물류확인) 글자를 누르면 트래킹 번호를 볼 수 있다.

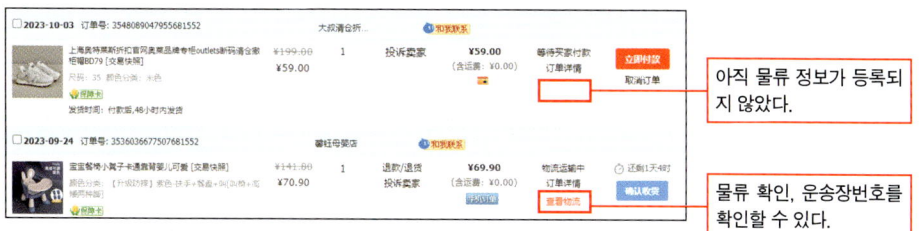

아직 물류 정보가 등록되지 않았다.

물류 확인, 운송장번호를 확인할 수 있다.

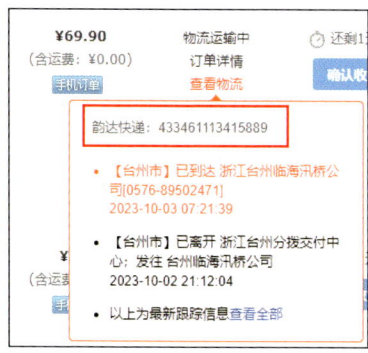

해당 내용은 배송현황을 나타내주는데, 마우스를 갖다 대면 트래킹 번호가 뜬다. 이 제품의 트래킹 번호는 '433461113415889'이다.

이제 트래킹 번호를 메모해 두고 배송대행지에서 배송요청서를 작성해 보자.

③ 사용하는 배송대행지 홈페이지에서 배송대행을 신청한다. 물류센터의 지역과 운송방식을 선택하고 다음으로 넘어간다.(배대지의 배송대행 요청 절차는 대부분 비슷하다.)

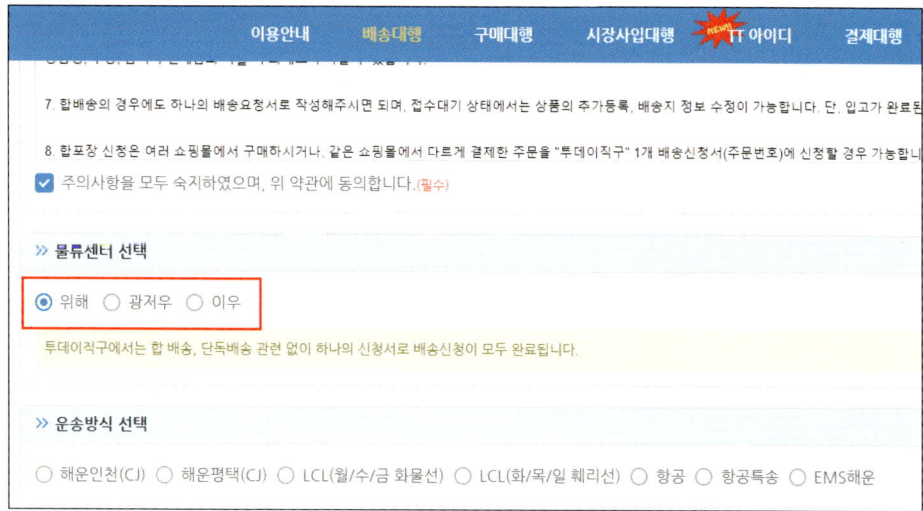

④ 배송대행지에서 입력해야 하는 가장 중요한 정보는 상품 정보이다. 대부분의 배송대행지들은 상품 정보를 수기로 입력하는 것이 아니라 상품 URL이나 장바구니 내역을 복사해서 붙여넣기 할 수 있는 기능을 지원한다.

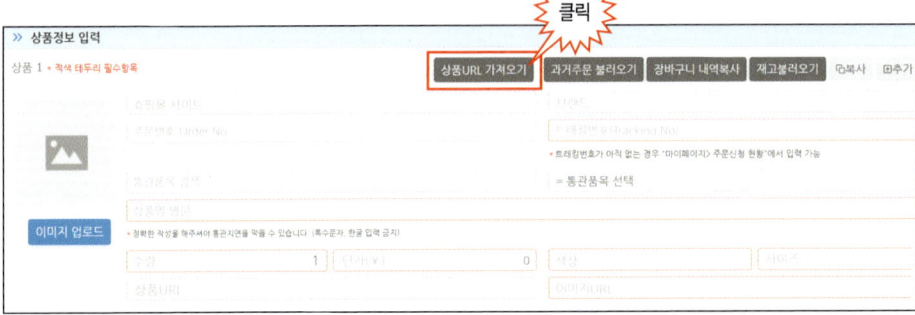

☆ 상품 URL 가져오기로 입력하기

1. '상품정보 입력'에서 상품URL 가져오기를 클릭한 뒤 타오바오의 상품 URL을 복사(Ctrl+C)한다.

🔒 item.taobao.com/item.htm?spm=.******1d792e8dcSRVST&id= *********_u=320ecn8b

2. 복사한 주소를 주소 입력칸에 넣고 상품정보 가져오기를 누르면 제품에 대한 옵션들을 자동으로 불러온다. 여기서 주문한 옵션을 선택하면 상품 정보가 입력된다.

☆ **장바구니(결제) 내역복사로 입력하기**

'장바구니 내역복사' 기능은 결제 내역을 복사해 붙여넣는 것이다. 회사마다 기능이 다른데 필자가 이용하는 업체는 결제 내역을 붙여넣기 해야 에러 없이 입력할 수 있다.

1. 화면 그림처럼 ❶ 위치에서 ❷ (날짜)까지 드래그해서 복사한다.(Ctrl+C)

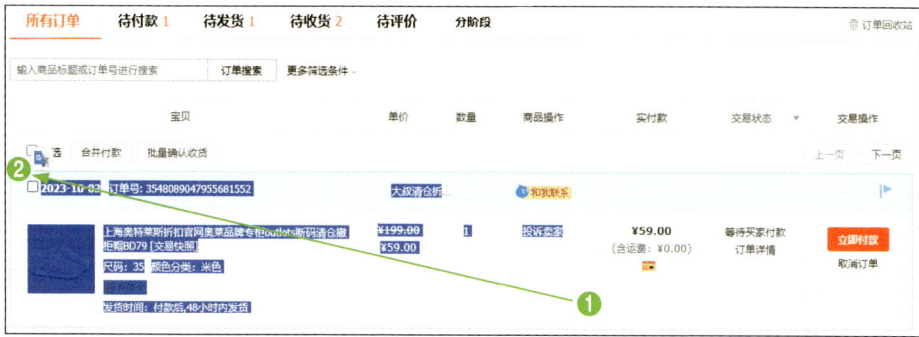

2. '상품정보 입력'에서 장바구니 내역복사를 클릭한 후 복사한 내역을 붙여넣기(Ctrl+V) 하고, 등록을 누르면 상품 정보가 자동으로 입력된다.

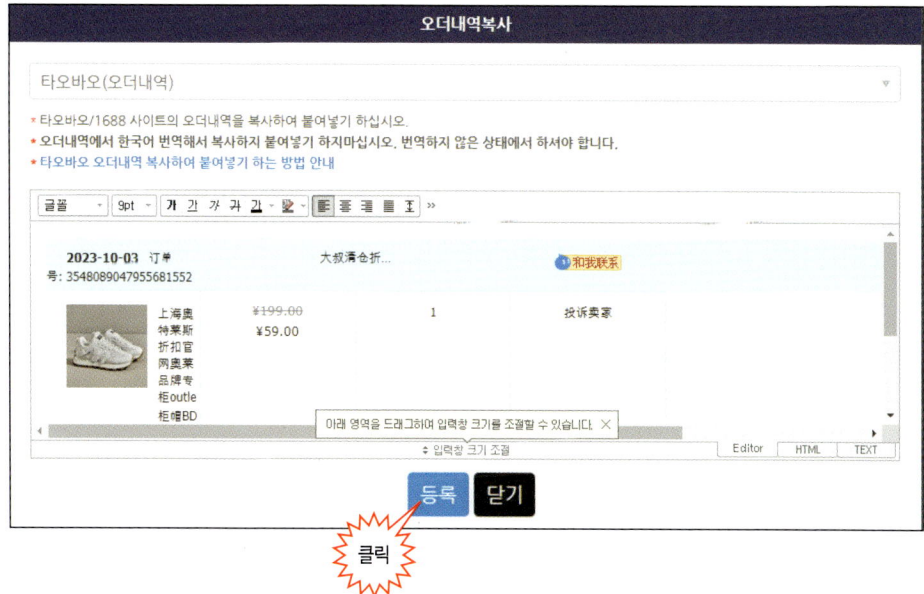

⑤ 상품명과 트래킹번호를 입력한다. 상품명은 카테고리라고 생각하면 된다. 해당 제품은 신발이기 때문에 **통관품목 검색** 탭에 신발을 입력해 자동완성에 나오는 품목을 선택한다.

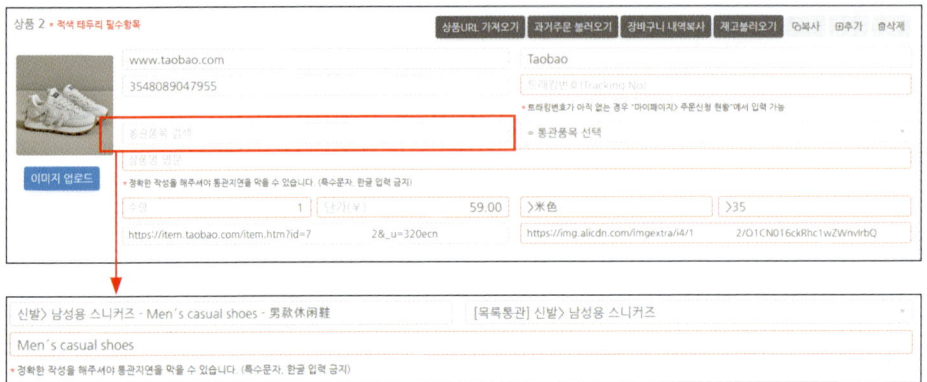

→ 제품 카테고리가 영문으로 작성된다. 이것은 수입통관할 때 세관에 제출하는 상품명이기 때문에 배송대행지에서 나눠놓은 카테고리를 선택해 주는 것이 좋다.

⑥ 주문서를 작성하고 트래킹 번호까지 입력했다면 배송대행지에 제품이 도착하면 해당 주문서에 '입고완료'가 표시되고, 운송료가 계산되어 자동으로 결제 단계로 넘어간다.

여기까지 했다면 배송대행지에서 해야 할 작업은 모두 끝났다. 추가 비용을 내고 선택하는 옵션들은 앞으로 제품을 판매해 보면서 하나씩 이용해 보면 된다. 미흡하거나 궁금한 부분은 배송대행지에 문의하면 피드백을 해준다.

이렇게 배송요청서를 작성해 두면 배대지에 제품이 도착하면 사진을 촬영해 카카오톡이나 문자로 안내해 주는데, 주문한 제품과 일치한다면 국제운송료를 결제하고 통관을 진행한다. 또한 배송요청서를 작성하면 배송대행지에서 택배송장번호를 미리 확인할 수 있다. 이것을 내 쇼핑몰의 주문 내역에 입력해 고객에게 배송이 시작됐다는 사실을 알려준다. 부피가 크거나 택배 초과 규격이 아니라면 국내에 도착한 제품은 보통 CJ대한통운으로 연계되어 고객에게 전달된다. 만약 크거나 무겁다면 경동택배로 옮겨져서 착불로 배송될 수 있는데, 이럴 경우 배대지에서 경동택배로 이전되었다는 메시지를 안내해 준다.

9장

드디어 첫 주문!
택배 포장하기

01 택배 포장에 필요한 부자재

사입 셀러는 주문 발생 시 상품을 포장해 발송해야 한다. 사입 제품 판매는 기분 좋은 일이다. 자고 일어났을 때 포장할 택배가 많다는 것은 그만큼의 매출을 의미한다.

사입 제품이 종이박스로 포장되어 있다면 송장만 붙여 보내도 되지만, 벌크로 받았다면 별도 포장이 필요하다. 파손 우려 제품은 택배 박스를, 파손 위험 없는 제품은 택배 비닐봉투를 이용한다.

1 택배 포장재 구매하기

택배 포장에는 테이프, 포장재, 완충재(또는 신문지)가 필요하다.

테이프와 테이프커터기는 기본으로 준비하는 게 좋다. 택배 박스는 제품에 딱 맞는 것보다 조금 넉넉한 사이즈를 구비하자. 다른 제품 포장도 고려해야 하기 때문이다. 한 제품에만 맞는 사이즈를 사용한다면 다른 큰 사이즈의 주문이 들어오면 또 박스를 구비해야 한다. 사무실이 협소하면 수백 장씩 구매하는 택배 박스 보관도 문제이다. 따라서 사입한 제품 여러 가지를 넣을 수 있도록 넉넉한 사이즈를 준비하자. 처음에는 낱개 판매 온라인 쇼핑몰에서 1~20개씩 다양한 사이즈를 구매해 사용해 보는 것도 좋은 방법이다. 그래야 본인 제품에 맞는 사이즈를 찾을 수 있다.

종이박스 외에 많이 쓰이는 포장재는 택배 비닐이다. 쿠팡 제품 대부분이 이 비닐에 포장될 만큼 널리 쓰인다. 택배 비닐은 부피가 작아 출고 시 옮기기가 용이하다. 반면 종이박스는 부피가 커서 편의점 택배 발송 시 두세 번 왕복해야 할 때도 있다. 또 택배 비닐은 종이박스보다 저렴하고 테이프 마감이 필요 없다. 파손 위험 없는 의류, 양말, 모자 등은 택배 비닐에 넣어 보내는 것이 좋다.

OPP 투명 비닐은 제품 속포장에 많이 사용된다. 택배 비닐보다 강도가 약해, OPP 비닐로 한 번 포장 후 택배 비닐에 넣어 발송한다. 쇼핑몰에서 옷을 사면 투명 비닐로 한 번 포장된 후 택배 비닐에 담겨 오는 것을 볼 수 있다.

파손 위험 제품은 OPP 비닐 대신 흔히 말하는 뽁뽁이(에어캡)를 사용한다. 뽁뽁이로 충분히 감싸면 파손 위험을 줄일 수 있다. 뽁뽁이로 포장하면 제품 크기가 상당히 커지므로, 택배 포장 자재는 제품보다 넉넉한 사이즈를 쓴다.

이렇게 포장재(종이, 비닐), 완충재(뽁뽁이, 신문지)를 준비한 후 제품을 포장하면 된다.

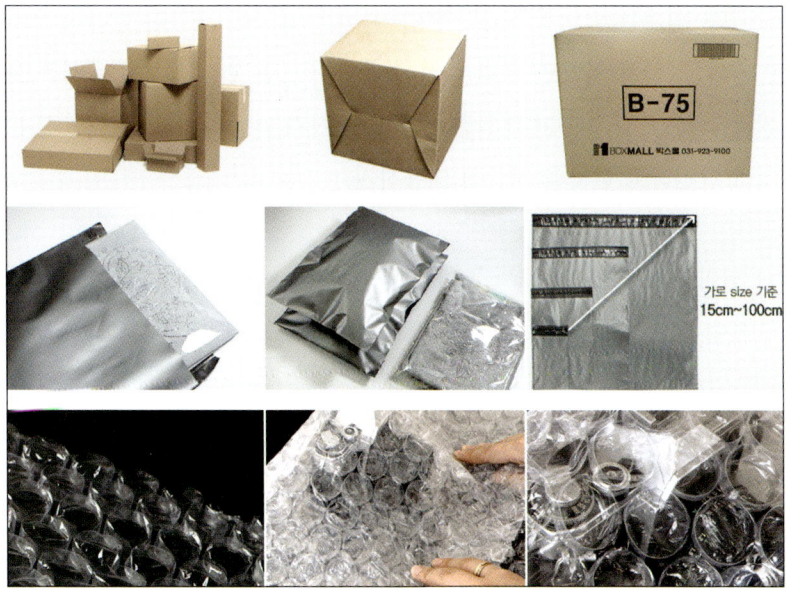

택배 박스, 택배 비닐, OPP 비닐, 에어캡   (출처: 박스몰 https://www.boxmall.net)

02 편의점 택배와 계약 택배

1 네이버 지도로 편의점 택배 이용하기

처음 주문이 들어오면 아직 계약된 택배사가 없기 때문에 편의점이나 우체국에 가서 발송하게 된다. 필자는 편의점을 추천한다. 물론 우체국이 가까이 있다면 우체국을 이용하면 된다. 그렇지 않다면 우리 주변에 가까이 있는 편의점에서 택배를 보내는 것이 훨씬 편리하다. 대부분의 편의점은 택배 수거가 가능하지만 간혹 안 되는 곳도 있으니 미리 확인하고 한곳을 꾸준히 이용하자.

① 네이버에서 '편의점 택배'를 검색해 '플레이스'에서 주변 편의점을 찾아 편의점 택배를 예약하고 이용할 수 있다. 택배예약 버튼을 클릭한다.(택배예약이 없는 편의점도 있다.)

② 네이버 아이디로 로그인한다. 물품 정보와 받는 사람을 입력하면 택배 예약이 된다. 예약 번호를 가지고 편의점에 가서 택배 기계를 통해 송장을 출력해 택배 접수를 하면 된다.

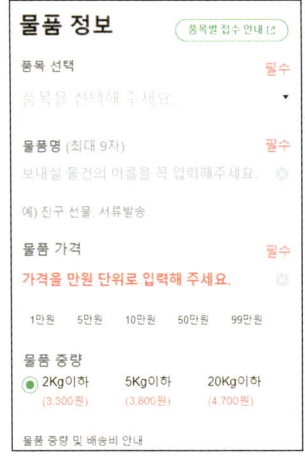 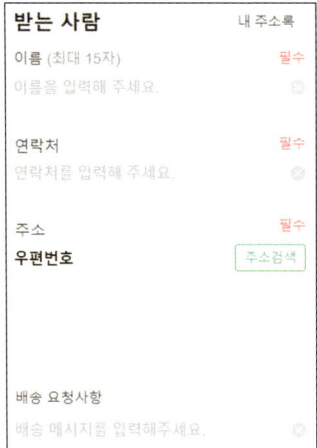

편의점에서 물품 정보와 받는 사람 주소를 입력하려면 터치스크린을 이용해서 해야 하는데, 1~2건이면 괜찮지만 10건만 되어도 꽤나 시간이 오래 걸리기 때문에 PC로 입력한 뒤 가는 것이 편하다.

편의점 택배는 저렴해도 3,300원이다. 무게가 5kg을 넘어가면 택배비도 3,800원으로 올라가기 때문에 비교적 가벼운 물건을 시작해 보는 것이 좋다.

하루에 2~3건 정도 주문이 들어온다면 평소 배송 오는 택배 기사님에게 계약 택배를 진행할 수 있는지 물어보자.

② 편의점 택배를 넘어서 계약 택배

편의점 택배는 비용이 다소 비싸도 언제든 쉽게 보낼 수 있어 편리하지만, 반품이 가장 큰 문제이다. 고객이 직접 편의점에 가서 반품해야 하는데, 이는 생각보다 불편한 시스템이라 잘 안 해주는 고객도 있다. 계약 택배는 반품 수거도 가능하므로 물량이 어느 정도 되면 계약 택배로 변경하는 것이 좋다.

산책하다가 계약한 택배회사

당시 필자는 하루 10건 정도 택배를 편의점에서 발송했다. 계약 택배는 물량 많은 판매자만 이용 가능하다고 생각했다. 그래서 2시까지 들어온 주문을 편의점 택배로 발송하고 있었다.

그러던 어느 날, 산책 중 뜻밖의 장소에서 택배 대리점을 발견했다. 있을 만한 곳이 아니라 궁금했고, 계약 못 해도 좋으니 부딪쳐보자는 심정으로 들어갔다. 알고 보니 그곳은 이 지역 택배 기사님들이 쉬거나 잠시 업무를 보는 임시 거처였다. 마침 소장님이 계셔서 택배 계약에 대해 묻고 계약 가능 여부를 물으니 흔쾌히 수락해주셨다. 다들 처음엔 그렇게 시작한다며 몇 건 안 되는 주문량도 수거해 주셨는데, 신기하게도 이때부터 판매량이 늘어 다음 달 바로 계약 단가를 조정할 수 있었다.

물량이 적은 셀러에게는 편의점 택배를 권하지만, 계약 택배가 업무 효율은 훨씬 좋다. 단, 계약 택배는 보통 오후 3~4시에 수거해가므로 이 시간 내에서 당일 배송이 가능하다. 반면 편의점은 6시까지 발송 가능해 더 늦은 시간까지의 주문도 당일 배송할 수 있는 장점이 있다.

택배사마다 물량 기준은 다르지만, 판매가 시작되면 택배 대리점을 방문하거나 기사님께 몇 건 정도면 계약 가능한지 물어보자. 기사님들에게도 거래처가 되는 것이므로 적은 물량으로도 계약 체결이 가능할 것이다.

어느 택배사가 좋을까?

택배사 선택은 지역마다 다르다. 필자는 중간에 택배사를 한 번 변경했다. 로켓그로스 입고 물건은 박스 크기가 다소 큰 편인데, 기존 택배사는 박스 크기별로 운임을 측정했다. 가끔 박스가 크게 인식돼 10,000원 넘는 택배비가 부과되기도 했다. 앞으로도 큰 박스를 자주 보내야 하는데 이런 식이면 택배비가 부담스러워 택배사를 바꿨고, 이후로는 현재 택배사를 계속 이용 중이다.

계약 택배라고 해서 6개월, 1년씩 의무적으로 이용해야 하는 것은 아니니 너무 부담 갖지 않아도 된다. 이용 중 불편한 점은 기사님께 이야기하고, 문제가 계속되면 택배사를 변경하면 된다.

10장

광고와 마케팅 진행하기

01 광고에 대한 이해

1 초보 셀러라면 광고를 해보자

상품을 등록한다고 바로 팔리지는 않는다. 노출까지 며칠에서 몇 주가 걸릴 수 있다. 초보일수록 왜 안 팔릴까 하는 고민에 깊게 빠지며, 이 기간이 길어지면 온라인 셀러의 방향성을 의심하고 포기하게 된다. 인터넷 쇼핑이 보편화된 세상에서 수천만 가지 제품 중 내 것이 고객에게 선택되어 구매로 이어지기는 쉽지 않다.

온라인 판매의 강점은 전 세계를 상대로 24시간 영업을 할 수 있다는 것이다. 오프라인 매장은 근처에 축제가 열린다고 영업장을 옮길 수 없지만, 온라인은 공간 제약 없이 프로모션이라는 '축제'에 참여해 팔 기회를 얻을 수 있다. 그런데 어떤 셀러들은 유독 온라인 일에 비용 투자를 망설인다. 비용 없이 하는 방법이 있겠지라는 생각에 유튜브나 블로그에서 정보를 찾지만, 더 혼란스러워하며 포기하게 된다.

온라인 셀링도 사업인데, 단돈 만 원도 투자하지 않고 성과를 바란다면 잘못된 생각이다. 제품을 알리고, 판매가 일어나 소비자의 호평과 재구매로 이어지는 선순환 사이클이 만들어지기까지 광고는 투자라고 생각하고 집행해야 한다.

스타트업은 창업 초기, 수익을 못 내는 마의 구간인 '데스밸리'를 겪는다. 데스밸리 어려움의 요인은 자금 부족, 제품/서비스 품질, 경영 문제, 시장 상황 등 다양하지만, 궁극적 원인은 낮은 매출이다. 온라인 셀러도 초기에 이러한 어려움을 겪는다.

선지출해야 하는 물품 대금, 광고 비용 등은 투잡으로 시작하면 버틸 여력이 있지만, 한정된 자본으로 본업으로 하는 이에겐 시간이 갈수록 큰 부담이다. 만약 중국 소싱 제품에 불량이 있거나 품질이 기대 이하라면 반품도 어려워 고스란히 손실로 이어진다. 그래서 셀러는 지출 하나하나에 신중할 수밖에 없다.

필자도 이런 과정을 거쳤기에, 이 책을 통해 여러분이 시행착오를 줄이길 바라는 마음이 가장 크다. 데스밸리 구간이 무섭고 어렵다고 피할 수는 없다. 광고도 마찬가지이다. 처음엔 낯선 비용이고 돈을 버리는 듯하지만, 부담 없는 선에서 소액이라도 진행하는 것이 좋다. 이마저 어렵다면 자본 없이 제품을 홍보하는 방법을 배워야 한다. 자본이 없다면 몸으로라도 광고를 해야 한다.

2 상품 광고의 필요성

판매 시 필수적으로 고민하는 것이 광고이다. 광고를 하면 고객 검색 시 상단 광고 영역이나 페이지 사이드 배너로 노출돼 노출도가 높아진다. 이는 고객 눈에 자주 띄어 클릭률 상승으로 이어진다.

네이버는 상품등록 시 최신성 점수로 어느 정도 상위 노출 혜택을 주지만, 인기도나 구매전환율이 낮아 상위 페이지 노출이 쉽지 않다. 이를 해결하는 방법이 광고이다. 광고로 상위 페이지에 노출시켜 판매를 일으키고, 좋은 리뷰를 쌓아 리뷰 지수를 올리면 다시 판매로 이어지는 선순환 구조를 만들 수 있다.

상품 판매 초기에는 광고 운영이 필수적이다. 상품 업로드 시 최상단은 아니어도 어느 정도 상위 페이지에 노출된다고 하지만, 요즘 소비는 1페이지에서 끝나므로 3~4페이지 순위는 큰 의미가 없다. 제품에 따라 비교를 위해 3~4페이지까지 보기도 하지만, 대부분은 1페이지에서 구매가 끝난다. 핸드폰이나 전자기기 구매 시에는 여러 마켓 제품을 비교한다. '브랜드 + 노트북' 검색 시 수많은 제품이 나오는데, 모델명으로 구분돼 상세 스펙을 하나하나 비교해야 한다. 더 좋은 성능과 스펙을 찾기 위해 몇 페이지까지 비교하기도 하지만, 이런 제품을 제외한 대부분은 상위 노출 1페이지에서 구매가 일어난다. 현실적으로 초보 셀러가 할 수 있는 것은 광고뿐이다.

광고를 언제까지 해야 할까?

광고를 하면 판매가 꾸준히 일어나면서 리뷰가 쌓이고, 점점 상품 지수가 좋아지면 자연스럽게 노출 순위가 오르게 된다. 검색 결과 첫 페이지까지 올라가서 판매량이 꾸준해진다면 광고를 그만해도 된다. 하지만 매출에서 광고비가 너무 큰 비중을 차지하지 않는다면 광고는 꾸준히 하는 것이 좋다. 그래서 처음부터 제품 마진율을 계산할 때 광고비를 일정 부분 감안해서 계산하는 것이 좋다.

3 광고 필수 용어

많은 광고 용어가 있지만 필수적으로 알아야 할 몇 가지가 있다. 이커머스를 한다면 직접 광고를 하게 될 텐데, 플랫폼마다 광고비 지불 방식이 다르므로 미리 알아두면 광고 시작에 도움이 된다.

☆ CPC(Cost per Click)

클릭당 비용을 지불하는 방식이다. 예를 들어 판매자가 '등산용 양말' 키워드로 광고하고 고객이 검색하면 상위 광고 슬롯에 제품이 노출된다. 이때 소비자가 제품을 클릭하면 광고비가 지출된다. 노출이 아무리 많아도 클릭 없이는 광고료가 나가지 않아 가장 효율적인 광고 방법 중 하나이다.

☆ CPS(Click Per Sale)

실제 구매 발생 시 비용을 지불하는 방식이다. 가장 익숙한 예는 쿠팡 파트너스다. 쿠팡 제품을 다른 이에게 알려 판매가 되면, 쿠팡은 파트너스에게 CPS 광고비를 지급한다. 판매 제품의 %를 지급하므로 CPC 광고비보다 상당히 높다.

☆ 타겟팅 광고(Targeting Advertising)

광고에서 타겟은 소비자를 뜻하며, 20대 여성이나 40대 남성 등으로 세분화될 수 있다. 연령대, 성별, 지역 등을 타겟으로 해 광고비에 가중치를 줄 수 있다.

☆ 리타겟팅 광고(Retargeting Advertising)

인터넷 캐시를 활용해 사용자가 검색했던 제품을 다시 노출하는 방식이다. A 제품 검색 후 다른 사이트 방문 시 A 제품 관련 광고 배너가 뜨는 경험이 있을 것이다. 사용자에게 제품을 다시 노출해 한 번 더 고민하게 만든다.

☆ ROAS(Return on Ad Spend)

광고를 할 때 가장 많이 접하는 용어로, 광고수익률을 말한다. 지출 광고료 대비 발생 매출을 나타내는 지표이며, '로아스'라고도 부르고 % 단위를 사용한다.

ROAS = (매출액 ÷ 광고비) × 100(%)

예) 광고비 10,000원 지출로 매출 50,000원 발생 시
ROAS = (50,000 ÷ 10,000) × 100 = 500%.

많이 쓰이므로 제품별 ROAS를 메모해 두고 광고 시작 기준으로 삼는다.

☆ ROI(Return on Investment)

투자 대비 수익률이다. 광고비 투자로 얼마의 이익을 얻었는지 보는 지표이다. ROAS는 매출액 기준이라 상품 이익을 직접 보여주진 않는다. 따라서 광고 시 ROAS와 함께 광고 대비 수익률 지표인 ROI도 고려해 광고 집행 여부를 결정해야 한다.

ROI = {(매출액-비용) ÷ 투자금(광고비)} × 100(%)

예) 광고비 10,000원 지출로 이익 30,000원 발생 시 ROI = (30,000 ÷ 10,000) × 100 = 300%. 만일 광고를 안 할 때 이익이 5,000원이라면 광고 집행이 낫다. 10,000원 투자로 30,000원 이익을 내어, 광고를 안 할 때보다 25,000원의 순이익을 더 올릴 수 있기 때문이다.

02 광고 키워드와 입찰가 선정하기

광고를 할 때 어떤 키워드를 사용하고, 또 단가는 얼마로 설정해야 할지 고민이다. 광고에 추가할 키워드를 선정할 때는 네이버의 '키워드 도구'를 참조하면 좋다.

예를 들어 양말을 판매하고자 '양말'이라는 키워드를 광고에 넣으면 어떻게 될까? 이것은 너무 큰 키워드이기 때문에 광고 입찰가도 높다. 이럴 때는 세부 키워드인 '겨울 양말'이나 '겨울 중목 양말'을 광고 키워드로 선정할 수 있다. 이러한 키워드를 찾는 방법을 알아보자.

① 네이버 검색광고 → 도구 → 키워드 도구를 클릭한다. '양말'이라는 키워드를 입력한 후 조회하기를 클릭한다.

연관 키워드 중에서 다음과 같은 키워드와 검색량을 확인할 수 있다.

양말	89,100건	경쟁 정도: 높음
수면양말	17,500건	경쟁 정도: 중간
등산양말	14,300건	경쟁 정도: 중간

양말이라는 대표 키워드는 검색량은 많지만 경쟁도가 높은 키워드기 때문에 광고 단가가 높다. 그럼 이 3가지 키워드를 추가해 광고 단가가 얼마 정도 예상되는지 확인해 보자.

② 검색하고자 하는 키워드의 추가 버튼을 클릭한다. 그러면 오른쪽 '선택한 키워드'에 키워드가 추가된다. 월간 예상 실적보기 버튼을 클릭한다.

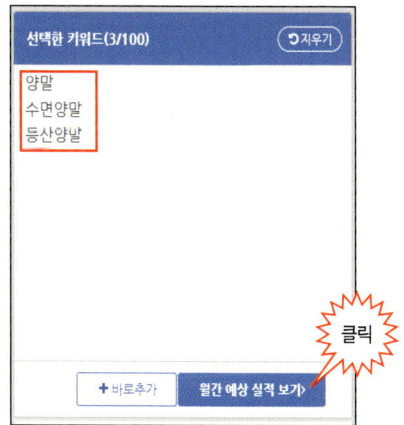

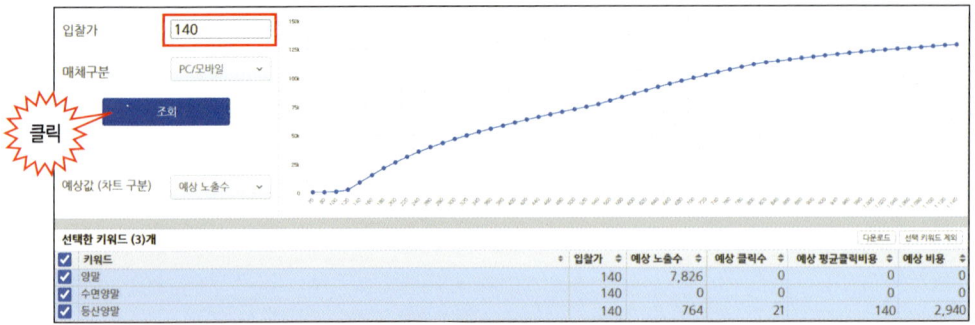

CPC 단가 140원일 때 광고 예상 실적이다. 양말은 7,826회 노출되지만 예상 클릭수가 0이고, 등산양말은 노출수가 764회지만 예상 클릭수가 21회이다.

키워드	예상 노출수	예상 클릭수
양말	7,826	0
등산양말	764	21

광고는 많이 노출되어야 클릭을 많이 유도할 수 있지만, 양말은 CPC 단가가 높은 키워드라 140원으로는 클릭을 유도할 만큼의 성과는 내지 못한다.

그럼 CPC 단가(입찰가)를 극단적으로 1,000원으로 올려보자.

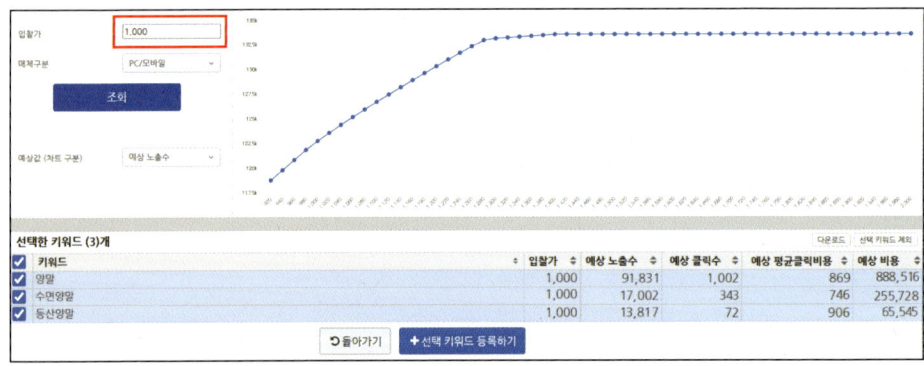

키워드	예상 노출수	예상 클릭수
양말	91,831	1,022
등산양말	13,817	72

CPC 단가가 1,000원일 때 양말은 예상 노출수 91,831, 예상 클릭수 1,022건이다. 등산양말은 예상 노출수 13,817건, 예상 클릭수 72건이다.

양말이라는 대형 키워드에 높은 CPC 단가까지 더해져서 노출과 클릭수가 좋은 성과로 예상된다. 대형 키워드일수록 많은 광고비를 지출해야 노출이 되고 클릭이 된다는 사실을 알 수 있다.

그렇다면 등산양말을 판매하는 판매자라면 굳이 '양말'이라는 키워드로 광고를 할 필요가 있을까? '양말'보다는 '등산양말'을 키워드로 설정하는 것이 훨씬 광고비를 효율적으로 쓸 수 있는 방법일 것이다.

③ 키워드를 '등산양말'로 정했다면 단가를 얼마로 해야 적절한 입찰가인지를 알아보자. 현재 결과를 계산해 보면 CPC 단가가 140원일 때 21회가 클릭되었는데 1,000원으로 올려도 72건밖에 되지 않는다. 광고 단가가 7.1배 상승한 것에 비해 클릭수는 3.4배 증가했다.

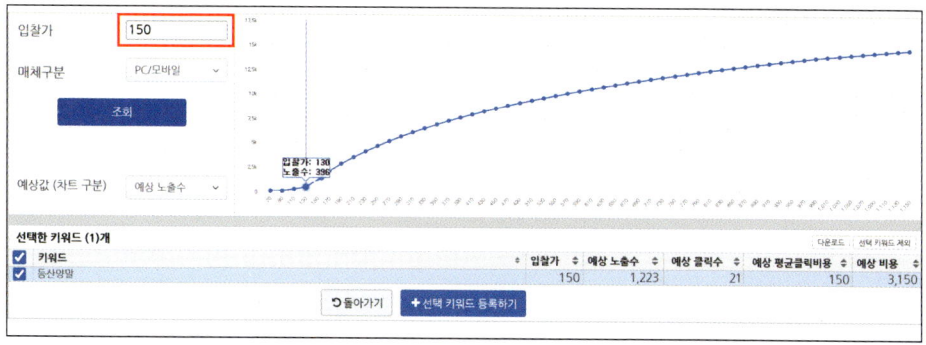

그래프상 표시된 위치는 CPC 단가 130원일 때 노출수가 396회다. 그런데 20원 높은 150원으로 했을 땐 예상 노출수가 1,223회로 약 3배가량 높아진다. CPC 단가는 15% 증가했는데 노출은 309% 증가한 것이다.

이제 본인이 이 아이템의 판매 기준을 세워야 한다. 양말의 판매 가격이 10,000원이고 월간 기대 노출수가 10,000이라고 가정해 보자.

해당 양말의 원가가 아주 저렴해서 마진율이 높은 편이라면 높은 CPC 단가로 많은 노출을 시킬 수 있을 것이다. 만약 원가가 비싸 마진율이 낮다면 적은 유입이지만 높은 구매전환율을 공략해야 한다. 좋은 상세페이지와 동영상, 품질을 보여줄 수 있는 페이지로 전환율을 높여간다면 상품 지수가 올라가기 때문에 큰 광고비를 쓰지 않아도 점점 상품을 상위 페이지로 노출시킬 수 있다.

03 네이버 광고 진행하기

1 네이버 광고

네이버 광고는 '검색광고', '성과형 디스플레이 광고', '보장형 디스플레이 광고', '쇼핑블록광고' 등이 있는데, 이 중에서 판매자가 주로 하는 광고가 '검색 광고'이다.

네이버 검색광고는 검색 사용자에게 판매자의 사이트와 상품 정보를 제공하는 대표적인 광고 상품으로, 사이트검색광고, 쇼핑검색광고, 콘텐츠검색광고, 브랜드검색광고, 신제품검색광고, 플레이스광고, 지역소상공인광고, 서칭뷰 등이 있다.

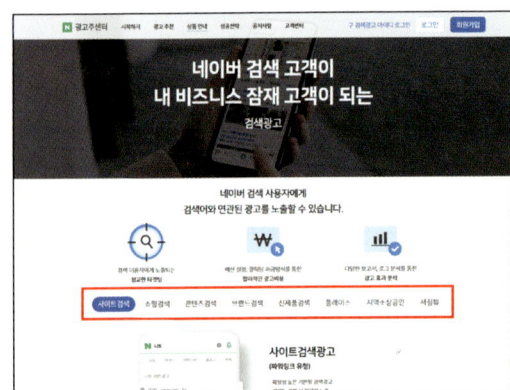 

네이버 광고주센터(https://ads.naver.com/)

네이버 광고를 진행하려면 '네이버 광고주센터'(https://ads.naver.com)에서 회원 가입을 해야 한다.

2 네이버 쇼핑검색광고 집행하기

① 스마트스토어센터에서 → 네이버광고 → 검색광고를 클릭하여 광고 페이지로 들어간다.(검색광고 아이디 이용은 종료되었다. 통합광고 아이디로 통합광고주센터에서 로그인한다.) 또는 네이버 광고주센터(https://ads.naver.com/)에서 가입한 아이디로 로그인한다.

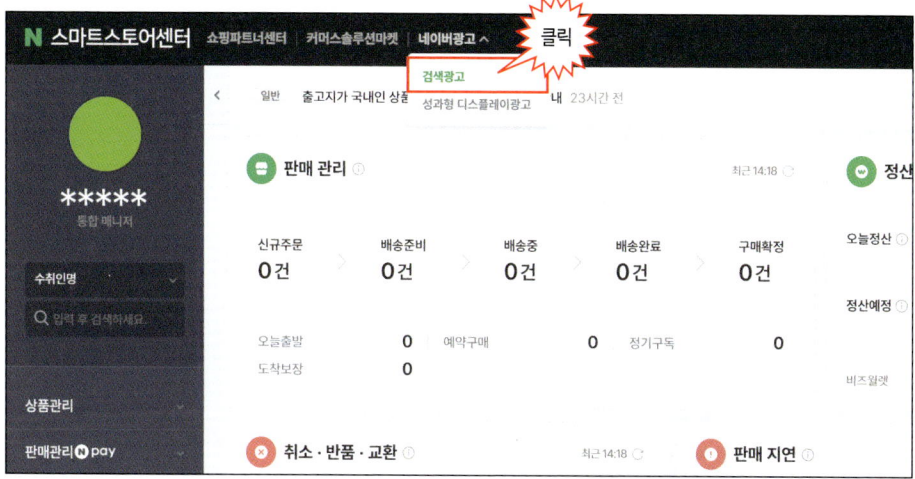

② 광고를 진행하기 위해서 광고플랫폼 → 검색광고를 클릭한다.

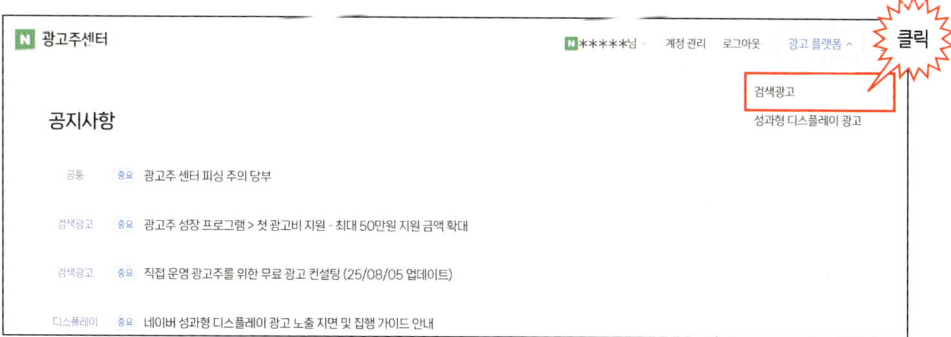

③ 광고 만들기 버튼을 클릭한다.

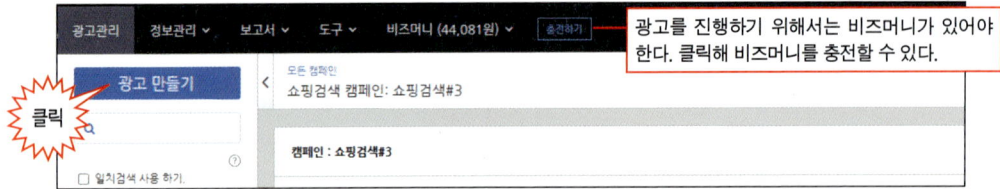

광고를 진행하기 위해서는 비즈머니가 있어야 한다. 클릭해 비즈머니를 충전할 수 있다.

④ [캠페인 만들기] 먼저 캠페인을 만든다. 네이버 쇼핑에 있는 내 상품을 광고할 것이기에 캠페인 유형 → 쇼핑검색 유형을 선택한다. 캠페인 이름, 하루예산, 기간을 설정한 후 저장하고 계속하기를 클릭한다.

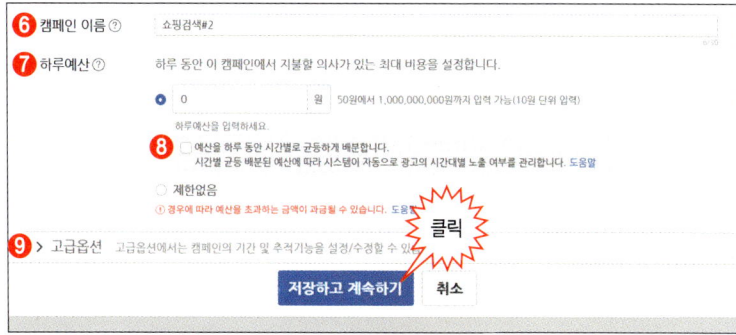

① **파워링크 유형**: 네이버 통합검색 및 네이버 내·외부의 다양한 영역에 사이트 링크와 텍스트 등 소재를 노출하는 검색광고. 광고를 클릭해 사이트에 방문했을 때에만 광고비가 지불된다.

② **쇼핑검색 유형**: 네이버 쇼핑 검색 결과, 네이버 통합검색 결과 등에서 상품 정보를 노출해 상품 판매에 도움을 받을 수 있는 검색광고.

③ **파워컨텐츠 유형**: 블로그, 카페 콘텐츠를 네이버 통합검색 결과 및 콘텐츠 지면에 노출하는 정보 제공형 검색광고.

④ **브랜드검색/신제품검색 유형**: 브랜드 연관 키워드 검색 또는 제품 관련 키워드로 검색 시 네이버 통합검색 결과에 브랜드 정보, 이미지, 동영상 등 다양한 소재를 노출하는 브랜딩형 검색광고.

⑤ **플레이스 유형**: 네이버 스마트 플레이스의 업체 정보를 네이버 콘텐츠 서비스에 노출하는 지역 정보 광고. 원하는 장소를 찾는 이용자에게 적극적으로 내 가게를 알릴 수 있는 검색광고.

⑥ **캠페인 이름**: 광고 관리 목적용으로 사용되는 이름으로 광고에 노출되지는 않는다. 1~30자 이내로 입력한다. 광고를 분류하기 편한 이름으로 지으면 된다.

⑦ **하루예산**: 하루 동안 해당 캠페인에서 지불할 의사가 있는 최대 비용을 입력한다. 하루에 지출 가능한 예산을 설정해 광고비가 과도하게 지출되는 것을 예방하기 위한 기능이다. 하루 동안 내 광고가 노출될 때 '제한없음' 상태는 비즈머니 잔액이 있는 한 광고가 계속 노출될 수 있다. 하루예산을 설정하면 설정한 예산만큼 비즈머니가 소진되고, 설정 예산보다 많이 과금될 것으로 예상되는 시점에 광고를 자동으로 중단한다. 경우에 따라서는 예산을 초과하는 금액이 과금될 수도 있다.

⑧ **하루예산 균등배분**: 설정된 하루예산을 하루 동안 고르게 배분해 광고 노출을 조절한다. 시스템이 광고 진행 추이를 고려해 광고를 중단하고 재개하기를 반복하면서, 하루 동안 꾸준히 광고가 유지되도록 조절한다. 이것을 사용하면 하루 예산이 조기에 소진되는 것을 막을 수 있지만, 특정 시간대에 빈번한 광고 노출이 필요할 경우에는 충분히 노출되지 않을 수 있다.

⑨ **고급옵션**: 해당 캠페인의 광고 노출 기간, 추적 기능을 설정 및 수정할 수 있다.

⑤ [광고그룹 만들기] 그룹 유형에서 쇼핑몰 상품형을 선택한다.

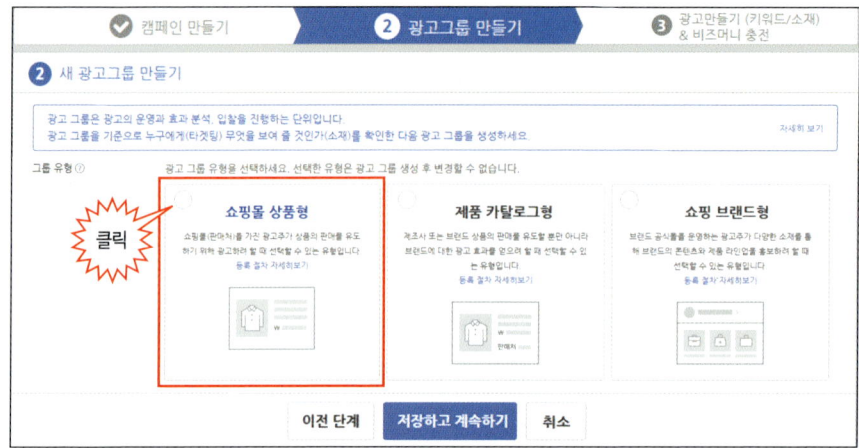

'쇼핑몰'의 동의 후 인증하기를 클릭해 내 쇼핑몰을 연동한다.(쇼핑파트너센터에서 쇼핑몰 ID를 확인할 수 있다.) 쇼핑몰 권리자가 확인되지 않으면 스마트스토어 ID로 인증을 받으면 된다.

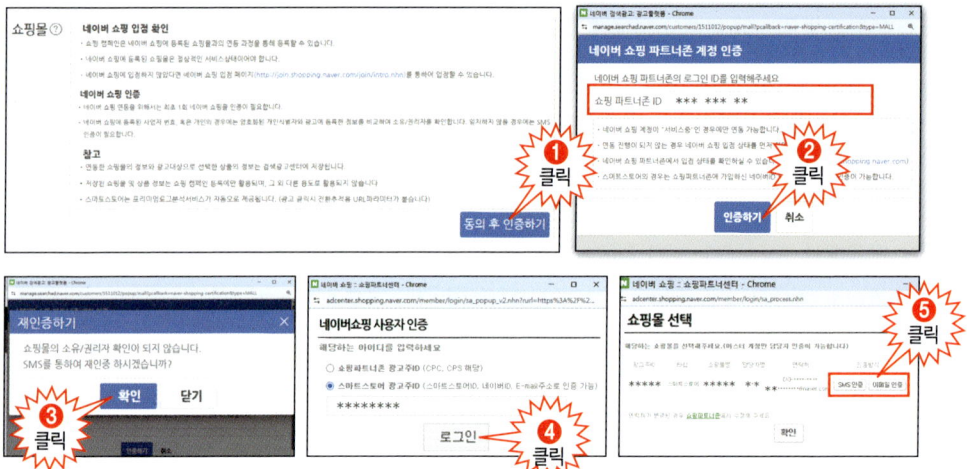

인증 완료 후 저장 후 닫기를 클릭하면 연동한 쇼핑몰이 표시된다.

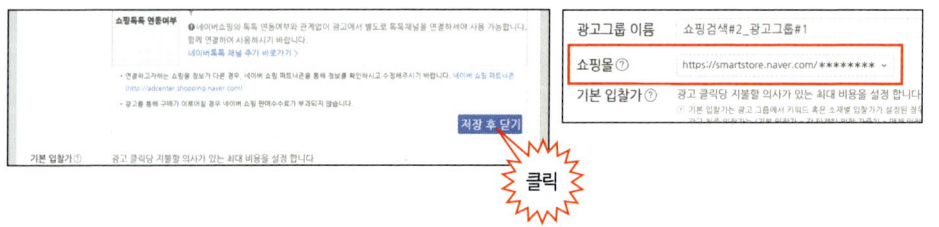

광고그룹 설정 항목들을 설정하고 저장하고 계속하기를 클릭한다.

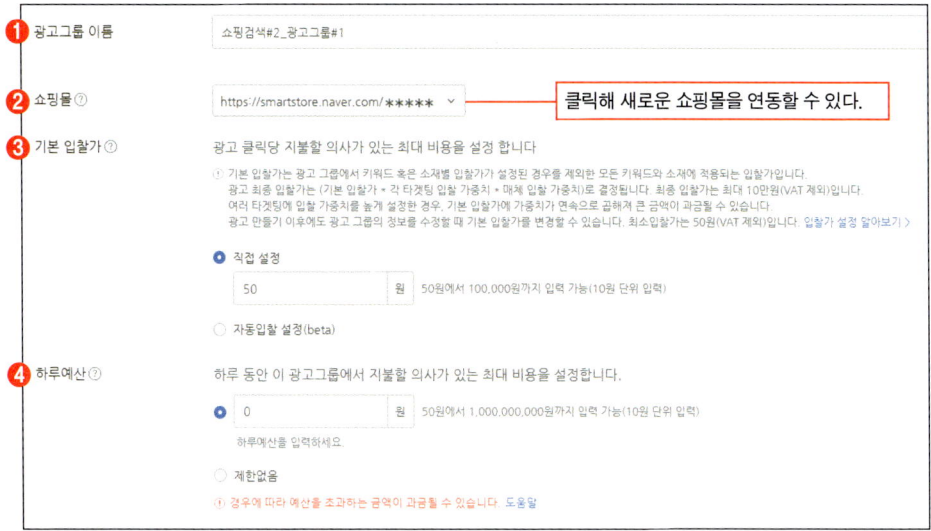

① **광고그룹 이름**: 광고를 하는 제품들을 분류하기 위한 이름으로 상품 노출과는 무관하다.
② **쇼핑몰**: 사이트(웹사이트, 쇼핑몰)를 대표하는 최상위 도메인을 입력한다.
③ **기본 입찰가**: CPC 단가이다. 네이버 통합검색 영역을 기준으로, 해당 광고 그룹에 속한 키워드의 한 번 클릭에 대해 지불할 의사가 있는 최대 비용을 입력한다. 단, 쇼핑검색 캠페인에서는 키워드 단위가 아니라 소재 단위로 입찰한다. 해당 광고 그룹에 속한 키워드의 입찰가를 모두 동일하게 설정한다. 예를 들어 기본 입찰가를 100원으로 설정했다면 동일한 광고 그룹에 속한 키워드의 입찰가는 모두 100원으로 정해진다. 만약 광고 그룹에 포함된 키워드의 입찰가를 각각 다르게 설정하고 싶다면 키워드 목록에서 키워드마다 입찰가를 다르게 설정하면 된다. 입찰 금액은 최소 50원부터 최대 100,000원까지(VAT 제외 금액, 10원 단위로 입력)
④ **하루예산**: 하루 동안 해당 광고그룹에서 지불할 의사가 있는 최대 비용을 입력한다. 하루 동안 내 광고가 노출될 때 '제한없음'은 금액의 제한 없이 비즈머니 잔액이 있는 한 광고가 노출될 수 있으나, 하루예산을 설정한 경우 설정한 금액 소진 시 더 이상 광고는 노출되지 않는다. 경우에 따라 예산을 초과하는 금액이 과금될 수 있다.

⑤ **[광고 외부 매체 및 가중치 설정]**: '고급 옵션'을 누르면 광고를 노출할 매체를 선택할 수 있다.

매체: '노출 매체 유형 선택'을 선택한다. 'PC/모바일 매체 선택'은 '전체'를 선택하고 '세부 매체 유형 선택'에서 '파트너 매체'는 모두 체크를 해제한다. 파트너 매체란 네이버와 제휴되어 있는 가격 비교 플랫폼에도 노출되는 기능인데, 광고비가 지출되고 구매전환으로 이어지기 어렵기 때문에 광고는 네이버 매체를 통해서만 진행한다.

PC/모바일 입찰 가중치: 모바일은 110% 정도로 PC보다 광고비의 가중치를 주는 것이 좋다. 최근에는 모두 모바일로 쇼핑하기 때문에 모바일에 광고비를 조금 더 지출하면 노출도를 높일 수 있다.

⑥ **[광고만들기(소재)]** 광고 소재를 만든다.

'상품 검색하기'에서 상품명, 네이버 쇼핑 카테고리, 상품ID 등으로 상품을 검색한다.

→ 네이버 광고는 자체적으로 광고에 적합한 3가지 등록 기준을 두고 있다. 등록 기준을 충족하지 못하는 상품은 광고 노출이 제한된다.

[공통 등록기준]

- 위조 및 이미테이션 상품은 광고할 수 없으며, 적발 시 쇼핑몰의 모든 상품들의 광고가 제한된다.
- 동일한 쇼핑몰의 동일한 상품은 원칙적으로 동일한 광고영역에 중복해 광고할 수 없다.
- 면세, 미성년자 구매 불가 상품은 광고할 수 없다.

[상품이미지 등록기준]

- 상품이 단독으로 있거나 모델이 착용한 썸네일을 사용해야 한다. '패션의류'의 상품은 모델이 직접 착용하고 촬영한 이미지 사용 권장.
- 광고 상품이 썸네일 내에서 너무 작은 크기이거나 식별이 불가능할 경우 광고할 수 없다.
- 쇼핑몰의 로고나 마크는 원칙적으로 사용이 불가능하지만 상품의 이미지를 인지하는 데 불편함이 없다면 사용할 수 있다.
- 컬러나 모양이 다양한 경우 최대 4분할의 이미지로 광고할 수 있다. 분할된 이미지는 모두 달라야 하고, 비율은 동일해야 한다.
- 최소 크기는 300px 이상으로, 썸네일에 테두리가 있으면 광고가 불가능하다.

[상품명 등록 기준]
- 다양한 수식어를 사용할 수 있지만 반복된 단어를 사용하면 안 된다.
- 특수문자나 문장 부호를 사용할 수 있지만 불필요하게 과도한 경우 광고가 제한된다.
- 상품명과 상품, 카테고리가 충분한 관련성이 있어야 한다.

검색 결과에서 광고를 진행할 상품을 선택한다. 광고만들기를 클릭하면 광고 검토 과정을 거쳐 광고가 진행된다.

04 쿠팡 광고 진행하기

1 쿠팡의 광고

쿠팡에서 추천해 주는 광고로 무심코 시작하면 광고비가 매우 빠르게 소진될 수 있다. 쿠팡 광고는 다양한 방법으로 시도해 보는 것이 좋다. 광고의 효과를 확인하려면 최소 2주 정도의 기간이 필요하다. 그 기간 동안 지출되는 비용들도 꽤 크기 때문에 처음 광고를 시작할 땐 타겟층을 확실하게 생각한 후 진행하는 것이 좋다.

네이버는 비즈머니를 충전해야 광고를 할 수 있는데 반해, 쿠팡은 예치금 없이 진행할 수 있다. 광고 비용은 광고 종료 후 정산 시 판매대금에서 상계된다.

쿠팡의 광고는 'AI스마트 광고', '매출 최적화 광고', '수동 성과형 광고'가 있는데 각 방식들마다 장단점이 있어 어느 것이 낫다라고 할 수는 없다. 성과를 미리 알 수 있으면 좋겠지만, 광고는 실제로 광고비를 지출해 보면서 본인 상품에 맞는 방식과 비용을 찾아야 한다.

초보 셀러는 광고를 꼭 해야 하는지를 고민한다. 괜히 효과도 없는 광고로 돈만 날리는 게 아닌가 하는 생각에 광고를 필요 없는 것이라고 생각할 수도 있다. 아마존이나 삼성과 같은 우리가 이미 알고 있는 기업들도 신제품이나 브랜드를 더 알리기 위해 끊임없이 마케팅 비용을 쓰고 있다. 이런 초일류 기업과 우리를 비교할 수는 없지만, 중요한 것은 무언가를 알리고 판매하기 위해서는 광고를 해야 한다는 사실이다. 인지도가 없는 우리는 적은 금액이라도 광고를 하면서 조금씩 성과를 내야 한다. 온라인 셀러가 매출을 올리기 위해서 투자해야 하는 비용이 바로 광고비이다.

2 매출 최적화 광고 집행하기

① 쿠팡 WING → 광고센터를 클릭한다.

② 광고 만들기를 클릭한다. 광고 목표는 매출 성장을 선택하고 다음을 클릭한다.

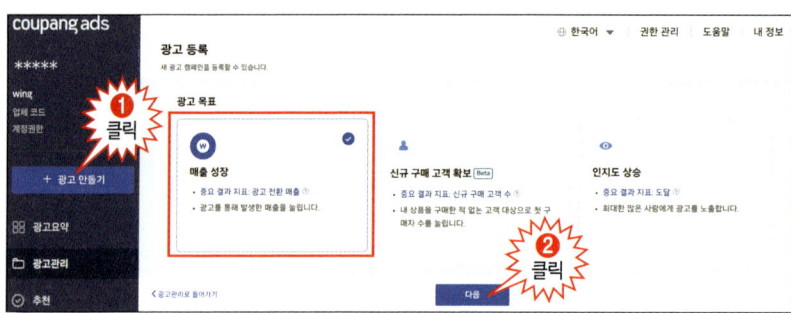

③ [기본 설정] 캠페인 이름과 기간을 설정한다.

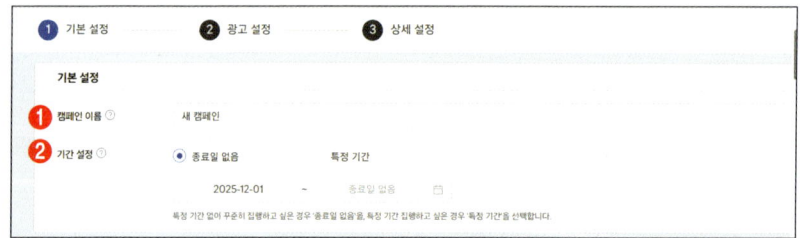

① **캠페인 이름**: 캠페인은 광고 등록 시 가장 먼저 생성하는 최상위 단위이다. 캠페인 이름은 캠페인의 운영 전략이 잘 드러나는 이름으로 알아보기 쉽게 설정한다. 고객에게 노출되지는 않는다.

② **기간 설정**: 캠페인에 속한 상품들의 광고 노출 기간을 선택한다.
   - 종료일 없음: 예산이 모두 소진되거나 수동으로 중지할 때까지 광고가 진행된다.

4 [광고 설정] 광고 상품을 설정한다.

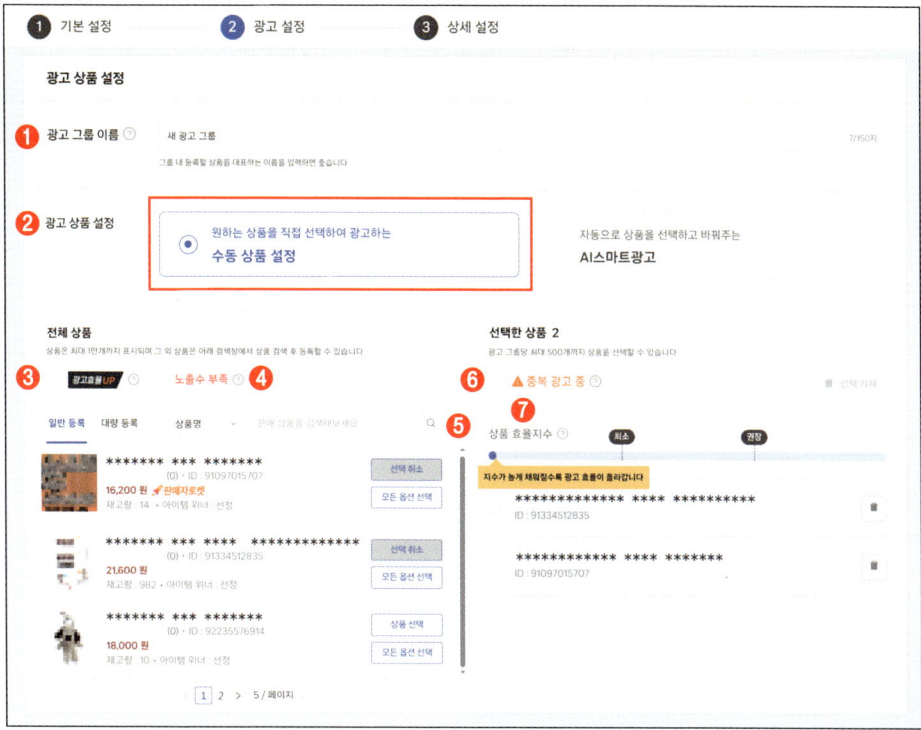

① **광고 그룹 이름**: 캠페인의 하위 단위. 광고 상품 그룹을 관리하기 위한 이름으로 설정한다.
② **광고 상품 설정**: '수동 상품 설정'을 선택한다.
③ **광고효율 UP**: 체크하면 높은 광고전환율이 예상되는 상품을 추천해 준다.
④ **노출수 부족**: 체크하면 노출, 전환, 리뷰 등의 데이터가 적어 노출 기회가 부족했지만 매출 스타트 광고를 통해 매출 성장을 기대할 수 있는 상품을 추천해 준다.
⑤ **광고 상품 선택**: 광고를 진행할 상품을 검색해 선택한다.
⑥ **중복 광고 중**: 선택한 옵션이 다른 캠페인에서 광고가 진행 중임을 알려준다. 효율적인 광고 운영을 위해 중복되지 않게 광고하는 것이 좋다.
⑦ **상품 효율지수**: 상품의 구매 이력을 데이터로 산정해 보여준다. 상품을 추가하면 지수가 상승하며, 지수가 높을 수록 광고 효율이 좋다. '최소' 기준 이상을 권장하지만, 구매 이력이 없거나 적어서 최소 기준을 채우기 어렵다면 무시해도 된다.

10장 광고와 마케팅 진행하기

⑤ 광고 운영 방식에서 자동운영- 매출최적화를 선택한다.

⑥ 광고 예산을 설정한다.

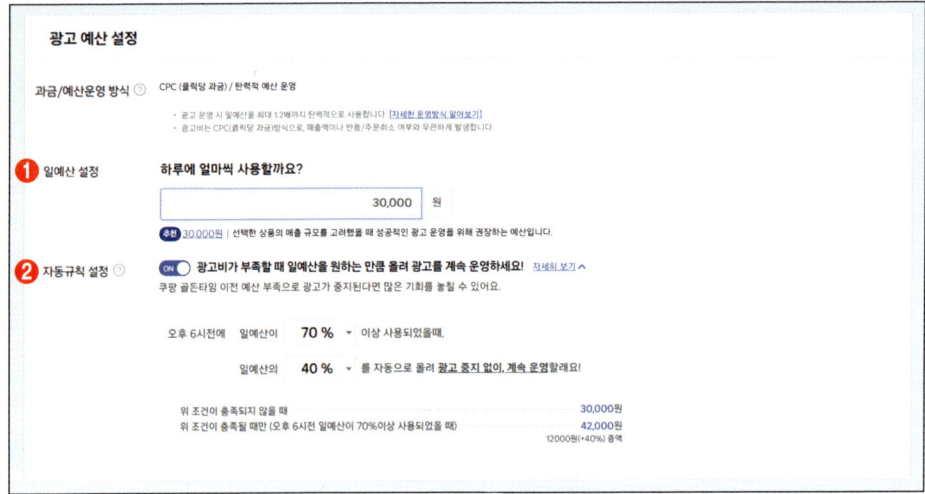

① **일예산 설정**: 하루 광고비로 사용할 예산을 입력한다. 설정한 예산이 다 사용되지 않은 경우 광고를 통한 고객 유입이 많아 예산이 부족한 날에 미사용 금액을 자동으로 추가 사용한다. 설정한 예산의 20% 한도 내에서 추가 사용하며 미사용 금액에 대해서만 추가 사용하게 된다.

② **자동규칙 설정**: 광고비가 너무 일찍 소진될 경우 설정한 조건에 따라 광고비가 자동 증액된다.

⑦ **목표 광고수익률**을 설정한다. '제안 광고수익률'로 설정하는 것을 권장한다.

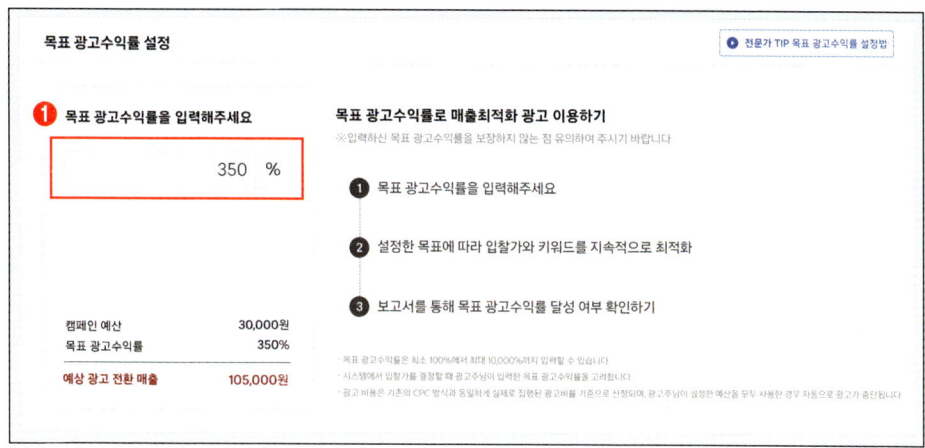

① **목표 광고수익률**: 광고 진행 상품의 마진과 시장에 따라서 적정한 목표 광고수익률을 입력한다.
  • 너무 낮게 설정 시: 쿠팡 AI가 적극적으로 광고를 한다. 마진이 없거나 손해가 생길 수 있다.
  • 너무 높게 설정 시: 쿠팡 AI가 소극적으로 광고를 한다. 마진을 높일 수 있다.

 목표 광고수익률 설정하기

광고를 통해 단기간에 노출을 많이 해야 한다면 '목표 광고수익률'을 '제안 광고수익률'보다 낮게 설정한다. 이때는 광고비가 증가하므로 '광고비 대비 수익률'을 따져봐야 한다. '최소 광고 수익률'보다는 높아야 광고로 인한 수익이 발생한다.
예를 들어 판매가 25,000원, 생산원가 10,000원, 판매수수료 2,700원인 상품을 광고한다면 최소 광고수익률은 다음과 같다.

$$\text{최소 광고수익률} = \frac{\text{판매가}}{[\text{판매가} - (\text{생산원가} + \text{판매수수료})]} \times 100 = \frac{25,000}{[25,000 - (10,000 + 2,700)]} \times 100 = 203\%$$

즉 최소 광고수익률 203%보다 높게 목표 광고수익률을 설정해야 수익이 발생한다.

목표 광고수익률을 너무 높게 설정하면 광고 입찰가가 낮아진다. 그러면 타 셀러와의 경쟁에서 밀려 노출 및 클릭이 적게 일어날 수 있다. 이 경우 내 상품의 광고가 비검색 영역으로 밀릴 수도 있다. 광고비는 적게 들지만 목표한 매출을 달성하지 못하는 경우가 생길 수 있다. 셀러는 이러한 점을 고려해 광고 상품에 맞는 적절한 목표 광고수익률을 설정해야 한다.

⑧ [상세 설정] 광고 상세 설정을 하고 완료를 클릭한다. 캠페인 검토가 나온다. 완료를 클릭하면 광고가 진행된다.

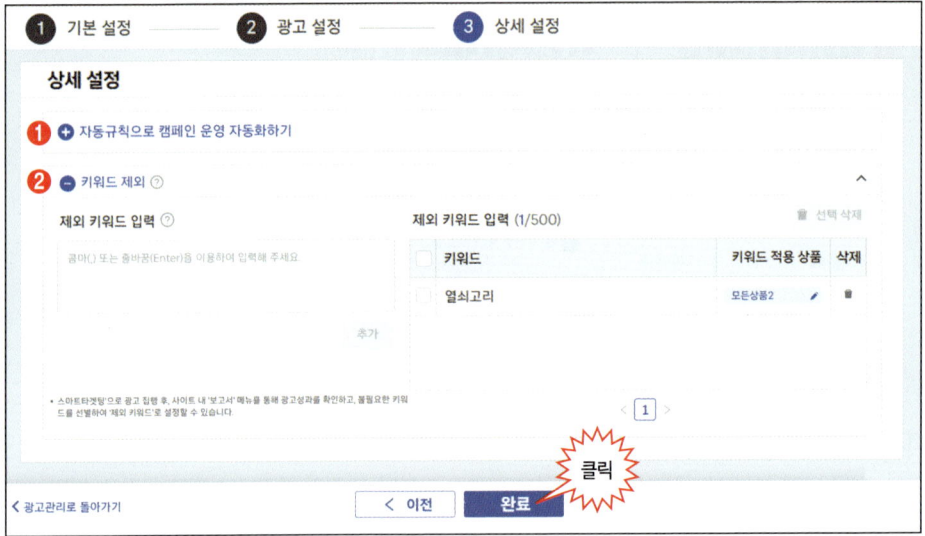

① **자동규칙으로 캠페인 운영 자동화하기**: 캠페인 운영 자동 규칙을 선택할 수 있다.
② **키워드 제외**: 광고비만 소진하고 구매 전환이 일어나지 않는 키워드를 제외하는 기능이다. 광고 진행 후 광고 보고서를 확인해 불필요한 키워드는 제외해 준다.

 리타겟팅 기능

리타겟팅 기능은 쿠팡뿐만 아니라 쿠팡 외부에서 내 제품을 노출시키는 기능이다. 주요 검색 사이트, SNS(페이스북, 인스타그램, 구글애즈 등) 등 광고 영역에서 더 많은 잠재 고객에게 광고를 노출한다.
기존에 위 '상세 설정' 단계에서 설정할 수 있었던 리타겟팅 기능은 '매출 성장' 신규 캠페인 생성 시 기본으로 활성화되게 변경되었다.(2025년 8월 15일)
설정을 해제하고자 한다면 광고 생성 후 **광고 관리 → 캠페인 대쉬보드 → 캠페인명 클릭**(광고 그룹 진입)한 후 **광고 그룹**에서 **수정** 버튼을 클릭하여 하단 **상세 설정**에서 **리타겟팅**을 클릭하여 On-Off 토글 버튼을 클릭하면 된다. 리타겟팅을 끄면 외부채널에는 광고가 노출되지 않는다.

AI스마트광고 집행하기

AI스마트광고는 매출 최적화 광고처럼, AI가 광고 성과를 예측해 자동으로 광고를 운영해 준다. 차이점은 광고주의 판매 중인 '모든 상품'을 대상으로 한다는 것이다.(특정 상품의 광고를 제외할 수도 있다.) 쿠팡 AI가 잘 팔리는 상품에는 광고비를 많이 사용하고, 광고를 해도 팔리지 않는 제품은 제한함으로써 잘 팔리는 상품에 광고비가 집중될 수 있도록 해준다. 재고 상황과 광고 반응에 따라 광고 상품을 매일 자동 업데이트 해준다.

광고 상품을 한번에 관리하고 싶은 광고주한테 추천하는 광고이다. 판매자 계정당 1개의 AI스마트광고 캠페인만 운영할 수 있다.

① 광고센터에서 광고 만들기를 클릭한다. 캠페인 목표는 매출 성장을 선택하고 다음을 클릭한다. 캠페인 이름과 기간을 설정한다.(앞의 매출 최적화 광고 진행과 동일하다.)

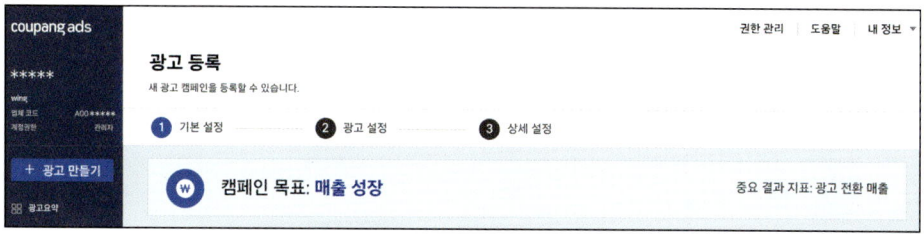

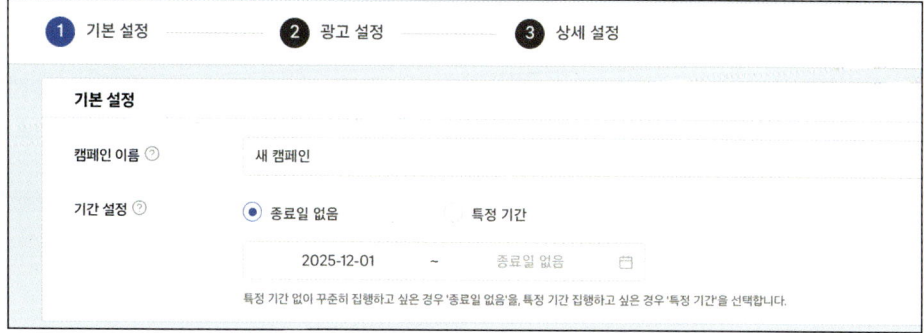

② **[광고 설정]** 광고 상품 설정에서 **AI스마트광고**를 선택한다.

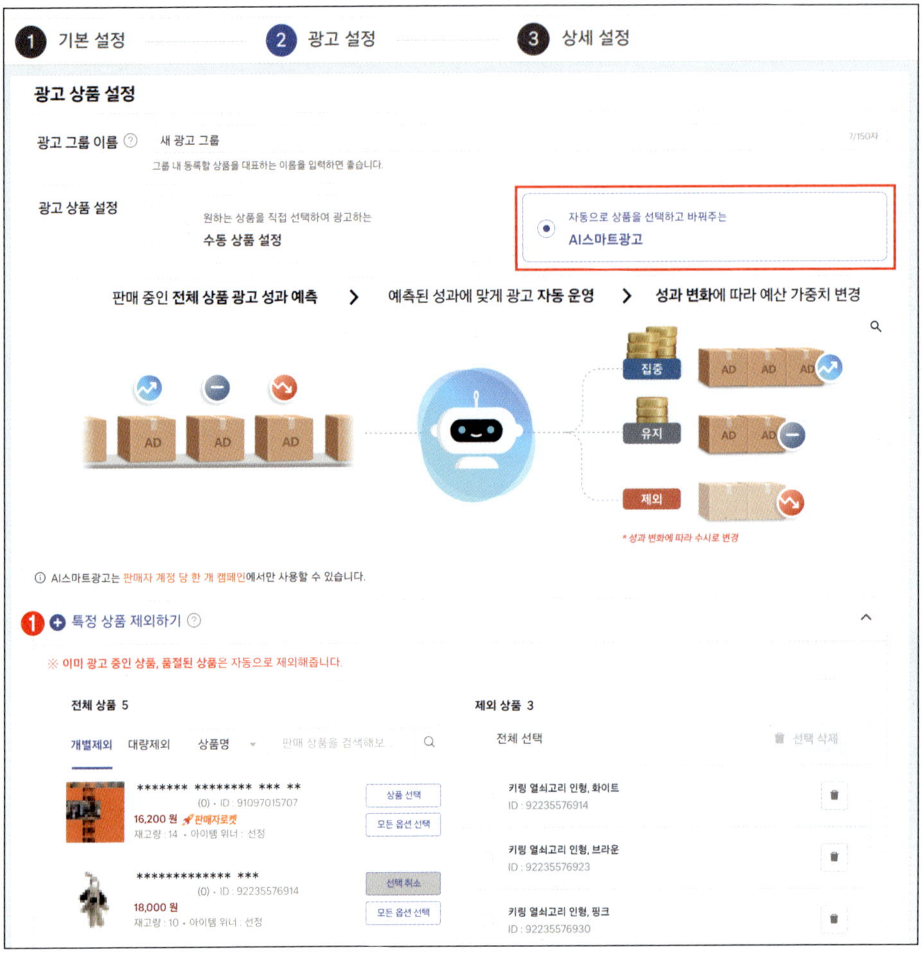

❶ **특정 상품 제외하기**: AI스마트광고는 '이미 광고 중인 상품', '품절 상품'을 제외한 판매자의 전체 상품을 대상으로 한다. 광고를 진행하지 않을 상품이 있다면 클릭해 제외 상품을 선택한다.

③ '광고 운영 방식'은 **자동운영-매출최적화**로 되어 있다.

이후의 과정은 매출 최적화 광고 진행과 동일하다.

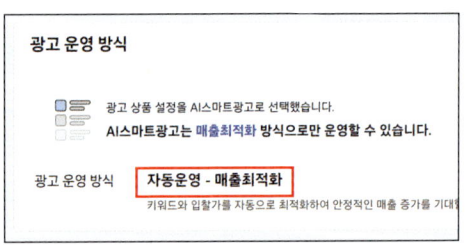

4 수동 성과형 광고 집행하기

수동 성과형 광고는 광고주가 직접 키워드 및 입찰가를 설정하는 광고이다.

스마트타겟팅을 이용해 키워드를 선택한 후 입찰가만 설정할 수도 있고, 원하는 특정 키워드와 입찰가를 개별 설정할 수도 있다. 또 비검색영역 입찰가도 설정할 수 있다. 마케팅 전략에 따라 주력 키워드 공략 등 세부적인 설정으로 광고를 진행하고자 할 때 추천한다.

① 앞의 매출 최적화 광고의 ① ~ ④ 진행 과정과 동일하다.

② '광고 운영 방식'에서 직접입력을 선택한다.

③ 광고 예산을 설정한다.

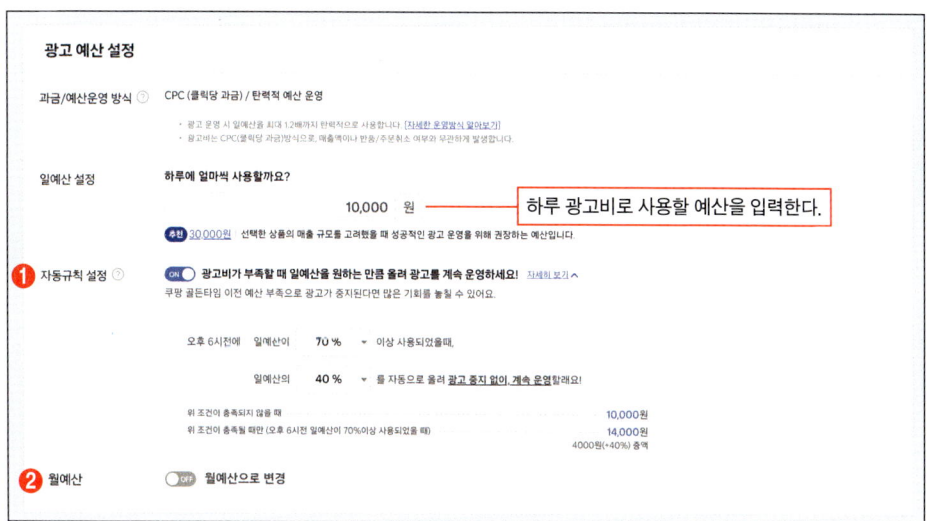

① **자동규칙 설정**: 광고비가 너무 일찍 소진될 경우 적용할 광고비 자동 증액을 설정할 수 있다.
② **월예산**: 예산을 월예산으로 설정할 수 있다.

④ '검색영역(키워드)'를 설정한다.

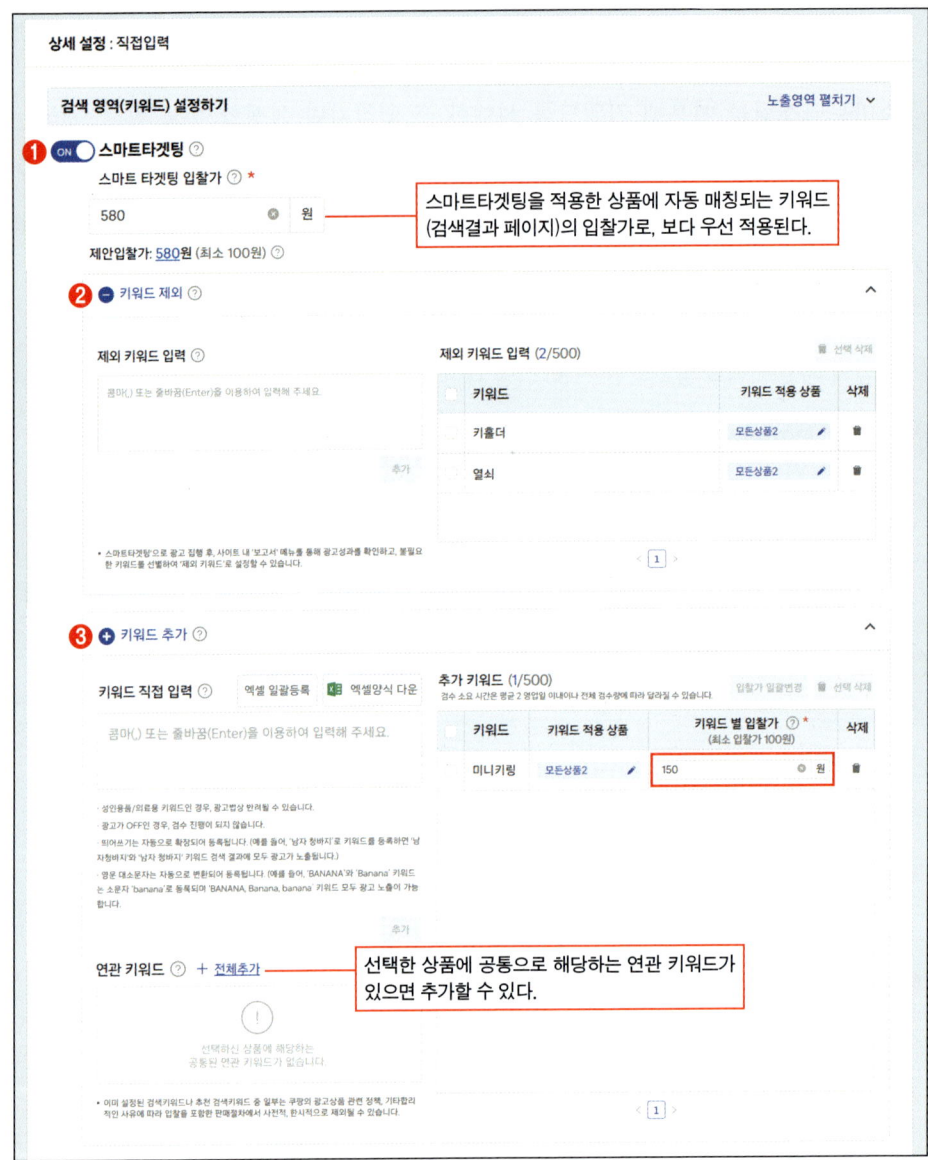

① **스마트타겟팅**: ON으로 하면 상품명과 검색어를 기반으로 고객이 검색하는 다양한 키워드에 쿠팡이 광고상품을 자동으로 매칭해 노출한다. 설정한 입찰가로 광고 가능한 키워드들에 노출되도록 광고가 진행된다.(권장) OFF로 하면 직접 키워드를 입력해 추가할 수 있다.

② **키워드 제외**: '스마트타겟팅'에 매칭되는 키워드 중 노출을 원치 않는 키워드를 추가한다.
- 광고 집행 전이라도 확실히 제외해야 할 키워드가 있으면 설정한다.
- 광고 진행 후에는 광고 보고서를 확인한 후 광고비만 소진하고 구매 전환이 되지 않는 불필요한 키워드를 제외해 주어야 광고 효율을 높일 수 있다.

③ **키워드 추가**: '스마트타겟팅'에서 키워드를 추가 등록해, 특정 키워드에만 별도의 입찰가를 설정할 수 있다.

⑤ '비검색 영역' 입찰가를 설정하고 완료를 클릭하면 된다.

① **비검색 영역의 입찰가**: 상품광고는 검색 영역 이외에도, 키워드와 관련 없는 비검색 영역에 노출된다. 비검색 영역(메인, 카테고리, 상품 상세 페이지 등)에 노출하기 위한 입찰가를 입력한다.
② **자동규칙으로 캠페인 운영 자동화하기**: 캠페인 운영 자동 규칙을 선택할 수 있다.

05 바이럴 마케팅 진행하기

바이럴 마케팅

바이럴 마케팅이란 제품이나 서비스를 확산시키는 마케팅의 방법 중 하나로, SNS나 네이버 카페, 블로그, 지식인 등등 다양한 매체를 활용해 정보를 공유하면서 자연스럽게 제품을 알리는 방법이다.

온라인을 통해 자발적인 연쇄반응을 일으키도록 하는 마케팅 방법으로 '바이럴'(viral)은 마치 바이러스처럼 사람들에게 퍼져간다는 의미이다. 흔히 말하는 입소문 마케팅을 말하는 것으로, 오늘날의 입소문은 SNS나 인터넷 매체를 통해 이루어진다.

광고비 없이 광고하기

광고비가 부담스럽다면 광고비 없이 광고할 수 있는 방법을 찾아야 한다. 그중 가장 효과적인 방법은 불특정 다수를 상대로 노출시켜주는 SNS를 활용하는 것이다. 최근에는 제품 리뷰를 하는 유튜버들도 있고, 틱톡에 보면 신기한 물건이 숏폼으로 제작되어 뜨기도 한다. 이러한 방법의 장점은 비용도 들지 않는 것도 있지만 알고리즘을 잘 타게 되면 제품이 정말 우주를 뚫을 것처럼 판매되기도 한다는 것이다.

1 커뮤니티

바이럴 마케팅은 주로 커뮤니티 기반이라 맘카페, 자동차카페, 낚시 동호회 등 특정 주제 커뮤니티에서 관련 제품 마케팅 시 효과가 극대화된다. 최근 바이럴 마케팅의 확산으로 커뮤니티에서 글쓰기 가능한 회원 등급을 나누기도 하지만, 이는 기초적인 허들일 뿐 성실히 활동하면 신뢰받는 회원 등급까지 올라갈 수 있다.

화물차 운행 시절부터 활동 중인 카페에서 필자는 최고 등급 회원이다. 이 정도 등급이면 노골적인 제품 소개 글이 아니라면 어느 정도 수위의 상품 소개 글 작성이 가능하다. 정말 품질 좋고 회원에게 도움 될 만한 사용 후기라면, 민감한 제품 정보를 가리고 소개하는 정도는 운영자도 허락한다.

판매 아이템을 소개할 만한 카페를 검색해 하루 한 번 정도 방문, 짧은 인사 글이라도 남기며 꾸준히 활동해 보자. 카페를 마케팅 수단으로 이용할 수도 있지만, 소비자가 어떤 아이템을 구매하고, 어떤 제품에 반응이 좋으며, 무엇을 필요로 하는지 등 소비자가 원하는 정보를 커뮤니티에서 얻을 수 있다.

개인이 하기 바쁘다면 이런 서비스를 대행하는 마케팅 회사나 프리랜서에게 의뢰할 수 있다. 크몽(kmong)은 수많은 프리랜서가 재능을 판매하는 플랫폼이다. 상세페이지 제작부터 마케팅, 번역, 수입 등 필요한 전문가를 만날 수 있다. 혼자 마케팅하기 번거롭다면 이런 플랫폼 도움을 받아 주력 상품에 마케팅을 더해보자. 비용이 들지만, 제품 몇 건만 팔려도 마케팅 비용보다 훨씬 높은 수익을 올릴 수 있다.

❷ 유튜브 쇼츠

SNS 중 가장 많은 이용자 수를 보유한 유튜브는 영상을 제작해서 올리는 것만으로도 꽤 많은 트래픽을 만들어낼 수 있다. 제품을 사용하는 간단한 동영상과 자막으로 사용 예시를 보여주면 제품까지 소비자를 연결시킬 수 있다. 멋있는 영상과 화려한 편집 기술이 꼭 필요한 건 아니다. 심플하게 찍은 영상도 소비자가 제품을 이해하기에 부족하지 않으니 걱정하지 않아도 된다.

유튜브 쇼츠는 업로드 직후에는 노출을 꽤 시켜준다.

유튜브 쇼츠로 제작한 이 영상은 업로드 직후 하루 동안 약 2,400회의 조회수를 기록했다. 그리고 2건의 주문이 발생했다. 옆에 카메라를 켜두고 제품을 소개하는 멘트와 사용하는 방법에 대해 찍은 간단한 영상이었다.

영상으로 광고를 하면 좋은 점은 지속적으로 유튜브에서 검색하는 사람들에게 노출된다는 것이다. 그리고 이 영상은 쿠팡이나 스마트스토어에 링크를 걸어서 상세페이지에도 이용할 수 있다.

또 다른 영상은 거래처를 방문해 납품하는 과정을 찍은 영상인데 게시 170일을 넘기고 있는데도 꾸준히 조회수가 늘고 있다. 이와 같은 긴 영상은 주요 아이템 위주로 납품 과정부터 제품 디테일까지 설명하면서 제작하고 있다.

영상 제작은 모바일로도 가능하다. 잘 만든 영상 1개보다 평범한 영상 10개가 더 효과적이니 부담 없이 만들어서 올려보자!

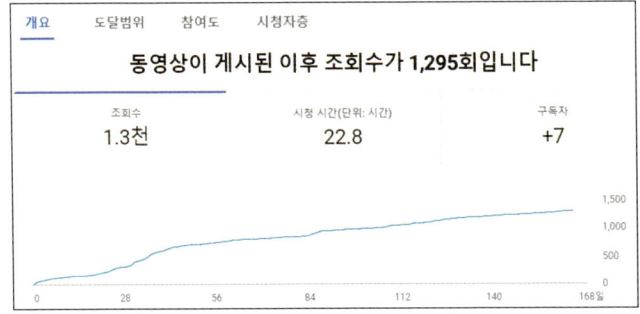

2.1 쿠팡 상세페이지에 유튜브 영상 업로드하기

① 유튜브에서 상세페이지에 업로드할 영상을 연 후 공유 → 퍼가기를 클릭한다.

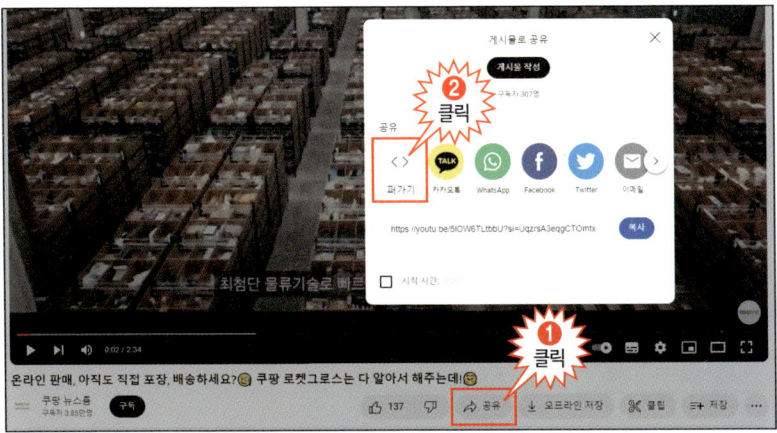

② '동영상 퍼가기'에서 복사 버튼을 클릭해 소스코드를 복사한다.

③ 쿠팡 상품등록 과정 중 '**상세설명**'에서
에디터 작성 → 작성하기를 클릭한다.

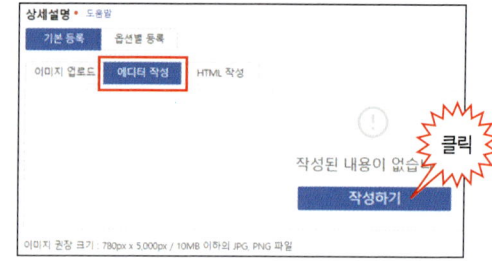

④ '에디터 작성' 창에서 html을 선택한
후 복사한 코드를 붙여넣기(Ctrl+V)하
고 저장을 클릭한다. 그러면 유튜브 영상이 첨부된다.

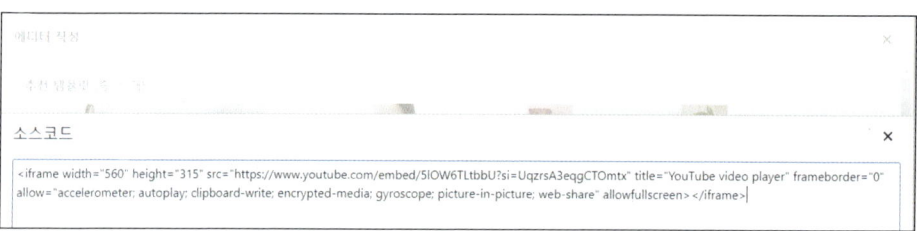

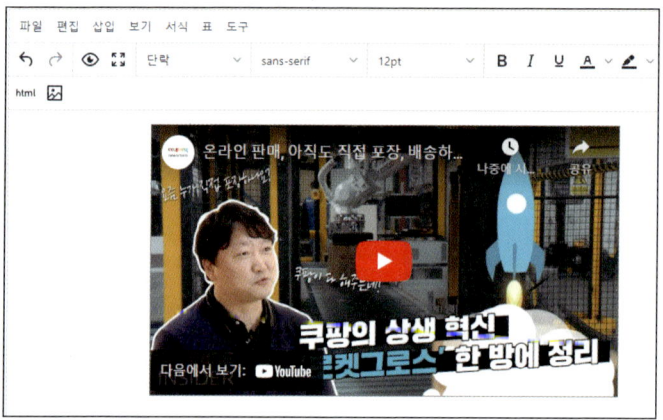

유튜브 자동재생/음소거/반복 재생 만들기

PC로 접속한 고객에게 상세페이지에 삽입한 유튜브 영상은 재생 버튼을 클릭해야 화면이 재생된다. 이럴 때 유튜브를 자동으로 재생시켜주는 기능을 추가할 수 있다. 소스 코드 내의 유튜브 주소 끝에 **?autoplay=1** 코드를 추가하면 유튜브가 자동으로 재생된다.

자동재생 코드: ?autoplay=1

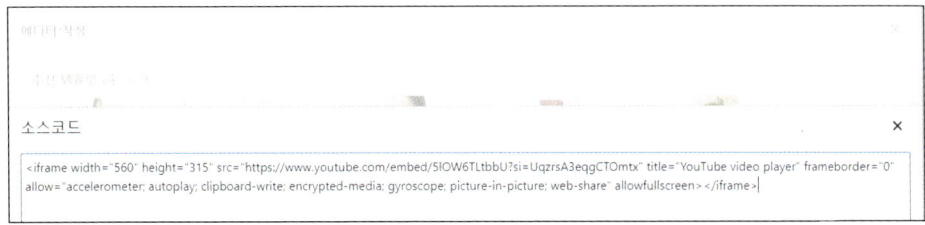

기존 유튜브 소스코드

자동재생 코드 추가

최근 SNS의 영상들은 모두 음소거로 재생되기 때문에 자동재생 코드 뒤에 &mute=1을 추가하면 음소거 & 자동재생으로 유튜브 영상이 업로드된다.

음소거 코드: &mute=1

영상을 반복적으로 보여주고자 한다면 &loop=1 코드를 추가하면 된다.

반복재생 코드: &loop=1

유튜브 주소 뒷부분에 위와 같은 코드를 추가로 입력해 보다 효과적인 유튜브 영상을 게시할 수 있다. 이렇게 상세페이지의 첫 부분에 꼭 유튜브 영상을 올려주자.

③ 인스타그램 릴스 광고하기

인스타그램은 2030세대가 가장 많이 사용하는 SNS이다. 페이스북보다는 인스타그램이 대세 SNS로 자리잡았기 때문에 유튜브 쇼츠에 올린 영상을 인스타그램 릴스에도 업로드해주는 게 좋다.

이 같은 불특정 다수를 대상으로 SNS에서 노출시켜주는 알고리즘을 이용하면 광고비 없이 제품을 소개할 수 있다. 간단하지만 파급력은 꽤 크기 때문에 꼭 하는 것을 추천한다. 또한 외부 유입에 의해 상품이 계속 클릭되고 구매전환이 이뤄진다면 상품의 지수도 좋아지기 때문에 SNS 소개 영상은 필수로 만들자!

① 인스타그램의 게시물을 광고하려면 먼저 프로페셔널 계정으로 전환을 해야 한다. 프로필 편집 우측 톱니바퀴(옵션)를 눌러서 설정 및 개인정보를 클릭한다.(PC화면)

② 프로페셔널 탭에서 계정 유형 및 도구를 클릭하고 프로페셔널 계정으로 전환을 클릭한다.

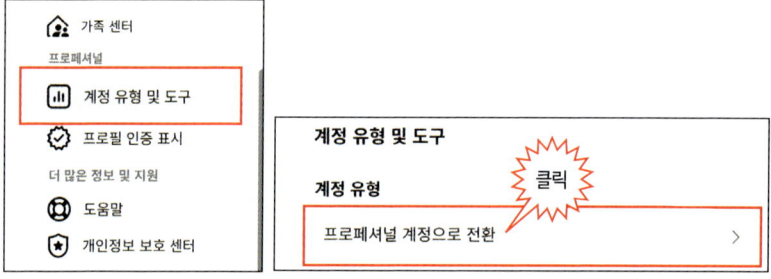

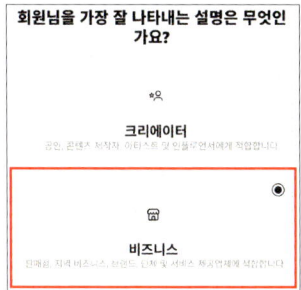 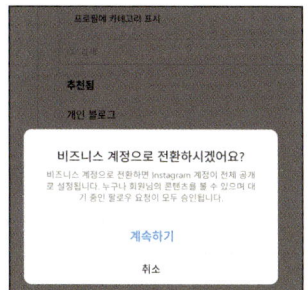 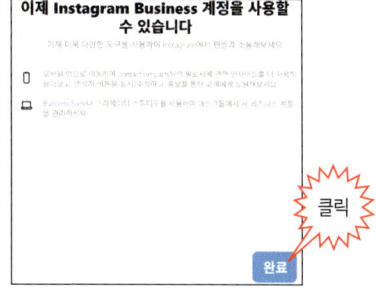

③ 비즈니스 계정으로 전환하면 이제 광고를 집행할 수 있다. 프로페셔널 계정으로 전환하면 메뉴에서 대시보드 탭이 활성화되면서 광고를 만들고 성과(인사이트)를 확인할 수 있다.

④ 릴스를 홍보하기 위해서는 업로드한 릴스에 마우스 오버를 한 뒤 릴스 홍보하기를 누르면 광고를 집행할 수 있다.

10장 광고와 마케팅 진행하기 **433**

⑤ 이제 본격적으로 인스타그램 릴스 광고의 액션과 대상을 설정할 차례이다. 릴스 광고를 통해 어떤 행동을 유도할 것인지를 선택한다. 가장 기본적인 프로필 방문하기를 선택하는 것을 추천한다.

⑥ 광고를 보여줄 타겟을 설정한다. 자동보다는 직접 만들기를 클릭해서 타겟을 상세하게 하는 것이 좋다.

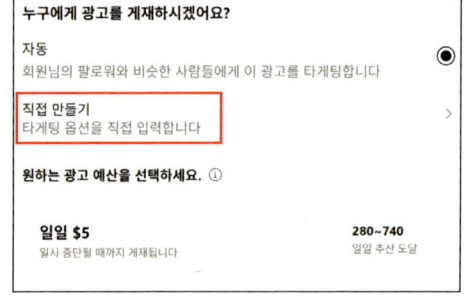

예를 들어서 오프라인 매장을 한다고 가정했을 때 전국적으로 홍보하는 것도 좋지만 업장 주변을 타겟으로 집중 광고를 하는 것도 좋은 효과를 낼 수 있다. 대상 위치를 서울로 잡았을 때 규모가 6.9M 이상이지만 부산으로 잡았을 땐 1.4M이다.

⑦ 연령도 디테일하게 설정하는 것이 좋다. 연령과 나이를 어떤 대상으로 타겟해야 할지 모를 땐 아이템 스카우트나 네이버 데이터랩, 아이템파인더 등을 활용해 내 상품의 메인 키워드를 확인하고 이것을 검색하는 성별과 연령 대를 확인한다.

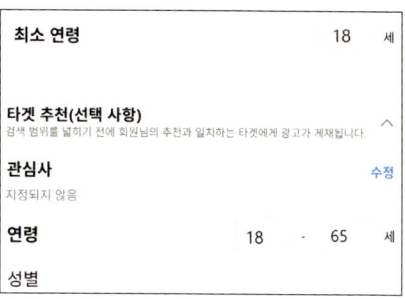

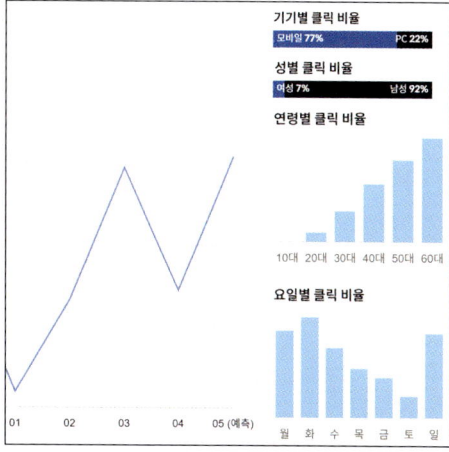

→ 위 예시 사진과 같은 상품이라면 굳이 10~30대에게는 광고를 하지 않는 것이 효율적이다. 차라리 그 비용으로 주 타겟층인 50~60대를 대상으로 한다면 더욱 좋은 성과를 낼 수 있다.

⑧ 광고가 끝나면 대시보드 탭에서 성과를 확인할 수 있는 인사이트 버튼이 있다. 이 기능을 활용해 사용한 광고비와 조회수, 클릭률에 대한 정보를 볼 수 있다.

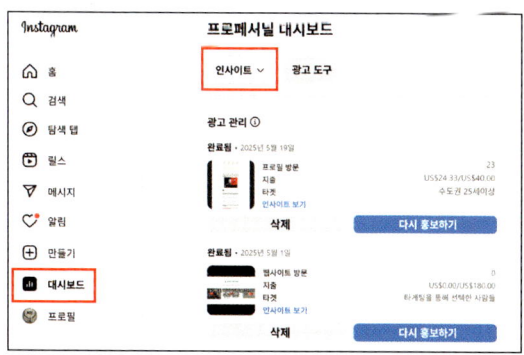

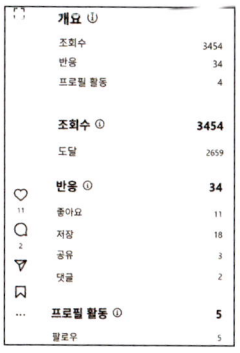

10장 광고와 마케팅 진행하기 **435**

4 외부 유입고객 확인하기

4.1 NT파라미터 사용하기

NT파라미터는 스마트스토어 통계분석을 위해 네이버에서 제공하는 공식적인 트래픽 추적 기능이다. 이 값을 스마트스토어 상품 URL 뒤에 추가해 공유하면 외부에서 유입되는 데이터를 확인할 수 있다. 내가 만든 쇼츠나 릴스를 통해 얼마큼의 고객이 내 스토어로 유입되었는지 확인할 수 있다. NT파리미터 고유 주소에 따라서 어디서 유입되었는지를 확인할 수 있다.

파라미터 설정 방법

파라미터명	파라미터 필수 여부	값(value)에 허용하는 글자	의미	nt_OOO 파라미터 값 예시
nt_source	필수	영문/숫자/특수문자 3종(-, _, .)만 가능 (한글 불가)	유입 마케팅채널 명칭	naver.blog, facebook.ad
nt_medium	필수	영문/숫자/특수문자 3종(-, _, .)만 가능 (한글 불가)	유입 마케팅채널의 종류 (카테고리)	social, search
nt_detail	선택	한/영/숫자/특수문자 3종 가능	유입 마케팅채널의 하위 내용	joyoflife
nt_keyword	선택	한/영/숫자/특수문자 3종 가능	유입 시 해당 지면의 키워드	제주도여행

- 유입 사용자정의 시 각 nt_OOO파라미터와 값은 [nt_OOO=값]의 형태로 넣는다.
- 최소 nt_source=OOO, nt_medium=OOO 2개의 파라미터와 값(value) 한쌍이 있어야 한다.
- 값에서 사용 가능한 특수문자는 하이픈(-), 언더바(_), 마침표(.) 3가지이다.
- nt_source, nt_medium은 영어 및 위 특수기호만 가능하고, nt_datail, nt_keyword는 영어, 한글 및 위 특수기호만 가능하다.(한글은 사용하지 않는 것을 권장)
- 사용자정의를 URL에 설정할 때 PC용 사이트 URL, 모바일용 사이트 URL 중 어느 한쪽만 설정해도 다른 쪽까지 잘 작동된다.

NT파라미터는 총 4가지의 고유 이름을 갖고 있다. 각 고유 이름에 따라서 유입 마케팅채널의 명칭, 종류(카테고리), 하위 내용, 키워드를 알 수 있다.

사용 예시- 블로그 글에 스마트스토어 상품 링크 걸기

블로그와 스마트스토어의 상품 URL이 다음과 같다고 할 때 유입 사용자정의 NT 파라미터를 설정해 보자.

(A) 네이버 블로그: http://m.blog.naver.com/humanhouse/223706883008
(B) 스마트스토어: https://smartstore.naver.com/humanhouse/products/11819238704

(A)네이버 블로그에서 (B)스마트스토어로 랜딩되는 유입을 보다 자세히 측정하고 싶은 경우 다음과 같이 설정하면 된다.

https://smartstore.naver.com/humanhouse/products/11819238704?**nt_source=naver.blog**&**nt_medium=social**&**nt_detail=humanhouse**

- nt_source=naver.blog → 마케팅채널 명칭
- nt_medium=social → 마케팅채널 종류
- nt_detail=humanhouse → 마케팅채널 하위 내용

※ URL 전체에서 ?는 한 번만 나와야 한다. 이미 기존 URL에 ?가 있는 경우는 [&a=1&b=2&c=3]과 같이 작성한다.

NT파라미터는 내 상품의 URL 뒤에 채널 속성값을 추가하면 된다. 스마트스토어의 URL은 상품번호로 끝나는데 예시 URL에서는 humanhouse/11819238704까지가 상품 URL이다. 이 뒤에 각 속성값을 추가한다.

humanhouse/11819238704?nt_source=youtube
humanhouse/11819238704?nt_source=Instagram

이와 같이 nt_source = ○○○이라는 값을 넣고 각 마케팅 채널에 해당 링크를 첨부해 두면 유입된 고객들이 어떤 링크를 클릭해서 들어왔는지 스마트스토어 센터에서 데이터분석 → 통계 → 마케팅분석 → 사용자정의채널에서 확인할 수 있다.

이렇게 작성한 URL을 네이버 블로그 글에 링크를 걸어 삽입해 보자.

① 블로그 글을 쓰면서 원하는 위치에 NT파라미터 링크를 건다. '링크'를 클릭해 바로 붙여넣기 해도 되고, 링크 입력으로 작성해도 된다. 다음은 텍스트에 링크를 입력하는 것으로 작업한 예이다.

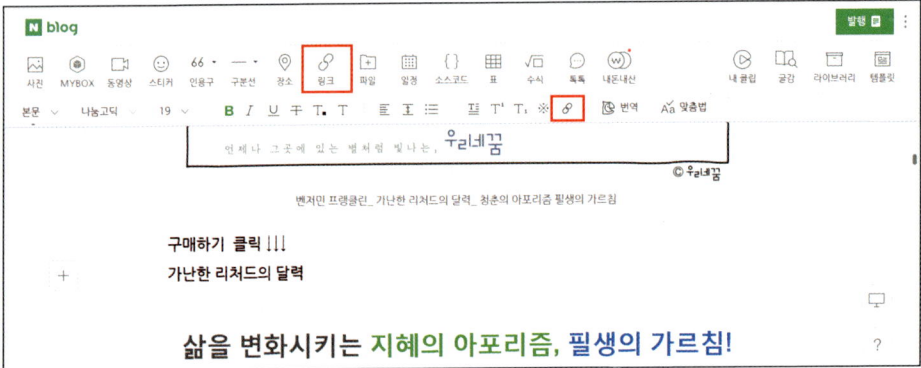

② 하이퍼링크를 걸 텍스트를 드래그해서 선택하고 '링크 입력 열기'를 클릭한 후 NT파라미터 URL을 입력한다.

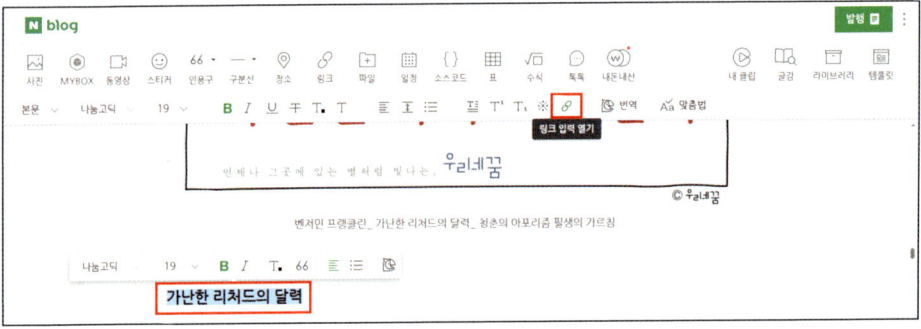

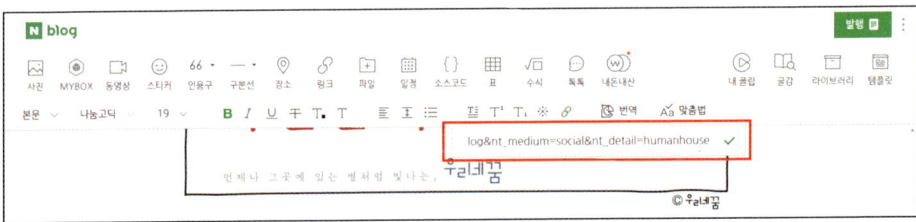

③ 링크가 입혀지면 텍스트에 밑줄이 그어진다. 이렇게 해서 글을 발행한다.

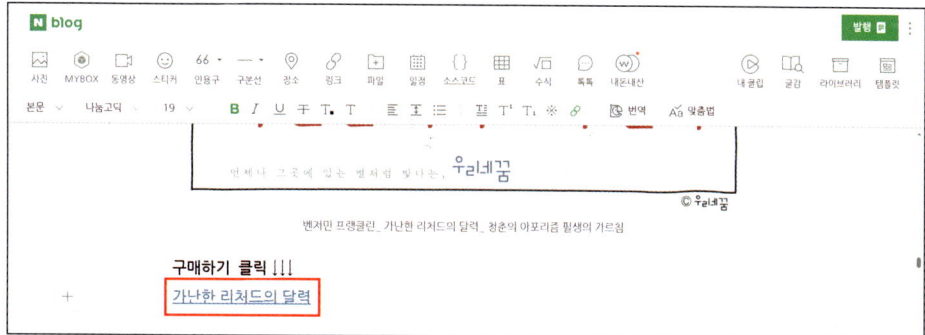

④ 블로그 글을 보는 사용자가 링크를 클릭하면 스마트스토어 상품페이지로 들어오게 된다.

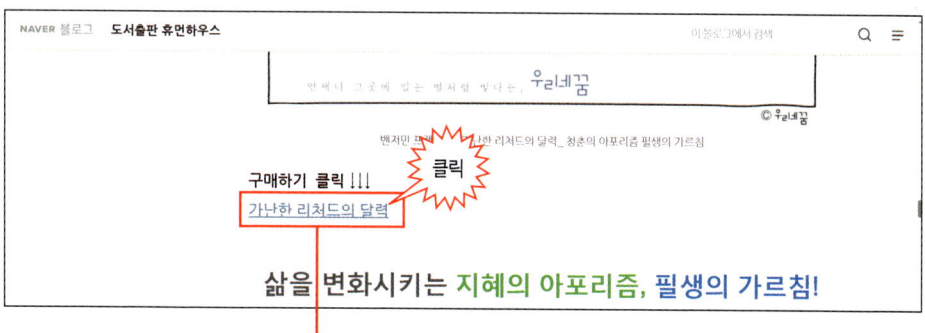

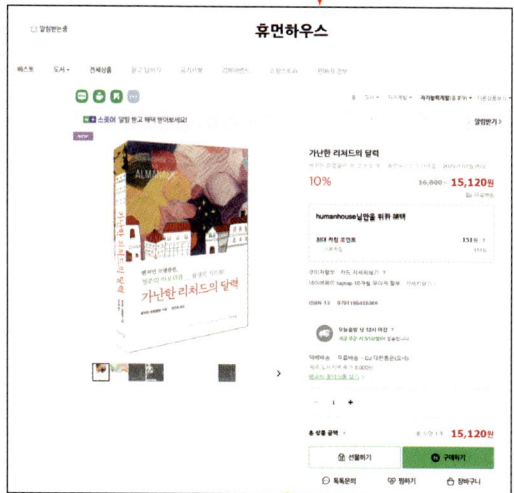

⑤ 이렇게 NT파라미터 설정 링크를 통해 내 스마트스토어나 상품에 고객이 들어오면 스마트스토어센터에서 데이터분석 → 통계 → 마케팅분석 → 사용자정의채널에서 유입 통계를 확인할 수 있다.

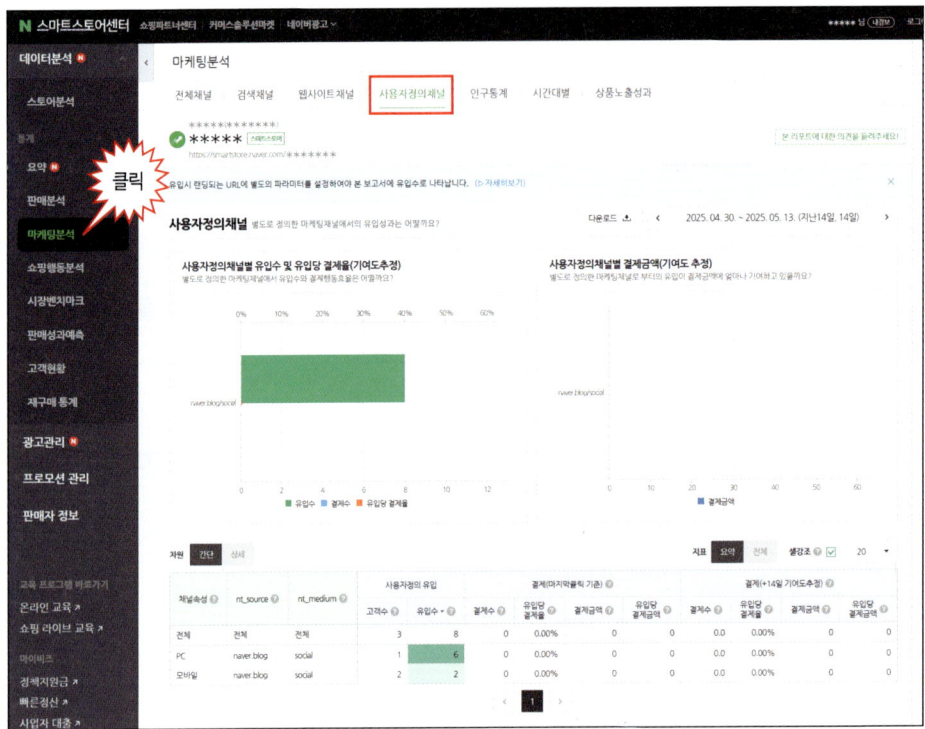

4.2 단축 URL 사용하기

NT파라미터를 사용할 경우 URL이 길어지기 때문에 단축 URL을 만들어 이용하면 짧고 간결한 URL로 NT파라미터를 작성할 수 있다.

URL을 줄여주는 비틀리

비틀리(https://bitly.com/)는 URL을 줄여주는 플랫폼이다.

다음은 유튜브를 통해서 내 블로그 글에 들어온 유입수를 알아보기 위해 유튜브에 공유하기 위한 NT파라미터 URL이다. 비틀리에서 단축 URL을 만들어보자.

> https://blog.naver.com/skdmlwlq100/223181223873?nt_source=youtube&nt_medium=SNS&nt_detail=account

<각 NT파라미터의 속성값>
nt_source=youtube <- 유튜브에 공유시킬 링크
nt_medium=SNS <- 유튜브라는 채널은 SNS
nt_detail=account <- 디테일은 어카운트

① 비틀리에 회원가입을 하고 로그인을 한다. Create new → Shorten a link를 클릭한다.

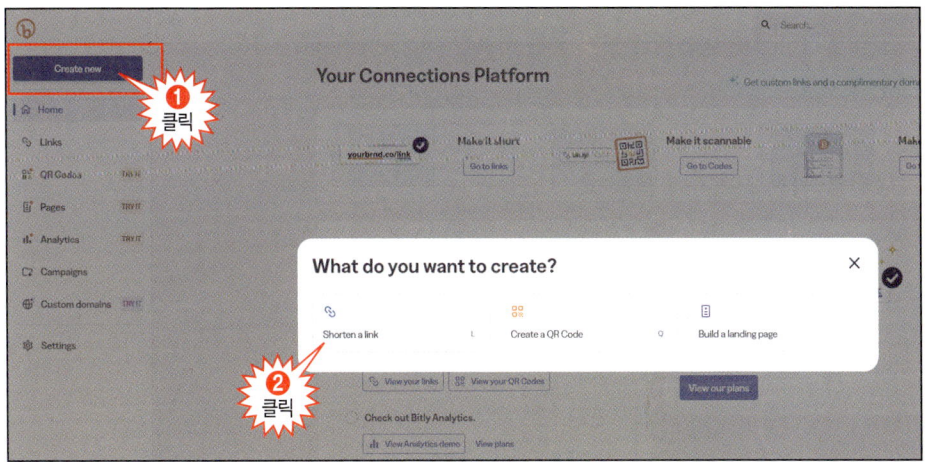

② 'Destination'에 NT파라미터를 적용한 URL을 입력한다. Title 입력은 선택사항이다.(URL에 따라 자동 입력되기도 한다.) 페이지 하단의 Create your link 버튼을 클릭한다.

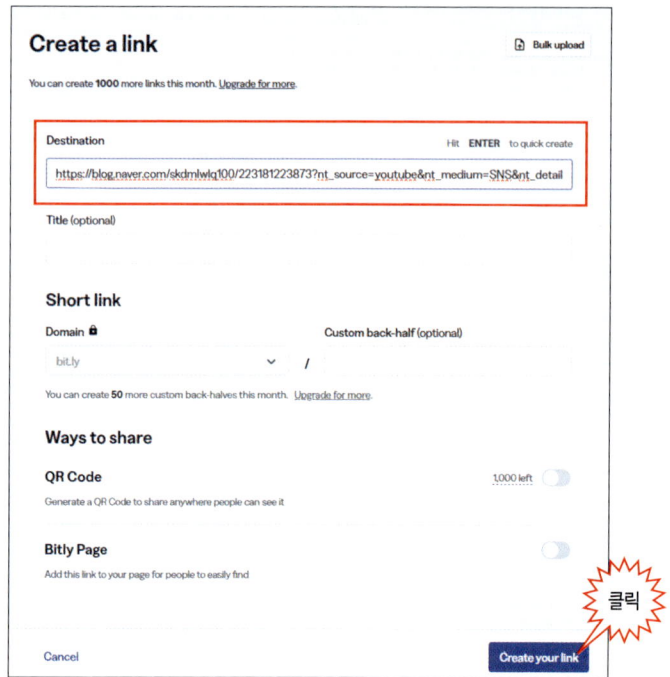

③ NT파라미터를 적용해 길어졌던 URL이 아주 짧은 비틀리 URL로 다시 생성되었다. Copy를 클릭해 URL을 복사하면 된다. 유튜브나 인스타그램에 링크를 공유할 때는 이 비틀리 링크를 이용하면 보기 좋은 심플한 URL로 공유할 수 있다.

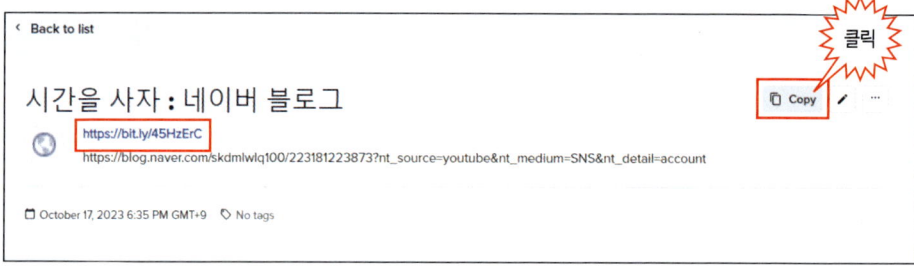

5 블로그 사용 후기

제품 사용 후기를 네이버 블로그에 작성하는 것도 소비자에게 상품을 알릴 수 있는 좋은 방법이다. 상세페이지는 제품의 장점이나 경쟁력 우위 요소 등 구매를 결정짓게 하는 셀링포인트 위주로 구성한다.

네이버 블로그나 SNS에는 편안한 어투로 상품을 소개할 수 있고, 다양한 자료들을 첨부해서 직접 사용해 보고 남기는 후기 글을 작성할 수 있다.

네이버 블로그 글에 제품 설명과 후기, 링크를 달아 글을 작성하면 사용자의 검색에서 블로그 글이 노출되어 고객을 내 스마트스토어로 유입시킬 수 있다.

네이버 블로그는 블로거들 사이에서 암묵적으로 지키는 포스팅 룰이 있다. 글자는 1500자 이상, 사진은 10장 이상, 제품의 대표 키워드를 본문에 5번 이상 반복해 사용하는 것이다. 이렇게 하면 네이버 검색 로직이 해당 키워드에 대한 적합도와 신뢰도가 높은 글이라고 판별해 상위 노출해 준다. 물론 블로그 상위 노출 로직은 더 복잡하게 작용하지만 기본적으로 글을 쓸 때 이 정도는 지켜주는 것이 좋다. 검색에서 상위 노출되는 블로그 글들은 읽기 쉽게 쓰여 있고, 자세한 설명과 사진, 동영상이 포함되어 있다는 것을 알 수 있다.

블로그를 통해 생긴 좋은 기회들

필자는 화물차 운전을 오래 하며 SNS를 거의 하지 않았다. 그러다 우연히 부동산 공부를 하던 중 네이버 블로그에 글을 쓰게 됐고, 그렇게 시작해 지금까지 5년 넘게 운영 중이다.

블로그는 텍스트 기반 플랫폼이라 글쓰기가 큰 비중을 차지한다. 글은 쓰다 보면 점점 몰입하게 되고 솔직한 심정이 녹아든다. 이런 글을 쓰고 발행하니 블로그 이웃이 생기기 시작했고, 화물차라는 1인 직장의 단점을 상쇄시켜 주었다. 화물차는 특정 장소에서 다수와 일하는 직장과 달리 혼자 세상을 돌며 돈을 번다. 이런 특수성 때문에 직장 동료나 회사 선후배 같은 인적 관계 형성이 어렵다. 하지만 블로그를 통해 좋은 사람들을 알게 됐고, 오프라인에서 종종 만나 서로 힘이 되고 도움을 주는 관계를 맺을 수 있었다.

다른 SNS였다면 '좋아요' 누르고 끝날 관계일 수 있다. 하지만 블로그는 글을 통해 상대를 이해하고 공감하며 그 사람의 삶을 간접 경험한다. 블로그 이웃들은 만난 적 없어도 오래전부터 알고 지낸 듯 친근감을 느낀다. 그래서 블로그 이웃들은 다른 SNS보다 친밀도가 높다.

SNS는 좋은 순간을 남기고 자랑하는 공간으로 주로 쓰이지만, 블로그 세상에는 아직 자신의 성장 과정이나 유익한 정보를 공유하는 사람들이 많아 나에게는 최고의 SNS이다.

필자는 여러 사람과 목표 달성을 위한 OKR(Objectives and Key Results) 스터디를 매주 월요일 진행하는데, 이 스터디도 네이버 블로그로 인연이 된 사람들과 하게 됐다. 우리는 매주 월요일 스터디룸에 모여 각자의 목표와 비전을 발표하고 실천에 관해 이야기한다. 이 과정의 끝에 어떤 결과가 있을지 매우 기대된다. 온라인 셀러로서 잘 팔고 많이 파는 것도 좋지만, 이 시장에서 오래 살아남아야 한다. 그것이 진짜 고수이다.

6 거래처 만들기

온라인 셀러는 온라인 기반으로 판매하지만, 오프라인 회사와도 거래 관계가 형성된다. A 제품을 꾸준히 필요로 하는 업체가 있고 내가 그것을 판매한다면, 온라인 결제가 아닌 오프라인 계산서 발행 형태로 거래가 옮겨갈 수 있다. 흔한 예로 식당은 식자재를 온라인 구매도 하지만, 주변 식자재 마트나 대형 마트와 거래하기도 한다. 온라인보다 비쌀 때도 있지만, 신뢰 형성 및 품질 관리가 용이한 B2B 거래 형태가 편하기 때문이다.

필자가 수입 판매하는 B 제품은 국내 다수 차량정비사업소에서 사용한다. 처음엔 온라인으로만 판매했는데, 어느 날 '가만히 앉아 손님을 기다릴 게 아니라 직접 찾아가보자'는 생각이 들었다. 그래서 손님, 즉 업체들을 어디서 찾아야 할지 고민했다. 특정 제품을 팔고 싶은데, 이 제품 사용업체를 어디서 찾아야 할까?

바로 '블로그'이다. 업체들도 차량 정비 사진이나 업체 내용으로 블로그를 운영하는 곳이 많아, 내가 파는 B 제품을 검색해 나오는 블로그 업체들의 전화번호를 모두 기록했다. 지역과 전화번호 리스트를 만들어 화물차 운행 중 모두 전화했다.

"제가 B 제품 수입업체인데, 혹시 앞으로 쓰시면 연락 부탁드립니다. 가격은 ○○만 원입니다."

항상 처음이 어렵다. 낯선 업체에 전화해 물건을 사달라고 말하는 것은 당연히 어렵다. 온라인 셀러가 이렇게까지 해야 하나 싶을 수도 있다. 하지만 셀러가 아니더라도 우리는 살아가며 끊임없이 영업한다. 자신을 알려야 한다. 처음 만나는 사람과도 자연스레 대화를 이끄는 화술을 갖추고, 낯선 업체에 전화해 물건을 PR할 줄 알아야 좋은 셀러가 될 수 있다.

이런 이야기를 하면 수강생들은 "물건이 몇 개 없는데, 그런 건 큰 업체들이 하는 거 아닌가요?"라고 반문한다.

물건이 몇 개라도 공급할 수 있다면 거래는 형성된다. 물건이 적다고 기죽을 필요 없다. 꾸준히 도전하면 뜻하지 않은 거래처를 만날 수도 있다. 이런 오프라인 영업 방식은 월 검색수 100건 미만이지만 고가인 상품에 효과적이다. 검색수가 적다는 것은 판매업체와 사용업체도 적은 경우가 많다.

필자가 해외구매대행 시절, 한 달에 한 번 정도 문의가 오던 이불압축기가 있었다. 가정용이 아닌 이불 업체나 도매상에서 쓸 법한 물건이었다. 문의를 보며 '이런 기계가 있다면 어디에 팔아야 할까?'를 생각했다.

이 물건은 기계이고 KC인증이 필수라 초보 셀러가 국내에 들여와 팔기는 어렵지만 상상을 해봤다. 그러다 떠오른 곳이 무인 코인세탁소였다. 여기서 시나리오를 짜봤다.

어떤 매력 포인트로 팔 수 있을까? 코인세탁소에는 계절 지난 이불을 빨래하러 오는 사람이 많다. 세탁 후 보관하려는데, 옆에 대형

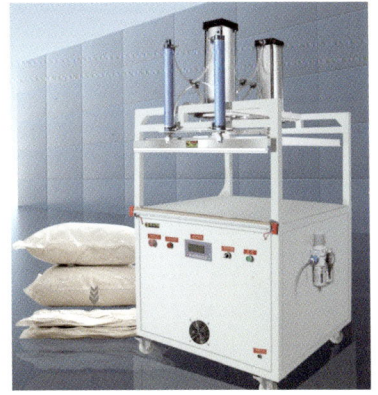

압축팩과 압축기계가 있다면 이용하지 않을까? 집 청소기로 압축하는 것보다 훨씬 슬림하게 될 테니 말이다. 한 계절만 지나도 기계 비용은 뽑을 것 같았다.

　이처럼 어떤 물건 하나를 보더라도 시각을 달리해 생각하는 것이 중요하다. 모든 물건을 이렇게 생각할 필요는 없지만, 국내에서 시장성이 있을 듯한 제품은 깊게 파고들 필요가 있다. 그러면서 제품 소개를 블로그에 올리면, 가끔 제품이 필요한 업체들로부터 연락이 온다. 거래가 성사되면 앞에서 배운 운송 방법으로 국내에 가져오면 된다.

필자가 처음으로 2,000만 원 매출을 달성한 것은 2023년 2월이었습니다. 그해 7월에도 2,300만 원이었으니 5개월 동안은 제자리 걸음을 하고 있은 셈입니다. 그리고 광고 효율을 잘 몰라서 쿠팡에서 매출을 내고도 마진이 없었던 달도 꽤 많았습니다. 그렇게 계속 소싱하고 팔고, 안 되는 상품을 버리면서 2024년까지 꾸준히 판매 활동을 해왔습니다. 그리고 2024년 1월 드디어 4,000만 원의 매출을 달성했습니다. 그 후로는 4월에 6,300만 원, 5월 6,000만 원으로 매출이 1년 전에 비해 많은 성장을 했습니다.

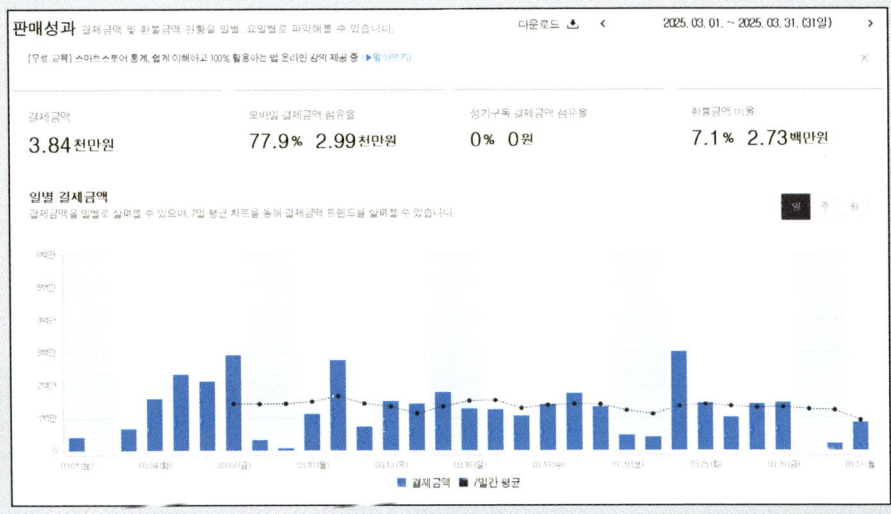

처음 시작할 때는 모든 마켓의 매출이 2,000만 원대였다면 이제는 네이버 스마트스토어의 매출만으로도 이 금액을 넘었으니 꽤 안정적인 궤도에 올랐다고 할 수 있습니다.

서두에 말씀드렸지만 필자는 25톤 화물차를 운전하던 사람으로 이커머스 시장에 대한 지식은 전무했습니다. 비싼 강의도 의심스러워서 못 듣고, 어떤 블로그의 VOD를 20만 원에 구매해 돌려보며 공부했던 기억이 있습니다. 이커머스 사업을 하면서 필자가 느낀 것은 꾸준히 하는 사람이 생각보다 많지 않고, 힘든 제품을 팔려고 하는 사람은 더더욱 적다는 것입니다.

많은 사람이 파는 쉽고, 간편하고, 누구나 팔 수 있는 제품을 판매하려고 한다면 이커머스 시장에서 살아남기 어렵습니다. 처음엔 다소 어렵더라도 다루기 어려운 제품을 선택하고 공부하면서 내 것으로 만든다면 사업은 조금씩 우상향하며 성장할 것입니다.

어느 정도 성장하고 꾸준히 팔리는 제품이 있다면 배송을 3PL에 위탁해 보길 바랍니다. 3PL이란 쉽게 말해 물류창고 업체로 제품 보관, 배송, 반품과 같은 업무를 대행해 주는 곳입니다. 이커머스의 주문을 프로그램을 통해 3PL에 전달하면 제품이 발송되고, 운송장번호를 입력해 주기 때문에 어느 정도 규모가 커진다면 필수적으로 이용하는 것이 좋습니다. 장점으로는 셀러의 업무가 많이 줄어들며 시간적인 여유가 생기게 됩니다. 그렇다면 그 시간을 생산적인 분야에 투입해 새로운 사업으로 확장하는 것도 가능합니다. 필자는 국내 위탁판매를 하고 있는 와이프를 위해 도매 사이트와 주문 수집 프로그램을 자동화해 주는 프로그램을 개발하고 있습니다. 화물차 운전을 계속했다면 불가능한 시간이었을 것입니다.

사업을 하는 사람이라면 그 과정을 어디엔가 꼭 기록해 보시길 바랍니다. 필자의 블로그에는 저의 성공과 실패 과정이 모두 적혀 있습니다. 이렇게 지나간 사업을 살피고 고치면서 계속해서 성장을 할 수 있었습니다. 이러한 필자의 사업 성장에 관한 이야기를 블로그에서 보고 방송국에서 섭외가 들어왔고, SBS 방송에 세 번이나 출연하는 기회를 얻을 수 있었습니다. 별것 아닐 수도 있지만 이것 또한 필자에게는 소중한 경험이고 자산이 되었습니다.

모쪼록 독자 여러분이 온라인 셀링으로 저마다의 패시브 인컴을 만들어 시간과 경제적인 자유를 누리기를 바랍니다. 감사합니다!

타임셀러(김요한)